SEXTUS AURELIUS VICTOR

ORIGINE DU PEUPLE ROMAIN
HOMMES ILLUSTRES DE LA VILLE DE ROME
HISTOIRE DES CÉSARS
VIES DES EMPEREURS ROMAINS

TRADUCTION NOUVELLE

PAR M. N. A. DUBOIS

Professeur de l'Université

PARIS
C. L. F. PANCKOUCKE, ÉDITEUR
OFFICIER DE L'ORDRE ROYAL DE LA LÉGION D'HONNEUR
RUE DES POITEVINS, 14

1846

NOTICE

SUR SEXTUS AURELIUS VICTOR.

Gloire aux écrivains infatigables qui s'efforcèrent, dans le moyen âge, de reconstruire le frêle sanctuaire des lettres, ruiné par tant d'invasions successives des barbares! Après l'orage et la destruction, c'était l'âge d'or de la renaissance et du calme réparateur. Que de veilles laborieuses, que de fouilles savantes pour arracher à l'injure de l'oubli les monuments les plus précieux de l'intelligence humaine! Mais aussi combien d'erreurs et de mécomptes! combien d'infructueuses recherches et d'investigations en pure perte! et puis, les doctes reliques une fois retrouvées, le pédantisme opiniâtre des commentateurs vint presque gâter tous les fruits de la découverte. Ajoutons encore à cet abus des meilleures choses, les controverses sans fin, les querelles brutales et le cynisme de polémique du vieux classicisme grec et latin; enfin, par-dessus tout, la crasse ignorance des copistes. Ces nouveaux barbares firent passer les différents textes et manuscrits par les plus cruelles mutilations; l'homme de goût en vint jusqu'à gémir sur les efforts de travail des premiers réparateurs, puisqu'ils en étaient si mal récompensés. Le zèle et la bonne foi des *conservateurs* furent méconnus. Le dirai-je? les modernes interprètes eux-mêmes firent, en désespoir de cause, dans leur superbe ingratitude, un crime réel aux originaux, de toutes les bévues de leurs infidèles copies.

L'historien Sextus Aurelius Victor, objet de cette notice, en aurait-il souffert comme tant d'autres auteurs, plus célèbres du reste? Oui, certes, et peut-être autant que personne. Pour ne parler que des écrivains de l'ancienne Rome, si c'était un Salluste, un Tite-Live, un Tacite, un des maîtres classiques, en un mot du siècle d'Auguste, ne pourrait-on pas reprocher aux ar-

rangeurs quand même d'avoir ici tout altéré, tout dénaturé, tout perverti sans scrupule, ni remords de conscience? Heureux Aurelius Victor de les sauver d'un trop juste anathème, par le rang modeste, pour ne pas dire obscur, qu'il occupe dans la galerie historique des abréviateurs latins, quel que soit d'ailleurs son mérite, bien que toujours secondaire.

Car enfin, même sous le rapport biographique, on ne saurait le juger qu'imparfaitement et sur de simples probabilités. Le nom de sa patrie, l'époque de sa naissance, les ouvrages dont il fut le véritable auteur, la date de sa mort et des règnes sous lesquels il exerça des fonctions publiques, tout reste incertain à cet égard. Examinons succinctement ces divers points l'un après l'autre, en terminant par les livres que l'on a cru devoir lui attribuer; c'est le côté critique et littéraire, celui sur lequel nous devons le plus nous étendre.

Était-il Africain ? C'est probable, à lire dans l'histoire des *Césars*, le seul écrit qu'il ait composé peut-être, les louanges qu'il prodigue au cauteleux et inflexible Septime Sévère. Là respire je ne sais quel sentiment d'amour-propre national, qui pourrait faire suspecter la candeur du panégyriste. Dans un autre passage des *Césars*, il dit que les meilleurs empereurs romains furent étrangers; de là, l'éloge de Septime Sévère, qu'il s'efforcerait vainement toutefois de faire passer pour le modèle des bons princes. Quant à Carthage, permis à l'Africain Aurelius Victor (s'il était réellement Africain) de l'appeler *l'ornement du monde*, (*terrarum decus*) : ruinée par la fureur des guerres civiles sous les Gordiens, l'ancienne patrie d'Annibal méritait une si noble épithète de la part d'un écrivain d'origine africaine.

A tous les cœurs bien nés que la patrie est chère !

Né au ive siècle, qu'importe la date de sa naissance, Aurelius Victor aurait pu fleurir depuis le règne de Constance jusqu'à celui de Théodose. En effet, au ch. xxviii de son livre réel ou supposé des *Césars*, il parlerait, comme d'une année qui lui serait contemporaine, de la 1110[e] année depuis la fondation de Rome, c'est-à-dire de la 348e de J.-C., ou de la 12e du règne de Constance. Il ferait aussi mention d'un tremblement de terre arrivé alors dans la ville de Nicomédie, sous le consulat de Cerealis : ce qui répondrait, ' faut-il le répéter encore, à la 1110ᵉ année de Rome, ou bien, si l'on veut, à la 348ᵉ année de l'ère du Christ. Il est inutile de dire qu'au milieu de tant d'incertitudes historiques, nous n'assurons rien, nous ne précisons rien, toujours en conjecturant selon les probabilités.

Continuons donc, et procédons, pour cause, sur le même mode, non de pyrrhonisme, mais de doute historique.

S'il est vraiment l'auteur des *Césars*, Aurelius Victor serait sorti d'une famille obscure et tout à fait illettrée. Nous renvoyons à la partie littéraire ses nobles réflexions sur ce sujet.... Malgré son humble origine, les talents de l'historien des *Césars* l'auraient élevé aux honneurs sous les règnes de Constance et de Julien, voire même de Valentinien et de Théodose. Nommé par Julien, en 361, préfet de la basse Pannonie, il aurait été honoré d'une statue d'airain en récompense de ses services : nous ne citerons pas, ici même, les paroles flatteuses d'Ammien Marcellin, tout estimable et tout digne de foi qu'il nous paraisse, Aurelius Victor n'ayant point cessé d'être pour nous un être de raison, presque un mythe, une énigme inexplicable. Ces paroles, d'ailleurs, on va bientôt les trouver dans la partie littéraire.

Longtemps après avoir obtenu les honneurs de sa statue, si l'on s'en rapporte au liv. xxi, ch. 18, du même Ammien Marcellin, notre auteur aurait été créé préfet de Rome, puis enfin, consul avec Valentinien en 369. Quel était ce Valentinien? Mais non, demandons plutôt quel était ce Victor? Nous nous permettrons cette demande, parce qu'un moderne biographe de Sextus Aurelius Victor, M. Durdent (*Biogr. universelle*), semble croire que *cette dernière dignité* de consul fut *probablement obtenue* par notre historien *sous Théodose*.... Mais le règne de Valentinien précéda celui de Théodose; ou s'agirait-il de Théodose le Jeune?... On s'embrouille soi-même à vouloir éclaircir des points embrouillés.... A moins peut-être, comme nous osons le présumer d'après le savant Vossius, qu'il y ait eu deux Victor, l'historien des Césars, le contemporain de Julien et de Constance, puis un autre, à peu près du même nom (*Victorius* ou *Victorinus*), l'auteur de l'*Epitome*, par exemple, lequel aurait vécu sous les règnes de Théodose, d'Arcadius et d'Honorius. Dans cette dernière hypothèse, on peut conjecturer aussi que la *dignité de consul* eût été *probablement obtenue sous Théodose,* par le Victor des *Césars;* et toujours le même Victor, préfet de Rome ou consul, consul ou préfet de Rome, aurait pu graver sur un monument une inscription en l'honneur de Théodose. Quoi qu'il puisse être, en supposant que tous ces passages cités aient rapport au même Sextus Aurelius Victor, il *n'est pas improbable* non plus (pour employer les termes de la *Biographie universelle*) que notre Aurelius Victor, le Victor de cette notice, ait peut-être occupé sous plusieurs empereurs des postes d'une grande distinction, et vécu jusque vers la fin du IVe siècle.... Remarquez aussi que je me sers à dessein du mot *peut-être,* toujours par suite de la méthode problématique ayant force de loi dans ce dédale inextricable de noms, de personnes, d'époques et d'événements.

Abordons le point de vue critique et littéraire : par là, nous entendons l'examen des ouvrages attribués à S. Aurelius Victor.

On ne prête qu'aux riches : Aurelius Victor est-il assez riche de son propre fonds pour qu'on puisse lui appliquer le proverbe? Oui, d'un côté; non, de l'autre : oui pourtant, plutôt que non, puisque, selon tous les critiques, une seule fois d'accord après leurs longues contestations, on ne saurait prêter à d'autres le livre des *Césars.* Or, ce livre est plein de vigueur et de nerf : style africain, soit; style rude, âpre et tout de fer, nous le voulons bien encore; mais il n'y a pas moins là du Tacite, pour le tour, la force de l'expression et la profondeur des pensées. D'une autre part, un historien à qui l'on donne ou à qui l'on prête ces trois ouvrages, savoir : l'*Origine du peuple romain,* les *Hommes illustres,* et l'*Epitome,* ou *Abrégé de la vie des empereurs;* un écrivain de ce mérite, et qui, si l'on excepte Ammien Marcellin, devrait obtenir la palme de la composition historique du IVe siècle; le Tacite africain, répétons-le, ne saurait avoir produit les trois opuscules qu'on vient de citer. Eh bien, c'est la faute de l'ignorance complétement démentie par les plus savants commentateurs, par Vossius entre autres, si quelqu'un peut croire encore Sextus Aurelius Victor auteur de ces faibles compilations (l'*Epitome* surtout) empruntées de Suétone, d'Eutrope, de Spartien, etc., etc.

Ainsi, des quatre livres attribués à notre historien, un seul lui reste, et c'est le meilleur des quatre, le seul même qui soit bon : c'est ce qui fait son éloge; d'où les ignorants se sont empressés de le charger des trois autres.

L'*Origine du peuple romain* n'est point d'Aurelius Victor, de l'aveu des plus illustres critiques et de madame Dacier. Mais l'ouvrage serait-il d'Asconius Pedianus, commentateur de Cicéron et contemporain des premiers empereurs? On le croit, sur cette simple donnée, que l'auteur de ce livre en a écrit un autre intitulé de *Origine Patavina*. Or, comme Asconius Pedianus était de Padoue, donc il faut en conclure, dit-on, qu'il est l'auteur de celui-ci. C'est bien le cas de s'écrier :

> Belle conclusion et digne de l'exorde.

Mais Tite-Live était aussi de Padoue; donc on pourrait lui attribuer, selon le même raisonnement, l'*Origine du peuple romain !...* En conscience, nous aimerions bien mieux, et pour cause, avoir retrouvé ses Décades perdues.

Au surplus, l'auteur inconnu qui composa l'*Origine du peuple romain* déclare qu'il a fait plusieurs emprunts à l'Africain Victor, preuve incontestable que l'ouvrage n'est point de ce dernier, mais qu'il en avait écrit, sur le même sujet, un autre qu'a mis à contribution l'imitateur plagiaire, ainsi que cela s'est tant de fois pratiqué. Plaignons les lettres d'avoir perdu l'œuvre véritable de l'auteur pillé; car on doit à cet auteur l'histoire des *Césars*. Mais n'en jugeons pas avec moins de mépris l'élocution verbeuse et diffuse du compilateur. Est-ce là le style serré, nerveux et concis d'Aurelius Victor? Philologue à la glace, le faux Victor de l'*Origine*, etc., disserte pesamment; il vous embarrasse, il vous surcharge de citations, de notes explicatives, interprétatives, et des noms de tous les écrivains qu'il a consultés ou pillés. D'après son titre, le livre de l'*Origine*, etc., remontait jusqu'aux temps incertains de Janus, pour se terminer vers le dixième consulat de Constance; mais ce qui nous en reste ne s'étend qu'à la première année de la fondation de Rome.

Les Hommes illustres commencent à Procas, roi des Albains, et finissaient d'abord à Pompée : mais ensuite André Schott a donné, d'après d'anciens manuscrits, un supplément de neuf chapitres, qui se terminent à la reine Cléopâtre. Souvent imprimé au XVIe siècle, sous les noms de Suétone, de Pline le Jeune et d'Émilius Probus, le *de Viris* fut aussi attribué à Cornelius Nepos, et même à Tacite (c'était lui faire bien de l'honneur), sans doute parce que l'historien des *Annales* passe pour avoir écrit un *Dialogue sur les illustres orateurs latins.*

Au milieu de toutes ces fausses assertions, n'oublions pas que le savant Juste Lipse avait cru devoir en restituer la paternité véritable à Fabius Quintilien, autre *riche* à qui l'on *prête* volontiers.... Puisque Fabricius et Schott ont pensé, malgré ces différentes opinions, que le *de Viris* était d'Aurelius Victor, disons en passant qu'il est glorieux pour ce dernier de se trouver mêlé à si bonne compagnie. Le *de Viris* toutefois n'est pas plus de lui que de Pline, de Cornelius Nepos, de Suétone, de Quintilien, ou de Tacite. Ce qui probablement a pu le faire croire, c'est que le style trahit un auteur étranger à l'élégance latine des siècles d'Auguste, ou de Tacite et de Pline le Jeune; présomption qui serait beaucoup moins honorable pour notre historien. Mais, encore une fois, le *de Viris* ne lui appartient nullement; car pour quel motif aurait-il composé trois fois la *Vie de César Auguste Octavien :* celle, ch. LXXIX des *Hommes illustres ;* celle, ch. 1er, des *Césars,* et celle, ch. 1er, de l'*Epitome ?* Pourquoi, d'une autre part, un si grand contraste sous le rapport d'écrire l'histoire? Chez l'un, dans les *Césars,* facilité, clarté, concision ; chez l'autre, dans les *Hommes illustres,* obscurité, pesanteur et sécheresse. Dans les *Césars,* la sagesse des réflexions prouve qu'Aurelius Victor, comme écrivain, n'eut pas moins de jugement que de probité. Rien de pareil dans les *Hommes illustres....* Ce livre cependant n'offre pas moins d'intérêt historique que l'on n'en trouve dans les *Césars.*

Avant de passer à quelques citations remarquables de ce dernier ouvrage, le seul qu'on reconnaisse comme appartenant en propre à Aurelius Victor, disons quelques mots sur l'*Epitome* ou *Abrégé de la vie et des mœurs des empereurs.*

A lire le titre seul, une grave difficulté s'élève sur son véritable auteur. L'*Epitome* serait-il de Victor, de Victorien ou de Victorin? car tels sont les trois noms que portent les manuscrits : *Victor, Victorius, Victorinus.* Là-dessus, les critiques de s'escrimer à qui mieux mieux, sans pouvoir découvrir le véritable père de l'*Abrégé.* Nous avons expliqué, dès le commencement de cette Notice, les raisons qui font récuser Aurelius Victor, comme auteur de ce livre. Ainsi donc, sans revenir sur les lambeaux d'expressions et de phrases dérobés pêle-mêle dans Eutrope, Spartien, Orose, etc., l'*Epitome* présente encore de si fortes contradictions avec les *Césars*, pour les dates ou pour l'exposé des faits et de leurs circonstances particulières, qu'il serait impossible d'imaginer que la même plume eût composé ces deux écrits. Soyons juste cependant : l'*Epitome* n'est point tout à fait sans mérite : le bon goût, la nerveuse et sage précision d'Aurelius Victor sembleraient s'être reflétés sur plusieurs chapitres de l'opuscule anonyme. Nous recommandons surtout aux lecteurs instruits le commencement et la fin de l'œuvre : je veux dire, la *Vie d'Auguste* et celle de *Théodose*. Il n'y a pas moins de tact dans les réflexions relatives au règne de Vespasien. Enfin, le règne d'Adrien est un tableau rapide, animé, plein de verve et de mouvement. Il y a là quelque chose de la vie mobile, si multiple et si variée du plus docte et du plus spirituel des empereurs romains. Quoi qu'il en soit, tout cela est bien loin de valoir Sextus Aurelius Victor parlant de lui-même dans les *Césars*.

Après une touchante et noble réflexion sur l'ordre donné par Septime Sévère pour faire supprimer les écrits de Salvius Julianus, l'auteur ajoute : « Voilà ce qui doit inspirer plus de confiance à tous les gens vertueux, *et surtout à moi, qui, né à la campagne, d'un pauvre laboureur sans instruction, ai su jusqu'ici, par des études sérieuses, me procurer une existence des plus honorables.* »

Voilà bien celui que le meilleur historien d'une époque de décadence, Ammien Marcellin, citait hautement (liv. xxi, ch. 18) comme un *homme digne des plus beaux éloges pour sa grande sobriété!*

On a demandé et l'on demandera plus d'une fois encore si cet auteur honnête homme, aux principes solides et purs de toute faiblesse humaine, était chrétien. Si l'on examine la morale austère qui respire dans ses écrits, et l'indignation généreuse avec laquelle il flétrit les vices monstrueux de certains empereurs, on sera tenté, avec grande apparence de raison, de le proclamer chrétien. De plus, il en avait toute la modestie, toute l'humilité : car, au lieu de rougir de son humble naissance, il s'en faisait honneur et gloire, principalement lorsqu'il songeait à ses travaux consciencieux. C'est par là qu'il avait obtenu l'estime et la confiance du grand Théodose, qui l'honora des postes les plus éminents. Mais, bien qu'il ait mérité, par ses vertus, d'être chrétien, peut-être serait-il téméraire d'affirmer positivement qu'il le fut en réalité. Examinons impartialement ce difficile problème, qu'assurément nous ne nous flattons pas de résoudre : nous exposerons seulement nos conjectures et nos doutes. Trois fois Aurelius Victor trace la vie d'Auguste, si l'on admet qu'il ait écrit les *Hommes illustres* et l'*Epitome*, comme on le reconnaît pour être l'auteur des *Césars*; trois fois il garde le silence sur la naissance du Christ, que n'aurait pas manqué de célébrer, avec joie, avec enthousiasme, un écrivain qui eût suivi la religion chrétienne. Sous plusieurs empereurs les chrétiens sont horriblement persécutés; leurs angoisses, leurs tortures, leur martyre sublime n'arrachent pas une seule plainte à Aurelius Victor; il ne voue pas à l'exécration universelle les Néron, les Dèce, les Dioclétien; pas un mot en faveur de ses frères en religion; pas une apostrophe à leurs ardents persécuteurs; pas un éloge pour Constantin, lorsqu'il embrasse le christianisme. Il passe sous silence l'apostasie de Julien, et il ne le blâme nulle part d'être revenu au culte des faux dieux; il ne se félicite point lui-même de ne plus adorer les idoles, ce qu'il n'aurait pas manqué de faire s'il eût été chrétien. Dans son style, il emploie toujours les expressions *religiones, deos,* qui prouvent bien que la lumière de la foi n'avait point lui à ses yeux; il aime à imiter, et il le fait souvent avec un rare bonheur, les belles pensées du païen Tacite. Disons enfin que, animé par l'inspiration du christianisme, Aurelius Victor se fût élevé sans doute à la hauteur des Lactance et des saint Augustin; mais, à part le mérite que nous nous plaisons à lui reconnaître, il ne sera jamais cité comme un auteur latin de premier ou même de second ordre. Toutefois, sans mériter, comme les Tacite et les Tite-Live, de servir de modèle, pour le style surtout, il serait, nous le pensons, d'un grand secours et d'une véritable utilité aux jeunes gens dans leurs études historiques, non-seulement à cause des faits importants qu'il renferme et qu'il environne de circonstances toutes différentes de celles des autres écrivains, mais encore par la sagesse et la solidité de ses réflexions. Je ne sais quel goût inné de vertu respire dans chaque page de cet écrivain aussi judicieux qu'original. S'il n'a pas, en qualité de peintre ou de narrateur, le charme et les antithèses brillantes d'un Florus ou d'un Paterculus, à défaut de développements ou d'un coloris plus agréable, quel coup d'œil rapide et profond! Il montre d'un seul trait les hommes et les événements.... Montesquieu devait s'inspirer d'Aurelius Victor : peut-être lui doit-il en partie les plus vives illuminations de la *Grandeur et de la décadence des Romains*.... Son magnifique portrait de Trajan n'est pas d'Aurelius Victor; mais celui-ci a pu en faire concevoir l'idée première. Le Tacite africain était digne d'alimenter, par ses nerveuses réflexions, le génie politique du grand publiciste imbu de la lecture du Tacite romain.

Pour compléter l'éloge des *Césars*, et ce qui doit ajouter encore aux regrets des savants, c'est que nous ne possédons pas tout entier l'estimable ouvrage d'Aurelius Victor. Les lettres ont fait, il est vrai, de plus grandes pertes; mais celle-ci n'en est pas moins réelle, surtout si nous nous rapportons, à cet égard, au témoignage de madame Dacier. Voici comme cette savante s'exprime, sur ce sujet, dans une langue dont elle était si digne d'apprécier les plus beaux modèles :

« Illud tibi, lector, scrupulum movere possit, cur si Aurelius Victor sub Arcadio et Honorio vixerit, idem in *Cæsarum vitis* ultra Julianum non pergat : verum multa etiam in causa esse potuerunt, cur Aur. Victor in Juliano operi suo modum dederit. Nam fortasse reliquorum imperatorum vitas non tam prætermisit, quam eas ad majorem scribendi diligentiam reservavit, quod de se scribit Eutropius. Ut vero dicam quod sentio, libellum *de Cæsaribus* auctiorem olim fuisse reor, et Theodosii vitam amplexum. Sed paulo post quum aliquis ejusdem fere ætatis ex hoc libello, et aliis nempe Suetonio, Eutropio, Ammiano, *Epitomem*, vel in sui ipsius, vel in aliorum usum texuisset, ita factum esse ut libellus *de Cæsaribus* paulatim neglectus in manus hominum venerit, et multis mendis inquinatus, et parte sui etiam mutilus. Hanc iniquam sortem per *Abbreviatores* suos multi alii experti sunt, ut Trogus Pompeius per Justinum, Livius per Florum, etc. (*Préface de l'édition de madame Dacier, ad usum Delphini.*)

Cette hypothèse de l'érudition ne manque pas d'une certaine

probabilité; l'on peut lui appliquer le proverbe italien : *Se non è vero, è ben trovato.*

Regrettons aussi, avec madame Dacier, la perte des recherches précieuses que Huet, le savant évêque d'Avranches, avait faites particulièrement sur Aurelius Victor : elles eussent jeté sans doute un grand jour sur l'obscurité qui enveloppe cet auteur.

Nous venons de reproduire un passage de la préface de l'édition d'Aurelius Victor par madame Dacier. A elle donc les premiers honneurs de la publication de cet historien! à elle la première palme d'éditeur, non par droit de vétérance, il est vrai, mais par justice et par sentiment d'amour-propre national, plus encore que par urbanité française! Telle est maintenant, pour terminer, la nomenclature des diverses éditions et traductions d'Aurelius Victor. C'est la partie bibliographique.

André Schott donna à Anvers, en 1579, une première édition in-8° d'Aurelius Victor, avec un commentaire. Il fut réimprimé dans les collections de Sylburgius (1588-1590, 3 volumes in-f°), dans celles de Gruter (1611, in-f°), de Boxhorn (1632, in-12).

Il parut séparément beaucoup d'éditions de cet auteur; les meilleures sont : celle de Samuel Pitiscus, *Trajecti ad Rhenum*, 1696, in-8°; celle de Juncker, *Lipsiæ et Francofurti*, 1704, in-8° (publiée pour les élèves d'un collége d'Allemagne, avec des constructions explicatives, placées au bas de chaque chapitre ou de chaque page); celle de John Arntzen (*Amstelodami*, 1733, in-4°, *cum notis variorum*); celle de Cobourg (1759 et 1768, in-8°); celle d'Erlang, *cum notis selectis, curante Chr. Harles*; celle de madame Dacier, déjà citée plus haut.

Aurelius Victor fut imprimé en 1793, par Barbou, à la suite d'Eutrope (in-12); le savant Caperonnier mit le plus grand soin à cette édition.

On trouve également Aurelius Victor dans les *Scriptores historiæ Romanæ minores* (1789, in-8°); il figure aussi dans la collection de Deux-Ponts.

Des quatre parties qui composent, à tort ou à raison, les œuvres complètes de S. Aurelius Victor, dont nous donnons une traduction nouvelle, *deux n'avaient jamais été traduites en français* jusqu'à ce jour; ce sont : l'*Origine du peuple romain*, et l'*Épitome* ou *Abrégé de la vie des empereurs romains*. Nous offrons donc au public un travail tout à fait neuf sur ces deux parties.

Il existe, avant la nôtre, trois et même peut-être quatre traductions du livre des *Hommes illustres*. La première est de l'abbé de Marolles. La seconde, qui est anonyme, porte la date de 1672. Ces deux traductions ne sont accompagnées d'aucunes notes pour l'éclaircissement du texte : elles sont remarquables par un luxe vraiment asiatique de.... *contre-sens*, et le style étale le même luxe d'indigence. On ne peut dire de ces deux traductions que ce sont de *belles infidèles*.

La troisième, infiniment supérieure aux deux premières pour l'intelligence du texte et le style, est de M. A. Caillot.

Quant à la quatrième, imprimée il y a près de quatre-vingts ans, chez Colas, libraire à Paris, nous n'en pouvons rien dire ; car il nous a été tout à fait impossible de nous en procurer un seul exemplaire.

Le livre des *Césars* compte, avant nous, deux traducteurs : l'infatigable abbé de Marolles, et M. A. Caillot, nommés ci-dessus.

L'abbé de Marolles avait entrepris une tâche d'exécution difficile (*periculosæ plenum opus aleæ*), parce qu'il manquait des bonnes éditions qui n'ont paru qu'après lui, et qui seules pouvaient le guider dans le dédale d'un texte trop souvent obscur et mutilé. Il a donc fait, comme toujours, beaucoup de contre-sens. Si nous en rejetons un grand nombre sur la difficulté même de l'entreprise, il en reste encore une assez belle, une assez large part au traducteur, si riche, à cet égard, de son propre fonds.

La traduction de M. A. Caillot ne manque ni de fidélité, ni d'une certaine élégance. Il est à regretter seulement que ce traducteur paraphrase souvent un peu trop, et qu'il n'évite pas toujours l'écueil terrible du contre-sens. Que dira le public de notre travail, qui, venant le dernier, appelle sur lui un examen plus sévère?

Sauf quelques modifications, autorisées par les variantes et surtout par les manuscrits, nous avons suivi le texte de l'édition de John Arntzen, comme le meilleur et le plus judicieux dans presque toutes les leçons qu'il adopte.

N. A. DUBOIS.

S. AURELII VICTORIS

ORIGO GENTIS ROMANÆ

A JANO ET SATURNO CONDITORIBUS, PER SUCCEDENTES SIBIMET REGES, USQUE AD CONSULATUM DECIMUM CONSTANTII, DIGESTA EX AUCTORIBUS VERRIO FLACCO, ANTIATE (UT QUIDEM IDEM VERRIUS MALUIT DICERE, QUAM ANTIA); TUM EX ANNALIBUS PONTIFICUM; DEIN CNÆO EGNATIO VERATIO, FABIO PICTORE, LICINIO MACRO, VARRONE, CÆSARE, TUBERONE, ATQUE EX OMNI PRISCORUM HISTORIA; PROINDE UT QUISQUE NEOTERICORUM ASSEVERAVIT, HOC EST ET LIVIUS ET VICTOR, APER.

I. Primus in Italiam creditur venisse Saturnus, ut etiam Maronis musa testatur illis versibus:

Primus ab ætherio venit Saturnus Olympo,
Arma Jovis fugiens, et regnis exsul ademptis, etc.

Tanta autem usque id tempus antiquorum hominum traditur fuisse simplicitas, ut venientes ad se advenas, qui modo consilio ac sapientia præditi, ad instruendam vitam formandosque mores aliquid conferrent, quod eorum parentes atque originem ignorabant, Cœlo et Terra editos non solum ipsi crederent[2], verum etiam posteris affirmarent; veluti hunc ipsum Saturnum,

S. AURELIUS VICTOR

ORIGINE DU PEUPLE ROMAIN

DEPUIS LES PREMIERS FONDATEURS, JANUS ET SATURNE, SUIVANT L'ORDRE SUCCESSIF DES ROIS ENTRE EUX, JUSQU'AU DIXIÈME CONSULAT DE CONSTANCE; OUVRAGE COMPOSÉ D'APRÈS LES AUTEURS VERRIUS FLACCUS, V. (VALERIUS) D'ANTIAS (PUISQUE LE MÊME VERRIUS A MIEUX AIMÉ DIRE D'ANTIAS QUE D'ANTIA); D'APRÈS LES ANNALES DES PONTIFES, ENSUITE D'APRÈS CNÉUS EGNATIUS VERATIUS, FABIUS PICTOR, LICINIUS MACER, VARRON, CÉSAR, TUBÉRON, ET TOUS LES ANCIENS HISTORIENS; ENFIN, D'APRÈS LES RÉCITS AUTHENTIQUES DE CHACUN DES ÉCRIVAINS MODERNES, TELS QUE TITE-LIVE ET VICTOR L'AFRICAIN.

I. Saturne passe pour être venu le premier en Italie, comme l'attestent encore ces vers de la muse virgilienne :

Chassé par Jupiter des demeures divines,
Saturne, le premier, cultiva ces collines.
(Delille.)

Or, jusqu'à cette époque, les peuples primitifs avaient, dit-on, vécu dans une simplicité telle, que, lorsqu'il arrivait chez eux des étrangers dont les lumières et la sagesse pouvaient contribuer à répandre la civilisation et à polir les mœurs, comme ils ne connaissaient ni leurs parents, ni leur origine, ils voyaient en eux des fils du Ciel et de la Terre, et les donnaient même pour tels à leurs descendants; ainsi, par exemple, ce même Saturne, qu'ils dirent issu du Ciel et de la Terre. Cette tradition a

S. AURELII VICTORIS

ORIGO GENTIS ROMANÆ [1]

A JANO ET SATURNO CONDITORIBUS, PER SUCCEDENTES SIBIMET REGES, USQUE AD CONSULATUM DECIMUM CONSTANTII, DIGESTA EX AUCTORIBUS VERRIO FLACCO, ANTIATE (UT QUIDEM IDEM VERRIUS MALUIT DICERE, QUAM ANTIA); TUM EX ANNALIBUS PONTIFICUM; DEIN CN.EO EGNATIO VERATIO, FABIO PICTORE, LICINIO MACRO, VARRONE, CÆSARE, TUBERONE, ATQUE EX OMNI PRISCORUM HISTORIA; PROINDE UT QUISQUE NEOTERICORUM ASSEVERAVIT, HOC EST ET LIVIUS ET VICTOR, AFER.

I. Primus in Italiam creditur venisse Saturnus, ut etiam Maronis musa testatur illis versibus:

> Primus ab ætherio venit Saturnus Olympo,
> Arma Jovis fugiens, et regnis exsul ademptis, etc.

Tanta autem usque id tempus antiquorum hominum traditur fuisse simplicitas, ut venientes ad se advenas, qui modo consilio ac sapientia præditi, ad instruendam vitam formandosque mores aliquid conferrent, quod eorum parentes atque originem ignorabant, Cœlo et Terra editos non solum ipsi crederent [2], verum etiam posteris affirmarent; veluti hunc ipsum Saturnum,

S. AURELIUS VICTOR

ORIGINE DU PEUPLE ROMAIN

DEPUIS LES PREMIERS FONDATEURS, JANUS ET SATURNE, SUIVANT L'ORDRE SUCCESSIF DES ROIS ENTRE EUX, JUSQU'AU DIXIÈME CONSULAT DE CONSTANCE; OUVRAGE COMPOSÉ D'APRÈS LES AUTEURS VERRIUS FLACCUS, V. (VALERIUS) D'ANTIAS (PUISQUE LE MÊME VERRIUS A MIEUX AIMÉ DIRE D'ANTIAS QUE D'ANTIA); D'APRÈS LES ANNALES DES PONTIFES, ENSUITE D'APRÈS CNÉUS EGNATIUS VERATIUS, FABIUS PICTOR, LICINIUS MACER, VARRON, CÉSAR, TUBÉRON, ET TOUS LES ANCIENS HISTORIENS; ENFIN, D'APRÈS LES RÉCITS AUTHENTIQUES DE CHACUN DES ÉCRIVAINS MODERNES, TELS QUE TITE-LIVE ET VICTOR L'AFRICAIN.

I. SATURNE passe pour être venu le premier en Italie, comme l'attestent encore ces vers de la muse virgilienne :

> Chassé par Jupiter des demeures divines,
> Saturne, le premier, cultiva ces collines.
> (DELILLE.)

Or, jusqu'à cette époque, les peuples primitifs avaient, dit-on, vécu dans une simplicité telle, que, lorsqu'il arrivait chez eux des étrangers dont les lumières et la sagesse pouvaient contribuer à répandre la civilisation et à polir les mœurs, comme ils ne connaissaient ni leurs parents, ni leur origine, ils voyaient en eux des fils du Ciel et de la Terre, et les donnaient même pour tels à leurs descendants; ainsi, par exemple, ce même Saturne, qu'ils dirent issu du Ciel et de la Terre. Cette tradition a

quem Cœli et Terræ filium esse dixerunt. Quod quum ita existimetur, certum tamen est, priorem Janum in Italiam devenisse, ab eoque postea venientem exceptum esse Saturnum [3]. Unde intelligendum est, Virgilium quoque non ignoratione veteris historiæ, sed suo more, *primum* dixisse Saturnum, non ante quem nemo, sed *principem :* ut

. . . . . . Trojæ qui primus ab oris :

quum procul dubio constet, ante Æneam priorem Antenorem in Italiam esse pervectum, cumque non in ora litori proxima, sed in interioribus locis, id est Illyrico, urbem Patavium condidisse, ut quidem idem Virgilius illis versibus ex persona Veneris, apud Jovem de ærumnis Æneæ sui conquerentis :

Antenor potuit, mediis elapsus Achivis,
Illyricos penetrare sinus, atque intima tutus, etc.

Quare autem addiderit *tutus*, suo loco plenissime annotavimus in commentatione, quam hoc scribere cœpimus[4], cognita ex libro, qui inscriptus est *de Origine Patavina*. Itaque nunc, *primus*, ex ea quoque significatione est, e qua illud in secundo *Æneidos,* de enumeratione eorum, qui equo Durio digrediebantur. Nam quum nominasset Thessandrum, Sthenelum, Ulyxem, Acamanta, Thoanta, Neoptolemum; post intulit, *primusque Machaon.* De quo quæri potest, quomodo potest *primus* dici, post tantos, qui supra dicti sunt? Verum intelligemus *primum* pro principe, vel quia is ad per-

prévalu ; il est certain cependant que Janus vint le premier en Italie, et que, dans la suite, il reçut Saturne à son arrivée. D'où l'on doit comprendre que Virgile, sans ignorer pour cela les vieilles chroniques, appelle, dans son poétique langage, Saturne, *le premier*, non qu'il fût venu avant tous les autres, mais *un des premiers*; Virgile a dit encore :

« . . . . . . Qui le premier, des bords de Troie ; »

or, ici, point d'incertitude : nul doute qu'avant Énée, Anténor débarqua le premier en Italie, où il fonda la ville de Padoue, non sur la côte voisine du rivage, mais dans l'intérieur des terres, c'est-à-dire dans l'Illyrie, comme l'assure le même Virgile par ces vers qu'il met dans la bouche de Vénus, lorsqu'elle se plaint à Jupiter des infortunes de son fils Énée :

Anténor, de la Grèce affrontant la furie,
Pénétra sans danger dans les mers d'Illyrie, etc.

Mais pourquoi Virgile a-t-il ajouté *tutus*[1]? C'est ce que nous avons annoté fort au long en son lieu et place, dans le début de notre dissertation, assez connue, sur le livre qui a pour titre *de l'Origine de Padoue*. Le mot *primus*[2] a donc aujourd'hui la même signification qu'au second livre de l'*Énéide*, dans l'énumération des Grecs qui sortaient du cheval de bois. Car, après avoir nommé Thessandre, Sthenelus, Ulysse, Acamas, Thoas, Néoptolème, le poëte a mis : *primusque Machaon*[3]. D'où l'on peut demander comment il est possible de le dire *le premier*, lorsque tant d'autres guerriers ont été cités avant lui? Mais par le mot *premier*, nous entendrons le plus

---

(1) Sans danger. — (2) Premier. — (3) Et le *premier* Machaon.

fectum illis temporibus circa peritiam medicæ artis præcipuus fuisse traditur.

II. Sed ut ad propositum revertamur, ferunt Creusam [5] Erechthei, regis Atheniensium, filiam speciosissimam, stupratam ab Apolline, enixam puerum, eumque Delphos olim educandum esse missum; ipsam vero a patre, istarum rerum nescio, Xipheo cuidam comiti collocatam. Ex qua quum ille pater non posset exsistere, Delphos cum petiisse ad consulendum oraculum, quomodo pater fieri posset. Tum illi deum respondisse, ut, quem postero die obvium habuisset, eum sibi adoptaret. Itaque supra dictum puerum, qui ex Apolline genitus erat, obvium illi fuisse, eumque adoptatum. Quum adolevisset, non contentum patrio regno cum magna classe in Italiam devenisse, occupatoque monte, urbem ibidem constituisse, eamque ex suo nomine Janiculum cognominasse.

III. Igitur Jano regnante apud indigenas rudes incultosque, Saturnus, regno profugus, quum in Italiam venisset, benigne exceptus hospitio est; ibique haud procul a Janiculo arcem suo nomine Saturniam constituit. Isque primus agriculturam edocuit, ferosque homines et rapto vivere assuetos ad compositam vitam eduxit. Unde Virgilius in octavo sic ait :

> Hæc nemora indigenæ Fauni Nymphæque tenebant,
> Gensque virum, truncis et duro robore nata :
> Queis neque mos neque cultus erat : nec jungere tauros,
> Aut componere opes norant, aut parcere parto :
> Sed rami atque asper victu venatus alebat.

célèbre, ou plutôt, d'après les traditions, le plus habile médecin, le médecin modèle de cette époque.

II. Mais revenons à mon sujet : Créuse, disent les historiens, fille d'Érechthée, roi d'Athènes, Créuse, princesse de la plus rare beauté, fut déshonorée par Apollon, dont elle eut un fils, qui fut un jour envoyé à Delphes pour y être élevé ; quant à Créuse, comme son père ignorait toute cette intrigue, il la donna en mariage à Xiphée, l'un de ses officiers. Mais, celui-ci ne pouvant avoir d'elle des héritiers, se rendit à Delphes pour consulter l'oracle sur les moyens de devenir père. Le dieu lui répondit alors d'adopter un enfant qu'il rencontrerait le lendemain. Le lendemain, le fils d'Apollon, cité plus haut, fut rencontré par Xiphée, qui l'adopta. Parvenu à l'adolescence, le prince, qui se trouvait à l'étroit dans le royaume paternel, aborda en Italie avec une grande flotte, s'empara d'une montagne, y bâtit une ville, et, de son nom, l'appela Janiculum.

III. Janus régnait donc sur des indigènes grossiers et sauvages, lorsque Saturne, chassé du ciel, vint en Italie, où l'accueillit une bienveillante hospitalité ; là, non loin de Janiculum, il bâtit la citadelle appelée de son nom Saturnia. Le premier, il enseigna l'agriculture ; et les peuplades barbares, habituées à vivre de rapines, apprirent de lui à mener une vie plus réglée. C'est ce qui fait dire à Virgile, au huitième livre de l'*Énéide* :

>............ Des Nymphes autrefois,
>Des Faunes habitaient dans le fond de ces bois,
>Et ce fleuve et ces monts étaient sous leur puissance :
>Là vivaient des mortels sans art, sans prévoyance,
>Aussi durs que les troncs des chênes leurs aïeux,
>Ayant pour mets leur chasse, ou quelques fruits pierreux.
>(Delille.)

Omissoque Jano, qui nihil aliud, quam ritum colendorum deorum religionesque induxerat, se Saturno maluit annectere[6]; qui, vitam moresque feris etiam tum mentibus insinuans, ad communem utilitatem, ut supra diximus, disciplinam colendi ruris edocuit, ut quidem indicant illi versus :

> Is genus indocile ac dispersum montibus altis
> Composuit, legesque dedit, Latiumque vocari
> Maluit, his quoniam latuisset tutus in oris.

Istum etiam usum signandi æris ac monetæ in formam incutiendæ ostendisse traditur, in qua ab una parte caput ejus imprimeretur[7], altera navis, qua vectus illo erat. Unde hodieque aleatores, posito nummo opertoque, optionem collusoribus ponunt enuntiandi, quid putent subesse, caput aut navem : quod nunc vulgo corrumpentes *naviam* dicunt[8]. Ædes quoque sub clivo Capitolino, in quo pecuniam conditam habebat, ærarium Saturni hodieque dicitur. Verum quia, ut supra diximus, prior illuc Janus advenerat, quum eos post obitum divinis honoribus cumulandos censuissent, in sacris omnibus primum locum Jano detulerunt; usque eo, ut etiam, quum aliis diis sacrificium fit, dato ture in altaria, Janus prior nominetur, cognomento quoque addito Pater[9], secundum quod noster [cognomento] sic intulit :

> Hanc Janus Pater, hanc Saturnus condidit arcem;

ac subindit :

> Janiculum huic, illi fuerat Saturnia nomen ;

Bientôt le peuple oublia Janus, qui n'avait introduit que le culte des dieux et les cérémonies religieuses; il aima mieux s'attacher à Saturne, qui, faisant pénétrer une vie nouvelle et des mœurs plus douces dans ces esprits jusqu'alors si farouches, leur enseigna, dans leur commun intérêt, ainsi que nous l'avons dit plus haut, l'art de cultiver les champs, comme l'indiquent ces vers :

> Il vint polir ce peuple, éleva des remparts,
> Y rassembla des monts les habitants épars,
> Et, d'un mot qui marquait sa retraite ignorée,
> Du nom de Latium nomma cette contrée.
>
> (Delille.)

Saturne inventa aussi, dit-on, l'usage de travailler le cuivre et de battre monnaie : chaque pièce portait, d'un côté, la tête de Janus; de l'autre, le navire qui avait amené Saturne au Latium. Ce qui fait qu'à présent encore les joueurs, après avoir placé et couvert leur enjeu, laissent au choix de leurs adversaires à désigner celui des deux objets qu'ils pensent être caché : tête ou navire, que l'on appelle aujourd'hui vulgairement et par corruption *navia*. La maison située sur la pente du Capitole, où Saturne renfermait son argent, est, de nos jours, appelée le trésor de Saturne. Nous avons dit déjà que Janus était arrivé en Italie avant Saturne; aussi, après leur mort, lorsqu'on eut décrété pour tous deux les honneurs de l'apothéose, Janus, dans tous les sacrifices, obtint la prééminence, et cela d'une manière si spéciale, que, lors même qu'on sacrifie aux autres dieux, et que l'encens fume sur les autels, Janus est le premier nom qu'on prononce, et l'on y ajoute l'épithète de Père, épithète que notre poëte a fait passer dans ses vers :

> Voyez le fort bâti par Janus notre Père,
> Le rempart dont Saturne enrichit cette terre;

et il ajoute :

> L'un est Janiculum, l'autre Saturnia ;

cique, eo quod mire præteritorum memor, tum etiam futuri **** [dixerit :

> .... Rex arva Latinus et urbes
> Jam senior longa placidas in pace regebat :

qua regnante, Trojanos refert Italiam devenisse. Quæritur, quomodo Sallustius dicat : « Cumque his Aborigines, genus hominum agreste, sine legibus, sine imperio, liberum atque solutum ? »]

IV. Quidam autem tradunt, terris diluvio coopertis, passim multos diversarum regionum in montibus, ad quos confugerant, constitisse : ex quibus quosdam sedem quærentes, pervectos in Italiam, Aborigines appellatos, Græca scilicet appellatione, a cacuminibus montium, qui illi oræ faciunt. Alii volunt, eos, quod errantes illo venerint, primo Aberrigines, post, mutata una littera, altera adempta, Aborigines cognominatos. Eos advenientes Picus excepit, permissos vivere, ut vellent. Post Picum regnavit in Italia Faunus, quem a fando dictum volunt, quod is solet futura præcinere versibus, quos Saturnios dicimus ; quod genus metri in vaticinatione Saturniæ primum proditum est. [Sed urbem Saturnus, quum in Italiam venisset, condidisse traditur.] Ejus rei Ennius testis est, quum ait :

> Versibu', quos olim Fauni vatesque canebant.

Hunc Faunum plerique eumdem Silvanum a silvis, Inuum deum ; quidam etiam Pana vel Pan esse dixerunt.

V. Igitur regnante Fauno, ante annos circiter sexa-

et comme il avait la science merveilleuse du passé, et même celle de l'avenir ****, [Virgile aurait dit :

> Le vieux roi Latinus, dans une paix profonde,
> Dès longtemps gouvernait cette terre féconde.

C'est sous le règne de Latinus que les Troyens, selon le récit de Virgile, arrivèrent en Italie. On se demande comment Salluste a pu dire : « Et avec eux les Aborigènes, race d'hommes agreste, sans lois, sans gouvernement, libre et indépendante. »]

IV. Or, certains auteurs racontent que, le déluge ayant submergé le monde, une foule d'habitants de diverses contrées s'arrêtèrent çà et là sur les montagnes qui leur avaient servi de retraite : quelques-uns, pour trouver une patrie, passèrent en Italie; on les appela Aborigènes, selon l'expression des Grecs, qui nomment ὄρη les montagnes. D'autres prétendent qu'appelés d'abord Aberrigènes, parce qu'ils étaient venus là dans leur course errante, ils furent ensuite surnommés Aborigènes, par le changement d'une lettre et la suppression d'une autre. A leur arrivée, Picus les reçut, et leur permit de vivre comme ils voudraient. Après Picus, l'Italie fut gouvernée par Faunus, ainsi nommé, comme on l'assure, du mot *fando*, parce qu'il a coutume de prédire l'avenir, en chantant des vers que nous appelons saturniens, genre de mètre (mesure) employé d'abord dans les prédictions du mont Saturnia. [Mais, à son arrivée en Italie, Saturne fonda, dit-on, une ville.] Ennius atteste l'existence des vers saturniens, lorsqu'il dit :

> Vers que chantaient jadis les Faunes, les devins.

Quant au même Faunus, déjà cité, la plupart des historiens l'appelèrent Sylvain ou dieu des forêts, Inuus; quelques-uns aussi le nommèrent Pana ou Pan.

V. Sous le règne de Faunus, soixante années environ

ginta, quam Æneas in Italiam deferretur, Evander Arcas, Mercurii et Carmentis Nymphæ filius, simul cum matre eodem venit : quam quidam memoriæ prodiderunt primo Carmentim dictam, post Nicostraten, de carminibus, eo quod videlicet omnium litterarum peritissima, futurorumque prudens, versibus canere sit solita : adeo ut plerique velint, 'non tam ipsam a carmine Carmentam, quam carmina, a qua dicta essent, appellata. Hujus admonitu transvectus in Italiam Evander, ob singularem eruditionem atque scientiam litterarum, brevi tempore in familiaritatem Fauni se insinuavit, atque ab eo hospitaliter benigneque exceptus, non parvum agri modum ad incolendum accepit; quem suis comitibus distribuit, exædificatis domiciliis in eo monte, quem primo tum illi a Pallante Pallanteum, postea nos Palatium, diximus [10] : ibique Pani deo fanum dedicavit; quippe is familiaris Arcadiæ deus est, teste etiam Marone, qui ait :

Pan, deus Arcadiæ, captam te, Luna, fefellit ;

et item :

Pan etiam Arcadia mecum si judice cantet.

Primus itaque omnium Evander Italicos homines legere et scribere edocuit, litteris, partim quas ipse antea didicerat : idemque fruges in Græcia primum inventas ostendit, serendique usum edocuit, terræque excolendæ gratia primus boves in Italia junxit.

VI. Eo regnante, forte Recaranus quidam, Græcæ originis, ingentis corporis et magnarum virium pastor,

avant l'arrivée d'Énée en Italie, l'Arcadien Évandre, fils de Mercure et de la Nymphe Carmente, vint dans le même pays avec sa mère, appelée d'abord Carmente, puis Nicostrate; Carmente, à cause du mot *carminibus*[1], parce que, versée dans tous les secrets des Muses et de l'avenir, elle animait ses chants par des vers harmonieux : aussi veut-on généralement que, loin de lui avoir fait donner le nom de Carmente, le mot *carmen*, au contraire, emprunta d'elle sa signification poétique. D'après ses conseils, Évandre passa en Italie, où sa profonde érudition et ses connaissances littéraires lui gagnèrent bientôt l'amitié de Faunus : il reçut de ce prince l'hospitalité et l'accueil le plus bienveillant, avec le don d'un terrain considérable à faire valoir; Évandre le distribua à ses compagnons, qui élevèrent des demeures sur un mont appelé d'abord par eux Pallanté, du nom de Pallas, et par nous ensuite, Palatin : là, il dédia un temple au dieu Pan, reconnu pour la divinité protectrice de l'Arcadie; témoin ce vers de Virgile :

Pan, dieu des Arcadiens, surprit, trompa Phébé;

et cet autre :

Si Pan chante avec moi, que l'Arcadien prononce.

Évandre, le premier de tous, enseigna aux habitants de l'Italie, à lire et à écrire, en partie dans l'idiome qui lui était naturel : il leur montra les moissons que la Grèce vit naître la première, fit connaître l'usage d'ensemencer la terre, et, pour aider les travaux du laboureur, attela le premier, en Italie, les bœufs à la charrue.

VI. Sous le règne d'Évandre, un certain Recaranus,

[1] Poésies.

qui erat forma et virtute ceteris antecellens, Hercules appellatus, eodem venit. Quumque armenta ejus circa flumen Albulam pascerentur, Cacus, Evandri servus, nequitiæ versutus et præter cetera furacissimus, Recarani hospitis boves surripuit; ac, ne quod esset indicium, aversas in speluncam attraxit. Quumque Recaranus, vicinis regionibus peragratis, scrutatisque omnibus ejusmodi latebris, desperaesset inventurum, utcumque æquo animo dispendium ferens, excedere his finibus constituerat. At vero Evander, excellentissimæ justitiæ vir, postquam rem, uti acta erat, comperit, servum noxæ dedit, bovesque restitui fecit. Tum Recaranus sub Aventino Inventori Patri aram dedicavit, appellavitque Maximam, et apud eam decimam sui pecoris profanavit. Quumque ante moris esset, uti homines decimam fructuum regibus suis præstarent, æquius sibi ait videri, deos potius illo honore impartiendos esse, quam reges; inde videlicet tractum, ut Herculi decimam profanari mos esset, secundum quod Plautus, « *In partem*, inquit, *Herculaneam* ", » id est decimam. Consecrata igitur ara Maxima, profanataque apud eam decima, Recaranus, eo quod Carmentis invitata ad id sacrum non adfuisset, sanxit, ne cui feminæ fas esset vesci ex eo, quod eidem aræ sacratum esset : atque ab ea re divina feminæ in totum remotæ.

VII. Hæc Cassius, libro I. At vero in libris *Pontificalium* traditur Hercules, Jove atque Alcmena genitus, superato Geryone, agens nobile armentum, cupidus ejus

Grec d'origine, berger d'une taille gigantesque et d'une force prodigieuse, que sa belle stature et la supériorité de son courage avaient fait appeler Hercule, arriva dans ces mêmes contrées. Tandis que ses [grands] troupeaux paissaient sur les bords du fleuve Albula, Cacus, esclave d'Évandre, Cacus, fourbe consommé et de plus voleur insigne, enleva furtivement les bœufs de Recaranus, hôte du roi; et, pour ne laisser aucun indice, les traîna à reculons dans sa caverne. Recaranus parcourt les lieux voisins, et fouille toutes les retraites les plus obscures; désespéré du peu de succès de ses recherches, supportant toutefois cette perte avec assez de résignation, il allait quitter l'Italie, lorsque Évandre, le plus juste des hommes, apprend de quelle manière le vol a été commis; il fait punir son esclave, et l'oblige à restituer les bœufs. Alors Recaranus dédia, au pied de l'Aventin, un autel au Père Inventeur, l'appela le Très-Grand autel, et y sacrifia la dixième partie de son troupeau. Avant lui, les hommes étaient tenus de fournir aux rois le dixième de leur récolte; mais il crut plus juste que cet hommage fût adressé aux dieux qu'aux rois; de là sans doute on contracta l'usage d'offrir la dîme à Hercule, comme le dit Plaute : « Pour la part d'Hercule, » c'est-à-dire la dixième partie. Recaranus consacra donc le Très-Grand autel, où il immola la dixième partie de son troupeau; mais, comme Carmente, malgré l'invitation qu'elle avait reçue, refusa d'assister au sacrifice, Recaranus défendit, par une loi, qu'aucune femme eût jamais le privilége de rien manger de ce qu'on aurait consacré sur ce même autel : de là, pour les femmes, exclusion totale de ce sacrifice.

VII. Tel est le récit de Cassius, livre 1er. Mais les *Annales des Pontifes* racontent, au contraire, qu'Hercule, fils de Jupiter et d'Alcmène, revenait vainqueur de Gé-

generis boves in Græcia instituendi, forte in ea loca venisse, et ubertate pabuli delectatus, ut ex longo itinere homines sui et pecora reficerentur, aliquandiu sedem ibi constituisse. Quæ quum in valle, ubi nunc est Circus maximus, pascerentur, neglecta custodia, quod nemo credebatur ausurus violare Herculis prædam, latronem quemdam regionis ejusdem, magnitudine corporis et virtute ceteris prævalentem, octo boves in speluncam, quo minus furtum vestigiis colligi posset, caudis abstraxisse. Quumque inde Hercules proficiscens, reliquum armentum casu præter eamdem speluncam ageret, forte quadam inclusas boves transeuntibus admugisse, atque ita furtum detectum : interfectoque Caco, Evandrum, re comperta, hospiti obviam ivisse, gratantem, quod tanto malo fines suos liberasset; compertoque, quibus parentibus ortus esset Hercules, rem ita, uti erat gesta, ad Faunum pertulisse; tum eum quoque amicitiam Herculis cupidissime appetisse. Quam opinionem sequi maluit noster Maro.

VIII. Quum ergo Recaranus, sive Hercules, Patri Inventori aram Maximam consecrasset; duos ex Italia, quos eadem sacra certo ritu administranda edoceret, adscivit, Potitium et Pinarium. Sed eorum Potitio, quia prior venerat, ad comedenda exta admisso, Pinarius, eo quod tardius venisset, posterique ejus submoti; unde hodieque servatur : nemini Potitio Pinariæ gentis in eis sacris vesci licet. Eosque alio vocabulo prius appellatos, nonnulli volunt; post vero Pinarios dictos

ryon, poussant devant lui de superbes taureaux : curieux de naturaliser en Grèce une si belle espèce, en traversant par hasard l'Italie, il est charmé de la fertilité des pâturages; et, pour donner, après un long voyage, un peu de repos à ses hommes et à son bétail, il s'arrêta quelque temps en ces lieux. Les taureaux, répandus dans la vallée où s'élève aujourd'hui le très-grand Cirque, paissaient sans gardien, parce que chacun regardait comme inviolable le butin d'Hercule, lorsqu'un brigand, qui infestait ces contrées, homme à la taille gigantesque, à la force indomptable, entraîna dans son antre huit génisses par la queue, afin que nulle trace ne pût mettre sur la voie du larcin. Hercule, à son départ, vient à faire passer devant la caverne le reste de son troupeau; par l'effet du hasard, les génisses renfermées mugissent à l'approche des taureaux, et le vol est ainsi découvert. Bientôt Cacus est tué : Évandre, à cette nouvelle, vient au-devant de son hôte pour le remercier d'avoir délivré ses frontières d'un fléau si redoutable; il apprend de quel sang Hercule est issu, rend à Faunus un compte exact de tout ce qui s'est passé; et, à son exemple, ce prince recherche avec le plus vif empressement l'amitié d'Hercule. C'est la version que notre Virgile a mieux aimé suivre.

VIII. Recaranus, ou Hercule, avait donc consacré le Très-Grand autel au Père Inventeur; il appelle bientôt près de lui deux Italiens, Potitius et Pinarius, pour les instruire des rites à observer dans les mêmes cérémonies religieuses. Potitius, qui était arrivé le premier, fut admis à goûter les entrailles des victimes; Pinarius, venu trop tard, fut exclu lui et ses descendants; coutume que l'on observe encore aujourd'hui : il n'est permis à nul Potitius de rien goûter dans ces sacrifices de la famille Pinaria. Quelques-uns veulent que ceux-ci aient reçu d'abord un autre nom; et qu'ensuite ils aient été

ἀπὸ τοῦ πεινᾶν, quod videlicet jejuni, ac per hoc esurientes ab ejusmodi sacrificiis discedant [12]. Isque mos permansit usque Appium Claudium censorem, ut Potitiis sacra facientibus vescentibusque de eo bove, quem immolaverant, postquam inde nihil reliquissent, Pinarii deinde admitterentur. Verum postea Appius Claudius accepta pecunia Potitios illexit, ut administrationem sacrorum Herculis servos publicos edocerent, nec non etiam mulieres admitterent. Quo facto, aiunt intra dies triginta omnem familiam Potitiorum, quæ prior in sacris habebatur, exstinctam : atque ita sacra penes Pinarios resedisse, eosque, tam religione quam etiam pietate edoctos, mysteria ejusmodi fideliter custodisse.

IX. Post Faunum, Latino, ejus filio, in Italia regnante, Æneas, Ilio Achivis prodito ab Antenore aliisque principibus, quum, præ se deos Penates patremque Anchisen humeris gestans, nec non et parvulum filium manu trahens, noctu excederet, orta luce, cognitus ab hostibus, eo quod tanta onustus pietatis sarcina erat, non modo a nullo interpellatus, sed etiam a rege Agamemnone, quo vellet, ire permissus, Idam petit : ibique navibus fabricatis, cum multis diversi sexus oraculi admonitu Italiam petit; ut docet Alexander Ephesius libro I *Belli Marsici*. At vero Lutatius non modo Antenorem, sed etiam ipsum Æneam proditorem patriæ fuisse tradit : cui quum a rege Agamemnone permissum esset ire, quo vellet, et humeris suis, quod potissimum putaret, hoc ferret; nihil illum præter deos Penates et

nommés Pinarius (ἀπὸ τοῦ πεινᾶν), sans doute, parce qu'ils se retirent à jeun de ces sacrifices, et par conséquent avec la faim. Et l'on vit subsister, jusqu'à la censure d'Appius, le privilége de la famille Potitia, qui consommait le sacrifice, se nourrissait de la victime immolée, et n'admettait enfin les Pinarius que lorsqu'il ne restait plus rien pour eux. Mais dans la suite Appius Claudius obtint, à prix d'argent, des Potitius, qu'ils enseigneraient aux esclaves publics les cérémonies instituées par Hercule, et même qu'ils admettraient les femmes à ces solennités. Ils cédèrent; mais, dans l'espace de trente jours, leur famille, commise la première à la célébration des sacrifices, fut entièrement éteinte : ainsi les fonctions de sacrificateurs passèrent à la famille Pinaria, qui, instruite autant par la religion que par une piété profonde, conserva ces mystères avec une scrupuleuse fidélité.

IX. Après Faunus, sous le règne de son fils Latinus en Italie, lorsque Anténor et d'autres chefs troyens eurent livré aux Grecs la ville d'Ilion, Énée, portant devant lui ses dieux pénates, sur ses épaules Anchise, son père, et traînant aussi par la main son fils encore enfant, cherchait, pendant la nuit, à sortir de Troie; au point du jour, il fut reconnu des ennemis; or, comme il courbait sous le poids de son pieux fardeau, non-seulement il ne fut arrêté par personne, mais le roi Agamemnon lui permit même d'aller où il voudrait : il gagne le mont Ida, y construit des vaisseaux, et, sur l'ordre de l'oracle, fait voile vers l'Italie avec un grand nombre de personnes des deux sexes, comme nous l'apprend Alexandre d'Éphèse, livre 1er de la *Guerre des Marses*. D'un autre côté, Lutatius rapporte qu'Anténor et Énée lui-même trahirent la patrie. Après avoir obtenu du roi Agamemnon la permission de se retirer où il voudrait, et d'emporter sur ses épaules ce qu'il croirait le plus pré-

et patrem duosque parvulos filios, ut quidam tradunt, ut vero alii, unum, cui Iulo cognomen, post etiam Ascanio fuerit, secum extulisse : qua pietate motos Achivorum principes remisisse, ut reverteretur domum, atque inde omnia secum, quæ vellet, auferret. Itaque cum magnis cum opibus pluribusque sociis utriusque sexus a Troja digressum, longo mari emenso, per diversas terrarum oras in Italiam devenisse; ac primum Thraciam appulsum, Ænum ex suo nomine condidisse. Dein, cognita Polymnestoris perfidia ex Polydori nece, inde digressum pervectumque ad insulam Delum, atque illinc ab eo Laviniam, Anii sacerdotis Apollinis filiam, in matrimonium adscitam [13], ex cujus nomine Lavinia litora appellata. Postquam is, multa maria permensus, appulsus sit ad Italiæ promontorium, quod est in Baiano, circa Averni lacum, ibique gubernatorem Misenum, morbo absumptum, sepultum ab eo; ex cujus nomine urbem Misenon appellatam, ut etiam scribit Cæsar, *Pontificalium* libro I, qui tamen hunc Misenum non gubernatorem, sed tubicinem fuisse tradit. Inde non immerito, utramque opinionem sequutus, Maro sic intulit :

    At pius Æneas ingenti mole sepulcrum
    Imponit, suaque arma viro, remumque tubamque;

quamvis, auctore Homero, quidam asserant, tubæ usum Trojanis temporibus etiam tunc ignoratum [14].

X. Addunt præterea quidam, Æneam in eo litore Euxini cujusdam comitis matrem, ultimo ætatis affectam, circa stagnum, quod est inter Misenon Avernum-

cieux, Énée ne prit avec lui que ses dieux pénates, son
père et ses deux fils en bas âge, selon le récit de certains auteurs; suivant d'autres, son seul fils, surnommé
Iule, et depuis Ascagne : touchés de tant de piété, les
princes grecs lui permirent de retourner dans son palais,
et d'emporter avec lui tous les objets de son choix. Il
partit donc d'Ilion avec de grandes richesses et beaucoup
de compagnons de l'un et l'autre sexe, traversa l'immensité des mers, et vint, en côtoyant diverses contrées,
descendre en Italie; mais déjà il avait abordé en Thrace,
où il bâtit une ville qu'il appela Énus de son nom. Ensuite, instruit de la perfidie de Polymnestor par la fin
tragique de Polydore, il quitte la Thrace, et fait voile
vers l'île de Délos, où il épousa Lavinie, fille d'Anius,
prêtre d'Apollon; du nom de Lavinie, ces rivages furent
appelés Laviniens. Après mille détours sur mer, il
prend terre enfin au promontoire d'Italie, qui se trouve
à Baies, dans le voisinage du lac Averne, où il fait
ensevelir son pilote Misène, mort de maladie; la ville
de Misène reçut le nom de ce pilote, comme l'écrit César lui-même, livre 1er des *Annales des pontifes*, où
toutefois il rapporte que Misène ne fut point pilote,
mais musicien. De là, Virgile, adoptant à juste titre
l'une et l'autre version, s'est exprimé ainsi :

> Sur la tombe du mort, le héros d'Ilion
> Place pour attributs la rame et le clairon;

et pourtant, d'après l'autorité d'Homère, plus d'un auteur assure que l'usage du clairon était encore inconnu
aux temps de la guerre de Troie.

X. Quelques historiens ajoutent à ces détails qu'Énée,
sur ce rivage, rendit les derniers devoirs à la vieille
mère d'Euxinus, un de ses compagnons; elle fut inhu-

que, extulisse, atque inde loco nomen inditum, qui etiam nunc Euxinius sinus dicitur : quumque comperisset, ibidem sibyllam mortalibus futura præcinere, in oppido, quod vocatur Cimbarionis, venisse eo sciscitatum de statu fortunarum suarum; aditisque fatis, vetitum, ne is cognitam in Italia sepeliret Prochytam, cognatione sibi conjunctam, quam incolumem reliquerat. Et postquam ad classem rediit, reperitque mortuam, in insula proxima sepelisse, quæ nunc quoque eodem est nomine, ut scribunt Vulcatius et Acilius Piso. Inde profectum pervenisse in eum locum, qui nunc portus Caietæ appellatur, ex nomine nutricis ejus, quam ibidem amissam sepeliit. At vero Cæsar et Sempronius aiunt, Caietæ cognomen fuisse, non nomen, ex eo scilicet inditum, quod ejus consilio impulsuque matres Trojanæ tædio longi navigii classem ibidem incenderint, Græca scilicet appellatione ἀπὸ τοῦ καίειν, quod est incendere. Inde, ad eam Italiæ oram, quæ ab arbusto ejusdem generis Laurens appellata est, Latino regnante, pervectum cum patre Anchise filioque et ceteris suorum, navibus egressum, in litore accubuisse, consumptoque, quod fuerat cibi, crustam etiam de farreis mensis, quas sacratas secum habebat, comedisse.

XI. Tum, Anchisa conjiciente, illam esse miseriarum errorisque finem; quippe meminerat, Venerem sibi aliquando prædixisse, quum in externo litore esurie compulsi sacratasque mensas invasissent, illum condendæ sedis fatalem locum fore; scrofam etiam incientem,

mée près du lac situé entre Misène et l'Averne : circonstance qui fit donner à ce lieu le nom de golfe Euxinius, qu'il porte encore aujourd'hui : instruit ensuite que, sur ces mêmes parages, dans la ville de Cimbarion, une sibylle prédisait l'avenir aux mortels, Énée y vint pour interroger la prêtresse sur la fortune qui lui était réservée ; il aborde l'oracle du destin, qui lui défend d'enterrer en Italie, où il l'avait connue, sa parente Prochyta, qu'il venait de laisser bien portante. De retour sur ses vaisseaux, il la trouve morte, et l'ensevelit dans l'île voisine, qui maintenant encore porte le même nom, comme Vulcatius et Acilius Pison l'ont écrit. Bientôt il part, et aborde à l'endroit que l'on appelle aujourd'hui le port de Caïète, du nom de sa nourrice, qu'il perdit et fit inhumer sur le même rivage. De leur côté, César et Sempronius disent que Caïète n'était pas un nom, mais un surnom, donné sans doute à la nourrice du héros, parce que, d'après ses conseils et à son instigation, les dames troyennes, fatiguées d'une navigation trop longue, brûlèrent la flotte sur ces mêmes bords ; l'expression grecque κχιειν répondant au mot latin *incendere* (1). Puis, poussé vers cette côte d'Italie appelée Laurente, du nom de l'arbuste de même espèce, Énée, sous le règne de Latinus, y descend avec Anchise, son père, son fils Iule et le reste des siens ; là, il s'assied sur le rivage, et, après avoir consommé ce qui lui restait de vivres, il mangea jusqu'à la croûte des tables de froment consacrées aux dieux pénates, et qu'il avait emportées avec lui.

XI. Alors Anchise augura de cet incident que c'était le terme de leurs misères et de leurs courses errantes ; car il se souvenait que Vénus lui avait prédit un jour que, quand sur un rivage étranger la famine les réduirait à dévorer les tables consacrées aux dieux, ils devaient fixer

(1) Incendier.

quam quum e navi protluxissent, ut eam immolarent, et se ministrorum manibus eripuisset : recordatum Æneam, quod aliquando ei reponsum esset, urbi condendæ quadrupedem futuram ducem : tum simulacris deorum penatium prosequutum [15], atque illum, ubi illa procubuit enixaque est porculos triginta, ibidem auspicatum, postquam Lavinium dixit : ut scribit Cæsar, libro I, et Lutatius, libro II.

XII. At vero Domitius[16], non orbes farreos, ut supra dictum est, sed mensarum vice sumendi cibi gratia apium, cujus maxima erat ibidem copia, fuisse substratum, quod ipsum, consumptis aliis eduliis, eos comedisse, ac post subinde intellexisse, illas esse mensas, quas illos comesturos prædictum esset. Quum interim, immolata sue, in litore sacrificium perageret, traditur forte advertisse Argivam classem, in qua Ulyxes erat : quumque vereretur, ne ab hoste cognitus periculum subiret, itemque rem divinam interrumpere summum nefas duceret, caput velamento obduxisse, atque ita pleno ritu sacra perfecisse. Inde posteris traditum morem ita sacrificandi, ut scribit Marcus Octavius[17], libro I. At vero Domitius, libro I, docet, sorte Apollinis Delphici monitum Æneam, ut Italiam peteret, ubi duo maria invenisset, prandiumque cum mensis comesset, ibi urbem uti conderet. Itaque egressum in agrum Laurentem, quum paululum e litore processisset, pervenisse ad duo stagna

leur séjour dans cet endroit marqué par les destins; puis, au moment où, pour l'immoler, on tire d'un vaisseau une truie près de mettre bas, elle s'échappe d'entre les mains des sacrificateurs : Énée se rappelle alors la réponse d'un ancien oracle, qui lui a prédit qu'un quadrupède lui servirait de guide pour trouver l'emplacement de la ville qu'il devait fonder : averti de plus par les simulacres de ses dieux pénates, Énée suit la laie jusqu'à l'endroit où elle s'étend pour mettre bas trente marcassins; là, et sous de tels auspices, il bâtit la ville qu'il appela depuis Lavinium : ainsi l'ont écrit César, livre 1er, et Lutatius, livre II.

XII. Domitius prétend, au contraire, que ce n'étaient point des gâteaux de froment à la forme ronde, comme on l'a dit plus haut, mais bien des ruches d'abeilles, fort abondantes dans ces lieux, qu'on avait mises dessous les vivres, en place de tables pour prendre le repas; ruches que les Troyens finirent par manger encore, après avoir consommé leurs autres provisions; ensuite on comprit que c'étaient là les tables qu'ils devaient dévorer, suivant la prédiction de l'oracle. Sur ces entrefaites, après l'immolation d'une truie, pendant qu'Énée achevait le sacrifice sur le rivage, le hasard fit, dit-on, aborder en ces lieux une flotte grecque sur laquelle se trouvait Ulysse : craignant d'être reconnu par un ennemi dont il aurait tout à redouter, mais regardant aussi l'interruption d'une cérémonie divine comme le plus grand sacrilège, Énée se voila la tête, et acheva ainsi le sacrifice dans toute la plénitude du rite religieux. De là, cette coutume transmise à ses descendants, de sacrifier, la tête couverte d'un voile : voir le livre 1er de Marcus Octavius. D'une autre part, le livre 1er de Domitius nous apprend qu'Énée reçut de l'oracle d'Apollon Delphien l'ordre de passer en Italie; et là, à l'endroit où il aurait trouvé deux mers, et consommé ses vivres avec les tables mêmes du

aquæ salsæ, vicina inter se : ibique quum se lavisset, ac refectum cibo, quum apium quoque, quod tunc vice mensæ substratum fuerat, consumpsisset, existimantem procul dubio illa esse duo maria, quod in illis stagnis aquæ marinæ species esset, mensasque, quæ erant ex stramine apii, comestas; urbem in eo loco condidisse; eamque, quod in stagno laverit, Lavinium cognominasse. Tum deinde a Latino, rege Aboriginum, data ei, quæ incoleret, jugera quingenta. At Cato in *Origine generis Romani* ita docet : Suem triginta porculos peperisse in eo loco, ubi nunc est Lavinium : quumque Æneas ibi urbem condere constituisset, propterque agri sterilitatem metueret, per quietem ei visa deorum penatum simulacra, adhortantium, ut perseveraret in condenda urbe, quam cœperat; nam, post annos totidem, quot fœtus illius suis essent, Trojanos in loca fertilia atque uberiorem agrum transmigraturos, et urbem clarissimi nominis in Italia condituros.

XIII. Igitur Latinum, Aboriginum regem, quum ei nuntiatum esset, multitudinem advenarum, classe advectam, occupavisse agrum Laurentem, adversum subitos inopinatosque hostes incunctanter suas copias eduxisse : ac prius, quam signum dimicandi daret, animadvertisse Trojanos militariter instructos, quum sui lapidibus ac sudibus armati, tum etiam veste aut pellibus, quæ eis integumento erant, sinistris manibus involutis, processissent. Itaque suspenso certamine, per col-

repas, il devait bâtir une ville. Énée descend donc sur le territoire de Laurente; puis, après s'être avancé à quelque distance du rivage, il découvre deux lacs d'eau salée voisins l'un de l'autre : là, il se lave, prend son repas, et, après avoir consommé jusqu'aux ruches d'abeilles qui lui avaient servi de tables pour y placer les mets, il ne doute plus que ce ne soit là les deux mers; car ces lacs à l'eau salée lui en offrent l'image; de plus, il a consommé jusqu'aux ruches d'abeilles qui lui ont servi de tables; il bâtit donc en ces lieux une ville qu'il surnomma Lavinium, parce qu'il s'était lavé dans le lac. Ensuite, Latinus, roi des Aborigènes, lui donna la propriété de cinq cents arpents de terre. Voici maintenant ce que Caton rapporte dans son *Origine du peuple romain* : La truie mit bas trente marcassins à l'endroit même où se trouve aujourd'hui Lavinium : et lorsque Énée eut résolu d'y fonder une ville, comme la stérilité du sol lui inspirait des craintes, les simulacres de ses dieux pénates lui apparurent en songe, et l'exhortèrent à persévérer dans le dessein d'achever la construction de la ville déjà commencée; car, après autant d'années que la truie avait mis bas de marcassins, les Troyens passeraient dans des lieux fertiles et sur un plus riche terroir; enfin ils élèveraient en Italie une ville du nom le plus illustre.

XIII. Latinus, roi des Aborigènes, à la nouvelle qu'une multitude d'étrangers, venus sur une flotte, s'étaient emparés du territoire de Laurente, range, sans hésiter un moment, son armée en bataille contre ces ennemis soudains et imprévus : mais, avant de donner le signal de la mêlée, il s'aperçoit que les Troyens sont armés régulièrement comme des soldats disciplinés, tandis que les siens, sans autres armes que des pierres et des bâtons, sans autres boucliers que les vêtements et les peaux qui les couvrent, et dont ils enveloppent leur bras gauche, s'avancent ainsi au combat. Alors il suspend l'action,

loquium inquisito, qui essent, quidve peterent, utpote qui in hoc consilium auctoritate numinum cogebatur: namque extis ac somniis sæpe admonitus erat, tutiorem se adversum hostes fore, si copias suas cum advenis conjunxisset : quumque cognovisset, Æneam et Anchisen, bello patria pulsos, cum simulacris deorum errantes sedem quærere; amicitiam fœdere inisse, dato invicem jurejurando, ut communes quoque hostes amicosve haberent. Itaque cœptum a Trojanis muniri locum, quem Æneas ex nomine uxoris suæ, Latini regis filiæ, quæ jam ante desponsata Turno Herdonio fuerat, Lavinium cognominavit. At vero Amatam, Latini regis uxorem, quum indigne ferret, Laviniam, repudiato Turno consobrino suo, Trojano advenæ collocatam, Turnum ad arma concitavisse; cumque mox, coacto Rutulorum exercitu, tetendisse in agrum Laurentem, et adversus eum Latinum pariter cum Ænea progressum, inter prœliantes circumventum occisumque. Nec tamen, amisso socero, Æneas Rutulis obsistere desiit; namque et Turnum interemit. Hostibus fusis fugatisque, victor Lavinium se cum suis recepit, consensuque omnium Latinorum rex declaratus est; ut scribit Lutatius, libro III. Piso quidem, Turnum matruelem Amatæ fuisse tradit, interfectoque Latino, mortem ipsam sibimet conscivisse.

XIV. Igitur Æneam, occiso Turno, rerum potitum, quum, adhuc irarum memor, Rutulos bello persequi instituisset, illos sibi ex Etruria auxilium Mezentii, regis Agil-

entre en pourparler avec les Troyens, et leur demande qui ils sont, ce qu'ils veulent ; car l'ordre des dieux le forçait à cette démarche : en effet, les entrailles des victimes et ses songes l'avaient souvent averti qu'il serait plus en sûreté contre ses ennemis, s'il mêlait ses troupes avec des étrangers : il apprend qu'Énée et Anchise, chassés de leur patrie par la guerre, errant avec les statues de leurs dieux, cherchaient une demeure ; il leur offre son amitié, son alliance, qu'on scelle, de part et d'autre, du serment solennel d'avoir les mêmes ennemis, les mêmes amis. Les Troyens commencèrent donc à fortifier l'emplacement qu'Énée surnomma Lavinium, du nom de son épouse, fille du roi Latinus, qui d'abord avait été promise en mariage à Turnus Herdonius. Mais Amate, femme du roi Latinus, indignée de voir Lavinie arrachée à l'alliance de son cousin Turnus, pour subir celle d'un étranger troyen, excita Turnus à prendre les armes ; bientôt ce prince a rassemblé l'armée des Rutules, et il marche sur Laurente : Latinus s'avance contre lui avec Énée ; mais il est surpris et tué dans la bataille. Malgré la perte de son beau-père, Énée n'en résiste pas moins aux Rutules, et finit même par tuer Turnus. Après la défaite et la fuite de l'ennemi, le vainqueur entre à Lavinium avec son armée, et d'un consentement unanime est proclamé roi des Latins ; voilà ce qu'a écrit Lutatius, livre III. Pison rapporte que Turnus était, du côté maternel, cousin germain d'Amate, et que cette princesse, après la mort de Latinus, mit volontairement fin à ses jours.

XIV. Ainsi Énée reste maître du pouvoir par son triomphe sur Turnus ; encore plein de ressentiment, il veut poursuivre la guerre contre les Rutules, qui s'allient

læorum, adscivisse ac imploravisse, pollicitos, si victoria parta foret, omnia, quæ Latinorum essent, Mezentio cessura. Tum Æneam, quod copiis inferior erat, multis rebus, quæ necessario tuendæ erant, in urbem comportatis, castra sub Lavinio collocasse; præpositoque his filio Euryleone, ipsum, electo ad dimicandum tempore, copias in aciem produxisse, circa Numici fluminis stagnum : ubi quum acerrime dimicaretur, subitis turbinibus infuscato aere, repente cœlo tantum imbrium effusum, tonitrubus etiam consequutis flammarumque fulgoribus, ut omnium non oculi modo præstringerentur, verum etiam mentes quoque confusæ essent : quumque universos utriusque partis dirimendi prœlia cupiditas inesset[18], nihilo minus in illa tempestatis subitæ confusione interceptum Æneam nusquam deinde comparuisse. Traditur autem, non proviso, quod propinquus flumini esset, ripa depulsus, forte in fluvium decidisse, atque ita prœlium diremptum; dein post apertis fugatisque nubibus quum serena facies effulsisset, creditum est, vivum cum cœlo assumptum. Idemque tamen post ab Ascanio, et quibusdam aliis visus affirmatur super Numici ripam, eo habitu armisque, quibus in prœlium processerat : quæ res immortalitatis ejus famam confirmavit. Itaque illi eo loco templum consecratum, appellarique placuit Patrem indigetem. Dein filius ejus Ascanius, idem qui Euryleo, omnium Latinorum indicio rex appellatus.

XV. Igitur summam imperii Latinorum adeptus Asca-

avec les Étrusques, et implorent le secours de Mézence, roi des Agilléens, avec promesse, en cas de victoire, de lui céder tout ce qui appartenait aux Latins. Alors Énée, qui se trouvait inférieur en forces, fait transporter dans la ville beaucoup d'objets qui exigeaient une protection toute spéciale, et vient camper sous les murs de Lavinium; il laisse pour gardien des retranchements son fils Euryléon, choisit, pour combattre, le moment favorable, et s'avance lui-même en bataille, à la tête de ses troupes, près des rives du fleuve Numicus : là, au plus fort de l'action, l'air est obscurci tout à coup par des tourbillons épais; soudain des torrents de pluie s'échappent du ciel, le tonnerre gronde, les éclairs embrasent la nue, de telle sorte que tous les yeux sont éblouis, tous les esprits frappés de terreur : de part et d'autre, chaque combattant n'a plus qu'un désir, celui de mettre fin au combat; mais, dans le bouleversement de cet orage subit, Énée enlevé disparaît pour toujours. On dit encore que, n'ayant pas songé qu'il était près du fleuve, il perdit pied sur la rive et tomba dans le courant : ce qui fit cesser la bataille; puis, lorsqu'après la dispersion des nuages entr'ouverts, la face du ciel eut repris son éclat et sa sérénité, on crut que le héros avait été reçu vivant dans l'Olympe. Toutefois, on affirme que, depuis, il fut vu par Ascagne et par quelques autres près de la rive du Numicus, sous l'extérieur et avec l'armure qu'il portait le jour du combat : ce qui confirma le bruit de son immortalité. On lui consacra donc un temple dans ce lieu, et l'on se plut à lui donner le titre de Père du pays. Ensuite son fils Ascagne, le même qu'Euryléon, fut reconnu roi, d'après le suffrage de tous les Latins.

XV. Devenu possesseur de l'empire du Latium, Asca-

nius, quum continuis prœliis Mezentium persequi instituisset, filius ejus Lausus collem Laviniæ arcis occupavit; quumque id oppidum circumfusis omnibus copiis regis teneretur, Latini legatos ad Mezentium miserunt sciscitatum, qua conditione in deditionem eos accipere vellet; quumque ille inter alia onerosa illud quoque adjiceret, ut omne vinum agri Latini aliquot annis sibi inferretur: consilio atque auctoritate Ascanii placuit ob libertatem mori potius, quam illo modo servitutem subire. Itaque vino ex omni vindemia Jovi publice voto consecratoque, Latini urbe eruperunt, fusoque præsidio interfectoque Lauso, Mezentium fugam facere coegerunt. Is postea per legatos amicitiam societatemque Latinorum impetravit, ut docet Julius Cæsar, libro i, itemque Aulus Postumius in eo volumine, quod de adventu Æneæ conscripsit atque edidit. Igitur Latini Ascanium ob insignem virtutem non solum Jove ortum crediderunt, sed etiam per diminutionem, declinato paululum nomine, primo Jobum, dein postea Julum appellarunt; a quo Julia familia manavit, ut scribunt Cæsar, libro ii, et Cato in *Originibus*.

XVI. Interim Lavinia, ab Ænea gravida relicta, metu veluti insequuturi se Ascanii, in silvam profugit ad magistrum patrii pecoris Tyrrhum, ibique enixa est puerum, qui a loci qualitate Silvius est dictus. At vero vulgus Latinorum, existimans clam ab Ascanio interfectam, magnam ei invidiam conflaverat, usque eo, ut armis quoque ei vim denuntiaret. Tum Ascanius jure jurando

gne résolut de poursuivre Mézence par d'incessantes attaques; alors Lausus, fils de ce prince, s'empare de la colline où s'élevait la citadelle de Lavinium; et comme cette place se trouvait investie de tous côtés par les troupes du roi ennemi, les Latins envoyèrent des ambassadeurs demander à Mézence à quelle condition il consentirait à recevoir leur soumission; Mézence, entre autres exigences onéreuses, voulait encore qu'on lui livrât, pendant quelques années, tout le vin du terroir : mais les conseils et l'autorité d'Ascagne décidèrent les Latins à périr plutôt pour la liberté que de subir une telle servitude. Aussi, après avoir, par un vœu public, consacré à Jupiter le vin de toute la vendange, les Latins font une sortie hors de la ville, dissipent la garnison ennemie, tuent Lausus, et forcent Mézence de prendre la fuite. Dans la suite, il demanda et obtint par ses ambassadeurs l'alliance et l'amitié des Latins, comme nous l'apprend Jules César, livre I, et Aulus Postumius, dans le volume qu'il écrivit et publia sur l'arrivée d'Énée en Italie. L'insigne valeur d'Ascagne fit croire aux Latins, non-seulement qu'il était issu de Jupiter, mais au moyen même d'un léger changement dans le nom, qu'ils diminuèrent en le détournant quelque peu de sa première forme, ils l'appelèrent d'abord Jobus, puis ensuite Julus, de qui descendit la famille Julia, comme l'attestent César, livre II, et Caton dans ses *Origines*.

XVI. Cependant Lavinie, qu'Énée avait laissée enceinte, croyant avoir à craindre les poursuites d'Ascagne, se réfugia dans une forêt auprès de Tyrrhée, maître pasteur des troupeaux de son père, et là mit au monde un enfant, que la nature du lieu fit nommer Silvius. Mais, d'un autre côté, le peuple latin, dans l'idée qu'Ascagne avait fait mourir en secret Lavinie, conçut contre lui tant de haine, qu'il vint, les armes à la main, pour lui faire violence. Alors Ascagne tente, pour se disculper

se purgans, quum nihil apud eos proficeret, petita dilatione ad inquirendum, iram præsentem vulgi aliquantulum fregit; pollicitusque est, se ingentibus præmiis cumulaturum eum, qui sibi Laviniam investigasset : mox recuperatam cum filio in urbem Lavinium reduxit, dilexitque honore materno. Quæ res rursum ei magnum favorem populi conciliavit, ut scribunt Caius Cæsar et Sextus Gellius [19] in *Origine gentis Romanæ*. At vero alii tradunt, quod quum Ascanius ab universo populo ad restituendam Laviniam cogeretur, juraretque, se neque interemisse, neque scire, ubi esset, Tyrrhum, petito silentio, in illa concionis frequentia professum indicium, si sibi, Laviniæque, pueroque ex ea nato fides incolumitatis daretur; tumque cum, accepta fide, Laviniam in urbem cum filio reduxisse.

XVII. Post hæc Ascanius, completis in Lavinio triginta annis, recordatus novæ urbis condendæ tempus advenisse ex numero porcorum, quos pepererat sus alba, circumspectis diligenter finitimis regionibus, speculatus montem editum, qui nunc ab ea urbe, quæ in eo condita est, Albanus nuncupatur, civitatem communit; eamque ex forma, quod ita in longum porrecta est, Longam, ex colore suis, Albam cognominavit. Quumque illuc simulacra deorum penatium transtulisset, postridie apud Lavinium apparuerunt : rursusque relata Albam, appositisque custodibus [nescio quantis [20]], se Lavinium in pristinam sedem identidem receperunt. Itaque tertio nemo ausus est amovere ea, ut scriptum est in *Annali*

auprès d'eux, la voie du serment ; efforts inutiles! Il demande un délai pour s'enquérir de la princesse, et calme ainsi quelque peu la fureur du moment; il promet même de combler de présents magnifiques celui dont les recherches lui découvriraient Lavinie, qui bientôt fut retrouvée ; alors il la ramena avec son fils dans la ville de Lavinium, la chérit et l'honora comme une mère : conduite qui lui concilia de nouveau la vive affection du peuple, suivant le témoignage de Caïus César et de Sextus Gellius, dans son *Origine des Romains*. Mais d'autres rapportent qu'au moment où la multitude tout entière voulait forcer Ascagne à rendre Lavinie, comme ce prince jurait qu'il ne l'avait pas fait mourir, et qu'il ne savait point où elle était, Tyrrhée réclama le silence, et promit, dans cette immense assemblée, de dévoiler le mystère, si l'on assurait la vie sauve à lui-même, à Lavinie et à l'enfant né de cette princesse ; lorsqu'il eut reçu le serment exigé, il ramena dans la ville et Lavinie et son fils.

XVII. Ensuite Ascagne, après les trente années révolues dans Lavinium, se rappelle que l'époque est arrivée de bâtir la nouvelle ville, d'après le nombre de marcassins qu'avait mis bas la truie blanche : il examine donc avec soin les contrées voisines; il remarque une montagne élevée, que l'on appelle aujourd'hui montagne d'Albe, du nom de la cité bâtie sur ses hauteurs ; il y construit une ville forte, qu'il surnomme la Longue, d'après sa forme, parce qu'elle s'étendait ainsi en long, et Albe, d'après la couleur de la truie. Lorsqu'il y eut transporté les statues de ses dieux pénates, ils apparurent le lendemain à Lavinium : rapportés de nouveau dans Albe et entourés de je ne sais combien de gardes, ils retournèrent encore à Lavinium, dans leur ancienne demeure. Aussi, personne n'osa les déplacer une troisième fois, comme il est écrit dans les *Annales des pontifes*, livre IV, au livre II de Cincius et de César, au livre I de Tubéron. Après la mort

pontificum IV, libro Cincii et Cæsaris II, Tuberonis I. At Ascanius postquam excessisset e vita, inter Iulum, filium ejus, et Silvium Postumum, qui ex Lavinia genitus erat, de obtinendo imperio orta contentio est, quum dubitaretur, an Æneæ filius, an nepos potior esset. Permissa disceptatione ejus rei, ab universis rex Silvius declaratus est. Ejusdem posteri omnes cognomento Silvii, usque ad conditam Romam, Albæ regnaverunt, ut est scriptum *Annalium pontificalium* libro IV. Igitur regnante Latino Silvio, coloniæ deductæ sunt Præneste, Tibur, Gabii, Tusculum, Cora, Pometia, Locri, Crustumium, Cameria, Bovillæ [21], ceteraque oppida circumquaque.

XVIII. Post eum, regnavit Tiberius Silvius, Silvii filius. Qui quum adversus finitimos bellum inferentes copias eduxisset, inter prœliantes depulsus in Albulam flumen, deperiit, mutandique nominis exstitit causa, ut scribunt Lucius Cincius libro I, Lutatius libro III. Post eum, regnavit Aremulus Silvius [22]; qui tantæ superbiæ non adversum homines modo, sed etiam deos fuisse traditur, ut prædicaret, se superiorem esse ipso Jove; ac, tonante cœlo, militibus imperaret, ut telis clypeos quaterent, dictitaretque, clariorem sonum se facere. Qui tamen præsenti affectus est pœna: nam fulmine ictus raptusque turbine in Albanum lacum præcipitatus est, ut scriptum est *Annalium* libro VI, et *Epitomarum* Pisonis II. Aufidius sane in *Epitomis* et Domitius libro I, non fulmine ictum, sed terræ motu prolapsum, simul cum eo regiam, in Albanum lacum tradunt. Post illum, regnavit Aventinus

d'Ascagne, un différend sur l'empire s'éleva entre son fils
Iule et Silvius Postumus, né de Lavinie; le peuple ne
savait lequel il devait préférer du fils ou du petit-fils
d'Énée. Enfin, après bien des débats, Silvius fut déclaré
roi par les suffrages universels. Tous les descendants du
même Silvius, qui portèrent semblable surnom, régnèrent
dans Albe jusqu'à la fondation de Rome, comme il est
écrit au livre IV des *Annales des pontifes*. Sous le règne
de Latinus Silvius, des colonies albaines furent con-
duites à Préneste, Tibur, Gabies, Tusculum, Cora,
Pometia, Locres, Crustumium, Camérie, Bovilla, et
dans les autres places circonvoisines.

XVIII. Après Latinus Silvius, régna son fils Tiberius
Silvius. Ce prince marchait avec ses troupes contre les
peuples voisins qui lui faisaient la guerre, lorsqu'au milieu de l'action, il fut poussé dans les eaux de l'Albula,
où il périt; circonstance qui fit changer le nom du fleuve,
comme l'écrivent Lucius Cincius, livre I, et Lutatius,
livre III. Après Tiberius, régna Aremulus Silvius, prince
d'un orgueil extrême envers les hommes, et non moins
superbe envers les dieux; car il se vantait, dit-on, de
l'emporter sur Jupiter lui-même; lorsque le ciel tonnait, il
commandait à ses soldats de frapper leurs boucliers de
leurs armes, et il s'écriait, à chaque coup, qu'il produisait
un son plus éclatant. Mais un prompt châtiment devait
l'atteindre : car, frappé de la foudre, et entraîné par un
tourbillon, il fut précipité dans le lac Albain, comme il
est écrit au livre VI des *Annales*, et au livre II des *Abrégés* de Pison. Mais Aufidius, dans ses *Abrégés*, et Domitius, livre I, rapportent qu'il ne fut point frappé de
la foudre, mais renversé par un tremblement de terre,
et entraîné, avec son palais, dans le lac Albain. Après

Silvius; isque, finitimis bellum inferentibus, in dimicando circumventus ab hostibus, prostratus est, ac sepultus circa radices montis, cui ex se nomen dedit, ut scribit Julius Cæsar libro ii.

XIX. Post cum, Silvius Procas, rex Albanorum, duos filios, Numitorem et Amulium, æquis partibus heredes instituit. Tum Amulius in una parte regnum tantummodo, in altera totius patrimonii summam atque omnem paternorum bonorum substantiam posuit, fratrique Numitori, qui major natu erat, optionem dedit, ut ex his, utrum mallet, eligeret. Numitor quum privatum omne cum facultatibus regno prætulisset, Amulius regnum obtinuit. Quod ut firmissime possideret, Numitoris, fratris sui, filium [23], in venando interimendum curavit. Tum etiam Rheam Silviam, ejus sororem, sacerdotem Vestæ fieri jussit, simulato somnio, quo admonitus ab eadem dea esset, ut id fieret: quum re vera ita faciendum sibi existimaret, periculosum ducens, ne quis ex ea nasceretur, qui avitas persequeretur injurias, ut scribit Valerius Antias libro i. At vero Marcus Octavius et Licinius Macer tradunt, Amulium, patruum Rheæ sacerdotis, amore ejus captum, nubilo cœlo obscuroque aere, quum primum illucescere cœpisset, in usum sacrorum aquam petenti insidiatum, in luco Martis compressisse eam: tum, exactis mensibus, geminos editos. Quod quum comperisset, celandi facti gratia per scelus concepti, necari jussit sacerdotem, partum sibi exhiberi. Tumque Numitorem spe futurorum, quod hi, si adole-

lui, régna Aventinus Silvius, qui, lors de l'invasion des peuples voisins, fut enveloppé dans le combat, tué par l'ennemi, et enseveli au pied de la montagne à laquelle il donna son nom, comme l'écrit Jules César, livre II.

XIX. Après Aventinus, Silvius Procas, roi des Albains, institua également pour héritiers ses deux fils, Numitor et Amulius. Alors Amulius mit d'un côté le royaume seulement ; de l'autre, la totalité du patrimoine et la masse des biens paternels, abandonnant à son frère Numitor, qui était l'aîné, le droit de choisir celui des deux lots qu'il aimerait le mieux. Numitor préféra au trône tous les domaines privés et leurs revenus ; Amulius obtint donc la couronne. Pour la posséder de la manière la plus sûre, il eut soin de faire tuer, dans une partie de chasse, le fils de son frère Numitor. Quant à Rhéa Silvia, sa nièce, il ordonna qu'elle se fît prêtresse de Vesta, feignant d'avoir reçu, en songe, cette injonction de la déesse elle-même : mais, en réalité, il croyait devoir agir ainsi, dans la crainte qu'il ne vînt à naître de cette princesse quelque vengeur des injures de son aïeul, comme l'écrit Valerius Antias, livre I. Mais, selon Marcus Octavius et Licinius Macer, Amulius, oncle de la prêtresse Rhéa, devint amoureux d'elle, et, profitant d'un ciel nébuleux et de l'obscurité de la nuit, il surprit, aux premiers rayons du jour, Rhéa Silvia, qui venait puiser de l'eau pour l'usage des sacrifices, et lui fit violence dans le bois sacré de Mars : de là, deux jumeaux naquirent, à terme. A cette nouvelle, Amulius, pour cacher un fait si criminel, ordonna qu'on mît à mort la prêtresse, et qu'on lui apportât les enfants. Mais Numitor, espérant, pour l'avenir, que les jumeaux, devenus grands, seraient quelque jour les vengeurs de ses injures, substitua d'autres enfants à leur place, et remit à Faustulus, chef des

vissent, injuriarum suarum quandoque ultores futuri essent, alios pro eis subdidisse, illosque suos veros nepotes Faustulo, pastorum magistro, dedisse nutriendos.

XX. At vero Fabius Pictor libro I et Vennonius, solito institutoque egressam virginem, in usum sacrorum aquam petitum ex eo fonte, qui erat in luco Martis, subito imbribus tonitrubusque, quæ cum illa erant, disjectis, a Marte compressam : conturbatamque, mox recreatam consolatione dei, nomen suum indicantis, affirmantisque, ex ea natos dignos patre evasuros. Primum igitur Amulius rex, ut comperit, Rheam Silviam sacerdotem peperisse geminos, protinus imperavit deportari ad aquam profluentem, atque eo abjici. Tum illi, quibus id imperatum erat, impositos alveo pueros, circa radices montis Palatii in Tiberim, qui tum magnis imbribus stagnaverat, abjecerunt : ejusque regionis subulcus Faustulus, speculatus exponentes, ut vidit, relabente flumine, alveum, in quo pueri erant, obhæsisse ad arborem fici, puerorumque vagitu lupam excitam, quæ repente exierat, primo lambitu eos detersisse, dein levandorum uberum gratia mammas præbuisse; descendit ac sustulit, nutriendosque Accæ Larentiæ, uxori suæ, dedit; ut scribunt Ennius libro I, et Cæsar libro II. Addunt quidam [24], Faustulo inspectante, picum quoque advolasse, et ore pleno cibum pueris ingessisse : inde videlicet lupum picumque Martiæ tutelæ esse. Arborem quoque illam Ruminalem dictam, circa quam pueri abjecti erant,

bergers, ses véritables petits-fils, pour qu'il prît soin de les nourrir.

XX. Mais, selon Fabius Pictor, livre i, et Vennonius, la jeune vierge était sortie, suivant l'usage et le rite adoptés, pour puiser l'eau des sacrifices à une fontaine située dans le bois sacré de Mars, quand tout à coup des pluies et des éclats de tonnerre dispersent tout ce qui se trouvait avec elle, et Mars lui fait violence : elle est d'abord troublée, confuse; bientôt le dieu la rassure, la console; il se nomme, et lui affirme qu'il naîtra d'elle des fils dignes de leur père. Mais le roi Amulius, à la première nouvelle que la prêtresse Rhéa Silvia vient de mettre au monde deux jumeaux, ordonne, à l'instant même, qu'ils soient portés vers le fleuve, et jetés dans le courant. Alors ceux qui ont reçu cet ordre placent les enfants sur une petite barque, et les poussent, au pied du mont Palatin, dans le Tibre, dont l'abondance des pluies avait, en ce moment, fait un lac tranquille : le pasteur de la contrée, Faustulus, aperçoit ceux qui exposaient les enfants; puis, lorsque les eaux du fleuve se retirent, il voit la barque où se trouvent les jumeaux rester comme attachée à un figuier; aux vagissements des nouveau-nés accourt une louve, qui s'élance tout à coup vers eux, les lèche d'abord et les nettoie, puis leur présente ses mamelles pour alléger le poids qui les gonfle; Faustulus descend alors, emporte les enfants, et les donne à sa femme Acca Larentia, pour qu'elle prenne soin de les nourrir; tel est le récit d'Ennius, livre i, et de César, livre ii. D'autres ajoutent qu'en présence de Faustulus, un pivert vint aussi à tire-d'aile, et le bec plein de nourriture, qu'il fit entrer dans la bouche des enfants : voilà sans doute pourquoi le loup et le pivert sont sous la protection de Mars. On appela aussi Rumi-

quod ejus sub umbra pecus acquiescens meridie rumitare [15] sit solitum.

XXI. At vero Valerius tradit, pueros ex Rhea Silvia natos Amulium regem Faustulo servo necandos dedisse; sed eum, a Numitore exoratum, ne pueri necarentur, Accae Larentiae, amicae suae, nutriendos dedisse; quam mulierem, eo quod pretio corpus esset vulgare solita, Lupam dictam. Notum quippe, ita appellari mulieres quaestum corpore facientes: unde et ejusmodi loci, in quibus hae consistunt, lupanaria dicta. Quum vero pueri liberalis disciplinae capaces facti essent, Gabiis Graecarum Latinarumque litterarum ediscendarum gratia commoratos, Numitore avo clam omnia subministrante. Itaque ut primum adolevissent, Romulum, indicio educatoris Faustuli comperto, qui sibi avus, quae mater fuisset, quidque de ea factum esset, cum armatis pastoribus Albam protinus perrexisse, interfectoque Amulio, Numitorem avum in regnum restitutum. Romulum autem a virium magnitudine appellatum: nam, Graeca lingua ῥώμην *virtutem* dici, certum est. Alterum vero Remum dictum, videlicet a tarditate: quippe talis naturae homines ab antiquis *remores* dicti.

XXII. Igitur actis, quae supra diximus, et re divina facta, eo in loco, qui nunc Lupercal dicitur, ludibundi discurrerant, pellibus hostiarum occursantes quosque sibimet verberantes; utque solenne sacrificium sibi posterisque id esset, sanxerunt, separatimque suos appellaverunt, Remus Fabios, Romulus Quintilios: quorum

nal l'arbre au pied duquel on avait jeté les enfants, parce que, sous son ombrage, les troupeaux ont l'habitude de reposer au milieu du jour et de ruminer.

XXI. Voici maintenant la version de Valerius Antias : les enfants, nés de Rhéa Silvia, furent remis par le roi Amulius à l'esclave Faustulus, pour qu'il les fît périr ; mais Numitor le supplia de ne point les tuer : alors Faustulus les donna, pour être élevés, à sa maîtresse Acca Larentia, femme dite la Louve, parce qu'elle avait coutume de vendre et de prostituer son corps. On sait, en effet, qu'on appelle ainsi les courtisanes qui font trafic de leur personne ; de là les bouges mêmes où logent ces femmes portent le nom de lupanars. Lorsque les enfants devinrent susceptibles de recevoir une instruction libérale, ils furent envoyés à Gabies pour y apprendre les lettres grecques et latines ; leur aïeul Numitor fournissait secrètement à tous leurs besoins. A peine l'âge eut-il développé leurs forces, que Romulus, apprenant de Faustulus qui l'avait élevé, quel avait été son aïeul, quelle avait été sa mère, et ce qu'on avait fait d'elle, arme aussitôt les bergers, marche contre Albe, tue Amulius, et rétablit sur le trône son grand-père Numitor. La grandeur des forces de Romulus le fit appeler ainsi : car il est certain qu'en grec on exprime par $\dot{\rho}\acute{\omega}\mu\eta\nu$ ce que les Latins entendent par *virtutem*. Mais l'autre fils de Rhéa Silvia reçut le nom de Remus, sans doute à cause de sa lenteur : en effet, les hommes d'une telle nature étaient, dans les temps antiques, appelés *remores*.

XXII. Après l'accomplissement des faits que nous venons de rapporter, et la célébration des cérémonies religieuses, ils s'étaient mis à courir tout en jouant dans l'endroit appelé maintenant Lupercal ; recouverts de la peau des victimes, ils effrayaient et frappaient tout le monde sur leur passage ; afin de renouveler, chaque année, ce sacrifice, eux et leurs descendants, ils en sanctionnè-

utrumque nomen etiamnum in sacris manet. At vero libro II *Pontificalium* proditur, missos ab Amulio, qui Remum, pecorum pastorem, attraherent, quum non auderent ei vim afferre, opportunum tempus sibi ad insidiandum nactos, quod tum Romulus aberat, genus lusus simulasse, quinam eorum, manibus post terga ligatis, lapidem, quo lana pensitari solebat, mordicus sublatum, quam longissime perferret. Tum Remum fiducia virium in Aventinum usque se perlaturum spopondisse; dein, postquam vinciri se passus est, Albam abstractum. Quod postquam Romulus comperisset, coacta pastorum manu, eaque in centenos homines distributa, perticas manipulis foeni [26] varie formatis in summo junctas dedisse, quo facilius eo signo suum quisque ducem sequeretur: unde institutum, ut postea milites, qui ejusdem signi essent, manipulares dicerentur. Itaque ab eo, oppresso Amulio, fratrem vinculis liberatum, avum regno restitutum.

XXIII. Quum igitur inter se Romulus et Remus de condenda urbe tractarent, in qua ipsi pariter regnarent, Romulusque locum, qui sibi idoneus videretur, in monte Palatino designaret, Romamque appellari vellet; contraque item Remus in alio colle, qui aberat a Palatio millibus quinque, eumdemque locum ex suo nomine Remuriam appellaret, neque ea inter eos finiretur contentio: avo Numitore arbitro adscito, placuit discepta-

rent la solennité, et chacun donna à ses adeptes une dénomination spéciale : ceux de Remus furent les Fabius; ceux de Romulus, les Quintilius : et ces deux noms distincts se conservent encore aujourd'hui dans les sacrifices. Voici, à présent, ce qu'on trouve au livre II des *Annales pontificales :* Amulius envoya des satellites pour surprendre Remus, berger des troupeaux; comme ils n'osaient lui faire violence, ils épièrent l'occasion favorable pour lui tendre des piéges: ainsi, pendant l'absence de Romulus, ils simulent une sorte de jeu, comme pour savoir lequel d'entre eux, les mains liées derrière le dos, soulèverait avec les dents une pierre qui servait d'ordinaire à peser la laine, et la porterait le plus loin possible. Alors Remus, plein de confiance dans sa vigueur, promet de la porter jusque sur le mont Aventin : puis, il se laisse garrotter, et on l'entraîne dans Albe. A cette nouvelle, Romulus rassemble une troupe de bergers, la distribue par cent hommes, et lui donne des perches, au bout desquelles sont suspendues des manipules ou poignées de foin de diverses formes, pour que chacun, à ce signe, puisse suivre plus facilement son chef: institution qui, dans la suite, fit appeler manipulaires les soldats réunis sous le même étendard. Ainsi Romulus, après avoir tué Amulius, brisa les chaînes de son frère, et rétablit son aïeul sur le trône.

XXIII. Cependant Romulus et Remus se concertent entre eux sur l'emplacement où ils doivent bâtir la ville, dans laquelle ils régneraient également eux-mêmes : Romulus désigne, sur le mont Palatin, un endroit qui lui paraît convenable, et veut nommer Rome la cité nouvelle; mais Remus, à son tour, indique une autre colline à cinq milles du mont Palatin, et prétend appeler de son nom ce même lieu Remuria. Comme leur querelle était sans fin, ils choisissent d'abord pour arbitre leur aïeul Numitor; puis ils conviennent de prendre les

tores ejus controversiæ immortales deos sumere; ita ut, utri eorum priori secunda auspicia obvenissent, urbem conderet, eamque ex suo nomine nuncuparet, atque in ea regni summam teneret. Quumque auspicaretur Romulus in Palatio [27], Remus in Aventino, sex vultures, pariter volantes, a sinistra Remo prius visos, tumque ab eo missos, qui Romulo nuntiarent, sibi jam data auspicia, quibus condere urbem juberetur; itaque maturaret ad se venire. Quumque ad eum Romulus venisset, quæsissetque, quænam illa auspicia fuissent, dixissetque ille, sibi auspicanti sex vulturios simul apparuisse: At ego, inquit Romulus, jam tibi duodecim demonstrabo; ac repente duodecim vultures apparuisse, subsequuto cœli fulgore pariter tonitruque. Tum Romulus, Quid, inquit, Reme, affirmas priora, quum præsentia intuearis? Remus postquam intellexit sese regno fraudatum : Multa, inquit, in hac urbe, temere sperata atque præsumpta, felicissime proventura sunt. At vero Licinius Macer libro 1 docet, contentionis illius perniciosum exitum fuisse; namque ibidem obsistentes Remum et Faustulum interfectos. Contra Egnatius libro 1, in ea contentione non modo Remum non esse occisum, sed etiam ulterius a Romulo vixisse tradit. Sed horum omnium opinionibus diversis repugnat [nostræ memoriæ proclamans [28]] *Historia* Liviana, quæ testatur, quod auspicato Romulus ex suo nomine Romam vocavit : quumque muniret mœnibus, edixit, ne quis vallum transiliret; quod Remus irridens, transilivit, et a Celere centurione rutro [29] fertur occisus. Romulus asylum convenis.... etc....

dieux immortels pour juges du différend : ainsi, celui des deux qui, le premier, aurait des auspices favorables, bâtirait la ville, l'appellerait de son nom, et y exercerait le pouvoir royal. Romulus consulte le vol des oiseaux, sur le mont Palatin; Remus, sur l'Aventin. Ce dernier voit d'abord, à gauche, six vautours qui volaient de front; et il envoie annoncer à Romulus, que déjà les dieux lui avaient donné les auspices, qui lui ordonnaient de fonder la ville : il l'attendait donc sans retard. Romulus arrive, et lui demande quels ont été ces auspices; Remus répond que, lorsqu'il consultait le vol des oiseaux, six vautours lui ont à la fois apparu. Mais moi, dit Romulus, je vais t'en montrer douze; et aussitôt douze vautours d'apparaître; puis l'éclair brille et le tonnerre gronde. Romulus alors s'écrie : Pourquoi, Remus, parler avec tant d'assurance de ce que tu as vu le premier, en présence de ce que tu vois maintenant? Remus a compris qu'il avait perdu le trône. Bien des espérances, bien des présomptions téméraires, dit-il, auront, dans cette ville, le succès le plus heureux. Mais Licinius Macer, livre 1, nous apprend, à son tour, que cette querelle eut une fin tragique; car Remus et Faustulus, qui voulurent faire résistance, furent mis à mort. Egnatius, au contraire, livre 1, raconte que Remus, loin d'avoir été tué, survécut même à Romulus. Mais toutes ces opinions diverses sont entièrement réfutées par l'*Histoire* de Tite-Live, histoire écrite de nos jours, et qui atteste que Romulus, après avoir eu les auspices favorables, appela Rome de son nom : et lorsqu'il la fortifiait de murailles, il défendit à tous de franchir le fossé de circonvallation; Remus le franchit avec dérision, et fut tué, dit-on, d'un coup de bêche par le centurion Céler. Romulus ouvrit un asile aux étrangers venus en foule.... etc....

S. AURELII VICTORIS

DE VIRIS ILLUSTRIBUS URBIS ROMÆ.

1. Procas, rex Albanorum.

PROCAS, rex Albanorum, Amulium et Numitorem filios habuit; quibus regnum annuis vicibus habendum reliquit, et ut alternis imperarent. Sed Amulius fratri imperium non dedit[1]; et, ut eum sobole privaret, Rheam Silviam, filiam ejus, Vestæ sacerdotem præfecit, ut virginitate perpetua teneretur: quæ, a Marte compressa, Romulum et Remum edidit. Amulius ipsam in vincula compegit; parvulos in Tiberim abjecit, quos aqua in sicco reliquit. Ad vagitum lupa accurrit, eosque uberibus suis aluit. Mox Faustulus pastor collectos Accæ Larentiæ conjugi educandos dedit. Qui postea, Amulio interfecto, Numitori avo regnum restituerunt; ipsi, pastoribus adunatis, civitatem condiderunt, quam Romulus, augurio victor, quod ipse duodecim, Remus sex vultures[2] viderat, Romam vocavit; et, ut eam prius legibus muniret, quam mœnibus, edixit, ne quis vallum transiliret: quod Remus irridens, transilivit, et a Celere centurione rutro fertur occisus.

S. AURELIUS VICTOR

HOMMES ILLUSTRES DE LA VILLE DE ROME.

I. Procas, roi des Albains.

Procas, roi des Albains, eut deux fils, Amulius et Numitor; il leur laissa le trône, en leur prescrivant de régner alternativement chacun pendant une année. Mais Amulius ne donna pas l'empire à son frère, et, pour le priver de postérité, il fit grande-prêtresse de Vesta, Rhéa Silvia, sa nièce, afin de la tenir dans une éternelle virginité; mais, violée par Mars, elle mit au monde Romulus et Remus. Amulius la plongea elle-même dans les fers, et jeta dans le Tibre ses enfants au berceau; mais ils furent laissés à sec par les eaux du fleuve. Une louve accourut à leurs vagissements, et les allaita de ses mamelles. Bientôt le berger Faustulus les recueillit, et les fit élever par sa femme Acca Larentia. Dans la suite, ils tuèrent Amulius, et rendirent la couronne à leur aïeul Numitor; puis, ils rassemblèrent les pasteurs en assez grand nombre, et bâtirent une ville que Romulus, vainqueur par un augure plus favorable, puisqu'il avait vu douze vautours et Remus six seulement, appela Rome; et, pour la fortifier par des lois avant de la munir de remparts, il défendit à qui que ce fût de franchir le retranchement. Remus, se moquant de la défense, le franchit, et fut tué, dit-on, d'un coup de bêche par le centurion Céler.

II. Romulus, Romanorum rex primus.

Romulus asylum³ convenis patefecit, et, magno exercitu facto⁴, quum videret conjugia deesse, per legatos a finitimis civitatibus petiit. Quibus negatis, ludos Consualia⁵ simulavit : ad quos quum utriusque sexus multitudo venisset, dato suis signo, virgines raptæ sunt. Ex quibus quum una pulcherrima cum magna omnium admiratione duceretur, Talassio eam duci responsum. Quæ nuptiæ quia feliciter cesserant, institutum est, ut omnibus nuptiis Talassii nomen invocaretur. Quum feminas finitimorum Romani vi rapuissent, primi Cæninenses contra eos bellum sumpserunt. Adversus quos Romulus processit, et exercitum eorum ac ducem Acronem singulari prœlio devicit. Spolia opima Jovi Feretrio⁶ in Capitolio consecravit. [Antemnates, Crustumini, Fidenates, Veientes,] Sabini [etiam] ob raptas bellum adversus Romanos sumpserunt. Et quum Romæ appropinquarent, Tarpeiam virginem nacti, quæ aquæ, causa sacrorum, hauriendæ descenderat, ei T. Tatius optionem muneris dedit, si exercitum suum in Capitolium perduxisset. Illa petiit, quod illi in sinistris manibus gerebant, videlicet annulos et armillas. Quibus dolose repromissis, Sabinos in arcem perduxit, ubi Tatius scutis eam obrui præcepit; nam et ea in lævis habuerant. Romulus adversus Tatium, qui montem Tarpeium tenebat, processit; et in eo loco, ubi nunc Romanum forum est, pugnam conseruit : ibi Hostus Hostilius fortissime dimicans cecidit; cujus interitu consternati Romani

11. Romulus, premier roi des Romains.

Romulus ouvrit un asile aux étrangers venus en foule, et bientôt il en eut formé une armée considérable; mais voyant que ses soldats manquaient de femmes, il en demanda par ambassadeurs aux villes voisines. Sur leur refus, il feignit de célébrer des jeux en l'honneur du dieu Consus : une multitude de spectateurs des deux sexes s'y rendit; sur un signal que Romulus donna aux siens, les jeunes filles furent enlevées. Une d'entre elles, d'une beauté parfaite, excitait, sur son passage, l'admiration générale; on demanda à ceux qui la conduisaient à qui elle était destinée : A Talassius, répondirent-ils. Cet hymen fut prospère; de là l'usage d'invoquer, dans toutes les noces, le nom de Talassius. Après que les Romains eurent enlevé par la violence les femmes des peuplades voisines, les Céniniens, les premiers, leur firent la guerre. Romulus marcha contre eux, vainquit leur armée, et tua leur chef Acron dans un combat singulier. Il consacra, dans le Capitole, à Jupiter Férétrien, les dépouilles opimes. Les Antemnates, les Crustuminins, les Fidénates, les Véiens et les Sabins prirent aussi les armes contre les Romains pour venger l'enlèvement de leurs femmes. Et comme ils approchaient de Rome, ils rencontrèrent la jeune Tarpéia, qui était descendue pour puiser l'eau des sacrifices; T. Tatius lui laissa le choix d'un présent, si elle parvenait à introduire ses troupes dans le Capitole. Tarpéia demande ce que les Sabins portaient à leur main gauche, c'est-à-dire des anneaux et des bracelets. On les lui promet pour la tromper; alors elle fait entrer les Sabins dans la citadelle, où Tatius ordonne qu'elle soit accablée sous les boucliers; car c'était aussi ce que les Sabins avaient à leur bras gauche. Romulus s'avance contre Tatius, maître du mont Tarpéien, et livre bataille à l'endroit où se trouve aujour-

fugere cœperunt. Tunc Romulus Jovi Statori[7] ædem vovit, et exercitus seu forte seu divinitus restitit. Tunc raptæ in medium processerunt, et, hinc patres inde conjuges deprecatæ, pacem conciliarunt. Romulus fœdus percussit, et Sabinos in urbem recepit; populum a Curibus, oppido Sabinorum, Quirites vocavit. Centum senatores a pietate patres appellavit. Tres equitum centurias instituit, quas a suo nomine Ramnenses, a Tito Tatio, Tatienses, a Lucumone, Luceres appellavit[8]. Plebem in triginta curias distribuit, easque raptarum nominibus appellavit. Quum ad Capræ paludem exercitum lustraret, nusquam comparuit : unde inter patres et populum seditione orta, Julius Proculus, vir nobilis, in concionem processit, et jurejurando firmavit, Romulum a se in colle Quirinali visum augustiore forma[9], quum ad deos abiret; eumdemque præcipere, ut seditionibus abstinerent, virtutem colerent; futurum, ut omnium gentium domini exsisterent. Hujus auctoritati creditum est. Ædes in colle Quirinali Romulo constituta; ipse pro deo cultus, et Quirinus est appellatus.

III. Numa Pompilius, Romanorum rex secundus.

Post consecrationem Romuli, quum diu interregnum esset et seditiones orirentur, Numa Pompilius, Pompo-

d'hui le Forum romain : là, Hostus Hostilius tombe en combattant comme un héros; sa mort frappe de consternation les Romains, qui commencent à prendre la fuite. Aussitôt Romulus voue un temple à Jupiter Stator, et, soit l'effet du hasard ou de la protection du ciel, son armée s'arrête. Alors les femmes que les Romains avaient enlevées s'élancent au milieu de la mêlée, conjurent, d'un côté leurs pères, de l'autre leurs maris, de se réconcilier, et obtiennent enfin la paix. Romulus fit alliance avec les Sabins, qu'il reçut dans Rome; il donna à l'incorporation des deux peuples le nom de Quirites, de celui de Cures, ville de la Sabinie. Puis, formant un sénat de cent vieillards, il les appela pères, d'après l'idée de piété attachée à leur titre de sénateur. Il institua trois centuries de chevaliers, qu'il appela Ramniens de son nom; Tatiens, de celui de Titus Tatius; et Lucériens, du mot Lucumon. Il distribua le peuple en trente curies, qui portèrent la dénomination des femmes enlevées. Lors d'une revue de ses troupes au marais de Caprée, Romulus disparut à jamais : une sédition éclatait déjà entre le sénat et le peuple, lorsque Julius Proculus, personnage illustre, s'avança au milieu de l'assemblée, et affirma par serment que, sur le mont Quirinal, Romulus lui avait apparu sous les traits plus augustes d'un mortel qui va prendre place parmi les dieux; le même prince, ajoutait-il, prescrivait à son peuple de s'abstenir des séditions, et de pratiquer la vertu; l'avenir lui réservait l'empire de toutes les nations. On eut foi dans l'autorité de Proculus. Un temple en l'honneur de Romulus fut élevé sur le mont Quirinal; adoré lui-même comme un dieu, il reçut le nom de Quirinus.

III. Numa Pompilius, second roi des Romains.

Après l'apothéose de Romulus, il y eut un long interrègne mêlé de troubles : enfin Numa Pompilius, fils de

nis filius, Curibus, oppido Sabinorum, accitus, quum addicentibus avibus Romam venisset, ut populum ferum religione molliret, sacra plurima instituit. Ædem Vestæ fecit; virgines vestales legit; flamines tres[10], Dialem, Martialem, Quirinalem; Salios, Martis sacerdotes, quorum primus præsul vocatur, duodecim instituit; pontificem maximum creavit; portas Janogemino ædificavit. Annum in duodecim menses distribuit, additis januario et februario. Leges quoque plures et utiles [tulit] : omnia [quæ gerebat] jussu Egeriæ nymphæ, uxoris suæ[11], se facere simulans. Ob hanc tantam justitiam bellum ei nemo intulit. Morbo solutus, in Janiculo sepultus est, ubi, post multos annos, arcula cum libris[12] a Terentio quodam exarata : qui libri, quia leves quasdam sacrorum causas continebant, ex auctoritate patrum cremati sunt.

IV. Tullus Hostilius, Romanorum rex tertius.

Tullus Hostilius, quia bonam operam adversum Sabinos navaverat, rex creatus, bellum Albanis indixit, quod trigeminorum certamine finivit. Albam, propter perfidiam ducis Metii Fufetii, diruit : Albanos Romam transire jussit. Curiam Hostiliam constituit, montem Cœlium urbi addidit. Et dum Numam Pompilium sacrificiis imitatur, Jovi Elicio litare non potuit[13], fulmine ictus, cum regia conflagravit.

Quum inter Romanos et Albanos bellum fuisset exortum, ducibus Hostilio et Fufetio, placuit rem paucorum certatione finire. Erant apud Romanos trigemini Horatii,

Pomponius, de Cures, ville des Sabins, vint à Rome et fut appelé au trône par les heureux auspices que donnèrent les oiseaux : jaloux d'adoucir par la religion la férocité du peuple, il institua plusieurs cérémonies sacrées. Il éleva un temple à Vesta, choisit des vierges pour prêtresses vestales; élut trois flamines : le Dial, le Martial, le Quirinal ; créa douze prêtres de Mars, appelés Saliens, dont le premier se nomme *præsul*[1]; établit un souverain pontife, et construisit un temple en l'honneur de Janus Bifrons. Il partagea l'année en douze mois, en y ajoutant ceux de janvier et de février. Il donna aussi un grand nombre de lois utiles, feignant de ne jamais rien faire sans les ordres de son épouse, la nymphe Égérie. Telle fut sa haute justice, que personne ne lui déclara la guerre. Il mourut de maladie, et on l'inhuma sur le Janicule, où, bien des années après, un certain Terentius découvrit, en labourant, un petit coffre avec des livres : livres qu'un décret du sénat fit brûler, parce qu'ils ne renfermaient sur le culte que des détails de peu d'importance.

IV. Tullus Hostilius, troisième roi des Romains.

Tullus Hostilius, créé roi, pour prix des services qu'il avait rendus contre les Sabins, déclara la guerre aux Albains, et la termina par un combat singulier entre trois frères des deux nations. Il détruisit Albe, à cause de la perfidie de son chef Metius Fufetius, et en fit passer à Rome les habitants. Il construisit la curie Hostilia, et ajouta le mont Célius à la ville. Jaloux d'imiter Numa Pompilius dans ses sacrifices, il ne put en accomplir un qu'il offrait à Jupiter Elicius; car, frappé d'un coup de foudre, il fut réduit en cendres avec son palais.

La guerre s'était élevée entre Rome et Albe; les chefs Hostilius et Fufetius résolurent d'y mettre fin par le combat d'un petit nombre de guerriers. Chez les Romains,

[1] Président.

tres apud Albanos Curiatii. Quibus, fœdere icto, concurrentibus, statim duo Romanorum ceciderunt, tres Albanorum vulnerati. Unus Horatius, quamvis integer, quia tribus impar erat, fugam simulavit, et singulos per intervalla, ut vulnerum erat dolor, insequentes interfecit. Et quum spoliis onustus rediret, sororem obviam habuit; quæ, viso paludamento sponsi sui, qui unus ex Curiatiis erat, flere cœpit. Frater eam occidit. Qua re apud duumviros condemnatus, ad populum provocavit : ubi patris lacrymis condonatus, ab eo, expiandi gratia, sub tigillum missus; quod nunc quoque, viæ suppositum, Sororium appellatur.

Metius Fufetius, dux Albanorum, quum se invidiosum apud cives videret, quod bellum solo trigeminorum certamine finisset, ut rem corrigeret, Veientes et Fidenates adversum Romanos incitavit. Ipse ab Tullo in auxilium arcessitus, aciem in collem subduxit, ut fortunam sequeretur. Qua re Tullus intellecta, magna voce ait, suo illud jussu Metium facere. Qua re hostes territi et victi sunt. Postera die, Metius quum ad gratulandum Tullo venisset, jussu ipsius quadrigis religatus et in diversa distractus est.

V. Ancus Marcius, Romanorum rex quartus.

Ancus Marcius, Numæ Pompilii ex filia nepos, æquitate et religione avo similis, Latinos bello domuit. Aven-

étaient trois frères jumeaux, appelés Horaces, et les trois-Curiaces étaient Albains. Le traité conclu, le duel s'engage; au premier choc, deux Romains tombent morts, et les trois Albains sont blessés. Le seul Horace vivant encore voit bien qu'il ne peut, quoique sans blessure, résister à trois ennemis, il feint de prendre la fuite; et comme chacun des Curiaces le poursuit, l'un après l'autre, à distance inégale, selon que le lui permet la blessure dont il souffre, il les tue tous trois. Il revenait à Rome tout chargé de dépouilles, lorsqu'il rencontre sa sœur; celle-ci, à la vue du manteau militaire de son fiancé, qui était un des Curiaces, ne put retenir ses larmes. Son frère l'immola. Condamné, pour ce crime, par les duumvirs, il en appelle au peuple : à ce tribunal, il obtient sa grâce par les larmes de son père, qui, en expiation, le fait passer sous des solives en forme de joug; placé dans une des rues de Rome, ce joug s'appelle encore aujourd'hui le soliveau de la Sœur.

Metius Fufetius, chef des Albains, voyant qu'il s'était attiré la haine de ses concitoyens, pour avoir terminé la guerre par le combat de trois adversaires seulement, essaya de réparer sa faute, en soulevant les Véiens et les Fidénates contre les Romains. Appelé lui-même comme auxiliaire par Tullus, il conduisit son armée sur le penchant d'une colline, afin de suivre le parti du vainqueur. Tullus, qui a deviné son projet, dit à haute voix que c'est par son ordre que Metius agit ainsi. Dès lors l'épouvante gagne les ennemis, qui sont vaincus. Le lendemain, Metius vient féliciter Tullus; mais ce prince ordonne qu'il soit attaché à un quadrige et écartelé.

V. Ancus Marcius, quatrième roi des Romains.

Ancus Marcius, petit-fils de Numa Pompilius par sa mère, fit revivre la justice et la piété de son aïeul; il soumit les Latins. Il ajouta les monts Aventin et Janicule

tinum et Janiculum montes urbi addidit : nova mœnia oppido circumdedit. Silvas ad usum navium publicavit, salinarum vectigal instituit, carcerem primus ædificavit. Ostiam coloniam [14], maritimis commeatibus opportunam, in ostio Tiberis, deduxit. Jus fetiale, quo legati ad res repetundas uterentur, ab Æquiculis transtulit; quod primus fertur Rhesus excogitasse. His rebus intra paucos dies confectis, immatura morte præreptus, non potuit præstare, qualem promiserat, regem.

VI. L. Tarquinius Priscus [15], Romanorum rex quintus.

Lucius Tarquinius Priscus, Damarati Corinthii filius, ejus, qui Cypseli tyrannidem fugiens [16], in Etruriam commigravit. Ipse Lucumo dictus, urbe Tarquiniis profectus, Romam petiit. Advenienti aquila pileum sustulit, et, quum alte subvolasset, reposuit. Tanaquil conjux, auguriorum perita, regnum ei portendi intellexit. Tarquinius pecunia et industria dignitatem, atque etiam Anci regis familiaritatem consequutus est : a quo tutor liberis relictus, regnum intercepit, et ita administravit, quasi jure adeptus fuisset. Centum patres in curiam legit, qui minorum gentium sunt appellati [17]. Equitum centurias numero duplicavit: nomina mutare non potuit, Attii Navii auguris auctoritate deterritus, qui fidem artis suæ novacula et cote firmavit. Latinos bello domuit. Circum maximum ædificavit. Ludos magnos instituit. De Sabinis et priscis Latinis triumphavit. Murum lapideum urbi circumdedit. Filium tredecim annorum, quod in prœlio

à la ville, qu'il fortifia de nouveaux remparts. Il confisqua les forêts au profit de l'État, pour l'usage des vaisseaux, institua l'impôt des salines, et fit construire la première prison. On lui doit la fondation d'Ostie, colonie favorable au commerce maritime, et qu'il établit à l'embouchure du Tibre. Il emprunta des Èques le droit fécial, qui autorisait les ambassadeurs d'un peuple à exiger la réparation d'une injure; Rhesus en fut, dit-on, l'inventeur. Ancus exécuta, en peu de temps, ces améliorations; mais enlevé par une mort prématurée, il ne put justifier toutes les espérances qu'il avait données comme roi.

VI. L. Tarquin l'Ancien, cinquième roi des Romains.

Lucius Tarquin l'Ancien, fils du Corinthien Damarate, qui, fuyant la tyrannie de Cypselus, émigra chez les Étrusques; Tarquin, appelé lui-même Lucumon, quitta la ville de Tarquinies pour se rendre à Rome. A son arrivée, un aigle lui enleva son chapeau; puis, après s'être élevé à une grande hauteur, vint le lui replacer sur la tête. Tanaquil, son épouse, habile dans la science des augures, en présagea qu'il monterait sur le trône. Tarquin, à force d'argent et d'adresse, acquit bientôt du crédit et même l'amitié intime du roi Ancus, qui le laissa pour tuteur à ses enfants; il usurpa la couronne, mais sut gouverner comme s'il eût été roi légitime. Il créa cent nouveaux sénateurs, qui furent appelés pères des familles du second ordre. Il doubla le nombre des centuries de chevaliers : mais il ne put en changer les noms, détourné de ce dessein par l'autorité de l'augure Attius Navius, qui lui inspira toute confiance dans son art en coupant avec un rasoir la pierre qui servait à l'aiguiser. Tarquin dompta les Latins, bâtit le cirque Maximus [1], institua les grands jeux, triompha des Sabins et des anciens La-

(1) Très-grand.

hostem percussisset, prætexta bullaque donavit [18]; unde hæc ingenuorum puerorum insignia esse cœperunt. Post ab Anci liberis, immissis percussoribus, per dolum regno exutus [19] et interfectus est.

VII. Servius Tullius, Romanorum rex sextus.

Servius Tullius, Tullii Corniculani et Ocresiæ captivæ filius, quum in domo Tarquinii Prisci educaretur, flammæ species caput ejus amplexa est. Hoc visu, Tanaquil summam ei dignitatem portendi intellexit. Conjugi suasit, ut ita eum, ut liberos suos, educaret. Qui quum adolevisset, gener a Tarquinio assumptus est : et quum rex occisus esset, Tanaquil ex altiore loco ad populum despiciens, ait, Priscum gravi quidem, sed non letali, vulnere accepto, petere, ut interim, dum convalescit, Servio Tullio dicto audientes essent. Servius Tullius quasi precario regnare cœpit; sed recte imperium administravit. Etruscos sæpe domuit : collem Quirinalem et Viminalem et Esquilias urbi addidit; aggerem fossasque fecit. Populum in quatuor tribus distribuit, ac post plebi distribuit annonam. Mensuras, pondera, classes, centuriasque constituit. Primus omnium, censum ordinavit, qui adhuc per orbem terrarum incognitus erat. Latinorum populis persuasit, uti exemplo eorum, qui Dianæ Ephesiæ ædem fecissent, et ipsi ædem Dianæ in Aventino ædificarent. Quo effecto, bos cuidam Latino miræ magnitudinis nata, et responsum somnio datum,

tins, entoura Rome d'un mur de pierre. Son fils, âgé de treize ans, avait frappé à mort un ennemi sur le champ de bataille; il lui donna la robe prétexte et la bulle, qui, dès lors, devinrent les marques distinctives des enfants de condition libre. Dans la suite, les fils d'Ancus armèrent contre Tarquin des meurtriers, dont la trahison lui arracha le trône et la vie.

VII. Servius Tullius, sixième roi des Romains.

Servius Tullius, fils de Tullius de Corniculum et de la captive Ocresia, était élevé dans le palais de Tarquin l'Ancien, lorsqu'une flamme merveilleuse parut envelopper sa tête. A cette vue, Tanaquil présagea que c'était pour lui un signe de grandeur suprême. Elle engagea donc son époux à lui donner la même éducation qu'à leurs propres enfants. Servius grandit et devint le gendre de Tarquin : après le meurtre du roi, Tanaquil, parlant au peuple d'un endroit élevé du palais, déclara qu'atteint d'une blessure grave, mais non mortelle, Tarquin l'Ancien demandait que, jusqu'à sa parfaite guérison, les Romains obéissent aux ordres de Servius Tullius; et ce roi, d'abord précaire, gouverna avec beaucoup de sagesse. Il vainquit souvent les Étrusques, ajouta les monts Quirinal, Viminal et Esquilin à la ville, qu'il entoura de retranchements et de fossés. Il partagea le peuple en quatre tribus, fit aux dernières classes des distributions de blé, établit le mode des poids et mesures, et la nouvelle division des classes (ou curies) et des centuries. Le premier de tous les rois, il régla le cens, jusqu'alors inconnu dans l'univers. Ensuite il persuada aux Latins d'imiter les peuples de l'Asie, qui avaient consacré le temple de Diane à Éphèse; c'était, disait-il, d'élever à la déesse des autels sur le mont Aventin. On obéit; bientôt un Latin, chez qui venait de naître une génisse d'une taille prodigieuse, apprit en songe que l'empire

cum populum summam imperii habiturum, cujus civis bovem illam Dianæ immolasset. Latinus bovem in Aventinum egit, et causam sacerdoti Romano exposuit. Ille callidus dixit, prius eum vivo flumine manus abluere debere. Latinus dum ad Tiberim descendit, sacerdos bovem immolavit. Ita imperium civibus, sibi gloriam facto consilioque quæsivit.

Servius Tullius, filiam alteram ferocem, mitem alteram habens, quum Tarquinii filios pari animo videret, ut omnium mentes morum diversitate leniret, ferocem miti, mitem feroci in matrimonium dedit. Sed mites seu forte seu fraude perierunt; feroces morum similitudo conjunxit. Statim Tarquinius Superbus, a Tullia incitatus, advocato senatu, regnum paternum repetere cœpit. Qua re audita, Servius, dum ad curiam properat, jussu Tarquinii gradibus dejectus, et, domum refugiens, interfectus est. Tullia statim in Forum properavit, et prima conjugem regem salutavit: a quo jussa turba decedere, quum domum rediret, viso patris corpore, mulionem evitantem super ipsum corpus carpentum agere præcepit: unde vicus ille Sceleratus dictus [20]. Postea Tullia cum conjuge in exsilium acta est.

VIII. Tarquinius Superbus, Romanorum rex septimus.

Tarquinius Superbus cognomen moribus meruit. Occiso Servio Tullio, regnum sceleste occupavit. Tamen bello strenuus, Latinos Sabinosque domuit; Suessam Po-

était destiné au peuple, dont un citoyen aurait sacrifié cette génisse. Il la conduit donc sur l'Aventin, et expose au prêtre romain le motif de sa démarche. Le prêtre rusé lui dit qu'il devait d'abord se laver les mains au courant du fleuve; et, tandis que le Latin descend vers le Tibre, le prêtre immole la génisse. Par cette action, par sa présence d'esprit, il procura l'empire à ses concitoyens, et se couvrit lui-même de gloire.

L'une des filles de Servius Tullius était d'un caractère farouche, et l'autre, d'une douceur extrême; il reconnut dans les fils de Tarquin les mêmes dispositions naturelles; afin donc que la diversité des mœurs parvînt à adoucir tous ces esprits, il maria la femme acariâtre à l'homme débonnaire, et l'inoffensive Tullie au farouche Tarquin. Mais le hasard ou le crime fit périr les bons, et la ressemblance du caractère unit ensemble les deux méchants. Aussitôt Tarquin le Superbe, excité par Tullie, convoque les sénateurs, et se prend à réclamer le trône paternel. A cette nouvelle, Servius, qui se hâte de courir au sénat, est précipité, par l'ordre de Tarquin, des degrés de la curie, et est tué au moment où il va se réfugier dans son palais. Tullie, à l'instant même, de voler au Forum, où la première elle salue roi son époux, qui lui ordonne de s'éloigner de la foule. Elle retourne chez elle, et à la vue du cadavre de son père, que son cocher cherche à éviter, elle commande de faire passer le char sur le corps même de Servius : circonstance qui fit donner à cette rue le nom de rue Scélérate. Tullie et son époux furent dans la suite exilés de Rome.

VIII. Tarquin le Superbe, septième roi des Romains.

Tarquin dut à son caractère le surnom de Superbe. Après le meurtre de Servius Tullius, il usurpa le trône en criminel. Brave guerrier toutefois, il soumit les Latins

metiam Volscis eripuit; Gabios per Sextum filium, simulato transfugio, in potestatem redegit; et ferias Latinas primus instituit [21]. Foros in Circo, et cloacam maximam fecit [22], ubi totius populi viribus usus est : unde illæ fossæ Quiritium sunt dictæ. Quum Capitolium inciperet, caput hominis invenit : unde cognitum est, eam urbem caput gentium futuram. Et quum in obsidione Ardeæ filius ejus Lucretiæ stuprum intulisset, cum eo in exsilium actus, ad Porsenam, Etruriæ regem, confugit, cujus ope regnum retinere tentavit. Pulsus, Cumas concessit, ubi per summam ignominiam reliquum vitæ tempus exegit

IX. L. Tarquinius Collatinus, et Lucretia uxor [23].

Tarquinius Collatinus, sorore Tarquinii Superbi genitus, in contubernio juvenum regiorum Ardeæ erat : ubi quum forte in liberiore convivio conjugem suam unusquisque laudaret, placuit experiri. Itaque equis Romam petunt. Regias nurus in convivio et luxu deprehendunt. Exinde Collatiam petunt. Lucretiam inter ancillas in lanificio offendunt : itaque ea pudicissima judicatur. Ad quam corrumpendam Tarquinius Sextus nocte Collatiam rediit, et jure propinquitatis in domum Collatini venit, et in cubiculum Lucretiæ irrupit, pudicitiam expugnavit. Illa, postero die, advocatis patre et conjuge, rem exposuit, et se cultro, quem veste texerat, occidit. Illi

et les Sabins, conquit Suessa Pometia sur les Volsques, et réduisit en sa puissance les Gabiens par l'artifice de son fils Sextus, qui se fit passer pour transfuge ; le premier il institua les féries latines, établit des loges dans le Cirque, et creusa le très-grand égout, pour lequel il mit à contribution les forces du peuple tout entier : ce qui fit donner à ces travaux le nom de fosses des Quirites. Lorsqu'il jetait les fondements du Capitole, il trouva une tête d'homme : on connut ainsi que la ville de Rome deviendrait un jour la capitale du monde. Pendant le siége d'Ardée, l'un de ses fils déshonora Lucrèce ; banni de Rome avec ce fils, il vint se réfugier à la cour de Porsena, roi d'Étrurie, et tenta vainement par son assistance de ressaisir le trône. Chassé de l'Italie, il se retira à Cumes, où il passa dans l'opprobre et dans l'ignominie le reste de ses jours.

IX. L. Tarquin Collatin, et sa femme Lucrèce.

Tarquin Collatin, fils d'une sœur de Tarquin le Superbe, se trouvait, au siége d'Ardée, dans la même tente que les jeunes princes du sang royal : là, comme chacun d'eux, dans un festin où la licence était grande, se plaisait à relever les vertus de sa femme, on résolut de faire une épreuve. Les princes montent donc à cheval, et se rendent à Rome. Ils surprennent les belles-filles du roi dans le luxe d'un somptueux banquet. De là, ils vont à Collatie. Ils trouvent Lucrèce, au milieu de ses servantes, occupée à filer de la laine : elle est aussitôt proclamée la plus chaste des femmes. Pour la séduire, Sextus Tarquin retourne, la nuit même, à Collatie ; par droit de parenté, il entre chez Collatin, se précipite dans la chambre à coucher de Lucrèce, et triomphe de sa pudeur par la violence. Le lendemain, Lucrèce mande son père et son époux, leur expose le fait, et se tue en se frappant d'un poignard

in exitium regum conjurarunt, eorumque exsilio necem Lucretiæ vindicaverunt.

X. Junius Brutus, primus Romanorum consul.

Lucius Junius Brutus, sorore Tarquinii Superbi genitus, quum eamdem fortunam timeret, in quam frater inciderat, qui ob divitias et prudentiam fuerat ab avunculo occisus, stultitiam finxit; unde Brutus dictus. Juvenibus regiis, Delphos euntibus, deridiculi gratia comes adscitus, baculo sambuceo aurum infusum deo donum tulit. Ubi responsum est, eum Romæ summam potestatem habiturum, qui primus matrem oscularetur, ipse terram osculatus est. Deinde propter Lucretiæ stuprum, cum Tricipitino et Collatino in exitium regum conjuravit. Quibus in exsilium actis, primus consul creatus, filios suos, quod cum Aquiliis et Vitelliis ad recipiendum in urbem Tarquinios conjuraverant, virgis cæsos securi percussit. Deinde in prœlio, quod adversus eos gerebat, singulari certamine cum Arunte, filio Tarquinii, congressus, se ambo mutuis vulneribus occiderunt. Cujus corpus in foro positum [24], a collega laudatum, matronæ anno luxerunt.

XI. Horatius Cocles [25].

Porsena, rex Etruscorum, quum Tarquinios in urbem restituere tentaret, et primo impetu Janiculum cepisset, Horatius Cocles (illo cognomine, quod in alio prœlio oculum amiserat) pro ponte sublicio [26] stetit, et aciem

qu'elle avait caché sous sa robe. Ses parents jurent tous aussitôt la perte des rois, et vengent par leur exil le meurtre de Lucrèce.

X. Junius Brutus, premier consul des Romains.

Lucius Junius Brutus, fils d'une sœur de Tarquin le Superbe, craignant d'éprouver le même sort que son frère, qui avait été tué par son oncle, à cause de ses richesses et de sa prudence, contrefit l'insensé; ce qui lui fit donner le surnom de Brutus. Lorsque les jeunes fils du roi allèrent à Delphes, on leur adjoignit, par dérision, Brutus, qui offrit en présent au dieu une baguette d'or cachée dans un bâton de sureau. Dès que l'oracle eut répondu que celui-là aurait à Rome le pouvoir suprême, qui, le premier, embrasserait sa mère, Brutus embrassa la terre. Dans la suite, pour venger l'outrage fait à Lucrèce, il jura la perte des rois, de concert avec Tricipitinus et Collatin. Après l'exil des princes, élu premier consul de Rome, il fit battre de verges et frapper de la hache ses propres fils, qui, de complicité avec les Aquilius et les Vitellius, avaient conspiré pour introduire les Tarquins dans la ville. Lors d'une bataille qu'il leur livrait, Brutus engagea un combat singulier avec Aruns, fils de Tarquin, et tous deux succombèrent sous les blessures qu'ils se firent mutuellement. Le corps de Brutus fut exposé dans le Forum; son collègue prononça l'éloge funèbre, et les dames romaines portèrent le deuil pendant une année.

XI. Horatius Coclès.

Porsena, roi des Étrusques, essaya de rétablir les Tarquins dans Rome; déjà, au premier choc, il avait pris le Janicule; alors Horatius Coclès (surnommé ainsi, parce qu'il avait perdu un œil dans un autre combat) se tient à la tête du pont de bois, où seul il arrête les efforts de

hostium solus sustinuit, donec pons a tergo interrumperetur, cum quo in Tiberim decidit, et armatus ad suos transnavit. Ob hoc ei tantum agri publice datum est, quantum uno die circumarari potuisset. Statua quoque ei in Vulcanali posita.

XII. C. Mutius Scævola.

Quum Porsena rex Urbem obsideret, Mutius Cordus[27], vir Romanæ constantiæ, senatum adiit, et veniam transfugiendi petiit, necem regis repromittens. Accepta potestate, in castra Porsenæ venit, ibique purpuratum pro rege deceptus occidit. Apprehensus et ad regem pertractus, dextram aris imposuit; hoc supplicii ab ea exigens, quod in cæde peccasset. Unde quum misericordia regis abstraheretur, quasi beneficium referens, ait, trecentos adversus eum similes conjurasse. Qua re ille territus, bellum, acceptis obsidibus, deposuit. Mutio prata trans Tiberim data, ab eo Mutia appellata. Statua quoque ei honoris gratia constituta est.

XIII. Clœlia virgo.

Porsena Clœliam virginem nobilem inter obsides accepit[28] : quæ, deceptis custodibus, noctu castris ejus egressa, equum, quem fors dederat, arripuit, et Tiberim trajecit. A Porsena per legatos repetita, reddita est. Cujus ille virtutem admiratus, cum quibus optasset, in patriam redire permisit. Illa virgines puerosque elegit, quorum

toute l'armée ennemie, jusqu'à ce que le pont soit coupé derrière lui; il tombe avec ce pont dans le Tibre, et, tout armé, il rejoint les siens à la nage. En récompense de cette action, la république lui donna tout le terrain enfermé dans le cercle que le soc d'une charrue pouvait tracer en un jour. De plus, on lui érigea une statue dans le Vulcanal.

XII. C. Mutius Scévola.

Le roi Porsena assiégeait Rome; Mutius Cordus, homme d'une fermeté vraiment romaine, se rend au sénat, et demande la faculté de passer à l'ennemi; il promet de tuer le roi. La permission donnée, il arrive au camp de Porsena, où, par méprise, il tue, au lieu du prince, un officier vêtu de pourpre. Saisi et traîné devant le roi, Mutius met sa main droite sur le brasier d'un autel, pour la punir, par ce genre de supplice, de son erreur dans le choix de la victime. Touché de compassion, Porsena le fait arracher de l'autel; alors, comme par reconnaissance, Mutius lui déclare que trois cents Romains comme lui ont juré sa mort. Effrayé de ces paroles, Porsena reçoit des otages, et dépose les armes. On donna pour récompense à Mutius des prés situés au delà du Tibre, et qui furent appelés de son nom prés Mutiens. Il obtint aussi l'honneur d'une statue consacrée à sa mémoire.

XIII. La jeune Clélie.

Porsena reçut, parmi les otages, Clélie, jeune fille de distinction. Une nuit, elle trompe ses gardiens, s'échappe du camp, se saisit d'un cheval que lui offre le hasard, et traverse le Tibre. Réclamée par les ambassadeurs de Porsena, elle lui fut rendue. Mais ce prince, plein d'admiration pour le courage de la jeune héroïne, lui permit de rentrer dans sa patrie avec ceux des otages qu'il lui plairait d'emmener. Clélie choisit de préférence les jeunes

ætatem injuriæ obnoxiam sciebat. Huic statua equestris in foro posita.

XIV. Fabii trecenti sex.

Romani quum adversum Veientes bellarent, eos sibi hostes familia Fabiorum privato nomine [29] deposcit; et profecti trecenti sex, duce Fabio consule, fuerunt. Quum sæpe victores exstitissent, apud Cremeram fluvium castra posuerunt. Veientes, ad dolos conversi, pecora ex diverso in conspectu illorum protulerunt: ad quæ progressi Fabii, in insidias delapsi, ad unum occisione perierunt. Dies, quo id factum est, inter nefastos relatus. Porta, qua profecti erant, Scelerata est appellata. Unus ex ea gente, propter impuberem ætatem domi relictus, genus propagavit ad Q. Fabium Maximum, qui Hannibalem mora fregit, Cunctator ab obtrectatoribus dictus.

XV. P. Valerius Poplicola.

Publius Valerius, Volesi filius, primum de Veientibus, iterum de Sabinis, tertio de utrisque gentibus triumphavit. Hic, quia in locum Tricipitini collegæ consulem non subrogaverat, et domum in Velia [30], tutissimo loco, habebat, in suspicionem regni affectati venit. Quo cognito, apud populum questus, quod de se tale aliquid timuissent, immisit qui domum suam diruerent. Secures etiam fascibus dempsit, eosque in populi concione submisit. Legem de provocatione a magistratibus ad populum tulit. Hinc Poplicola dictus. Quum diem

filles et les jeunes garçons qu'elle savait être, par leur âge, le plus exposés aux insultes. On lui érigea dans le Forum une statue équestre.

XIV. Les trois cent six Fabius.

Les Romains étaient en guerre avec les Véiens : la famille des Fabius demande à faire seule tous les frais de la guerre contre ces ennemis; et ils partent au nombre de trois cent six, sous les ordres du consul Fabius. Après de fréquentes victoires, ils viennent camper sur les rives du fleuve Cremera. Les Véiens ont alors recours à la ruse, et poussent çà et là des troupeaux en vue des Fabius, qui accourent pour s'en emparer, mais qui tombent dans une embuscade où ils périssent jusqu'au dernier. Le jour de ce malheureux événement fut mis au nombre des jours néfastes. La porte par laquelle les Fabius étaient sortis fut appelée porte Scélérate. Un seul rejeton de cette famille était resté à Rome, à cause de son extrême jeunesse; il perpétua sa race jusqu'à Q. Fabius Maximus, dont la temporisation amortit la fougue d'Annibal, et que ses envieux surnommèrent Cunctator.

XV. P. Valerius Poplicola.

Publius Valerius, fils de Volesus, triompha trois fois : la première, des Véiens; la seconde, des Sabins; et la troisième, de ces deux peuples réunis. Mais comme il n'avait pas remplacé par un autre consul son collègue Tricipitinus, et qu'il avait, au mont Velia, une habitation des mieux fortifiées, on le soupçonna d'aspirer au trône. A cette nouvelle, il se plaint au peuple qu'on ait pu concevoir de lui pareille crainte, et aussitôt il envoie des ouvriers pour abattre sa maison. En même temps, il fait ôter les haches des faisceaux, qui, sur son ordre, sont abaissés devant l'assemblée populaire. Il rendit une loi qui permettait d'en appeler au peuple de la sentence

obiisset, publice sepultus, et annuo matronarum luctu honoratus est.

XVI. A. Postumius.

Tarquinius ejectus ad Mamilium Tusculanum, generum suum, confugit: qui quum, Latio concitato, Romanos graviter urgeret, A. Postumius, dictator dictus, apud Regilli lacum cum hostibus conflixit. Ubi quum victoria nutaret, magister equitum equis frenos detrahi jussit, ut irrevocabili impetu ferrentur : ubi et aciem Latinorum fuderunt, et castra ceperunt. Sed inter eos duo juvenes candidis equis insigni virtute apparuerunt, quos dictator quæsitos, ut dignis muneribus honoraret, non reperit. Castorem et Pollucem ratus, ædem communi titulo [31] dedicavit.

XVII. L. Quinctius Cincinnatus.

Lucius Quinctius Cincinnatus filium Cæsonem petulantissimum abdicavit [32], qui, et a censoribus notatus, ad Volscos et Sabinos confugit, qui, duce Clœlio Graccho, bellum adversum Romanos gerebant, et Q. Minucium consulem in Algido monte cum exercitu obsidebant. Quinctius dictator dictus; ad quem missi legati nudum cum arantem trans Tiberim offenderunt : qui, insignibus sumptis, consulem obsidione liberavit. Quare a Minucio et ejus exercitu corona aurea et obsidionali donatus est. Vicit hostes, ducem eorum in deditionem accepit, et

des magistrats. Aussi reçut-il le surnom de Poplicola. Après sa mort, il fut enseveli aux frais de la république, et les matrones honorèrent sa mémoire par un deuil d'une année.

XVI. A. Postumius.

Tarquin chassé se réfugia chez son gendre Mamilius, de Tusculum, qui souleva le Latium en faveur de son beau-père, et attaqua vivement les Romains. A. Postumius, élu dictateur, en vint aux mains avec l'ennemi près du lac Régille. Là, comme le succès était incertain, le maître de la cavalerie fit lâcher la bride aux chevaux, pour que rien ne pût arrêter leur élan impétueux : cette manœuvre entraîna la défaite des Latins, et l'on s'empara de leur camp. Cependant, au milieu de l'action, deux jeunes guerriers, montés sur des chevaux blancs et déployant une valeur héroïque, apparurent à tous les yeux ; le dictateur les fit chercher après la victoire pour les honorer des récompenses qu'ils méritaient, mais on ne les trouva point. Persuadé que c'étaient Castor et Pollux, Postumius leur dédia un temple sous un titre commun.

XVII. L. Quinctius Cincinnatus.

Lucius Quinctius Cincinnatus avait chassé de sa famille son fils Céson, à cause de la violence de son caractère ; ce jeune homme, également noté par les censeurs, se réfugia chez les Volsques et les Sabins, qui, sous les ordres de Clélius Gracchus, faisaient la guerre aux Romains, et tenaient assiégés, sur le mont Algide, le consul Q. Minucius et son armée. Quinctius fut alors nommé dictateur ; les envoyés du sénat le trouvèrent nu et labourant au delà du Tibre : il prit aussitôt les insignes de sa dignité, et délivra le consul investi. Aussi Minucius et ses légions lui donnèrent-ils une couronne d'or et une couronne obsidionale. Il vainquit les ennemis, reçut la

triumphi die ante currum egit. Sextodecimo die dictaturam, quam acceperat, deposuit, et ad agriculturam reversus est. Iterum post viginti annos dictator dictus, Spurium Mælium, regnum affectantem, a Servilio Ahala, magistro equitum, occidi jussit, domum ejus solo æquavit : unde locus ille Æquimelium dictus.

XVIII. Menenius Agrippa Lanatus.

Menenius Agrippa, cognomento Lanatus, dux electus adversum Sabinos, de his triumphavit. Et quum populus a patribus secessisset, quod tributum et militiam toleraret, nec revocari posset; Agrippa apud eum, « Olim, inquit, humani artus, quum ventrem otiosum cernerent, ab eo discordarunt, et suum illi ministerium negaverunt. Quum eo pacto et ipsi deficerent, intellexerunt; ventrem acceptos cibos per omnia membra disserere, et cum eo in gratiam redierunt. Sic senatus et populus, quasi unum corpus, discordia pereunt, concordia valent. » Hac fabula populus regressus est. Creavit tamen tribunos plebis, qui libertatem suam adversum nobilitatis superbiam defenderent. Menenius autem tanta paupertate decessit, ut eum populus collatis quadrantibus sepeliret, locum sepulcro senatus publice daret.

XIX. C. Marcius Coriolanus.

Caius Marcius, captis Coriolis, urbe Volscorum, Coriolanus dictus, ob egregia militiæ facinora a Postumio optionem munerum accipiens, equum tantum et hospi-

soumission de leur chef, et le fit marcher devant son
char, le jour de son triomphe. Il déposa la dictature seize
jours après l'avoir acceptée, et retourna cultiver son
champ. Nommé de nouveau dictateur, vingt ans après,
comme Spurius Mélius ambitionnait le trône, il le fit tuer
par Servilius Ahala, maître de la cavalerie, et rasa sa
maison : dès lors, l'emplacement qu'elle avait occupé reçut le nom d'Équimelium.

XVIII. Menenius Agrippa Lanatus.

Menenius Agrippa, surnommé Lanatus, élu général
contre les Sabins, en triompha. Le peuple s'était séparé
des sénateurs, pour s'affranchir des impôts et du service
militaire, et l'on tentait, pour le rappeler, d'inutiles efforts. « Un jour, dit Agrippa député vers lui, les membres
du corps humain, voyant que l'estomac restait oisif, séparèrent leur cause de la sienne, et lui refusèrent leur
office. Mais cette conspiration les fit bientôt tomber eux-
mêmes en langueur ; ils comprirent alors que l'estomac
distribuait à chacun d'eux la nourriture qu'il avait reçue,
et rentrèrent en grâce avec lui. Ainsi le sénat et le
peuple, qui sont comme un seul corps, périssent par la
désunion, et vivent pleins de force par la concorde. » Cet
apologue ramena le peuple, qui cependant créa des tribuns de son ordre pour défendre sa liberté contre l'orgueil
des nobles. Quant à Menenius, il mourut dans une si
grande pauvreté, que les citoyens contribuèrent, chacun
pour un quadrant, aux frais de sa sépulture, et que le
sénat fournit, aux dépens de la république, un lieu pour
son tombeau.

XIX. C. Marcius Coriolan.

Caïus Marcius, que la prise de Corioles, ville des
Volsques, fit surnommer Coriolan, invité par Postumius
à choisir les présents que méritaient ses exploits guer-

tem sumpsit, virtutis et pietatis exemplum. Hic consul gravi annona advectum e Sicilia frumentum magno pretio dandum populo curavit; ut hac injuria plebs agros, non seditiones coleret. Ergo a tribuno plebis Decio die dicta, ad Volscos concessit, eosque, duce Attio Tullo, adversus Romanos concitavit, et ad quartum ab Urbe lapidem castra posuit. Quumque nullis civium legationibus flecteretur, a Veturia matre et Volumnia uxore, matronarum numero comitata, motus, omisso bello, ut proditor occisus est [33]. Ibi templum Fortunae muliebri constitutum est.

XX. C. Licinius Stolo.

Fabius Ambustus [34] ex duabus filiabus alteram Licinio Stoloni plebeio, alteram Aulo Sulpicio patricio conjugem dedit. Quarum plebeia quum sororem salutaret, cujus vir tribunus militaris consulari potestate erat, fasces lictorios foribus appositos indecenter expavit. A sorore irrisa, marito questa est : qui, adjuvante socero, ut primum tribunatum plebis aggressus est, legem tulit, ut alter consul ex plebe crearetur. Lex, resistente Appio Claudio, lata tamen, et primus Licinius Stolo [35] consul factus. Idem legem sancivit, ne cui plebeio plus centum jugera agri habere liceret. Et ipse quum jugera quinquaginta centum haberet, et altera emancipati filii nomine

riers, ne prit qu'un cheval et un captif dont il avait été l'hôte : donnant ainsi le modèle du courage et du respect pour l'hospitalité. Consul à l'époque d'une grande disette, Coriolan eut soin de faire payer fort cher au peuple le blé qu'on avait fait venir de Sicile; cette injustice avait pour but de forcer la multitude à cultiver les champs, au lieu d'entretenir des séditions. Cité alors en justice par le tribun du peuple Decius, il se retire chez les Volsques, les soulève contre les Romains, de concert avec leur chef Attius Tullus, et vient camper à quatre milles de Rome. Insensible à toutes les députations de ses concitoyens, il se laissa fléchir par Véturie, sa mère, et Volumnie, son épouse, qu'accompagnait un grand nombre de dames romaines; il termina la guerre, et fut tué comme un traître. A l'endroit où il céda aux larmes de sa mère, on éleva un temple à la Fortune des femmes.

XX. C. Licinius Stolon.

Fabius Ambustus maria l'une de ses deux filles au plébéien Licinius Stolon, et l'autre, au patricien Aulus Sulpicius. La plébéienne, dans une visite à sa sœur, dont le mari exerçait, comme tribun militaire, un pouvoir égal à celui des consuls, témoigna une crainte assez étrange au bruit des faisceaux dont les licteurs frappèrent la porte de Sulpicius. Plaisantée par sa sœur, elle s'en plaignit à son époux, qui, avec l'appui de son beau-père, fut à peine élu tribun du peuple, qu'il fit porter une loi en vertu de laquelle un des deux consuls devait être choisi parmi les plébéiens. La loi passa, malgré la résistance d'Appius Claudius, et Licinius Stolon fut le premier consul tiré du peuple. Le même Stolon rendit une loi qui défendait à tout plébéien d'avoir plus de cent arpents de terre. Et comme il en possédait lui-même cent cinquante, et pareil nombre encore au nom de son

possideret, in judicium vocatus, et primus omnium sua lege punitus est.

XXI. L. Virginius centurio.

Populus Romanus quum seditiosos magistratus ferre non posset, decemviros legibus scribendis creavit, qui eas, ex libris Solonis translatas, duodecim tabulis exposuerunt. Sed quum pacto dominationis magistratum sibi prorogarent, unus ex his Appius Claudius Virginiam, Virginii centurionis filiam, in Algido militantis, adamavit. Quam. quum corrumpere non posset, clientem subornavit, qui eam in servitium deposceret; facile victurus, quum ipse esset accusator et judex. Pater, re cognita, quum ipso die judicii supervenisset, et filiam jam addictam videret, ultimo ejus alloquio impetrato, quum eam in secretum abduxisset, occidit; et corpus ejus humero gerens, ad exercitum profugit, et milites ad vindicandum facinus accendit. Qui, creatis decem tribunis, Aventinum occuparunt, decemviros abdicare se magistratu præceperunt, eosque omnes aut morte aut exsilio punierunt. Appius Claudius in carcere necatus est.

XXII. Æsculapius Romam advectus.

Romani ob pestilentiam, responso monente, ad Æsculapium Epidauro arcessendum decem legatos, principe Q. Ogulnio, miserunt. Qui quum eo venissent, et simulacrum ingens mirarentur, anguis e sedibus ejus elapsus, venerabilis, non horribilis, per mediam urbem cum admiratione omnium ad navem Romanam perrexit, et

fils qu'il avait émancipé, il fut cité en justice, et porta le premier de tous la peine qu'infligeait sa loi.

XXI. L. Virginius le centurion.

Le peuple romain, fatigué de ses tribuns séditieux, créa des décemvirs pour en recevoir des lois écrites; ces magistrats empruntèrent leurs lois aux livres de Solon, et les exposèrent sur douze tables. Il arriva qu'après s'être concertés pour retenir le pouvoir au delà du terme prescrit, Appius Claudius, l'un des décemvirs, conçut une passion violente pour Virginie, fille du centurion Virginius, que le service militaire retenait sur le mont Algide. Ne pouvant la séduire, il suborna un de ses clients, et l'engagea à la réclamer comme son esclave; le succès était sûr et facile, puisqu'il devait être lui-même accusateur et juge. Virginius, averti de ce qui se passe, arrive à Rome, le jour même du jugement; déjà il voit sa fille adjugée au client d'Appius, il obtient de l'entretenir pour la dernière fois; alors il la tire à l'écart, la tue, charge le cadavre sur ses épaules, s'enfuit vers l'armée, et l'excite à tirer vengeance du crime d'Appius. Les soldats nomment dix tribuns militaires, s'emparent de l'Aventin, forcent les décemvirs d'abdiquer le pouvoir, et les punissent tous, ou de la mort, ou de l'exil. Appius Claudius fut tué dans sa prison.

XXII. Arrivée d'Esculape à Rome.

Les Romains, attaqués de la peste, consultèrent l'oracle, et, sur sa réponse, envoyèrent à Épidaure, pour en amener Esculape, dix ambassadeurs, à la tête desquels était Q. Ogulnius. Après leur arrivée, comme ils contemplaient tous avec admiration la grandeur extraordinaire de la statue du dieu, il s'en échappe un serpent, qui inspire plutôt la vénération que l'effroi : il traverse

se in Ogulnii tabernaculo conspiravit [36]. Legati, deum vehentes, Antium provecti sunt; ubi per mollitiem maris anguis proximum Æsculapii fanum petiit, et post paucos dies ad navem rediit, et, quum adverso Tiberi subveheretur, in proximam insulam desiluit, ubi templum ei constitutum; et pestilentia mira celeritate sedata est.

XXIII. M. Furius Camillus.

Furius Camillus quum Faliscos obsideret, ac ludi litterarii magister principum filios ad eum adduxisset, vinctum cum iisdem pueris in urbem redigendum et verberandum tradidit. Statim Falisci se ei ob tantam justitiam dediderunt. Veios decenni obsidione domuit, deque his triumphavit. Postmodum est crimini datum, quod albis equis triumphasset, et prædam inique divisisset. Die dicta ab L. Appuleio, tribuno plebis, damnatus, Ardeam concessit. Mox quum Galli Senones, relictis ob sterilitatem agris suis, Clusium, Italiæ oppidum, obsiderent, missi sunt Roma tres Fabii, qui Gallos monerent, ut ab oppugnatione desisterent. Ex his unus contra jus gentium in aciem processit, et ducem Senonum interfecit [37]. Quo commoti Galli, petitis in deditionem legatis nec impetratis, Romam petierunt, et exercitum Romanum apud Alliam fluvium ceciderunt, die decimo sexto kalendarum augusti; qui dies inter nefastos relatus, Alliensis dictus. Victores Galli urbem intraverunt, ubi nobilissimos senum in curulibus et honorum insignibus, primo ut deos venerati, deinde ut homines

la ville aux yeux de la foule étonnée, va droit au vaisseau romain, et se replie en spirale dans la tente d'Ogulnius. Les ambassadeurs, croyant avoir à bord le dieu lui-même, s'avancent jusqu'auprès d'Antium ; là, au milieu du calme de la mer, le serpent se dirige, sur la côte, vers un temple d'Esculape ; mais il revint au vaisseau quelques jours après, et, tandis qu'on remontait le Tibre, il glissa vers une île voisine, où on lui éleva un temple ; et la peste cessa avec une merveilleuse rapidité.

XXIII. M. Furius Camille.

Lorsque Furius Camille assiégeait la ville des Falisques, un maître d'école lui amena les enfants des premiers citoyens ; il le fit lier, et le livra aux enfants, ses élèves, avec ordre de le reconduire à la ville, en le frappant de verges. Aussitôt les Falisques, touchés d'un si grand acte de justice, se soumirent volontairement à Camille. Il dompta les Véiens, après un siége de dix ans, et triompha d'eux. Quelques temps après, on lui fit un crime d'avoir triomphé sur des chevaux blancs, et d'avoir partagé inégalement le butin. Cité en justice par le tribun du peuple L. Appuleius, et condamné au bannissement, il se retira dans la ville d'Ardée. Cependant les Gaulois Sénonais, qui avaient abandonné leur pays à cause de sa stérilité, étaient venus assiéger Clusium, ville d'Italie : on députa de Rome trois Fabius, pour sommer les Gaulois de lever le siége. Un de ces envoyés s'avança, contre le droit des gens, sur le champ de bataille, et tua un chef des Sénonais. Révoltés de cette agression, les Gaulois demandent qu'on leur livre les ambassadeurs, mais ne peuvent l'obtenir ; alors ils marchent sur Rome, et taillent en pièces l'armée romaine auprès du fleuve Allia, le seize des calendes d'août, jour qui fut mis au nombre des jours néfastes, sous le nom de la journée d'Allia. Les Gaulois vainqueurs pénètrent dans la ville, où ils trouvent les plus illustres

despicati, interfecere. Reliqua juventus cum Manlio in Capitolium fugit, ubi obsessa, Camilli virtute est servata. Qui absens dictator dictus, collectis reliquiis, Gallos improvisos internecione occidit. Populum Romanum migrare Veios volentem retinuit. Sic et oppidum civibus, et cives oppido reddidit.

XXIV. M. Manlius Capitolinus.

Manlius, ob defensum Capitolium Capitolinus dictus, sedecim annorum voluntarium militem se obtulit. Triginta septem militaribus donis a suis ducibus ornatus, viginti tres cicatrices in pectore habuit. Capta urbe, auctor in Capitolium confugiendi fuit. Quadam nocte, clangore anseris excitus, Gallos ascendentes dejecit. Patronus a civibus appellatus, et farre donatus est. Domum etiam in Capitolio publice accepit. Qua superbia elatus, quum senatum suppressisse Gallicos thesauros argueret, et addictos propria pecunia liberaret, regni affectati suspicione in carcerem conjectus, populi consensu liberatus est. Rursus quum in eadem culpa et gravius perseveraret, reus factus, et ob conspectum Capitolii ampliatus est [38]. Alio deinde loco damnatus, et de saxo Tarpeio præcipitatus est: domus diruta, bona publicata. Gentilitas ejus Manlii cognomen ejuravit [39].

et les plus âgés d'entre les sénateurs assis sur leurs chaises curules et revêtus des insignes de leur dignité ; d'abord ils les révèrent comme des dieux, puis les méprisent comme des hommes, et les massacrent. Le reste de la jeunesse se réfugie dans le Capitole avec Manlius ; assiégée par les Gaulois, elle est sauvée par la valeur de Camille, qui, nommé dictateur en son absence, rassemble les débris de l'armée romaine, surprend les Gaulois, et en fait un horrible carnage. Le peuple romain voulait aller s'établir à Véies ; mais Camille lui fit changer de résolution. Ce fut ainsi qu'il rendit la ville à ses citoyens, et les citoyens à leur ville.

XXIV. M. Manlius Capitolinus.

Manlius, surnommé Capitolinus à cause de sa défense du Capitole, s'offrit, à seize ans, comme soldat volontaire. Honoré par ses chefs de trente-sept récompenses militaires, il avait sur la poitrine vingt-trois cicatrices. Après la prise de Rome, il conseilla de se réfugier au Capitole. Une nuit, réveillé par le cri d'une oie, il renversa les Gaulois du haut de la citadelle. Ses concitoyens lui donnèrent le titre de patron et une provision de blé. Il obtint même, aux frais de la république, une maison sur le Capitole. Enorgueilli de tant d'honneurs, il accusa le sénat d'avoir détourné à son profit les trésors destinés aux Gaulois, et comme, avec ses propres ressources, il rendait libres les débiteurs condamnés à devenir esclaves de leurs créanciers, on le soupçonna d'aspirer au trône, et il fut jeté en prison ; le vœu du peuple brisa ses fers. Il persévéra dans la même faute, et plus gravement encore : on l'accusa donc de nouveau ; mais la vue du Capitole fit renvoyer l'affaire à plus ample informé. Condamné enfin dans autre lieu que le Capitole, il fut précipité de la roche Tarpéienne. On détruisit sa maison, et l'on confisqua ses biens. Sa famille abjura le surnom de Manlius.

XXV. A. Cornelius Cossus.

Fidenates, fidei Romanorum hostes, ut sine spe veniæ fortius dimicarent, legatos ad se missos interfecerunt. Ad quos Quinctius Cincinnatus dictator missus magistrum equitum habuit Cornelium Cossum, qui Lartem Tolumnium ducem sua manu interfecit. De eo spolia opima Jovi Feretrio secundus ab Romulo consecravit.

XXVI. P. Decius Mus; pater.

Publius Decius Mus, bello Samnitico, sub Valerio Maximo et Cornelio Cosso consulibus tribunus militum, exercitu in angustiis Gauri montis insidiis hostium clauso, accepto, quod postulaverat, præsidio, in superiorem locum evasit; hostes terruit. Ipse, intempesta nocte, per medias custodias, somno oppressas, incolumis evasit. Ob hoc, ab exercitu civica corona [de quercu, quæ dabatur ei qui cives in bello servasset, obsidionali, quæ dabatur ei qui obsidione cives liberasset [49]] donatus est. Consul bello Latino, collega Manlio Torquato, positis apud Veserim fluvium castris, quum utrique consuli somnio obvenisset, eos victores futuros, quorum dux in prœlio cecidisset; tum, collato cum collega somnio, quum convenisset, ut, cujus cornu in acie laboraret, diis se manibus voveret, inclinante sua parte, se et hostes per

XXV. A. Cornelius Cossus.

Les Fidénates, toujours parjures et toujours ennemis des Romains, pour combattre avec plus de courage en renonçant à tout espoir de pardon, tuèrent les ambassadeurs que leur avait envoyés la république. On fit marcher contre eux le dictateur Quinctius Cincinnatus, qui eut pour maître de la cavalerie Cornelius Cossus; celui-ci tua de sa propre main Lartès Tolumnius, général des ennemis, et fut, après Romulus, le second des Romains qui consacra des dépouilles opimes à Jupiter Férétrien.

XXVI. P. Decius Mus, le père.

Publius Decius Mus, tribun des soldats dans la guerre des Samnites, sous les consuls Valerius Maximus et Cornelius Cossus, voyant l'armée romaine enfermée, par une ruse de l'ennemi, dans les défilés du mont Gaurus, demande et obtient un détachement, avec lequel il s'élance au sommet de la montagne, et jette la terreur parmi les Samnites. Ensuite, au milieu du silence de la nuit, il s'échappe sain et sauf à travers les postes ennemis, plongés dans le sommeil. Pour ce haut fait, l'armée lui décerna la couronne civique et la couronne obsidionale, qu'on donnait, la première, formée de feuilles de chêne, à celui qui, dans la guerre, avait sauvé ses concitoyens; la seconde, à celui qui les avait délivrés d'un siège. Consul avec Manlius Torquatus, dans la guerre des Latins, et retranché près du fleuve Véséris, il eut, ainsi que son collègue, un songe qui leur apprit à l'un et à l'autre que celle des deux armées, dont le général périrait dans le combat, remporterait la victoire. Après s'être communiqué leur songe, ils convinrent que celui dont l'aile plierait dans la bataille se dévouerait aux dieux

Valerium pontificem diis manibus devovit. Impetu in hostes facto, victoriam suis reliquit.

XXVII. P. Decius, filius.

Publius Decius, Decii filius, primo consul de Samnitibus triumphavit; spolia ex his Cereri consecravit. Iterum et tertio consul, multa domi militiæque gessit. Quarto consulatu cum Fabio Maximo, quum Galli, Samnites, Umbri, Tusci contra Romanos conspirassent; ibi exercitu in aciem ducto, et cornu inclinante, exemplum patris imitatus, advocato Marco Livio pontifice, hastæ insistens et solennia verba respondens, se et hostes diis manibus devovit. Impetu in hostes facto, victoriam suis reliquit. Corpus a collega laudatum, magnifice sepultum est.

XXVIII. T. Manlius Torquatus.

Titus Manlius Torquatus, ob ingenii et linguæ tarditatem a patre rus relegatus, quum audisset, ei diem dictam a Pomponio, tribuno plebis, nocte Urbem petiit. Secretum colloquium a tribuno impetravit, et, gladio stricto, dimittere eum accusationem terrore multo compulit. Sulpitio dictatore tribunus militum, Gallum provocatorem occidit. Torquem ei detractum cervici suæ induit. Consul bello Latino, filium suum, quod contra imperium pugnasset, securi percussit. Latinos apud Ve-

mânes : Decius, qui voit son côté faiblir, se dévoue lui et les ennemis aux dieux mânes, par le ministère du pontife Valerius; puis il se précipite au milieu des bataillons latins, et laisse la victoire à son armée.

XXVII. P. Decius, le fils.

Publius Decius, fils de Decius, consul pour la première fois, triompha des Samnites, et consacra leurs dépouilles à Cérès. Pendant son second et son troisième consulat, il se distingua par ses vertus civiles et militaires. Il était consul pour la quatrième fois avec Fabius Maximus, lorsque les Gaulois, les Samnites, les Ombriens et les Toscans se liguèrent contre les Romains; il marche contre eux, leur livre bataille; et comme son aile pliait, jaloux d'imiter l'exemple de son père, il mande le pontife Marcus Livius, et, le pied posé sur une javeline, il répète la formule solennelle du dévouement, se dévoue lui-même et les légions ennemies aux dieux mânes, s'élance au fort de la mêlée, et laisse la victoire à ses troupes. Son collègue, en présence de ses restes, prononça son éloge funèbre, et le fit ensevelir avec magnificence.

XXVIII. T. Manlius Torquatus.

Titus Manlius Torquatus, que sa lenteur à concevoir et à s'exprimer avait fait reléguer aux champs par son père, apprend que celui-ci vient de recevoir de Pomponius, tribun du peuple, une assignation pour comparaître en justice : il se rend de nuit à Rome, obtient du tribun un entretien secret, et le force, l'épée nue sur la gorge et par l'effroi qu'il lui inspire, à se désister de son accusation. Tribun militaire sous le dictateur Sulpitius, il tua un Gaulois qui l'avait provoqué, enleva le collier du vaincu, et se le mit autour du cou. Consul dans la guerre des Latins, il fit frapper son fils de la hache, parce qu'il

serim fluvium, Decii collegæ devotione, superavit. Consulatum recusavit, quod diceret, neque se populi vitia, neque illum severitatem suam posse sufferre [41].

XXIX. M. Valerius Corvinus.

Reliquias Senonum Camillus persequebatur. Adversum ingentem Gallum provocatorem solus Valerius, tribunus militum, omnibus territis, processit. Corvus ab ortu solis galeæ ejus insedit, et inter pugnandum ora oculosque Galli verberavit. Hoste devicto, Valerius Corvinus dictus [42]. Hinc, quum ingens multitudo, ære alieno oppressa, Capuam occupare tentasset, et ducem sibi Quinctium, necessitate compulsum, fecisset, sublato ære alieno, seditionem compressit.

XXX. Sp. Postumius.

Caius Veturius et Spurius Postumius consules, bellum adversum Samnites gerentes, a Pontio Thelesino, duce hostium, in insidias deducti sunt. Nam ille simulatos transfugas misit, qui Romanis dicerent, Luceriam Appulam a Samnitibus obsideri; quo duo itinera ducebant, aliud longius et tutius, aliud brevius et periculosius. Festinantibus itaque quum insidias statuisset (qui locus Furculæ Caudinæ vocabatur), Pontius accitum patrem Herennium rogavit, quid fieri placeret. Ille ait, « aut omnes occidendos, ut vires frangerentur; aut omnes dimittendos, ut beneficio obligarentur. » Utroque impro-

avait combattu malgré sa défense. Il vainquit les Latins, près du fleuve Véséris, par le dévouement de son collègue Decius. Il refusa le consulat, en disant qu'il ne saurait supporter les vices du peuple, et que le peuple ne pourrait souffrir sa sévérité.

XXIX. M. Valerius Corvinus.

Tandis que Camille poursuivait les restes des Sénonais, un géant gaulois défia les Romains; le seul tribun légionnaire Valerius s'avança contre le provocateur, au milieu de la terreur universelle. Un corbeau se perche, au lever du soleil, sur le casque de Valerius, et ne cesse, pendant le combat, de frapper le visage et les yeux du Gaulois. Valerius, vainqueur, fut surnommé Corvinus. Quelque temps après, une multitude considérable de plébéiens, écrasés de dettes, tenta de prendre Capoue, sous les ordres de Quinctius, qu'ils avaient forcé de se mettre à leur tête : Valerius, en payant leurs dettes, étouffa la sédition.

XXX. Sp. Postumius.

Les consuls Caïus Veturius et Spurius Postumius, lors de la guerre contre les Samnites, donnèrent dans une embuscade du général ennemi Pontius Thélesinus. Celui-ci envoya de faux transfuges avertir les Romains que les Samnites assiégeaient, dans la Pouille, Lucérie, ville où conduisaient deux routes : l'une, plus longue et plus sûre ; l'autre, plus courte et plus dangereuse. Les Romains prennent en toute hâte ce dernier chemin, et Pontius les fait tomber dans des embûches, à un endroit appelé les Fourches Caudines; puis, il mande son père Herennius et le consulte sur ce qu'il doit faire : « Il faut tuer tous les Romains, répond Herennius, pour anéantir leurs forces, ou les renvoyer tous, pour les enchaîner par la reconnaissance. » Pontius désapprouve ces deux

bato consilio, omnes sub jugum misit ex fœdere, quod a Romanis postea improbatum est. Postumius Samnitibus deditus, nec receptus est.

XXXI. L. Papirius Cursor.

Lucius Papirius, a velocitate Cursor, quum consulem se adversis ominibus adversum Samnites progressum esse sensisset, ad auspicia repetenda Romam regressus, edixit Fabio Rutilio, quem exercitui imponebat, ne manum cum hoste consereret. Sed ille, opportunitate ductus, pugnavit. Reversus securi eum ferire voluit; ille in Urbem confugit : nec supplicem tribuni tuebantur. Dein pater lacrymis, populus precibus veniam impetrarunt. Papirius de Samnitibus triumphavit. Idem quum Prænestinum prætorem gravissime increpuisset, « Expedi, inquit, lictor, secures. » Et quum eum metu mortis attonitum vidisset, incommodam ambulantibus radicem excidi jussit.

XXXII. Q. Fabius Rutilius.

Quinctus Fabius Rutilius, primus ex ea familia ob virtutem Maximus, magister equitum a Papirio securi pæne percussus, primum de Appulis et Nucerinis, iterum de Samnitibus, tertio de Gallis, Umbris, Marsis atque Tuscis triumphavit. Censor libertinos tribubus amovit. Iterum censor fieri noluit, dicens, non esse ex usu reipublicæ, eosdem censores sæpius fieri. Hic primus

avis, et fait passer l'armée entière sous le joug, d'après un traité, que les Romains refusèrent de ratifier dans la suite. Postumius fut livré aux Samnites, qui ne voulurent point le recevoir.

XXXI. L. Papirius Cursor.

Lucius Papirius, surnommé Cursor à cause de sa vitesse à la course, persuadé qu'il venait, en qualité de consul, de partir sous de mauvais présages, pour combattre les Samnites, retourna à Rome consulter de nouveau les auspices; en laissant à Fabius Rutilius le commandement de l'armée, il lui fit défense expresse d'en venir aux mains avec l'ennemi. Mais Fabius trouve une occasion favorable, et livre bataille. Papirius, de retour, voulut le faire frapper de la hache; Fabius s'enfuit à Rome, et implore, mais en vain, l'appui des tribuns. Enfin, les larmes de son père et les prières du peuple parvinrent à lui faire obtenir sa grâce. Papirius triompha des Samnites. Le même Papirius, après avoir adressé au préteur de Préneste les reproches les plus sanglants, s'écria : « Licteur, prépare les haches. » Et voyant l'effroi que causait au préteur la crainte de la mort, il fit couper une racine incommode pour les promeneurs.

XXXII. Q. Fabius Rutilius.

Quinctus Fabius Rutilius, le premier de sa famille qui fut surnommé Maximus à cause de son rare mérite, et qui étant maître de la cavalerie, avait failli périr sous la hache de Papirius, triompha d'abord des Appuliens et des Nucérins; puis, des Samnites; enfin, des Gaulois, des Ombriens, des Marses et des Toscans. Nommé censeur, il retrancha des tribus les fils d'affranchis. Il refusa d'exercer une seconde fois la censure, en disant qu'il était contraire aux intérêts de la république d'appeler

instituit, uti equites Romani idibus Quinctilibus ab æde Honoris, equis insidentes, in Capitolium transirent. Mortuo hoc, tantum æris populi liberalitate congestum est, ut inde filius viscerationem [43] et epulas publice daret.

XXXIII. M'. Curius Dentatus.

Manius Curius Dentatus primo de Samnitibus triumphavit, quos usque ad mare Superum perpacavit. Regressus, in concione ait : « Tantum agri cepi, ut solitudo futura fuerit, nisi tantum hominum cepissem; tantum porro hominum cepi, ut fame perituri fuissent, nisi tantum agri cepissem [44]. » Iterum de Sabinis triumphavit. Tertio de Lucanis ovans Urbem introivit. Pyrrhum Epirotam Italia expulit. Quaterna dena agri jugera viritim populo divisit. Sibi deinde totidem constituit, dicens, neminem esse debere, cui non tantum sufficeret. Legatis Samnitum aurum offerentibus, qùum ipse in foco rapas torreret, « Malo, inquit, hæc in fictilibus meis esse, et aurum habentibus imperare. » Quum interversæ pecuniæ argueretur, cadum ligneum, quo uti ad sacrificia consueverat, in medium protulit, juravitque, se nihil amplius de præda hostili in domum suam convertisse. Aquam Anienem de manubiis hostium in Urbem induxit. Tribunus plebis, patres auctores fieri coegit comitiis, quibus plebeius magistratus creabatur. Ob hæc merita, domus

trop souvent les mêmes hommes à devenir censeurs. Le premier, il établit, pour les chevaliers romains, la coutume de se rendre, lors des ides de juillet, montés sur des chevaux, du temple de l'Honneur au Capitole. A sa mort, la libéralité des citoyens répandit sur sa tombe un tel amas d'argent, que son fils put, avec les deniers publics, donner au peuple curée et banquets.

XXXIII. M'. Curius Dentatus.

Manius Curius Dentatus triompha d'abord des Samnites, qu'il soumit entièrement jusqu'aux rivages de la mer Supérieure. De retour à Rome, il dit dans l'assemblée : « J'ai pris tant de pays, que ce serait une solitude, si je n'avais pris autant d'hommes ; et j'ai pris tant d'hommes, qu'ils mourraient de faim, si je n'avais pris autant de territoire. » En second lieu, il triompha des Sabins ; puis il obtint l'ovation pour sa victoire sur les Lucaniens ; ce fut avec l'ovation qu'il entra dans Rome. Il chassa de l'Italie Pyrrhus, roi d'Épire ; distribua à chaque citoyen quarante arpents de terre, et ne s'en réserva pas davantage, parce que, disait-il, personne ne devait rien avoir à réclamer au delà. Un jour, les ambassadeurs samnites lui offrirent de l'or, tandis que, de ses propres mains, il faisait cuire des raves à son foyer : « J'aime mieux, leur dit-il, manger ces racines dans mes plats de terre, et commander à ceux qui ont de l'or. » Accusé d'avoir détourné de l'argent à son profit, il montre à tous les yeux un vase de bois dont il se servait d'ordinaire dans les sacrifices, et jure que, de tout le butin ennemi, il n'a rien emporté de plus dans sa maison. Avec les dépouilles des vaincus, il fit construire un aqueduc qui conduisit à Rome les eaux de l'Anio. Élu tribun du peuple, il obligea les sénateurs à ratifier d'avance l'élection des magistrats plébéiens nommés dans

ei apud Tiphatam, et agri jugera quingenta publice data.

XXXIV. Appius Claudius Cæcus.

Appius Claudius Cæcus in censura libertinos quoque in senatum legit, epulandi decantandique jus tibicinibus in publico ademit. Duæ familiæ ad Herculis sacra sunt destinatæ, Potitiorum et Pinariorum. Potitios Herculis sacerdotes pretio corrupit, ut sacra Herculea servos publicos edocerent : unde cæcatus est; gens Potitiorum funditus periit. Ne consulatus cum plebeiis communicaretur, acerrime restitit. Ne Fabius solus ad bellum mitteretur, contradixit. Sabinos, Samnites, Etruscos bello domuit. Viam usque Brundisium lapidibus stravit; unde illa Appia dicta. Aquam Anienem in Urbem induxit [45]. Censuram solus omni quinquennio obtinuit. Quum de pace Pyrrhi ageretur, et gratia potentum per legatum Cineam pretio quæreretur, senex et cæcus lectica in senatum latus, turpissimas conditiones magnifica oratione discussit.

XXXV. Pyrrhus, rex Epirotarum.

Pyrrhus, rex Epirotarum, materno genere ab Achille, paterno ab Hercule oriundus, quum imperium orbis agi-

les comices. En récompense de ses services, la république lui donna une métairie près du mont Tiphate, et cinq cents arpents de terre.

XXXIV. Appius Claudius Cécus.

Appius Claudius Cécus, nommé censeur, fit entrer dans le sénat des fils mêmes d'affranchis, et priva les joueurs de flûte du droit de prendre leurs repas et de chanter en public. Deux familles, celles des Potitius et des Pinarius, présidaient au culte d'Hercule. Claudius corrompit à prix d'argent les Potitius, prêtres du dieu, et les engagea à révéler les mystères à des esclaves publics : il fut, dès lors, frappé de cécité, et la famille des Potitius périt tout entière. Appius s'opposa très-vivement à ce que l'on fît participer les plébéiens au consulat, et empêcha, par son discours, que Fabius fût envoyé seul pour commander dans la guerre du Samnium. Il soumit par les armes les Sabins, les Samnites et les Étrusques ; il fit paver en pierre, depuis Rome jusqu'à Brindes, une route appelée de son nom la voie Appia, et conduisit jusque dans la ville les eaux de l'Anio. Seul, il exerça la censure durant cinq années complètes. Lorsqu'il fut question de paix avec Pyrrhus, et que Cinéas, son ambassadeur, cherchait à gagner par des présents les principaux patriciens, Appius, malgré sa vieillesse et sa cécité, monta en litière et vint au sénat, où, par un discours fort éloquent, il fit rejeter les conditions humiliantes que proposait Pyrrhus.

XXXV. Pyrrhus, roi d'Épire.

Pyrrhus, roi d'Épire, descendant d'Achille par sa mère, et d'Hercule par son père, roulait dans son es-

taret, et Romanos potentes videret, Apollinem de bello consuluit. Ille ambigue respondit :

Aio te, Æacida, Romanos vincere posse⁴⁶.

Hoc dicto in voluntatem tracto, auxilio Tarentinorum, bellum Romanis intulit. Lævinum consulem apud Heracleam elephantorum novitate turbavit. Quumque Romanos adversis vulneribus occisos videret, « Ego, inquit, talibus militibus brevi orbem terrarum subigere potuissem. » Amicis gratulantibus, « Quid mihi cum tali victoria, inquit, ubi exercitus robur amittam? » Ad vicesimum ab Urbe lapidem castra posuit : captivos Fabricio gratis reddidit. Viso Lævini exercitu, eamdem sibi, ait, adversus Romanos, quam Herculi adversus hydram, fuisse fortunam. A Curio et Fabricio superatus, Tarentum refugit; in Siciliam trajecit. Mox in Italiam Locros regressus, pecuniam Proserpinæ avehere tentavit; sed ea naufragio relata est. Tum in Græciam regressus, quum Argos oppugnaret, ictu tegulæ prostratus est. Corpus ad Antigonum, regem Macedoniæ, relatum, magnifice sepultum.

[Pyrrhus⁴⁷ quum secundo prœlio a Romanis esset pulsus Tarentum, interjecto anno, contra Pyrrhum Fabricius missus est, qui prius inter legatos sollicitari non poterat, quarta regni parte promissa. Quum vicina castra ipse et rex haberent, medicus Pyrrhi nocte ad eum ve-

prit remuant le dessein de conquérir le monde ; voyant la puissance des Romains, il consulta l'oracle d'Apollon sur l'issue de la guerre qu'il méditait contre eux. Il reçut du dieu une réponse amphibologique, et qui, en latin, signifiait tout à la fois :

Oui, Pyrrhus, tu pourras vaincre un jour les Romains.
Oui, Pyrrhus, les Romains pourront te vaincre un jour.

Pyrrhus interprète l'oracle conformément à ses désirs, et, pour secourir Tarente, déclare la guerre à Rome. Il met en fuite, près d'Héraclée, le consul Lévinus, troublé à l'apparition des éléphants, jusqu'alors inconnus en Italie. A l'aspect des Romains qui sont restés sur le champ de bataille, blessés tous par devant, Pyrrhus s'écrie : « Avec de tels soldats, j'aurais pu subjuguer bientôt l'univers. » Ses amis le félicitent : « Que m'importe, répond-il, une pareille victoire, où je perds l'élite de mon armée ? » Il alla camper à vingt milles de Rome, et renvoya sans rançon les prisonniers à Fabricius. Lorsqu'il vit reparaître Lévinus avec de nouvelles troupes : « J'ai, dit-il, contre les Romains le sort d'Hercule contre l'hydre. » Vaincu par Curius et Fabricius, il s'enfuit à Tarente, et passe en Sicile. Bientôt il retourne en Italie, à Locres, et tente de piller les trésors de Proserpine ; mais un naufrage les rapporte au temple de la déesse. Alors Pyrrhus revient en Grèce, et, au siége d'Argos, il est tué d'un coup de tuile. On rapporta son corps au roi de Macédoine Antigone, qui le fit ensevelir avec magnificence.

Pyrrhus, repoussé par les Romains dans une seconde bataille, s'était replié sur Tarente : un an après, on envoya contre lui Fabricius, qui déjà était venu à sa cour en qualité d'ambassadeur, et dont il avait inutilement alors essayé de corrompre la vertu, en lui promettant le quart de son royaume. Comme le camp des Romains et

nit, promittens se Pyrrhum veneno occisurum, si sibi quidquam polliceretur : quem Fabricius vinctum reduci jussit ad dominum, Pyrrhoque dici quæ contra caput ejus medicus spopondisset. Tum rex, admiratus eum, dixisse fertur : « Ille est Fabricius, qui difficilius ab honestate, quam sol a suo cursu averti posset! »]

XXXVI. Decius Mus.

Volsinii, Etruriæ nobile oppidum, luxuria pæne perierunt. Nam quum temere servos manumitterent, dein in curiam legerent, consensu eorum oppressi. Quum multa indigna paterentur, clam Romæ auxilium petierunt. Missusque Decius Mus mox libertinos [48] omnes aut in carcere necavit, aut dominis in servitutem restituit.

XXXVII. Appius Claudius Caudex.

Appius Claudius, cognomento Caudex dictus, frater Cæci fuit. Victis Volsiniensibus, consul [49] ad Mamertinos liberandos missus est, quorum arcem Carthaginienses et Hiero, rex Syracusanus, obsidebant. Primo ad explorandos hostes fretum piscatoria nave trajecit, et cum duce Carthaginiensium egit, ut præsidium arce deduceret. Rhegium regressus, quinqueremem hostium copiis pedestribus cepit : ea legionem in Siciliam traduxit. Carthaginienses Messana expulit. Hieronem prœlio apud Syracusas in deditionem accepit; qui, eo periculo terri-

celui du roi étaient voisins l'un de l'autre, le médecin de Pyrrhus vint, pendant la nuit, trouver Fabricius, et lui promit d'empoisonner le prince, si le consul lui assurait quelque récompense: Fabricius le fit reconduire enchaîné vers son maître, qu'il informa des propositions faites par son médecin de lui ôter la vie. Alors le roi, pénétré d'admiration pour Fabricius, s'écria, dit-on : « C'est toujours ce Fabricius, qu'il serait plus difficile de détourner du chemin de l'honneur, que le soleil de son cours ! »

XXXVI. Decius Mus.

Les habitants de Volsinium, ville célèbre de l'Étrurie, allaient devenir victimes de leur mollesse pour avoir eu l'imprudence d'affranchir leurs esclaves, puis de les admettre dans le sénat. Opprimés par la coalition de ces misérables, les Volsiniens souffraient mille traitements indignes; ils demandèrent secrètement à Rome du secours, et Decius Mus, envoyé pour les défendre, fit bientôt étrangler en prison les affranchis, ou les remit au pouvoir de leurs maîtres.

XXXVII. Appius Claudius Caudex.

Appius Claudius, surnommé Caudex, était frère d'Appius Cécus. Après sa victoire sur les Volsiniens, il fut envoyé en qualité de consul pour délivrer les Mamertins, dont les Carthaginois et le roi de Syracuse Hiéron assiégeaient la citadelle. Pour reconnaître l'ennemi, il traverse d'abord le détroit sur une barque de pêcheur, et traite de la levée du siége avec le général carthaginois. De retour à Rhégium, il s'empare, avec ses fantassins, d'une quinquerème ennemie, où il fait monter une légion, débarque en Sicile, chasse de Messine les Carthaginois, bat Hiéron près de Syracuse, et reçoit sa soumission. Ce prince, effrayé du péril qu'il avait couru,

tus, Romanorum amicitiam petiit, iisque postea fidelissimus fuit.

XXXVIII. C. Duilius.

Caius Duilius, primo Punico bello, dux contra Carthaginienses missus, quum videret eos multum mari posse, classem magis validam, quam decoram, fabricavit; et [quas corvos vocavere] manus ferreas cum irrisu hostium primus instituit, quibus inter pugnandum hostium naves apprehendit; qui victi et capti sunt. Hannibal, dux classis, Carthaginem fugit, et a senatu quæsivit, quid faciendum censerent. Omnibus, ut pugnaret, acclamantibus, « Feci, inquit, et victus sum : » sic pœnam crucis effugit. Nam apud Pœnos dux, male re gesta, puniebatur. Duilio concessum est [50], ut prælucente funali et præcinente tibicine a cœna publice rediret.

XXXIX. A. Atilius Calatinus.

Atilius Calatinus, dux adversus Carthaginienses missus, maximis et munitissimis civitatibus, Enna, Drepano, Lilybæo, hostilia præsidia dejecit. Panormum cepit. Totam Siciliam pervagatus, paucis navibus magnam hostium classem, duce Hamilcare, superavit. Sed quum ad Camerinam, ab hostibus obsessam, festinaret, a Pœnis in angustiis clausus est, ubi tribunus militum Calpurnius Flamma, acceptis trecentis sociis, in superiorem locum evasit, consulem liberavit : ipse cum trecentis pugnans cecidit. Postea ab Atilio semianimis

demanda l'amitié des Romains, et fut pour eux, dans la suite, l'allié le plus fidèle.

XXXVIII. C. Duilius.

Dans la première guerre punique, Caïus Duilius fut envoyé comme général contre les Carthaginois ; voyant qu'ils étaient fort puissants sur mer, il fit équiper une flotte plus solide qu'élégante, et le premier inventa les mains de fer appelées corbeaux, dont l'ennemi commença par se moquer; mais, lorsqu'on en vint à l'abordage, Duilius saisit avec elles les vaisseaux des Carthaginois, qui furent battus et faits prisonniers. Annibal, commandant de la flotte vaincue, s'enfuit à Carthage, et demande aux sénateurs leur avis sur le parti qu'il doit prendre; tous s'écrient à la fois qu'il faut combattre : « Je l'ai fait, dit-il, et j'ai perdu la bataille. » Ce fut ainsi qu'il évita le supplice de la croix dont, à Carthage, on punissait tout général après une défaite. Duilius obtint le privilége d'être précédé d'un flambeau et d'un joueur de flûte aux frais de la république, toutes les fois qu'il revenait de souper.

XXXIX. A. Atilius Calatinus.

Atilius Calatinus, envoyé comme général contre les Carthaginois, chassa les garnisons ennemies de plusieurs places très-importantes et très-fortes, telles qu'Enna, Drépane et Lilybée. Il prit Panorme; puis, parcourant toute la Sicile, il défit, avec quelques vaisseaux, une grande flotte ennemie que commandait Amilcar. Mais comme il se hâtait d'aller au secours de la ville de Camerina, assiégée par les Carthaginois, il se laissa enfermer par eux dans un défilé; alors le tribun militaire Calpurnius Flamma se met à la tête de trois cents hommes, gravit une hauteur, et délivre le consul; mais ses trois cents braves et lui-même tombent en combattant. Puis, retrouvé

inventus et sanatus[51], magno postea terrori hostibus fuit. Atilius gloriose triumphavit.

XL. M. Atilius Regulus.

Marcus Atilius Regulus consul, fusis Sallentinis, triumphavit; primusque Romanorum ducum in Africam classem trajecit. Ea quassata, de Hamilcare naves longas tres et sexaginta accepit. Oppida ducenta et hominum ducenta millia cepit. Absente eo, conjugi ejus et liberis ob paupertatem sumptus publice dati. Mox, arte Xanthippi Lacedæmonii, mercenarii militis[52], captus, in carcerem missus. Legatus de permutandis captivis Romam missus, dato jurejurando, ut, si non impetrasset, ita demum rediret; in senatu conditionem dissuasit, rejectisque a se conjuge et liberis, Carthaginem regressus; ubi, in arcam ligneam conjectus, clavis introrsum adactis, vigiliis ac dolore punitus est.

XLI. C. Lutatius Catulus.

Caius Lutatius Catulus, primo Punico bello, trecentis navibus adversum Pœnos profectus, sexcentas eorum naves, commeatibus et aliis oneribus impeditas, duce Hamilcare, apud Ægates insulas, inter Siciliam et Africam, depressit aut cepit, finemque bello imposuit. Pacem petentibus hac conditione concessit, Sicilia, Sardinia, et ceteris insulis intra Italiam Africamque decederent; Hispania citra Hiberum abstinerent.

presque mourant par Atilius et guéri de ses blessures, Calpurnius fut, dans la suite, la terreur et l'effroi des ennemis. Atilius triompha glorieusement.

XL. M. Atilius Regulus.

Marcus Atilius Regulus, consul, triompha pour avoir mis en fuite les Sallentins, et, le premier des généraux romains, fit passer en Afrique une flotte avec laquelle, malgré la tempête qui vint l'assaillir, il prit sur Amilcar soixante-trois vaisseaux longs. Il conquit deux cents places fortes, et fit deux cent mille prisonniers. Pendant son absence, sa femme et ses enfants furent, à cause de leur pauvreté, entretenus aux frais de la république. Bientôt Regulus tomba au pouvoir de l'ennemi, par la tactique de Xanthippe, soldat lacédémonien à la solde de Carthage, et fut jeté dans les fers. Envoyé à Rome, pour traiter de l'échange des captifs, et sous le serment de retourner à Carthage, s'il ne pouvait rien obtenir, il conseilla aux sénateurs de rejeter la proposition de l'ennemi; puis, s'arrachant des bras de son épouse et de ses enfants, il revint à Carthage, où, plongé dans un coffre de bois hérissé en dedans de pointes de fer, il fut puni de mort au milieu des veilles et de la douleur.

XLI. C. Lutatius Catulus.

Pendant la première guerre punique, Caïus Lutatius Catulus, qui avait le commandement de trois cents voiles contre les Carthaginois, leur prit ou leur coula à fond, près des îles Égates, entre la Sicile et l'Afrique, six cents vaisseaux chargés de vivres, de munitions de toute espèce et commandés par Amilcar; ainsi fut terminée la guerre. Les vaincus demandèrent la paix, que Lutatius leur accorda, mais à la condition qu'ils évacueraient la Sicile, la Sardaigne, les autres îles entre l'Afrique et l'Italie, et l'Espagne en deçà de l'Èbre.

XLII. Hannibal, Carthaginiensis dux.

Hannibal, Hamilcaris filius, novem annos natus, a patre aris admotus, odium in Romanos perenne juravit. Exinde socius et miles in castris patri fuit. Mortuo eo, causam belli quærens, Saguntum, Romanis fœderatam, intra sex menses evertit. Tum, Alpibus patefactis, in Italiam trajecit. P. Scipionem apud Ticinum, Sempronium Longum apud Trebiam, Flaminium apud Trasimenum, Paullum et Varronem apud Cannas superavit. Quumque Urbem capere posset, in Campaniam devertit, cujus deliciis elanguit. Et quum ad tertium ab Urbe lapidem castra posuisset, tempestatibus repulsus, primum a Fabio Maximo frustratus, deinde a Valerio Flacco repulsus, a Graccho et Marcello fugatus, in Africam revocatus, a Scipione superatus, ad Antiochum, regem Syriæ, confugit, eumque hostem Romanis fecit. Quo victo, ad Prusiam, Bithyniæ regem, concessit. Unde Romana legatione [per Titum Flamininum] repetitus [ne Romanis traderetur], hausto, quod sub annuli gemma habebat, veneno, absumptus est, positus apud Libyssam in arca lapidea, in qua hodieque inscriptum est : HANNIBAL HIC SITUS EST.

XLIII. Q. Fabius Maximus.

Quinctus Fabius Maximus Cunctator, ut Verrucosus a verruca in labris, ita Ovicula a clementia morum, consul de Liguribus triumphavit. Hannibalem mora fre-

XLII. Annibal, général carthaginois.

Annibal, fils d'Amilcar, n'avait encore que neuf ans, lorsque, au pied des autels, son père lui fit jurer une haine éternelle aux Romains. Dès lors, soldat et compagnon d'armes d'Amilcar, il ne quitta plus le camp paternel. Après la mort d'Amilcar, cherchant un prétexte de guerre, il attaque Sagonte, ville alliée des Romains, et la détruit après six mois de siége. Puis, s'ouvrant une route à travers les Alpes, il descend en Italie, où il défait P. Scipion près du Tésin, Sempronius Longus sur les bords de la Trébia, Flaminius à Trasimène, Paul Émile et Varron dans les plaines de Cannes. Il pouvait prendre Rome; mais il se détourna vers la Campanie, dont les délices l'énervèrent. Il vient ensuite camper à trois milles de Rome; mais des ouragans furieux l'obligent à la retraite. Déconcerté d'abord dans ses plans par Fabius Maximus, puis repoussé par Valerius Flaccus, mis en fuite par Gracchus et par Marcellus, rappelé en Afrique et vaincu par Scipion, il se réfugia près d'Antiochus, roi de Syrie, qu'il arma contre les Romains. Après la défaite de ce prince, il se retira chez Prusias, roi de Bithynie. Informé là qu'une ambassade romaine demandait, par l'organe de Titus Flamininus, qu'il lui fût livré, il prit, pour échapper à ses ennemis, un poison qu'il conservait sous le chaton de sa bague, et mourut de cette manière. Son corps fut déposé, près de Libyssa, dans un cercueil de pierre, sur lequel on lit encore aujourd'hui cette épitaphe : ICI REPOSE ANNIBAL.

XLIII. Q. Fabius Maximus.

Quinctus Fabius Maximus Cunctator, surnommé Verrucosus, à cause d'une verrue qu'il avait sur les lèvres, et Ovicula, pour la douceur de son caractère, triompha, comme consul, des Liguriens. Il brisa par ses len-

git. Minucium, magistrum equitum, imperio sibi æquari passus est : nihilo minus periclitanti subvenit. Hannibalem in agro Falerno inclusit. Marium Statilium, transfugere ad hostes volentem, equo et armis donatis retinuit; et Lucano cuidam fortissimo, ob amorem mulieris infrequenti[53], eamdem emptam dono dedit. Tarentum ab hostibus recepit : Herculis signum inde translatum in Capitolio dedicavit. De redemptione captivorum cum hostibus pepigit : quod pactum quum a senatu improbaretur, fundum suum ducentis millibus vendidit, et fidei satisfecit.

XLIV. P. Scipio Nasica.

Publius Scipio Nasica, a senatu vir optimus judicatus, matrem deum hospitio recepit. Is quum adversum auspicia consulem se a Graccho nominatum comperisset, magistratu se abdicavit. Censor statuas, quas sibi quisque per ambitionem in Foro ponebat, sustulit. Consul Delminium, urbem Dalmatarum, expugnavit. Imperatoris nomen, a militibus, et ab senatu triumphum oblatum recusavit. Eloquentia primus, juris scientia consultissimus, ingenio sapientissimus; unde vulgo Corculum dictus[54].

XLV. M. Claudius Marcellus.

Marcus Marcellus Viridomarum, Gallorum ducem, singulari prœlio fudit. [Spolia opima Jovi Feretrio tertius a Romulo consecravit. Primus docuit, quomodo milites

teurs la fougue d'Annibal, souffrit qu'on lui fît partager le commandement de l'armée avec Minucius, maître de la cavalerie, et n'en vint pas moins à son secours au moment du danger. Il enferma Annibal dans les plaines de Falerne. Marius Statilius voulait passer à l'ennemi ; Fabius le retint en lui donnant un cheval et des armes. Un Lucanien, très-brave, s'absentait souvent des drapeaux par amour pour une femme ; Fabius acheta cette femme et lui en fit présent. Il reprit Tarente sur l'ennemi, et fit transporter de cette ville à Rome une statue d'Hercule qu'il plaça dans le Capitole. Il traita avec Annibal du rachat des captifs, et comme le sénat refusait de ratifier les conventions, il vendit ses terres deux cent mille sesterces, afin d'acquitter sa promesse.

XLIV. P. Scipion Nasica.

Publius Scipion Nasica, reconnu par le sénat pour le plus vertueux des Romains, reçut la mère des dieux sous son toit hospitalier. Ayant reconnu que Gracchus l'avait nommé consul sous des auspices défavorables, il abdiqua sa dignité. Censeur, il fit enlever les statues que chaque ambitieux s'élevait à lui-même dans le Forum. Consul, il prit d'assaut Delminium, capitale des Dalmates. Il refusa le titre d'imperator que lui offrait son armée, et le triomphe que lui décernait le sénat. Prince de l'éloquence, le plus habile des jurisconsultes, le plus sage par son génie, il mérita d'être appelé partout Corculum.

XLV. M. Claudius Marcellus.

Marcus Marcellus tua, dans un combat singulier, Viridomare, chef des Gaulois, et fut, en comptant Romulus, le troisième Romain qui consacra des dépouilles opimes à Jupiter Férétrien. Le premier, il apprit aux troupes

cederent, nec terga præberent. Hannibalem] apud Nolam, locorum angustia adjutus, vinci docuit. Syracusas per tres annos expugnavit. Et quum per calumniam triumphus ei a senatu negaretur, de sua sententia in Albano monte triumphavit. Quinquies consul, insidiis Hannibalis deceptus occubuit, et magnifice sepultus. Ossa, Romam remissa, a prædonibus intercepta perierunt[55].

XLVI. Claudia, virgo vestalis.

Hannibale Italiam devastante, ex responso librorum Sibyllinorum, mater deum, a Pessinunte arcessita, quum adverso Tiberi veheretur, repente in alto stetit. Et quum moveri nullis viribus posset[56], ex libris cognitum, castissimæ demum feminæ manu moveri posse. Tum Claudia, virgo vestalis, falso incesti suspecta, deam oravit, ut, si pudicam sciret, sequeretur; et zona imposita navem movit, simulacrum matris deum abduxit. Templum ædificavit Nasica, qui vir optimus judicabatur.

XLVII. M. Porcius Cato Censorinus.

Marcus Porcius Cato[57], genere Tusculanus, a Valerio Flacco Romam sollicitatus, tribunus militum in Sicilia, quæstor sub Scipione fortissimus, prætor justissimus fuit: in prætura Sardiniam subegit, ubi ab Ennio Græcis litteris institutus. Consul Celtiberos domuit; et, ne rebellare possent, litteras ad civitates singulas misit, ut muros diruerent. Quum unaquæque sibi soli imperari

cæsar a legionibus appellatur. Quibus eo quod ingens amissi principis desiderium erat, adolescentem Antoninum vocavere. Horum nihil præter sævos atque inciviles animos interim reperimus. Qua gratia, mensibus ferme quatuor ac decem vix retento imperio, per quos creati fuerant, interfecti sunt.

XXIII. M. Aurelius Antoninus Heliogabalus.

Accitusque Marcus Antoninus, Bassiano genitus; qui, patre mortuo, in Solis sacerdotium, quem Heliogabalum Syri vocant, tanquam asylum, insidiarum metu confugerat, hincque Heliogabalus dictus; translatoque Romam dei simulacro, in palatii penetralibus [palatia] constituit[56]. Hoc impurius ne improbæ quidem aut petulantes mulieres fuere : quippe orbe toto obscenissimos perquirebat, visendis tractandisve artibus libidinum ferendarum[57]. Hæc quum augerentur in dies, ac magis magisque Alexandri, quem, comperta Opilii nece, cæsarem nobilitas nuncupaverat, amor cumularetur, in castris prætoriis, tricesimo regni mense, oppressus est.

XXIV. Aurelius Alexander.

Statimque Aurelio Alexandro, Syriæ orto, cui duplex, Cæsarea et Arca, nomen est, militibus quoque annitentibus, augusti potentia delata. Qui, quanquam adolescens, ingenio supra ævum tamen, confestim appa-

putaret, fecerunt. Syriaco bello, tribunus militum sub M'. Acilio Glabrione, occupatis Thermopylarum jugis, præsidium hostium depulit. Censor L. Flamininum consularem senatu movit, quod ille in Gallia, ad cujusdam scorti spectaculum, eductum quemdam e carcere in convivio jugulari jussisset. Basilicam [58] suo nomine primus fecit. Matronis ornamenta, erepta Oppia lege, repetentibus restitit. Accusator assiduus malorum, Galbam octogenarius accusavit; ipse quadragies quater accusatus, gloriose absolutus. Carthaginem delendam censuit. Post octoginta annos filium genuit. Imago hujus, funeris gratia, produci solet.

XLVIII. C. Claudius Nero, et Hasdrubal, frater Hannibalis.

Hasdrubal, frater Hannibalis, ingentibus copiis in Italiam transjecit; actumque erat de Romano imperio, si jungere se Hannibali potuisset. Sed Claudius Nero, qui in Apulia cum Hannibale castra conjunxerat, relicta in castris parte, cum delectis ad Hasdrubalem properavit, et se Livio collegæ, apud Senam oppidum et Metaurum flumen, conjunxit : amboque Hasdrubalem vicerunt. Nero, regressus pari celeritate, qua venerat, caput Hasdrubalis ante vallum Hannibalis projecit. Quo ille

villes d'abattre leurs murailles. Comme chacune d'elles pensait que cet ordre la regardait seule, toutes obéirent. Dans la guerre de Syrie, tribun légionnaire sous M'. Acilius Glabrion, il s'empara des hauteurs des Thermopyles, et en chassa l'ennemi qui les défendait. Censeur, il expulsa du sénat L. Flamininus, personnage consulaire, parce que celui-ci, dans la Gaule, afin de donner à une prostituée un spectacle nouveau pour elle, avait tiré de prison un captif, qu'on égorgea sur son ordre, au milieu du festin. Caton fut le premier qui construisit en son nom une basilique. Les dames romaines redemandaient les parures de luxe, que leur avaient enlevées la loi Oppia : il s'opposa de toutes ses forces à leurs réclamations. Accusateur infatigable des méchants, il était octogénaire lorsqu'il fit comparaître Galba devant les juges. Accusé lui-même quarante-quatre fois, il fut toujours glorieusement acquitté. Il vota sans cesse la destruction de Carthage. Il eut un fils à plus de quatre-vingts ans. On établit la coutume de tirer du sénat et de porter, dans les funérailles, l'image de Caton.

XLVIII. C. Claudius Néron, et Asdrubal, frère d'Annibal.

Asdrubal, frère d'Annibal, passa en Italie avec des troupes considérables ; et c'en était fait de l'empire romain, s'il avait pu se joindre à son frère. Mais Claudius Néron, qui campait en Apulie, à peu de distance d'Annibal, laisse dans ses lignes une partie de son armée, prend un corps d'élite, vole à la rencontre d'Asdrubal, et se réunit à son collègue Livius, auprès de la ville de Séna et sur les rives du fleuve Métaure, où tous deux vainquirent Asdrubal. Néron regagne son camp avec autant de rapidité qu'il en était parti, et fait jeter la tête d'Asdrubal au pied des retranchements de son frère. A cette vue, Annibal s'avoua vaincu par la mauvaise for-

viso, vinci se fortuna Carthaginis confessus. Ob hæc Livius triumphans, Nero ovans, Urbem introierunt.

XLIX. P. Cornelius Scipio Africanus.

Publius Scipio, ex virtutibus nominatus Africanus, Jovis filius creditus : nam antequam conciperetur, serpens in lecto matris ejus apparuit ; et ipsi parvulo draco circumfusus, nihil nocuit. In Capitolium intempesta nocte euntem nunquam canes latraverunt. Nec hic quidquam prius cœpit, quam in cella Jovis [59] diutissime sedisset, quasi divinam mentem accepisset. Decem et octo annorum, patrem apud Ticinum singulari virtute servavit. Clade Cannensi nobilissimos juvenes, Italiam deserere cupientes, sua auctoritate compescuit. Reliquias incolumes per media hostium castra Canusium perduxit. Viginti quatuor annorum, prætor in Hispaniam missus, Carthaginem, qua die venit, cepit. Virginem pulcherrimam, ad cujus adspectum concurrebatur, ad se vetuit adduci, patrique ejus ac sponso restitui jussit. Hasdrubalem Magonemque, fratres Hannibalis, Hispania expulit. Amicitiam cum Syphace, Maurorum rege, conjunxit. Masinissam in societatem recepit. Victor domum regressus, consul ante annos factus, concedente collega, in Africam classem trajecit. Hasdrubalis et Syphacis castra una nocte perrupit. Revocatum ex Italia Hannibalem superavit. Victis Carthaginiensibus leges imposuit. Bello Antiochi, legatus fratri fuit : captum filium gratis recepit. A Petillio Actæo, tribuno plebis, repetundarum accusa-

tune de Carthage. En récompense de leur victoire, Livius rentra dans Rome avec les honneurs du triomphe, et Néron avec ceux de l'ovation.

XLIX. P. Cornelius Scipion l'Africain.

Publius Scipion, que ses victoires firent surnommer l'Africain, passait pour fils de Jupiter, parce qu'un serpent apparut dans le lit de sa mère avant qu'elle le conçût; et lui-même était encore un berceau, quand un dragon l'enveloppa de ses replis sans lui faire aucun mal. Lorsqu'au milieu de la nuit il se rendait au Capitole, jamais les chiens ne firent entendre leurs aboiements. Il ne formait aucune entreprise, sans être resté fort longtemps assis dans l'enceinte sacrée de Jupiter, comme pour y recevoir l'inspiration divine. A dix-huit ans, il sauva son père, au combat du Tésin, par un prodige de valeur. Après le désastre de Cannes, les jeunes patriciens les plus illustres avaient formé le projet d'abandonner l'Italie : de sa seule autorité il les retint sous les drapeaux. Rassemblant ensuite les débris de l'armée romaine, il les conduisit à Canusium, au travers des retranchements ennemis. A vingt-quatre ans, envoyé préteur en Espagne, il prit Carthagène, le jour même de son arrivée. Une jeune fille, de la beauté la plus rare, attirait tous les regards; on accourait pour la contempler : Scipion défendit qu'on la lui amenât, et la fit rendre à son père et à son fiancé. Il chassa de l'Espagne Asdrubal et Magon, frères d'Annibal, fit alliance avec Syphax, roi des Maures, et avec Masinissa. Revenu vainqueur à Rome, élu consul avant l'âge, il fit passer, du consentement de son collègue, une flotte en Afrique, força, dans une seule nuit, le camp d'Asdrubal et de Syphax, vainquit Annibal rappelé d'Italie, et imposa des lois aux Carthaginois vaincus. Il servit de lieutenant à son frère dans

tus, librum rationum in conspectu populi scidit : « Hac die, inquit, Carthaginem vici; quasi bonum factum, in Capitolium eamus, et diis supplicemus. » Inde in voluntarium exsilium concessit, ubi reliquam egit ætatem. Moriens ab uxore petiit ne corpus suum Romam referretur [60].

L. M. Livius Salinator.

Livius Salinator primo consul de Illyriis triumphavit; deinde, ex invidia peculatus reus [61], ab omnibus tribubus, excepta Metia, condemnatus. Iterum cum Claudio Nerone, inimico suo, consul, ne respublica discordia male administraretur, amicitiam cum eo junxit, et de Hasdrubale triumphavit. Censor cum eodem collega omnes tribus, excepta Metia, ærarias fecit, stipendio privavit, eo crimine, quod aut prius se injuste condemnassent, aut postea tantos honores non recte tribuissent.

LI. T. Quintus Flaminius.

Quintus Flaminius, Flaminii, qui apud Trasimenum periit, filius [62], consul Macedoniam sortitus, ducibus Charopæ principis pastoribus, provinciam ingressus, regem Philippum prœlio fudit, castris exuit. Filium ejus Demetrium obsidem accepit; quem, pecunia mulctatum, in regnum restituit. A Nabide quoque Lacedæmonio filium obsidem accepit. Liberos etiam Græcos Nemeæ

la guerre contre Antiochus, qui, sans exiger de rançon, lui renvoya son fils, fait prisonnier. Accusé de concussion par le tribun du peuple Petillius Actéus, il déchira devant l'assemblée le livre des comptes : « C'est à pareil jour, dit-il, que j'ai vaincu Carthage; montons au Capitole, et remercions les dieux de cet heureux événement. » Puis il se retira volontairement en exil, et y passa le reste de ses jours. En mourant, il pria sa femme de ne point faire transporter son corps à Rome.

L. M. Livius Salinator.

Livius Salinator, dans son premier consulat, triompha des Illyriens, fut ensuite accusé de péculat par ses envieux, et condamné par toutes les tribus, excepté par la tribu Metia. Une seconde fois consul avec Claudius Néron, son ennemi, il se réconcilia avec lui, pour que l'administration de la république n'eût point à souffrir de leur discorde; il triompha d'Asdrubal. Élu censeur avec le même collègue, il imposa une taxe à toutes les tribus, à l'exception de la tribu Metia, et les priva de la solde militaire; les accusant ainsi, ou de l'avoir d'abord condamné injustement, ou de lui avoir ensuite accordé sans plus de justice de si grands honneurs.

LI. T. Quintus Flaminius.

Quintus Flaminius, fils du Flaminius qui périt au lac Trasimène, obtint par le sort, comme consul, le département de la Macédoine; guidé par les pasteurs du prince Charopa, il pénètre dans cette province, combat le roi Philippe, le met en fuite et force son camp. Il reçut en otage Demetrius, fils du vaincu; puis, moyennant une forte somme d'argent, il replaça Philippe sur le trône. Il prit également comme otage le fils de Nabis, tyran

per præconem pronuntiavit. Legatus etiam ad Prusiam, ut Hannibalem repeteret, missus.

LII. M. Fulvius Nobilior.

Marcus Fulvius Nobilior consul Oretanos superavit [63] : unde ovans Urbem introiit. Consul Ætolos, qui bello Macedonico interfuerant, post ad Antiochum defecerant, prœliis frequentibus victos, et in Ambraciam oppidum coactos, in deditionem accepit; tamen signis tabulisque pictis spoliavit : de quibus triumphavit. Quam victoriam, per se magnificam, Quinctus Ennius [64], amicus ejus, insigni laude celebravit.

LIII. L. Scipio Asiaticus.

Scipio Asiaticus, frater Africani, infirmo corpore, tamen in Africa virtutis nomine a fratre laudatus, consul, Antiochum, regem Syriæ, legato fratre, apud Sipylum montem, quum arcus hostium pluvia hebetati fuissent, vicit, et regni relicti a patre parte privavit : hinc Asiaticus dictus. Post, reus pecuniæ interceptæ, ne in carcerem duceretur, Gracchus pater, tribunus plebis, intercessit. M. Cato Censor equum ei ignominiæ causa ademit.

LIV. Antiochus, rex Syriæ.

Antiochus, Syriæ rex, nimia opum fiducia bellum

de Lacédémone. Il fit encore proclamer, à Némée, par un héraut, la liberté de la Grèce. Enfin il fut envoyé chez Prusias, avec le titre d'ambassadeur, pour réclamer Annibal.

LII. M. Fulvius Nobilior.

Marcus Fulvius Nobilior, élu consul, vainquit les Orétans : ce qui lui fit obtenir, à Rome, l'ovation. Pendant le même consulat, il battit fréquemment les Étoliens, qui, d'abord alliés de la république dans la guerre de Macédoine, avaient ensuite embrassé la cause d'Antiochus. Après les avoir contraints de se retirer dans la ville forte d'Ambracie, Fulvius reçut leur soumission; mais il les dépouilla de leurs statues et de leurs tableaux, et triompha des vaincus. Cette victoire, si éclatante par elle-même, fut célébrée par un magnifique éloge qu'en fit Quinctus Ennius, ami du vainqueur.

LIII. L. Scipion l'Asiatique.

Scipion l'Asiatique, frère de Scipion l'Africain, bien que d'une complexion faible, donna cependant en Afrique des preuves de courage qui méritèrent les éloges de son frère. Consul dans la guerre contre le roi de Syrie Antiochus, il eut son frère pour lieutenant, et vainquit le prince, au mont Sipyle, à la faveur d'une pluie soudaine qui émoussa les arcs de l'ennemi. Scipion priva Antiochus d'une partie du royaume que lui avait laissé son père, et reçut, à cause de sa victoire, le surnom d'Asiatique. Bientôt après, accusé d'avoir détourné à son profit l'argent du butin, il allait être conduit en prison, lorsque Gracchus le père, tribun du peuple, intervint et s'y opposa. M. Caton le Censeur, pour flétrir Scipion l'Asiatique, lui ôta son cheval.

LIV. Antiochus, roi de Syrie.

Antiochus, roi de Syrie, plein d'une confiance aveugle

Romanis intulit, specie Lysimachiæ repetundæ, quam a majoribus suis in Thracia conditam Romani possidebant : statimque Græciam insulasque ejus occupavit. In Eubœa luxuria elanguit. Adventu Acilii Glabrionis excitus, Thermopylas occupavit : unde industria Marci Catonis ejectus, in Asiam refugit. Navali prœlio, cui Hannibalem præfecerat, a L. Æmilio Regillo superatus, filium Scipionis Africani, quem inter navigandum ceperat, patri remisit : qui ei, quasi pro reddenda gratia, suasit, ut amicitiam Romanam peteret. Antiochus, spreto consilio, apud Sipylum montem cum L. Scipione conflixit. Victus et ultra Taurum montem relegatus, a sodalibus, quos temulentus in convivio pulsaverat, occisus est[65].

LV. Cn. Manlius Vulso.

Cnæus Manlius Vulso [consul] missus ad ordinandam Scipionis Asiatici provinciam, cupidine triumphi bellum Pisidis et Gallogræcis, qui Antiocho affuerant, intulit. His facile victis, inter captivos uxor regis Ortiagontis centurioni cuidam in custodiam data : a quo vi stuprata, de injuria tacuit; et post, impetrata redemptione, marito adulterum interficiendum tradidit.

LVI. L. Æmilius Paullus Macedonicus.

Lucius Paullus Æmilius, filius ejus, qui apud Cannas cecidit, primo consulatu, quem post tres repulsas adeptus erat, de Liguribus triumphavit. Rerum gestarum

dans ses forces, et sous prétexte de reprendre Lysimachie, que ses ancêtres avaient fondée dans la Thrace, déclara la guerre aux Romains qui s'en étaient emparés. Il envahit aussitôt la Grèce et ses îles; mais, dans celle d'Eubée, il s'abandonne à des plaisirs qui énervent son courage. L'arrivée d'Acilius Glabrion le réveille, il prend les Thermopyles, d'où le chassent les savantes manœuvres de Marcus Caton; il s'enfuit alors en Asie. Vaincu par L. Émilius Regillus, dans un combat naval, où sa flotte était sous les ordres d'Annibal, il rend à Scipion l'Africain, son fils, qu'il avait fait prisonnier sur mer. Scipion, comme pour l'en remercier, lui conseille de rechercher l'amitié des Romains. Antiochus, dédaignant cet avis, en vient aux mains, près du mont Sipyle, avec L. Scipion. Vaincu et repoussé au delà du mont Taurus, il fut tué par ses compagnons de débauches, qu'il avait frappés dans l'orgie d'un festin.

LV. Cn. Manlius Vulson.

Le consul Cnéus Manlius Vulson, envoyé pour organiser la province de Scipion l'Asiatique, se montra si jaloux d'obtenir le triomphe, qu'il déclara la guerre aux Pisidiens et aux Gallo-Grecs, qui avaient prêté secours à Antiochus. Il n'eut pas de peine à les vaincre; parmi ses prisonniers se trouva la femme du roi Ortiagonte; il en confia la garde à un centurion, qui lui fit violence : elle dissimula d'abord cet outrage; puis, lorsqu'elle eut traité de sa rançon, elle livra l'adultère à toute la vengeance de son époux.

LVI. L. Paul Émile, le Macédonique.

Lucius Paul Émile, fils de celui qui périt à Cannes, triompha des Liguriens, lors de son premier consulat, qu'il n'obtint qu'après trois refus. Dans son triomphe,

ordinem in tabula pictum publice posuit. Iterum consul Persen, Philippi filium, regem Macedonum, apud Samothracas cepit; quem victum flevit, et assidere sibi jussit : tamen in triumphum duxit. In hac lætitia duos filios amisit : et progressus ad populum, gratias fortunæ egit, quod, si quid adversi reipublicæ imminebat, sua esset calamitate decisum. Ob hæc omnia ei a populo et a senatu concessum est, ut ludis Circensibus triumphali veste uteretur. Ob hujus continentiam et paupertatem, post mortem ejus, dos uxori, nisi venditis possessionibus, non potuit exsolvi.

LVII. Tib. Sempronius Gracchus.

Tiberius Sempronius Gracchus, nobilissima familia ortus, Scipionem Asiaticum, quamvis inimicum, duci in carcerem non est passus. Prætor Galliam domuit [66], consul Hispaniam; altero consulatu Sardiniam : tantumque captivorum adduxit, ut longa venditione res in proverbium veniret, *Sardi venales.* Censor libertinos, qui rusticas tribus occuparant, in quatuor urbanas divisit : ob quod a populo collega ejus Claudius (nam ipsum auctoritas tuebatur) reus factus; et quum eum duæ classes condemnassent, Tiberius juravit se cum illo in exsilium iturum : ita reus absolutus est. Quum in domo Tiberii duo angues e geniali toro repsissent, responso dato, cum de dominis periturum, cujus sexus anguis

il exposa aux regards des citoyens un tableau qui représentait toute la suite de ses exploits. A l'époque de son deuxième consulat, il prit, à Samothrace, le roi macédonien Persée, fils de Philippe, donna des larmes au vaincu, le fit asseoir à ses côtés, mais ne le traîna pas moins en triomphe. Au milieu de cette publique allégresse, il perdit ses deux fils : alors il s'avança dans l'assemblée du peuple, et rendit grâces à la fortune, d'avoir vu les maux qui pouvaient menacer la république, détournés par son malheur personnel. En reconnaissance de tant de nobles actions, le peuple et le sénat lui accordèrent le privilége d'assister aux jeux du Cirque, en habit de triomphateur. Tels furent son désintéressement et sa pauvreté, qu'après sa mort, sa femme ne put être payée de son douaire que par la vente de tous ses biens.

LVII. Tib. Sempronius Gracchus.

Tiberius Sempronius Gracchus, issu de la plus illustre famille, ne souffrit point que l'on conduisît en prison Scipion l'Asiatique, qui était cependant son ennemi personnel. Préteur, il soumit la Gaule; consul, il subjugua l'Espagne, puis la Sardaigne, dans son deuxième consulat : il amena à Rome un si grand nombre de captifs, que la longue durée de leur vente fit naître le proverbe : *des Sardes à vendre!* Censeur, Tiberius distribua dans les quatre tribus de la ville les fils d'affranchis, placés d'abord dans celles de la campagne. Cette mesure indisposa le peuple, qui, n'osant l'attaquer lui-même, à cause de l'ascendant de son autorité, mit en accusation son collègue Claudius. Déjà deux tribus l'avaient condamné; mais Tiberius jura qu'il le suivrait en exil : alors le prévenu fut absous. Un jour, dans sa maison, Tiberius vit un couple de reptiles s'échapper du lit qu'il partageait avec sa femme : l'oracle consulté répondit que

fuisset occisus; amore Corneliæ conjugis, marem jussit interfici.

LVIII. P. Scipio Æmilianus.

Publius Scipio Æmilianus, Paulli Macedonici filius, a Scipione Africano adoptatus, in Macedonia cum patre agens, victum Persen tam pertinaciter persequutus est, ut media nocte in castra redierit. Lucullo in Hispania legatus, apud Intercatiam oppidum provocatorem singulari prœlio vicit. Muros hostilis civitatis primus ascendit. Tribunus in Africa sub M'. Manilio imperatore, cohortes octo obsidione vallatas consilio et virtute servavit, a quibus corona obsidionali aurea donatus. Quum ædilitatem peteret, consul ante annos ultro factus, Carthaginem intra sex menses delevit. Numantiam in Hispania, correcta prius militum disciplina, fame vicit. Hinc Numantinus. Caio Lælio plurimum usus. Ad reges adeundos missus, duo secum, præter eum, servos duxit. Ob res gestas superbus, Gracchum jure cæsum videri respondit : obstrepente populo, « Taceant, inquit, quibus Italia noverca, non mater est; » et addidit : « Quos ego sub corona vendidi. » Censor, Mummio collega segniore, in senatu ait : « Utinam mihi collegam aut dedissetis, aut non dedissetis! » Suscepta Agrariorum causa, domi repente exanimis inventus, obvoluto capite elatus, ne livor in ore appareret. Hujus patrimonium tam exi-

celui des deux maîtres du logis qui serait du même sexe que le serpent qu'on aurait immolé, périrait le premier. Par amour pour son épouse Cornélie, Tiberius fit tuer le mâle.

LVIII. P. Scipion Émilien.

Publius Scipion Émilien, fils de Paul Émile le Macédonique, fut adopté par Scipion l'Africain; pendant la campagne qu'il fit en Macédoine avec son père, il poursuivit avec tant d'opiniâtreté Persée après sa défaite, qu'il ne rentra au camp que vers le milieu de la nuit. Lieutenant de Lucullus en Espagne, il vainquit, auprès de la ville d'Intercatia, un barbare qui l'avait provoqué à un combat singulier. Le premier, il escalada les remparts de la place ennemie. Tribun, en Afrique, sous le commandement de M'. Manilius, il délivra, par sa prudence et par son courage, huit cohortes assiégées et investies; il en reçut, pour récompense, une couronne d'or obsidionale. Comme il briguait l'édilité, le peuple s'empressa de le créer consul avant l'âge; alors il détruisit Carthage dans l'espace de six mois; et, après avoir d'abord rétabli la discipline militaire, il prit par famine la ville de Numance en Espagne : de là, son surnom de Numantin. Ami intime de Caïus Lélius, lorsqu'on l'envoyait disposer des royaumes, il n'emmenait avec lui que deux esclaves et son fidèle Lélius. Dans l'orgueil que lui inspiraient ses exploits, il répondit un jour que la mort de Gracchus lui paraissait légitime; le peuple alors de se récrier vivement : « Silence, dit-il, à ceux dont l'Italie est la marâtre, et non la mère! à ceux, ajouta-t-il, qui j'ai vendus sous la couronne! » Censeur, il eut pour collègue l'apathique Mummius : « Plût aux dieux, dit-il dans le sénat, que vous m'eussiez donné un collègue, ou que vous ne m'en eussiez point donné! » S'étant prononcé contre les partisans de la loi agraire,

guum fuit, ut triginta duas libras argenti, duas et semilibram auri reliquerit.

LIX. A. Hostilius Mancinus.

Aulus Hostilius Mancinus prætor [67] adversum Numantinos, vetantibus avibus, et nescio qua voce revocante, profectus, quum ad Numantiam venisset, exercitum Pompeii acceptum prius corrigere decrevit, et solitudinem petiit. Eo die, Numantini forte solenni nuptu filias locabant : et, unam speciosam duobus competentibus, pater puellæ conditionem tulit, ut ei illa nuberet, qui hostis dextram retulisset. Profecti juvenes, abscessum Romanorum in modum fugæ properantium cognoscunt : rem ad suos referunt. Illi statim quatuor millibus suorum viginti millia Romanorum ceciderunt. Mancinus, auctore Tiberio Graccho, quæstore suo, in leges hostium fœdus percussit : quo per senatum improbato, Mancinus Numantinis deditus, nec receptus, augurio in castra deductus, præturam postea consequutus est.

LX. L. Mummius Achaicus.

Lucius Mummius, devicta Achaia, Achaicus, adversus Corinthios missus, victoriam alieno labore quæsitam intercepit. Nam quum illos Metellus Macedonicus apud

il fut trouvé chez lui frappé de mort soudaine; on l'ensevelit la tête voilée, pour que l'on ne vît point sur son visage les traces livides du crime. Telle fut l'exiguïté de son patrimoine, qu'il ne laissa que trente-deux livres d'argent et deux livres et demie d'or.

LIX. A. Hostilius Mancinus.

Aulus Hostilius Mancinus, parti comme préteur, contre les Numantins, malgré la défense des auspices, et je ne sais quelle voix qui le rappelait, résolut, après son arrivée à Numance, de rétablir avant tout la discipline dans l'armée, dont Pompeius venait de lui remettre le commandement; il la conduisit donc dans des lieux solitaires. Par un effet du hasard, ce jour-là, les Numantins célébraient solennellement les fiançailles de leurs filles. Deux rivaux se disputaient la main de l'une d'elles, remarquable par sa beauté. Son père la promit en mariage à celui des deux qui rapporterait la main droite d'un ennemi. Les jeunes gens partent aussitôt; ils prennent pour une fuite le départ précipité de l'armée romaine, et reviennent en avertir leurs concitoyens. A l'instant même ceux-ci, avec quatre mille des leurs, taillent en pièces vingt mille Romains. Mancinus, d'après le conseil de Tiberius Gracchus, son questeur, fit une paix dont le vainqueur dicta toutes les conditions : le sénat refuse de ratifier ce traité, et livre Mancinus aux Numantins, qui ne veulent point le recevoir : enfin les augures le font rentrer dans le camp romain; par la suite même, il obtint la préture.

LX. L. Mummius l'Achaïque.

Lucius Mummius, surnommé l'Achaïque, à cause de la défaite de l'Achaïe, fut envoyé contre les Corinthiens, et s'appropria l'honneur d'une victoire que lui avaient

Heracleam fudisset, et duce Critolao privasset; cum lictoribus et paucis equitibus in Metelli castra properavit, et Corinthios apud Leucopetram[68] vicit duce Diæo, qui domum refugit, eamque incendit : conjugem interfecit, et in ignem præcipitavit : ipse veneno interiit. Mummius Corinthum signis tabulisque spoliavit : quibus quum totam replesset Italiam, in domum suam nihil contulit.

LXI. Q. Cæcilius Metellus Macedonicus.

Quinctus Cæcilius Metellus, a domita Macedonia Macedonicus, prætor Pseudophilippum, qui idem Andriscus dictus est, vicit. Achæos bis prœlio fudit : triumphandos Mummio tradidit. Invisus plebi ob nimiam severitatem, et ideo post duas repulsas consul ægre factus, Arbacos in Hispania domuit. Apud Contrebiam oppidum cohortes loco pulsas redire et locum recipere jussit. Quum omnia proprio et subito consilio ageret, amico cuidam, quid acturus esset, roganti, « Tunicam, inquit, meam exurerem, si eam consilium meum scire existimarem. » Hic, quatuor filiorum pater, supremo tempore, humeris eorum ad sepulcrum latus est : ex quibus tres consulares, unum etiam triumphantem, vidit.

LXII. Q. Cæcilius Metellus Numidicus.

Quinctus Cæcilius Metellus Numidicus, qui de Jugurtha rege triumphavit, censor Quinctium, qui se Tiberii Gracchi filium mentiebatur, in censum non recepit. Idem

facilitée les exploits d'un autre; car déjà Metellus le Macédonique avait vaincu les ennemis près d'Héraclée, et tué leur général Critolaüs, lorsque Mummius, avec ses licteurs et quelques cavaliers, accourt en toute hâte au camp de Metellus, et défait à Leucopétra les Corinthiens commandés par Diéus, qui s'enfuit dans sa maison, y mit le feu, tua sa femme, la jeta dans les flammes, et s'empoisonna lui-même. Mummius dépouilla Corinthe de ses statues et de ses tableaux : il en remplit l'Italie tout entière, sans en faire porter un seul chez lui.

LXI. Q. Cécilius Metellus, le Macédonique.

Quinctus Cécilius Metellus, que la conquête de la Macédoine fit surnommer le Macédonique, vainquit, dans sa préture, un pseudo-Philippe, qui n'était autre qu'Andriscus. Deux fois il mit en fuite les Achéens, et laissa l'honneur du triomphe à Mummius. Devenu odieux au peuple par excès de sévérité, l'austère Metellus n'obtint qu'avec peine, et après deux refus, le consulat : il soumit alors les Arbaces en Espagne. Ses cohortes avaient été chassées de la ville de Contrebia; Metellus les fit revenir à la charge et reprendre cette place forte. Comme il agissait toujours spontanément et par inspiration, un ami lui demanda ce qu'il allait faire : « Je brûlerais ma tunique, répondit-il, si je soupçonnais qu'elle connût mon dessein. » Metellus était père de quatre fils, qui, après sa mort, le portèrent au tombeau sur leurs épaules. Il avait vu trois d'entre eux honorés du consulat, et le quatrième, du triomphe.

LXII. Q. Cécilius Metellus, le Numidique.

Quinctus Cécilius Metellus, surnommé le Numidique, pour avoir triomphé du roi Jugurtha, n'admit point au cens, pendant sa censure, un certain Quinctius, qui

in legem Appuleiam, per vim latam, jurare noluit : quare in exsilium actus, Smyrnæ exsulavit. Calidia deinde rogatione revocatus [69], quum ludis forte litteras in theatro accepisset, non prius eas legere dignatus est, quam spectaculum finiretur. Metellæ, sororis suæ, virum laudare noluit, quod is solus judicium contra leges detrectarat.

LXIII. Q. Metellus Pius.

Quintus Metellus Pius, Numidici filius, Pius, quia patrem lacrymis et precibus assidue ab exsilio revocavit, prætor bello Sociali, Q. Pompedium, Marsorum ducem, interfecit. Consul in Hispania, Herculeios fratres oppressit : Sertorium Hispania expulit. Adolescens in petitione præturæ [70] et pontificatus, consularibus viris prælatus est.

LXIV. Tiberius Gracchus.

Tiberius Gracchus, Africani ex filia nepos, quæstor Mancino in Hispania, fœdus ejus flagitiosum probavit. Periculum deditionis eloquentiæ gratia effugit. Tribunus plebis, legem tulit ne quis plus mille agri jugera haberet. Octavio collega intercedente, novo exemplo, magistratum abrogavit. Dein tulit, ut de familia, quæ ex Attali hereditate erat, ageretur, et populo divideretur. Deinde quum prorogare sibi potestatem vellet, adversis auspiciis in publicum processit, statimque Capitolium

se disait faussement fils de Tiberius Gracchus. Il refusa aussi de prêter serment à la loi Appuléia, portée par violence : il fut donc condamné à l'exil, et se retira à Smyrne : il fut ensuite rappelé sur la motion du tribun Calidius. Un jour qu'il assistait aux jeux, il reçut, par hasard, au théâtre même, plusieurs lettres dont il ne daigna prendre lecture qu'à la fin du spectacle. Il ne voulut point faire l'éloge funèbre du mari de sa sœur Metella, parce que celui-ci avait seul désapprouvé le jugement que Metellus avait porté contre les lois [d'Appuleius et des Gracques].

LXIII. Q. Metellus Pius.

Quintus Metellus Pius, fils de Metellus le Numidique, reçut le nom de Pius, parce qu'à force de larmes et de prières, il obtint le rappel de son père condamné à l'exil. Préteur dans la guerre Sociale, il tua Q. Pompedius, chef des Marses. Consul en Espagne, il vainquit les frères Herculéius, et chassa Sertorius de cette province. Malgré sa jeunesse, lorsqu'il brigua la préture et le pontificat, il fut préféré à des personnages consulaires.

LXIV. Tiberius Gracchus.

Tiberius Gracchus était petit-fils de Scipion l'Africain par sa mère; questeur de Mancinus en Espagne, il approuva le traité honteux fait avec les Numantins. Il courait le risque d'être livré aux ennemis; mais son éloquence le sauva. Tribun du peuple, il rendit une loi qui défendait à tout citoyen d'avoir plus de mille arpents de terre. Comme son collègue Octavius s'y opposait, il le força, par un exemple inouï jusqu'alors, à se démettre de sa magistrature. Puis, au sujet de l'héritage du roi Attale, il fit publier une loi qui prescrivait de distribuer au peuple tous les biens et tout l'argent du

petiit, manum ad caput referens; quo salutem suam populo commendabat. Hoc nobilitas ita accepit, quasi diadema posceret : segniterque cessante Mucio consule, Scipio Nasica, sequi se jussis, qui salvam rempublicam vellent, Gracchum in Capitolium persequuutus oppressit. Cujus corpus Lucretii ædilis manu in Tiberim missum; unde ille Vespillo dictus. Nasica, ut invidiæ subtraheretur, per speciem legationis in Asiam ablegatus est.

LXV. C. Gracchus.

Caius Gracchus, pestilentem Sardiniam quæstor sortitus, non veniente successore, sua sponte decessit. Asculanæ et Fregellanæ defectionis invidiam sustinuit. Tribunus plebis, agrarias et frumentarias leges tulit : colonos etiam Capuam et Tarentum mittendos censuit. Triumviros agris dividundis se, et Fulvium Flaccum, et C. Crassum constituit. Minucio Rufo, tribuno plebis, legibus suis abrogante, in Capitolium venit : ubi quum Antyllius, præco Opimii consulis, in turba fuisset occisus, in forum descendit, et imprudens concionem a tribuno plebis avocavit; qua re arcessitus, quum in senatum non venisset, armata familia, Aventinum occupavit. Ubi ab Opimio victus, dum a templo Lunæ desiliit, talum intorsit, et Pomponio amico apud portam Trigeminam, P. Lætorio in ponte sublicio, persequentibus resistente, in lucum Furinæ ?⁴ pervenit. Ibi vel sua, vel

prince. Il voulut ensuite proroger son pouvoir, et se rendit à l'assemblée publique; mais, voyant que les auspices lui étaient contraires, il prit aussitôt le chemin du Capitole, portant la main à sa tête : par ce signe, il recommandait sa vie au peuple. La noblesse s'imagina qu'il demandait le diadème; et comme le consul Mucius restait dans une apathique immobilité, Scipion Nasica se fait suivre de tous ceux qui veulent le salut de la république; il poursuit Gracchus jusqu'au Capitole, et le tue. Le corps de Gracchus fut jeté dans le Tibre par les mains de l'édile Lucretius, que cette action fit surnommer Vespillo. Pour soustraire Nasica à la haine populaire, on l'envoya en Asie, sous prétexte d'y remplir une ambassade.

LXV. C. Gracchus.

Caïus Gracchus, désigné par le sort pour exercer la questure en Sardaigne, quitta volontairement cette île malsaine, sans attendre l'arrivée de son successeur. Il fut seul accusé de la défection d'Asculum et de Frégelle. Tribun du peuple, il porta la loi agraire, celle du partage du blé, et fit aussi envoyer des colons à Capoue et à Tarente. Afin de régler la division des terres, il établit un triumvirat composé de lui Caïus, de Fulvius Flaccus et de C. Crassus. Mais il rencontra une vive opposition à ses lois de la part de Minucius Rufus, tribun du peuple : il se rendit alors au Capitole : là, comme Antyllius, chargé de proclamer les ordres du consul Opimius, avait été tué dans le tumulte, Caïus descendit au forum, où il eut l'imprudence d'appeler à lui les citoyens assemblés auprès de Minucius. Cité, pour ce motif, devant le sénat, il refuse de comparaître, arme ses esclaves, et s'empare de l'Aventin. Là, vaincu par Opimius, tandis qu'il s'élance d'un bond hors du temple de la Lune, il se donne une entorse au talon; Pomponius,

servi Eupori manu interfectus. Caput a Septimuleio, amico Gracchi, ad Opimium relatum, auro expensum fertur, propter avaritiam infuso plumbo gravius effectum.

LXVI. M. Livius Drusus.

Marcus Livius Drusus, genere et eloquentia magnus, sed ambitiosus et superbus, ædilis munus magnificentissimum dedit. Et ibi Remmio collegæ, quædam de utilitate reipublicæ suggerenti : « Quid tibi, inquit, cum republica nostra? » Quæstor in Asia nullis insignibus uti voluit, ne quid ipso esset insignius. Tribunus plebis, Latinis civitatem, plebi agros, equitibus curiam, senatui judicia permisit. Nimiæ liberalitatis fuit : ipse etiam professus, nemini se ad largiendum præter coelum et coenum reliquisse; ideoque quum pecunia egeret, multa contra dignitatem fecit. Magulsam, Mauritaniæ principem, ob regis simultatem profugum, accepta pecunia, Boccho prodidit : quem ille elephanto objecit. Adherbalem, filium regis Numidarum, obsidem domi suæ sumpsit, redemptionem ejus occultam a patre sperans. Cæpionem inimicum, actionibus suis resistentem, ait, se de saxo Tarpeio præcipitaturum. Consuli, legibus Agrariis resistenti, ita collum in comitio obtorsit, ut multus sanguis efflueret e naribus : quem ille, luxuriam exprobrans, murium de turdis esse dicebat. Deinde ex gratia nimia in invi-

son ami, près de la porte des Trois-Jumeaux; P. Létorius, sur le pont de bois, résistent à ceux qui le poursuivent, et il peut enfin gagner le bois sacré de la déesse Furina. C'est là qu'il périt, ou de sa propre main, ou de celle de son esclave Euporus. On raconte que Septimuleius, son ami, apporta au consul Opimius la tête de Gracchus, et la lui vendit au poids de l'or, après y avoir, par avarice, coulé du plomb, pour la rendre plus pesante.

LXVI. M. Livius Drusus.

Marcus Livius Drusus, grand de naissance et de talents oratoires, mais ambitieux et superbe, signala son édilité par les jeux les plus magnifiques. Comme son collègue Remmius lui faisait entendre, en cette occasion, certains conseils relatifs aux intérêts de la patrie : « Qu'y a-t-il de commun, dit Drusus, entre notre république et vous? » Questeur en Asie, il ne voulut prendre aucune marque de distinction pour que rien ne fût plus remarquable que lui-même. Élu tribun, il accorda aux Latins le droit de cité; au peuple romain, des terres; aux chevaliers, l'entrée de la curie; aux sénateurs, le droit de prononcer les jugements. D'une excessive libéralité, il avouait lui-même qu'après lui on ne pouvait plus donner que l'air et la boue; aussi le besoin d'argent l'obligea-t-il à faire bien des choses contraires à sa dignité. Magulsa, prince mauritanien, s'était soustrait par la fuite à la haine du roi; Drusus, pour une somme convenue, le livra à Bocchus, qui l'exposa à la fureur d'un éléphant. S'il cacha chez lui Adherbal, fils du roi des Numides, qui était comme otage à Rome, c'est qu'il espérait recevoir du père d'Adherbal une rançon secrète. Un jour que Cépion, son ennemi, contrariait ses propositions, il dit qu'il le précipiterait de la roche Tarpéienne. Comme le consul combattait ses lois agraires,

diam venit. Nam plebs acceptis agris gaudebat; expulsi dolebant : equites in senatu lecti lætabantur; [sed præteriti querebantur :] senatus permissis judiciis exsultabat, sed societatem cum equitibus ægre ferebat. Unde Livius anxius, ut Latinorum postulata differret, qui promissam civitatem flagitabant, repente in publico concidit, sive morbo comitiali[72], seu hausto caprino sanguine, semianimis domum relatus. Vota pro illo per Italiam publice suscepta sunt. Et quum Latini consulem in Albano monte interfecturi essent, Philippum admonuit, ut caveret[73] : unde in senatu accusatus, quum domum se reciperet, immisso inter turbam percussore, corruit. Invidia cædis apud Philippum et Cæpionem fuit.

LXVII. C. Marius pater.

Caius Marius, septies consul, Arpinas, humili loco natus, primis honoribus per ordinem functus, legatus Metello in Numidia, criminando eum, consulatum adeptus, Jugurtham captum ante currum egit. In proximum annum consul ultro factus, Cimbros in Gallia apud Aquas Sextias, Teutonas in Italia, in campo Raudio vi-

il lui serra le cou si fortement, dans les comices, que le sang jaillit en abondance par les narines : « Ce n'est point du sang, disait-il, pour reprocher à Philippe sa gourmandise, c'est de la saumure de grives. » Après avoir joui d'une faveur sans bornes, Drusus devint un objet de haine. Car, si le peuple se réjouissait d'avoir obtenu des terres, les propriétaires expulsés gémissaient ; si les chevaliers, admis au sénat, témoignaient leur allégresse, ceux qu'on avait oubliés ne manquaient pas de se plaindre ; enfin, si, d'un côté, les sénateurs s'applaudissaient du privilège de prononcer les jugements, de l'autre, ils supportaient avec peine d'avoir des chevaliers pour collègues. De là, toutes les angoisses de Livius : et comme il différait de tenir parole aux Latins, qui réclamaient vivement le droit de cité, il tomba tout à coup au milieu de l'assemblée publique, soit qu'il fût frappé de maladie comitiale, soit qu'il eût avalé du sang de bouc ; on le ramena mourant chez lui. Toutes les villes de l'Italie firent des vœux pour son rétablissement. Dans la suite, comme les Latins avaient résolu de tuer, sur le mont Albain, le consul Philippe, Drusus l'avertit de se tenir sur ses gardes. Enfin, accusé dans le sénat, il regagnait sa demeure, lorsqu'un assassin, qui s'était glissé dans la foule, le frappa mortellement. L'odieux de ce meurtre retomba sur Philippe et sur Cépion.

LXVII. C. Marius, père.

Caïus Marius, qui fut sept fois consul, était natif d'Arpinum, et d'une basse extraction ; il s'éleva par degrés jusqu'aux premiers honneurs ; lieutenant de Metellus en Numidie, il se porte son accusateur, obtient ainsi le consulat, et fait marcher devant son char de triomphe Jugurtha prisonnier. Nommé tout d'une voix consul pour l'année suivante, il bat les Cimbres dans la Gaule

cit, deque his triumphavit. Usque sextum consulatum per ordinem factus, Appuleium Saturninum, tribunum plebis, et Glauciam praetorem, seditiosos, ex senatus-consulto interemit. Et quum Sulpicia rogatione provinciam Sullae eriperet, armis ab eo victus, Minturnis in palude latuit. Inventus et in carcerem conjectus, immissum percussorem Gallum vultus auctoritate deterruit; acceptaque navicula, in Africam trajecit : ibi diu exsulavit. Mox Cinnana dominatione revocatus, ruptis ergastulis, exercitum fecit; caesisque inimicis, injuriam ultus, septimo consulatu, ut quidam ferunt, voluntaria morte decessit.

LXVIII. C. Marius filius [74].

Caius Marius filius viginti septem annorum consulatum invasit : quem honorem tam immaturum mater flevit. Hic, patri saevitia similis, curiam armatus obsedit, inimicos trucidavit, quorum corpora in Tiberim praecipitavit. In apparatu belli, quod contra Sullam parabatur, apud Sacriportum, vigiliis et labore defessus, sub dio requievit : et absens victus, fugae, non pugnae interfuit. Praeneste refugit, ubi, per Lucretium Ofellam obsessus, tentata per cuniculum fuga, quum omnia septa intelligeret, jugulandum se Pontio Telesino praebuit.

LXIX. L. Cornelius Cinna.

Lucius Cornelius Cinna, flagitiosissimus, rempublicam summa crudelitate vastavit. Primo consulatu, legem de

auprès d'Aix, puis les Teutons en Italie, dans la plaine de Raudium, et triomphe de ces deux peuples. Parvenu successivement jusqu'à son sixième consulat, il fait mettre à mort, d'après un sénatus-consulte, le tribun du peuple Appuleius Saturninus et le préteur Glaucia, coupables de sédition. Fort de la loi Sulcipia, il enlève la province d'Asie à Sylla; mais vaincu par lui, il se cache dans les marais de Minturnes. Découvert et jeté en prison, il épouvante par la majesté de son visage le soldat gaulois chargé de le frapper : on lui donne une barque; il passe en Afrique où il reste longtemps exilé. Puis la faction de Cinna le rappelle; il brise les chaînes des esclaves, en forme une armée, massacre ses ennemis, venge son injure; et, consul pour la septième fois, il se donne volontairement la mort, si l'on en croit quelques historiens.

LXVIII. C. Marius, fils.

Caïus Marius fils usurpe, à vingt-sept ans, le consulat; honneur tellement prématuré que sa mère en répandit des larmes. Aussi cruel que son père, il assiége, les armes à la main, le palais du sénat, et massacre ses ennemis, dont il précipite les cadavres dans le Tibre. Au milieu des préparatifs de la guerre qu'il se diposait à soutenir contre Sylla, succombant aux veilles et aux fatigues, il s'endormit en plein air, près de Sacriport, et vaincu, pendant son absence, il assista, non point à la bataille, mais à la déroute de son armée. Il se réfugia dans Préneste, où Lucretius Ofella vint l'assiéger : il tenta de fuir par un souterrain; mais voyant que toutes les issues étaient fermées, il présenta la gorge à Pontius Telesinus.

LXIX. L. Cornelius Cinna.

Lucius Cornelius Cinna, le plus criminel des hommes, désola la république par l'excès de ses cruautés. Lors de

exsulibus revocandis ferens, ab Octavio collega prohibitus et honore privatus, Urbe profugit; vocatisque ad pileum servis [25], adversarios vicit, Octavium interfecit, Janiculum occupavit. Iterum et tertium consulem se ipse fecit. Quarto consulatu, quum bellum contra Sullam pararet, Anconæ, ob nimiam crudelitatem, ab exercitu lapidibus occisus est.

LXX. C. Flavius Fimbria.

Caius Flavius Fimbria (sævissimus quippe Cinnæ satelles) Valerio Flacco consuli legatus in Asiam profectus, per simultatem dimissus, corrupto exercitu, ducem interficiendum curavit. Ipse, correptis imperii insignibus, provinciam ingressus, Mithridatem Pergamo expulit. Ilium, ubi tardius portæ patuerunt, incendi jussit; ubi Minervæ templum inviolatum stetit, quod divina majestate servatum nemo dubitavit. Ibidem Fimbria militiæ principes securi percussit : mox, a Sulla Pergami obsessus, corrupto exercitu desertus, semet occidit.

LXXI. Viriathus Lusitanus.

Viriathus, genere Lusitanus, ob paupertatem primo mercenarius, deinde alacritate venator [26], audacia latro, ad postremum dux, bellum adversum Romanos sumpsit, eorumque imperatorem Claudium Unimanum, dein C. Nigidium oppressit. Pacem a populo Romano maluit integer petere, quam victus; et quum alia dedisset, et arma retinerentur, bellum renovavit. Cæpio quum vin-

son premier consulat, il rendit une loi pour le rappel des exilés; mais l'opposition énergique de son collègue Octavius, qui lui enleva sa dignité, le contraignit de s'enfuir de Rome; il appelle alors les esclaves à la liberté, défait ses ennemis, immole Octavius, et s'empare du Janicule. Puis il se donne lui-même un second et un troisième consulat. Dans un quatrième, il se préparait à marcher contre Sylla, lorsque, près d'Ancône, il fut lapidé par ses troupes révoltées de son excessive barbarie.

LXX. C. Flavius Fimbria.

Caïus Flavius Fimbria, le plus farouche des satellites de Cinna, partit pour l'Asie comme lieutenant du consul Valerius Flaccus; mais congédié pour des motifs de haine politique, il souleva l'armée et fit tuer son général. Lui-même prit ensuite les insignes du commandement, entra dans la province, et chassa Mithridate de Pergame. Comme Ilion tardait trop à lui ouvrir ses portes, il y fit mettre le feu; mais l'incendie épargna le temple de Minerve, et personne ne douta qu'il ne dût sa conservation à la majesté divine. Dans cette même ville, Fimbria fit frapper de la hache les principaux officiers: bientôt, assiégé par Sylla dans Pergame et abandonné de ses troupes, qui avaient été gagnées, il se tua de sa propre main.

LXXI. Viriathe le Lusitanien.

Viriathe, Lusitanien d'origine, d'abord mercenaire par besoin, ensuite chasseur par activité, brigand par audace, enfin chef d'armée, déclara la guerre aux Romains, et défit successivement leurs généraux Claudius Unimanus et C. Nigidius. Pour demander la paix au peuple de Rome, il aima mieux être encore intact que vaincu; mais, après avoir livré tout le reste, comme on lui retenait encore ses armes, il recommença les hosti-

cere aliter non posset, duos satellites pecunia corrupit, qui Viriathum, humi depositum, peremerunt. Quæ victoria, quia empta erat, a senatu non probata.

LXXII. M. Æmilius Scaurus.

Marcus Æmilius Scaurus, nobilis, pauper : nam pater ejus, quamvis patricius, ob paupertatem, carbonarium negotium exercuit. Ipse primo dubitavit, honores peteret, an argentariam faceret; sed, eloquentiæ consultus, ex ea gloriam peperit. Primo in Hispania corniculum meruit ??; sub Oreste in Sardinia stipendia fecit. Ædilis, juri reddendo magis, quam muneri edendo studuit. Prætor adversus Jugurtham, tamen ejus pecunia victus. Consul legem de sumptibus et libertinorum suffragiis tulit. P. Decium prætorem, transeunte ipso sedentem, jussit assurgere, eique vestem scidit, sellam concidit; ne quis ad eum in jus iret, edixit. Consul Ligures et Gantiscos domuit, atque de his triumphavit. Censor viam Æmiliam stravit : pontem Mulvium fecit. Tantumque auctoritate potuit, ut Opimium contra Gracchum, Marium contra Glauciam et Saturninum, privato consilio armaret. Idem filium suum, quia præsidium deseruerat, in conspectum suum vetuit accedere : ille ob hoc dedecus mortem sibi conscivit. Scaurus senex, quum a Vario, tribuno plebis, argueretur, quasi socios et Latium ad arma coegisset, ad populum ait : « Varius Sucronensis Æmilium Scaurum ait socios ad arma

lités. Cépion n'ayant pas d'autre moyen de le vaincre, gagna à prix d'argent deux de ses gardes, qui le tuèrent pendant qu'il dormait sur la terre nue. Cette victoire, qu'on avait achetée, fut désapprouvée par le sénat.

LXXII. M. Émilius Scaurus.

Marcus Émilius Scaurus était noble, mais pauvre; car son père, quoique patricien, fit, par nécessité, le commerce de charbon. Lui-même il hésita d'abord s'il briguerait les honneurs, ou s'il embrasserait la profession de banquier; mais comme il avait le talent de l'éloquence, il s'ouvrit ainsi la source de la gloire. D'abord, en Espagne, il mérita une récompense militaire; il servit ensuite sous Orestes en Sardaigne. Édile, il s'appliqua beaucoup plus à rendre la justice qu'à faire célébrer des jeux. Préteur dans la guerre contre Jugurtha, il se laissa cependant corrompre par l'or du Numide. Consul, il rendit une loi somptuaire et une loi relative aux suffrages des fils d'affranchis. Un jour qu'il passait devant le préteur P. Decius, alors assis sur son tribunal, il lui ordonna de se lever, lui déchira sa toge, brisa son siége, et défendit aux citoyens de s'adresser à Decius pour obtenir justice. Pendant son consulat, il soumit les Liguriens et les Gantisques, et triompha de ces peuples. Censeur, il construisit la voie Émilia; le pont Mulvius fut aussi son ouvrage. Tel était l'ascendant de son autorité, que son avis personnel décida Opimius à s'armer contre Gracchus; puis Marius, contre Saturninus et Glaucia. Son fils avait déserté son poste : il lui défendit de jamais paraître en sa présence; humilié d'un tel affront, le jeune homme se donna la mort. Scaurus, dans sa vieillesse, accusé par le tribun du peuple Varius d'avoir, en quelque sorte, contraint les alliés et tout le Latium à prendre les armes, dit au peuple : « Varius de Sucrone prétend qu'Émilius

coegisse; Scaurus negat : utri potius credendum putatis? »

LXXIII. L. Appuleius Saturninus.

Lucius Appuleius Saturninus, tribunus plebis seditiosus, ut gratiam Marianorum militum pararet, legem tulit, ut veteranis centena agri jugera in Africa dividerentur : intercedentem Bæbium collegam, facta per populum lapidatione, submovit. Glauciæ prætori, quod is eo die, quo ipse concionem habebat, jus dicendo partem populi avocasset, sellam concidit, ut magis popularis videretur. Quemdam libertini ordinis subornavit, qui se Tiberii Gracchi filium fingeret. Ad hoc testimonium Sempronia, soror Gracchorum, producta, nec precibus, nec minis adduci potuit, ut dedecus familiæ agnosceret. Saturninus, Aulo Nonio competitore interfecto, tribunus plebis refectus, Siciliam, Achaiam, Macedoniam novis colonis destinavit; et aurum, dolo an scelere Cæpionis partum, ad emptionem agrorum convertit. Aqua et igni interdixit ei, qui in leges suas non jurasset. Huic legi multis nobilibus abrogantibus quum tonuisset, clamavit : « Jam, inquit, nisi quiescitis, grandinabit. » Metellus Numidicus exsulare, quam jurare, maluit. Saturninus, tertio tribunus plebis refectus, ut satellitem suum Glauciam prætorem faceret, Memmium, competitorem ejus, in campo Martio necandum curavit. Marius, senatusconsulto armatus, quo censeretur, darent operam consules, ne quid respublica detri-

Scaurus a forcé les alliés à prendre les armes; Scaurus
le nie : lequel des deux, à votre avis, est le plus digne
de foi ? »

LXXIII. L. Appuleius Saturninus.

Lucius Appuleius Saturninus, tribun séditieux, pour
se concilier la faveur des soldats de Marius, rendit une
loi par laquelle on devait distribuer à chaque vétéran
cent arpents de terre en Afrique. Son collègue Bébius s'y
opposait : il lui fit jeter des pierres par la multitude, et
le força de s'éloigner. Le jour même où il haranguait le
peuple, comme le préteur Glaucia avait, en rendant la
justice, détourné de l'assemblée une partie des assistants,
Saturninus brisa le siége du préteur, afin de paraître plus
populaire. Il suborna, dans la classe des fils d'affranchis,
certain aventurier qu'il voulut faire passer pour le fils de
Tiberius Gracchus. Il produisit, comme témoin de cette
imposture, Sempronia, sœur des Gracques; mais ni les
prières ni les menaces ne purent la décider à reconnaître
l'homme qui voulait déshonorer sa famille. Saturninus,
réélu tribun du peuple, après l'assassinat d'Aulus Nonius,
son compétiteur, envoya de nouvelles colonies en Sicile,
en Achaïe, en Macédoine, et fit affecter à l'achat de nouvelles terres l'or que Cépion avait enlevé par l'astuce ou
par le crime. Il interdit l'eau et le feu à quiconque n'aurait point prêté serment à ses lois. Comme un grand
nombre de nobles s'opposaient à cette condition tyrannique, le tonnerre gronda : « Du calme, leur dit-il, ou
la grêle va tomber. » Metellus le Numidique préféra l'exil
au serment exigé. Saturninus, nommé pour la troisième
fois tribun du peuple, fit égorger, dans le champ de
Mars, Memmius, compétiteur de Glaucia, son satellite,
qu'il voulait élever à la préture. En vertu d'un décret
du sénat, qui prescrivait aux consuls de pourvoir à ce
que la république ne souffrît aucun dommage, Marius

menti caperet, Saturninum et Glauciam in Capitolium persequutus obsedit, maximoque astu incisis fistulis, in deditionem accepit : nec deditis fides servata. Glauciæ fracta cervix : Appuleius quum in curiam fugisset, lapidibus et tegulis desuper interfectus est. Caput ejus Rabirius quidam senator [78] per convivia in ludibrium circumtulit.

LXXIV. L. Licinius Lucullus.

Lucius Licinius Lucullus, nobilis, disertus et dives, munus quæstorium amplissimum dedit. Mox per Murenam in Asia classem Mithridatis, et Ptolemæum, regem Alexandriæ, consuli Sullæ conciliavit. Prætor Africam justissime rexit. Adversus Mithridatem missus, collegam suum Cottam, Chalcedone obsessum, liberavit. Cyzicum obsidione solvit. Mithridatis copias ferro et fame afflixit; cumque regno suo, id est Ponto, expulit. Quem rursum cum Tigrane, rege Armeniæ, subvenientem magna felicitate superavit. Nimius in habitu [79] : maximo signorum et tabularum amore flagravit. Post quum alienata mente desipere cœpit, tutela ejus M. Lucullo fratri permissa est.

LXXV. L. Cornelius Sulla.

Cornelius Sulla, a fortuna Felix dictus, quum parvulus a nutrice ferretur, mulier obvia : « Salve, inquit, puer, tibi et reipublicæ tuæ felix. » Et statim quæsita, quæ hæc dixisset, non potuit inveniri. Hic, quæstor

poursuit Saturninus et Glaucia dans le Capitole, les y assiége, fait, par une ruse fort habile, couper les canaux qui pouvaient leur fournir de l'eau, et reçoit leur soumission : malgré cela, il ne tint pas la parole qu'il leur avait donnée. Glaucia eut la tête brisée, et Saturninus, qui s'était enfui vers le palais du sénat, fut tué à coups de pierres et de tuiles lancées du haut des toits. Un sénateur, nommé Rabirius, s'empara de sa tête, et s'en fit un jouet, en la promenant dans les festins.

LXXIV. L. Licinius Lucullus.

Lucius Licinius Lucullus, noble, éloquent et riche, signala sa questure par des jeux fort splendides qu'il donna au peuple. Bientôt, en Asie, par les soins de Murena, il obtint que la flotte de Mithridate et que Ptolémée, roi d'Alexandrie, se rendraient au consul Sylla. Élu préteur, il gouverna l'Afrique avec la plus grande équité. Envoyé contre Mithridate, il délivra son collègue Cotta, assiégé dans Chalcédon. Il fit aussi lever le siége de Cyzique, détruisit par le fer et par la famine les troupes de Mithridate, et le chassa de son royaume, je veux dire, du Pont. Mithridate, uni à Tigrane, roi d'Arménie, vint de nouveau l'attaquer; mais il le défit avec un bonheur extraordinaire. Poussant jusqu'à l'excès le luxe de la toilette, il avait surtout la passion des statues et des tableaux. Dans la suite, comme il fut atteint d'aliénation mentale, on confia sa tutelle à son frère M. Lucullus.

LXXV. L. Cornelius Sylla.

Cornelius Sylla, que son bonheur fit surnommer l'Heureux Sylla, n'était encore qu'un bien jeune enfant porté par sa nourrice, lorsqu'une femme se présentant à lui, « Salut ! dit-elle, heureux enfant, dont la félicité fera celle de ta patrie. » Après ces paroles, elle disparut; on eut beau

Marii, Jugurtham a Boccho in deditionem accepit. Bello Cimbrico et Teutonico legatus, bonam operam navavit. Prætor inter cives jus dixit. Prætor Ciliciam provinciam habuit. Bello Sociali, Samnites Hirpinosque superavit. Ne monumenta Bocchi tollerentur, Mario restitit. Consul Asiam sortitus, Mithridatem apud Orchomenum et Chæroneam prœlio fudit : Archelaum, præfectum ejus, Athenis vicit : portum Piræum recepit : Medos et Dardanos in itinere superavit. Mox quum rogatione Sulpicia imperium ejus transferretur ad Marium, in Italiam regressus, corruptis adversariorum exercitibus, Carbonem Italia expulit : Marium apud Sacriportum, Telesinum apud portam Collinam vicit. Mario Præneste interfecto, Felicem se edicto appellavit. Proscriptionis tabulas primus proposuit. Novem millia deditorum in villa publica cecidit [80]. Numerum sacerdotum auxit; tribunitiam potestatem minuit. Republica ordinata, dictaturam deposuit : unde sperni cœptus, Puteolos concessit, et morbo, qui phthiriasis vocatur, interiit [81].

LXXVI. Mithridates, rex Ponti.

Mithridates, rex Ponti, oriundus a septem Persis, magna vi animi et corporis, ut sex juges equos regeret, quinquaginta gentium ore loqueretur [82]. Bello Sociali dissidentibus Romanis, Nicomedem Bithynia, Ariobarzanem Cappadocia expulit. Litteras per totam Asiam misit, ut,

la chercher, on ne la trouva point. Sylla, questeur de Marius, reçut des mains de Bocchus Jugurtha prisonnier. Lieutenant dans la guerre des Cimbres et des Teutons, il contribua puissamment à la victoire. Préteur, il rendit bonne justice aux citoyens; dans sa préture encore, il administra la province de Cilicie. A l'époque de la guerre Sociale, il vainquit les Samnites et les Hirpins. Il empêcha Marius de détruire les monuments où Bocchus était représenté livrant à Sylla Jugurtha captif. Consul, il obtint par le sort la province d'Asie, mit en fuite Mithridate près d'Orchomène et de Chéronée, vainquit à Athènes Archelaüs, général du roi, prit le port du Pyrée, et défit, sur son passage, les Mèdes et les Dardaniens. Bientôt, à la nouvelle que la loi Sulpicia vient de transférer son commandement à Marius, il retourne en Italie, dont il chasse Carbon, après avoir gagné les troupes de ses adversaires. Il bat Marius le fils à Sacriport, et Telesinus près de la porte Colline. A la mort du jeune Marius dans Préneste, il se donna, par un édit, le surnom d'Heureux. Il dressa les premières tables de proscription et fit égorger dans la villa publique neuf mille hommes qui s'étaient rendus à discrétion. Il augmenta le nombre des prêtres, et diminua la puissance tribunitienne. Après avoir organisé la république, il abdiqua la dictature : voyant alors que l'on commençait à le prendre en mépris, il se retira à Pouzzol, où il mourut de la maladie appelée phthiriasis.

LXXVI. Mithridate, roi de Pont.

Mithridate, roi de Pont, originaire d'un des sept Perses, avait, au physique et au moral, une telle supériorité, qu'il conduisait de front six chevaux, et parlait la langue de cinquante nations. Pendant que la guerre Sociale divisait les Romains, il chasse Nicomède de la Bithynie, Ariobarzane de la Cappadoce, et envoie, dans

quicumque Romanus esset, certa die, interficeretur : et factum est. Græciam insulasque omnes, excepta Rhodo, occupavit. Sulla cum prœlio vicit, classem ejus proditione Archelai intercepit : ipsum apud Orchomenum oppidum fudit et oppressit; et potuit capere, nisi, adversum Marium festinans, qualemcumque pacem componere maluisset. Deinde cum Cabiris resistentem Lucullus fudit. Mithridates post a Pompeio nocturno prœlio victus, in regnum confugit : ubi per seditionem popularium a Pharnace filio in turre obsessus, venenum sumpsit. Quod quum tardius subiret, quia adversum venena multis antea medicaminibus corpus firmarat; immissum percussorem Gallum Sithocum, auctoritate vultus territum, revocavit, et in cædem suam manum trepidantis adjuvit.

LXXVII. Cn. Pompeius Magnus.

Cn. Pompeius Magnus, civili bello Sullæ partes sequutus, ita egit, ut ab eo maxime diligeretur. Siciliam sine bello a proscriptis recepit. Numidiam, Hiarbæ ereptam, Masinissæ restituit. Viginti sex annos natus triumphavit. Lepidum, acta Sullæ rescindere volentem, privatus Italia fugavit. Prætor in Hispaniam pro consulibus missus, Sertorium vicit. Mox piratas intra quadragesimum diem subegit. Tigranem ad deditionem, Mithridatem ad venenum compulit. Deinde mira felicitate nunc in septentrione Albanos, Colchos, Heniochos, Caspios, Iberos; nunc in oriente Parthos, Arabes, atque Judæos

l'Asie entière, des lettres qui prescrivaient de massacrer, à un jour convenu, tous les Romains : ordre qui fut exécuté. Puis, il s'empare de la Grèce et de toutes les îles, à l'exception de Rhodes. Sylla le vainquit en bataille, prit sa flotte par la trahison d'Archelaüs, le défit lui-même près d'Orchomène, l'accabla, et aurait pu le faire prisonnier, si, dans son empressement à marcher contre Marius, il n'avait préféré conclure une paix quelconque. Ensuite Lucullus battit Mithridate, qui s'efforçait de lui résister à Cabires. Vaincu enfin par Pompée dans une attaque nocturne, le roi de Pont s'enfuit dans ses États, où son fils Pharnace souleva les peuples contre lui, et l'assiégea dans une tour, où il prit du poison. Comme l'effet en était trop lent, parce que, depuis longues années, il avait, par plusieurs antidotes, fortifié son corps contre tous les poisons, il rappela le Gaulois Sithocus, qu'on avait envoyé pour le tuer, et qui fuyait épouvanté de la majesté de son visage; mais la main du meurtrier tremblait : Mithridate l'aida lui-même à consommer sur lui l'homicide.

LXXVII. Cn. Pompée le Grand.

Cn. Pompée le Grand suivit, dans la guerre civile, le parti de Sylla, et fit tout pour mériter son entière affection. Sans tirer l'épée, il reprit la Sicile sur les proscrits. Il enleva la Numidie à Hiarbas, et la rendit à Masinissa. Il triompha à l'âge de vingt-six ans. Comme Lépide voulait abroger les lois de Sylla, Pompée, alors simple particulier, le chassa de l'Italie. Envoyé préteur en Espagne à la place des consuls, il vainquit Sertorius. Bientôt il dompta les pirates en quarante jours. Il força Tigrane à se soumettre, Mithridate à s'empoisonner. Puis, par un bonheur merveilleux, et par la terreur profonde qu'il inspirait, il pénètre, au nord, dans l'Albanie, dans la Colchide, chez les Hénioques, les Caspiens, les Ibères;

cum magno sui terrore penetravit. Primus in Hyrcanum, Rubrum et Arabicum mare usque pervenit. Moxque diviso orbis imperio, quum Crassus Syriam, Cæsar Galliam, Pompeius Urbem obtineret [83]; post cædem Crassi, Cæsarem dimittere exercitum jussit. Cujus infesto adventu urbe pulsus, in Pharsalia victus, ad Ptolemæum, Alexandriæ regem, fugit. Hujus latus sub oculis uxoris et liberorum a Septimio, Ptolemæi præfecto, mucrone confossum est. Jamque defuncti caput gladio præcisum, quod usque ad ea tempora fuerat adoratum. Truncus Nilo jactatus, a Servio Codro rogo inustus humatusque est, inscribente sepulcro, HIC POSITUS EST MAGNUS. Caput ab Achilla, Ptolemæi satellite, Ægyptio velamine involutum, cum annulo Cæsari præsentatum est, qui non continens lacrymas, illud plurimis et pretiosissimis odoribus cremandum curavit.

ADDITAMENTUM

LIBELLO DE VIRIS ILLUSTRIBUS, EX LIBRIS ANTIQUIS MANU DESCRIPTIS AB ANDR. SCHOTTO ADJECTUM.

LXXVIII. Caius Julius Cæsar.

Caius Julius Cæsar, veneratione rerum gestarum divus dictus, contubernalis Thermo in Asiam profectus, quum sæpe ad Nicomedem, regem Bithyniæ, commearet, impudicitiæ infamatus est. Mox Dolabellam judicio oppres-

au midi, chez les Parthes, les Arabes et les Juifs. Le premier des Romains, il s'avança jusque sur les bords de la mer d'Hyrcanie, de la mer Rouge et de la mer Arabique. Lorsque l'empire du monde fut partagé, Crassus obtint la Syrie, César la Gaule, Pompée la ville de Rome. Après la mort tragique de Crassus, il ordonne à César de licencier ses légions; mais César marche en ennemi sur Rome, en chasse Pompée, qui, vaincu dans les plaines de Pharsale, s'enfuit auprès de Ptolémée, roi d'Alexandrie. Septimius, officier de ce prince, perça de son glaive le flanc de Pompée, sous les yeux de la femme et des enfants du héros. Après sa mort, une épée trancha cette tête, qui, jusqu'à cette époque, avait été l'objet d'une sorte d'adoration. Le reste de son cadavre, ballotté par les eaux du Nil, fut enfin recueilli et brûlé par Servius Codrus, qui grava sur la tombe cette épitaphe : Ici repose le grand Pompée. Achillas, satellite de Ptolémée, après avoir enveloppé d'un voile égyptien la tête de Pompée, vint la présenter, avec son anneau, à César, qui ne put retenir ses larmes, et la fit brûler dans une grande quantité de parfums les plus précieux.

SUPPLÉMENT

A L'ABRÉGÉ DES HOMMES ILLUSTRES, AJOUTÉ PAR ANDRÉ SCHOTT, D'APRÈS D'ANCIENS MANUSCRITS.

LXXVIII. Caïus Julius César.

Caïus Julius César fut surnommé divin, à cause de la vénération qu'inspiraient ses exploits. Il partit pour l'Asie, dans la société de Thermus, et les visites fréquentes qu'il rendit à Nicomède, roi de Bithynie, firent naître sur ses mœurs des soupçons infamants. Bientôt il fit con-

sit. Dum studiorum causa Rhodum petit, a piratis captus et redemptus, eosdem et postea captos punivit. Prætor Lusitaniam, et post Galliam, ab Alpibus usque, et Oceanum bis classe transgressus, Britanniam subegit. Quum ei triumphus a Pompeio negaretur, armis cum Urbe pulsum in Pharsalia vicit. Capite ejus oblato, flevit, et honorifice sepeliri fecit [84] : mox a satellitibus Ptolemæi obsessus, eorum et regis nece Pompeio parentavit. Pharnacem, Mithridatis filium, fama nominis fugavit. Jubam et Scipionem in Africa, Pompeios juvenes in Hispania apud Mundam oppidum ingenti prœlio vicit. Deinde ignoscendo amicis, odia cum armis deposuit : nam Lentulum [85] tantum, et Afranium, et Faustum, Sullæ filium, jussit occidi. Dictator in perpetuum factus a senatu, in curia, Cassio et Bruto, cædis auctoribus, tribus et viginti vulneribus occisus est : cujus corpore pro rostris posito, sol orbem suum celasse dicitur [86].

LXXIX. Cæsar Octavianus.

Cæsar Octavianus, ex Octavia familia in Juliam translatus, in ultionem Julii Cæsaris, a quo heres fuerat institutus, Brutum et Cassium, cædis auctores, in Macedonia vicit. Sextum Pompeium, Cnæi Pompeii filium, bona paterna repetentem, in freto Siculo superavit. Marcum Antonium consulem [87], Syriam obtinentem, amore Cleopatræ devinctum, in Actiaco Ambraciæ litore de-

damner Dolabella devant les tribunaux. Dans un voyage à Rhodes, où il voulait perfectionner ses études, il fut pris par des pirates, ensuite racheté ; il les prit à son tour, et les punit de mort. Préteur, il dompta la Lusitanie et la Gaule, depuis les Alpes jusqu'à l'Océan, que sa flotte traversa deux fois pour conquérir la Grande-Bretagne. Comme Pompée lui refusait le triomphe, il prend les armes, le chasse de Rome, et le défait à Pharsale. Quand on lui présenta la tête du vaincu, il versa des pleurs, et lui fit les funérailles les plus honorables. Assiégé bientôt par les satellites de Ptolémée, il satisfit, par leur mort et par celle du roi, aux mânes de Pompée. Pharnace, fils de Mithridate, prit la fuite au seul bruit de son nom. César vainquit en Afrique Juba et Scipion, puis les jeunes fils de Pompée en Espagne, dans une bataille décisive livrée près de la ville forte de Munda. Ensuite, pardonnant aux amis de son rival, il déposa les haines avec les armes : car Lentulus, Afranius et Faustus, fils de Sylla, furent les seuls Romains qu'il fit mourir. Nommé par le sénat dictateur à perpétuité, il tomba, dans la curie, sous vingt-trois blessures mortelles que lui firent les conjurés, dont Cassius et Brutus étaient les chefs. Le corps de César fut exposé devant la tribune aux harangues ; alors, dit-on, il y eut une éclipse de soleil.

LXXIX. César Octavien.

César Octavien passa de la famille Octavia dans celle des Jules. Pour venger Jules César, qui l'avait institué son héritier, il vainquit, en Macédoine, Brutus et Cassius, auteurs du meurtre de son oncle. Sextus Pompée, fils de Cneius Pompée, s'efforçait de reconquérir les biens paternels : il le battit au détroit de Sicile. Le consul Marc Antoine, gouverneur de la Syrie, était esclave de sa passion pour Cléopâtre : il le défit complétement dans le

bellavit. Reliquam orbis partem per legatos domuit. Huic Parthi signa, quæ Crasso sustulerant, ultro reddiderunt. Indi, Scythæ, Sarmatæ, Daci, quos non domuerat, dona miserunt. Jani gemini portas, bis ante se clausas, primo sub Numa, iterum post primum Punicum bellum, sua manu clausit. Dictator in perpetuum factus, a senatu, ob res gestas, divus Augustus est appellatus.

LXXX. Cato Prætorius.

Cato prætorius, Catonis censorii pronepos, quum in domo avunculi Drusi educaretur, nec pretio, nec minis potuit adduci a Q. Popedio Silone, Marsorum principe, ut favere se causæ Sociorum diceret. Quæstor in Cyprum missus ad vehendam ex Ptolemæi hereditate pecuniam, cum summa eam fide perduxit : præterea conjuratos puniendos censuit. Bello civili, Pompeii partes sequutus est : quo victo, exercitum per deserta Africæ duxit; ubi Scipioni consulari delatum ad se imperium concessit. Victis partibus, Uticam concessit; ubi filium hortatus, ut clementiam Cæsaris experiretur, ipse, lecto Platonis libro[88], qui de bonis mortis est, semet occidit.

LXXXI. M. Tullius Cicero[89].

Marcus Tullius Cicero, genere Arpinas, patre equite Romano natus, genus a Tullo Attio rege duxit. Adole-

golfe d'Ambracie, sur le rivage d'Actium. Il soumit le reste du monde par ses lieutenants. Les Parthes lui rendirent volontairement les aigles romaines qu'ils avaient enlevées à Crassus. Les Indiens, les Scythes, les Sarmates, les Daces, qu'il n'avait point domptés, lui envoyèrent des présents. Il ferma de sa main les portes du temple de Janus Bifrons, qui, avant lui, n'avaient été fermées que deux fois : d'abord sous Numa, puis après la première guerre punique. Créé par le sénat dictateur à perpétuité, il fut, à cause de ses belles actions, surnommé le divin Auguste.

LXXX. Caton le Préteur.

Caton le Préteur était petit-fils de Caton le Censeur. A l'époque où on l'élevait dans la maison de Drusus, son oncle, ni les promesses ni les menaces de Q. Popedius Silon, chef des Marses, ne purent le déterminer à dire qu'il s'intéressait à la cause des alliés. Envoyé questeur dans l'île de Chypre pour faire transporter à Rome le riche héritage de Ptolémée, il remplit cette mission avec la fidélité la plus scrupuleuse. Dans la suite, son avis comme sénateur fut que l'on devait punir de mort les complices de Catilina. Dans la guerre civile, il embrassa le parti de Pompée. Après la défaite de Pharsale, il conduisit, à travers les solitudes de l'Afrique, une armée dont il céda à Scipion, personnage consulaire, le commandement qu'on lui avait déféré. Après la destruction de son parti, il se retira à Utique, où il exhorta son fils à tenter la clémence de César; pour lui, après avoir lu le traité de Platon sur les biens que procure la mort, il se tua de sa propre main.

LXXXI. M. Tullius Cicéron.

Marcus Tullius Cicéron, originaire d'Arpinum et fils d'un chevalier romain, descendait du roi Tullus Attius.

scens Rosciano judicio eloquentiam et libertatem suam adversus Sullanos ostendit : ex quo veritus invidiam, Athenas studiorum gratia petivit, ubi Antiochum, Academicum philosophum, studiose audivit. Inde eloquentiæ gratia Asiam, post Rhodum petiit, ubi Molonem Græcum, rhetorem tum disertissimum, magistrum habuit; qui flesse dicitur, quod per hunc Græcia eloquentiæ laude privaretur. Quæstor Siciliam habuit. Ædilis Caium Verrem repetundarum damnavit. Prætor Ciliciam latrociniis liberavit. Consul conjuratos capite punivit. Mox invidia P. Clodii, instinctuque Cæsaris et Pompeii, quos dominationis suspectos, eadem, qua quondam Sullanos, libertate perstrinxerat, sollicitatis Pisone et Gabinio consulibus, qui Macedoniam Asiamque provincias in stipendium opera hujus acceperant, in exsilium actus; mox, ipso referente Pompeio, rediit, eumque civili bello sequutus est. Quo victo, veniam a Cæsare ultro accepit : quo interfecto, Augustum fovit; Antonium hostem judicavit. Et quum triumviros se fecissent Cæsar, Lepidus, Antoniusque, concordia non aliter visa est inter eos jungi posse, nisi Tullius necaretur : qui, immissis ab Antonio percussoribus, quum forte Formiis quiesceret, imminens exitium corvi auspicio didicit, et fugiens occisus est. Caput ad Antonium relatum.

Dans sa jeunesse, il plaida avec beaucoup d'éloquence et de liberté la cause de Roscius contre les favoris de Sylla. Craignant que sa hardiesse ne lui attirât des haines funestes, il se rendit à Athènes pour y perfectionner ses études. Là, il écoute avec beaucoup de zèle les leçons d'Antiochus, philosophe académicien. L'amour de l'éloquence le conduit d'Athènes en Asie, puis à Rhodes, où il prend pour maître le Grec Molon, le rhéteur le plus disert de l'époque, et qui pleura, dit-on, en prévoyant que ce jeune disciple enlèverait à la Grèce la palme de l'art oratoire. Cicéron administra la Sicile en qualité de questeur; pendant son édilité, il fit condamner Caïus Verrès pour crime de concussion. Préteur, il délivra la Cilicie des brigands qui l'infestaient. Consul, il fit punir de mort les complices de Catilina. Bientôt la haine de P. Clodius, les intrigues de César et de Pompée, dont il avait soupçonné et signalé l'ambition avec autant de liberté qu'il en avait montré naguère contre les partisans de Sylla, enfin la vénalité des consuls Pison et Gabinius, si bien payée par Clodius avec les trésors de la Macédoine et de l'Asie, qu'il leur avait fait donner pour provinces; tous ces motifs firent exiler Cicéron. Il fut rappelé peu de temps après sur la demande de Pompée lui-même, dont il suivit la fortune dans la guerre civile. Après la défaite de Pompée, Cicéron obtint de César un pardon que le vainqueur fut le premier à lui offrir. Après le meurtre de César, il s'attacha à Auguste, et fit déclarer Antoine ennemi de la patrie. Lorsque César Octave, Lépide et Antoine formèrent leur triumvirat, la mort de Cicéron parut être une condition indispensable à la concorde des triumvirs. Aussitôt des assassins sont envoyés par Antoine; Cicéron, retiré à Formies, s'y livrait au repos, lorsqu'un corbeau, par un présage sinistre, lui apprit le malheur qui le menaçait. Il fut égorgé dans sa fuite; on porta sa tête à Antoine.

LXXXII. Marcus Brutus.

Marcus Brutus, avunculi Catonis imitator, Athenis philosophiam, Rhodi eloquentiam didicit. Cytheridem mimam cum Antonio et Gallo poeta amavit. Quæstor in Galliam proficisci noluit, quod is bonis omnibus displicebat. Cum Appio Claudio in Cilicia fuit : et quum ille repetundarum accusaretur, ipse ne verbo quidem infamatus est. Civili bello, a Catone ex Cilicia retractus, Pompeium sequutus est. Quo victo, veniam a Cæsare accepit, et proconsul Galliam rexit[90]; tamen cum aliis conjuratis in curia Cæsarem occidit. Et ob invidiam veteranorum in Macedoniam missus, ab Augusto in campis Philippicis victus, Stratoni cervicem præbuit.

LXXXIII. C. Cassius Longinus.

Caius Cassius Longinus quæstor Crassi in Syria fuit, post cujus cædem, collectis reliquiis, in Syriam rediit. Osacem, præfectum regium, apud Orontem fluvium superavit. Dein, quod coemptis Syriacis mercibus fœdissime negotiaretur, Caryota cognominatus est[91]. Tribunus plebis, Cæsarem oppugnavit. Bello civili, Pompeium sequutus, classi præfuit. A Cæsare veniam accepit; tamen adversus eum conjurationis auctor cum Bruto fuit, et in cæde dubitanti cuidam : « Vel per me, inquit, feri. » Magnoque exercitu comparato, in Macedonia Bruto conjunctus, in campis Philippicis ab Antonio victus, quum eamdem fortunam Bruti putaret, qui Cæsarem vicerat,

LXXXII. Marcus Brutus.

Marcus Brutus, imitateur de Caton son oncle, étudia la philosophie à Athènes, et l'éloquence à Rhodes. Il aima, ainsi qu'Antoine et le poëte Gallus, la comédienne Cythéris. Questeur, il refusa de partir pour la Gaule, parce que César déplaisait à tous les gens de bien. Il accompagna en Cilicie Appius Claudius, qui fut accusé de concussion, sans qu'un seul mot de soupçon vînt flétrir Brutus. Pendant la guerre civile, rappelé de Cilicie par Caton, il suivit Pompée. Après la défaite de Pharsale, il obtint de César sa grâce et le gouvernement de la Gaule avec le titre de proconsul; il n'en tua pas moins César, comme les autres conjurés, dans le palais du sénat. Devenu dès lors l'objet de la haine des vétérans, il fut envoyé en Macédoine, où, vaincu par Auguste dans les plaines de Philippes, il tendit la gorge au glaive de Straton.

LXXXIII. C. Cassius Longinus.

Caïus Cassius Longinus fut questeur de Crassus en Syrie; après la fin tragique de son général, il rassembla les débris des légions, rentra en Syrie, et vainquit, près du fleuve Oronte, le satrape Osacès. Comme il se mit ensuite à faire le plus honteux trafic des marchandises syriennes, il fut surnommé Caryota. Tribun du peuple, il attaqua vivement César. Dans la guerre civile, il suivit Pompée, dont il commanda la flotte. Quoique gracié par César, il n'en fut pas moins, avec Brutus, l'auteur d'une conjuration contre le dictateur; et au moment de l'assassinat, lorsqu'un de ses complices hésitait à frapper : « Frappe, lui dit-il, quand tu devrais me percer moi-même. » Ensuite il rassemble des troupes considérables, et se réunit à Brutus en Macédoine; mais vaincu par Antoine dans les plaines de Philippes, il se persuade que

Pindaro liberto jugulum præbuit. Cujus morte audita, Antonius exclamasse dicitur : « Vici ! »

LXXXIV. Sextus Pompeius.

Sextus Pompeius, in Hispania apud Mundam victus, amisso fratre, reliquiis exercitus collectis, Siciliam petiit; ubi ruptis ergastulis mare obsedit. Interceptis commeatibus, Italiam vexavit; et quum mari feliciter uteretur, Neptuni se filium confessus est, eumque bobus auratis et equo placavit. Pace facta, epulatus in navi cum Antonio et Cæsare, non invenuste ait : « Hæ sunt meæ carinæ! » quia Romæ in Carinis domum ejus Antonius tenebat. Rupto per eumdem Antonium fœdere 92, Sextus, ab Augusto per Agrippam navali prœlio victus, in Asiam fugit, ubi ab Antonianis militibus occisus est.

LXXXV. Marcus Antonius.

Marcus Antonius, in omnibus expeditionibus Julio Cæsari comes, Lupercalibus diadema ei imponere tentavit : mortuo divinos honores decrevit. Augustum perfidiose tractavit; a quo apud Mutinam victus, [Perusii fame domitus 93] in Galliam fugit. Ibi Lepidum sibi collegam adjunxit : Brutum, exercitu ejus corrupto, occidit : reparatis viribus, in Italiam regressus, cum Cæsare in gratiam rediit. Triumvir factus, proscriptionem a Lucio

Brutus, qui venait de battre César Octave, avait éprouvé un sort semblable au sien : il présente donc la gorge à son affranchi Pindarus. A la nouvelle de cette mort, Antoine s'écria, dit-on : « J'ai vaincu ! »

LXXXIV. Sextus Pompée.

Sextus Pompée, vaincu en Espagne à Munda, recueillit, après la perte de son frère, les débris de ses troupes, et gagna la Sicile, où, brisant les fers des esclaves, il s'empara de la mer. Il interceptait les convois pour l'Italie, qu'il réduisit à la famine ; l'ivresse du succès lui fit prendre ouvertement le titre de fils de Neptune ; et, pour se rendre ce dieu favorable, il lui sacrifia un cheval et des taureaux aux cornes dorées. Après avoir fait la paix avec Antoine et César, il leur donna un repas sur son vaisseau : « Voici mes carènes ! » dit-il assez spirituellement, faisant allusion à sa maison située à Rome dans le quartier des Carènes, et alors au pouvoir d'Antoine. Lorsque ce dernier eut rompu le traité, Sextus, vaincu dans une bataille navale par Agrippa, lieutenant d'Auguste, s'enfuit en Asie, où il fut tué par les soldats d'Antoine.

LXXXV. Marc Antoine.

Marc Antoine, compagnon de Jules César dans toutes ses expéditions, essaya, pendant les Lupercales, de le couronner d'un diadème : après sa mort, il lui fit rendre les honneurs divins. Traître envers Auguste, il fut vaincu par lui près de Modène, et réduit par la famine à s'enfuir de Pérouse dans la Gaule, où il se réunit à Lépide. Il causa la mort de Brutus, en gagnant ses soldats. Après avoir réparé ses pertes, il revient en Italie, et rentre en grâce avec César. Fait triumvir, il commence la proscription par le sacrifice de son oncle Lucius César. En-

Cæsare, avunculo suo, cœpit. In Syriam missus, bellum Parthis intulit : a quibus victus, vix tertiam partem de quindecim legionibus in Ægyptum perduxit 94 : ibi Cleopatræ amore devinctus, in Actiaco litore ab Augusto victus est. In Alexandriam regressus, quum habitu regio in solio regali sedisset, necem sibi conscivit.

LXXXVI. Cleopatra regina.

Cleopatra, Ptolemæi regis Ægyptiorum filia, a fratre suo Ptolemæo eodemque marito 95, quem fraudare regno voluerat, pulsa, ad Cæsarem, bello civili, in Alexandriam venit 96 : ab eo, specie sua et concubitu, regnum Ptolemæi et necem impetravit 97. Hæc tantæ libidinis fuit, ut sæpe prostiterit : tantæ pulchritudinis, ut multi noctem illius morte emerint. Postea Antonio juncta, cum eo victa, quum se illi inferias ferre simularet, in Mausoleo ejus, admotis aspidibus, periit.

voyé en Syrie, il déclare la guerre aux Parthes. Vaincu par eux, il ramène à peine en Égypte le tiers de ses quinze légions; puis, devenu l'esclave de sa passion pour Cléopâtre, il est vaincu par Auguste au rivage d'Actium. Il retourne ensuite à Alexandrie, où, paré des habits royaux, il s'assied sur le trône des rois, et se donne la mort.

LXXXVI. La reine Cléopâtre.

Cléopâtre, fille de Ptolémée, roi d'Égypte, chassée par son frère et son mari, Ptolémée le jeune, qu'elle avait voulu dépouiller de la couronne, vint, pendant la guerre civile, se réfugier dans Alexandrie près de César. Par ses charmes, par ses dernières faveurs, elle obtint de lui le royaume et la mort de Ptolémée. Cléopâtre était si passionnée, que souvent elle se prostitua; si belle, que bien des hommes achetèrent de leur existence la faveur d'une de ses nuits. Mariée ensuite à Marc Antoine, dont elle partagea la défaite, elle se rendit à son mausolée, comme pour satisfaire à ses mânes, et y trouva la mort en se faisant piquer par des aspics.

S. AURELII VICTORIS

DE CÆSARIBUS

AB AUGUSTO OCTAVIANO, ID EST A FINE TITI LIVII, USQUE AD
CONSULATUM DECIMUM CONSTANTII AUGUSTI, ET JULIANI CÆSARIS
TERTIUM.

I. Octavianus Augustus.

Anno Urbis septingentesimo fere vicesimoque secundo, etiam mos Romæ incessit uni prorsus parendi. Namque Octavianus, patre Octavio, atque adoptione magni avunculi Cæsaris, ac mox procerum consulto, ob victoriam patriam[1] placide exercitam, Augusti cognomento dictus, illectis per dona militibus, atque annonæ curandæ specie vulgo, ceteros haud difficulter subegit. Eoque modo annis quatuor circiter et quadraginta actis, morbo Nolæ consumptus, adjectis imperio civium Rhætis Illyricoque, ac pacata exterarum gentium ferocia, nisi Germaniæ: quanquam tertius post Numam, victo Antonio, Janum clauserit, quod jure Romano, quiescentibus bellis, accidebat. Mores viro civiles lepidique; flagrante haud modice luxuria, ludorumque cupidine atque ad somnum intemperantia[2]. Doctorum, qui abunde erant, necessa-

S. AURELIUS VICTOR

CÉSARS

DEPUIS OCTAVIEN AUGUSTE, C'EST-A-DIRE DEPUIS LA FIN DE L'HISTOIRE
DE TITE-LIVE, JUSQU'AU DIXIÈME CONSULAT DE CONSTANCE AUGUSTE,
ET LE TROISIÈME DE JULIEN CÉSAR.

I. Octavien Auguste.

VERS l'an sept cent vingt-deux de la fondation de la ville, on reprit, à Rome, l'usage d'obéir entièrement à un seul chef. Octavien, fils d'Octavius, et adopté par César, son grand-oncle; Octavien, qu'un sénatus-consulte surnomma bientôt Auguste, à cause de sa clémence après la victoire dans une guerre civile, gagna d'abord les soldats par ses largesses, le peuple par l'espoir des distributions de vivres, et soumit ensuite sans peine les autres citoyens. Il exerça ainsi le pouvoir pendant près de quarante-quatre ans, et mourut de maladie à Nole, après avoir ajouté à l'empire la Rhétie et l'Illyrie, et dompté la fougue indomptable des nations étrangères, à l'exception de la Germanie. Cependant, vainqueur d'Antoine, il fut le troisième, depuis Numa, qui ait fermé le temple de Janus, coutume observée chez les Romains lorsque les guerres laissaient quelque repos à la république. Auguste était populaire et enjoué, mais trop passionné pour l'excès des plaisirs, pour les jeux et pour l'intempérance, qui le provoquait au sommeil. Protecteur dévoué des savants, qui furent nombreux sous son règne,

riorumque percultor, quum eloquentiæ studio ac religionibus mire retineretur. Pater patriæ, ob clementiam, ac tribunitia potestate perpetuo habitus : hincque uti deo, Romæ provinciisque omnibus per urbes celeberrimas vivo mortuoque templa, sacerdotes et collegia sacravere. Felix adeo (absque liberis tamen simulque conjugio), ut Indi, Scythæ, Garamantes, ac Bactri legatos mitterent orando fœderi.

II. Claudius Tiberius Nero.

Dein Claudius Tiberius Nero, in Augusti liberos e privigno redactus arrogatione[3], ubi, quæ metuebantur, satis tuta animadvertit, imperium complexus est, cujus nomen astu abnuebat. Subdolus et occultior, hisque sæpe simulando infensus, quæ maxime cuperet, et insidiose deditus, quæ odio erant; ingenio ad repentina longe acriore; bonis initiis idem perniciosus, quæsitissimis in omnem fere ætatem sexumque libidinibus; atque atrocius puniens insontes, suos pariter externosque.

Adhuc dum urbes et conventus exsecratur, Capreas insulam quæsierat flagitiis obtentui. Quare solutis militiæ artibus, direpta pleraque juris Romani; nihilque præter Cappadocas, idque inter exordia, in provincia subactum, remoto rege Archelao, compressaque Gætulorum latrocinia, quæ, Tacfarinate duce, passim proruperant.

il avait pour ses proches une affection très-vive; enfin au goût de l'éloquence il unissait la piété la plus admirable. Sa clémence lui mérita le titre de Père de la patrie et la puissance tribunitienne à perpétuité; puis, comme à un dieu, dans Rome, dans toutes les provinces et dans les principales villes de l'empire, avant et après sa mort, on lui consacra des temples et des colléges sacerdotaux. Son bonheur fut si grand (excepté toutefois du côté de ses enfants et de sa femme), que les Indiens, les Scythes, les Garamantes et les Bactriens lui envoyèrent des ambassadeurs pour implorer son alliance.

II. Claudius Tibère Néron.

Ensuite Claudius Tibère Néron, beau-fils d'Auguste, et son fils adoptif par adrogation, lorsqu'il se vit suffisamment rassuré contre les craintes des révoltes, prit l'empire, tout en refusant par ruse le nom d'empereur. Artificieux et impénétrable, simulant presque toujours de l'aversion pour ce qu'il désirait le plus, et une préférence insidieuse pour les objets de sa haine; d'une vivacité d'esprit qu'inspirait toujours mieux le moment présent; il devint, après de bons commencements, le fléau de la république. Poussant jusqu'aux derniers raffinements l'excès de la débauche, presque sans distinction d'âge et de sexe, il punissait avec une atroce barbarie les innocents, fussent-ils Romains ou étrangers.

Par exécration pour les villes et par misanthropie, il avait choisi l'île de Caprée pour le repaire de ses turpitudes. Il paralysa les forces de l'art militaire : ce qui fit perdre à l'empire presque toutes ses conquêtes, dont il ne resta plus rien que la Cappadoce, réduite en province romaine, et cela au commencement du règne de Tibère, qui éloigna du trône le roi Archelaüs; on réprima aussi les brigandages des Gétules, qui, sous les ordres de

Prætorias, quæ dispersæ proximis municipiis, seu Romæ, quæque per domos habebantur, in castra apud Urbem redegit; qua tenebantur, præfecturam appellans, vel augens, prætorio [4] : nam ceteros paritorum præsidesque Augustus instituerat.

III. Caius Cæsar Caligula.

Igitur Claudio fato an insidiis oppresso, quum imperium tres atque viginti, ævi octogesimum uno minus annos egisset, Caius Cæsar, cognomento Caligula, aventibus cunctis deligitur, majorum gratiæ parentisque. Namque per filiam proavus Augustus; genere materno, Agrippa; Drusus, Germanici pater, e quo is oriebatur, avi erant. Quorum modestia atque immaturo, absque Octaviani, interitu, vulgus, simul matris fratrumque, quos Tiberius exitio interceperat, permovebatur. Qua causa nitebantur omnes casum tantæ familiæ lenire adolescentuli spe : tum quia natus in exercitu (unde cognomentum calceamento militari quæsiverat) legionibus carus acceptusque habebatur. Præterea prudentissimus quisque similem fore suis credebat [5]; quod longe secus, quasi naturæ lege, quæ crebro tanquam ex industria malos e bonis, agrestes e doctioribus, et ceteros hujuscemodi, seu contra gignit : quo demum exemplo sapientium plures caruisse liberis utilius duxere.

Ceterum in Caligula haudquaquam vero plurimum

Tacfarinas, avaient fait çà et là des irruptions. Avant Tibère, les cohortes prétoriennes étaient dispersées dans les villes municipales voisines, ou logeaient à Rome même dans les maisons des citoyens : il les établit dans un camp voisin de la capitale, et éleva leur chef à la dignité de préfet du prétoire : car Auguste avait institué pour sa garde et pour celle de la ville d'autres soldats nommés appariteurs.

III. Caïus César Caligula.

Tibère, dont la mort fut ou naturelle ou violente, après un règne de vingt-trois années, et à l'âge de soixante-dix-neuf ans, eut pour successeur Caïus César, surnommé Caligula, que les vœux de Rome entière appelèrent au trône, en mémoire de ses aïeux et de son père. En effet, du côté maternel, arrière-petit-fils d'Auguste et petit-fils d'Agrippa, Caïus avait pour aïeul paternel Drusus, père de Germanicus, dont il était né. Les vertus modestes et la mort prématurée de ces princes, tous moissonnés avant le temps, à l'exception d'Auguste, la fin tragique de la mère et des frères de Caligula, que Tibère avait fait périr au milieu de leur carrière, inspiraient au peuple les plus touchants souvenirs. Aussi, c'était à qui adoucirait le deuil d'une si noble famille, dans l'espoir que faisait revivre son jeune rejeton, né au milieu des camps, où il avait pris son surnom d'une chaussure militaire, et où il était l'idole des légions. Enfin chaque homme sensé croyait qu'il ressemblerait à ses parents, malgré cette loi toute contraire de la nature, qui souvent, comme à dessein, fait naître de l'homme vertueux le méchant, l'ignorant de l'homme instruit, ainsi du reste, et réciproquement : exemple qui a fait penser à bien des sages qu'il était plus avantageux de n'avoir pas d'enfants.

Au reste, la bonne opinion qu'on s'était formée de Cali-

aberant, quippe qui diu immania animi ita pudore ac parendi specie obtexerat, uti merito vulgaretur, neque meliores famulos⁶, neque atrociorem dominum illo fuisse. Denique nactus potestatem, uti talia ingenia versare solent animi sensus⁷, egregia ad populum, inter patres, cum militibus gessit : delataque conjuratione, quasi minus credens, prædicavit, vix convenire in eum, cujus vita nullius oneri aut incommodo esset. Sed repente cæsis primum vario facinore innocentium paucioribus, tanquam belluæ hausto sanguine ingenium exeruit : itaque deinceps triennium consumptum, quum senatus atque optimi cujusque multiplici clade terrarum orbis fœdaretur. Quin etiam sororum stupro ac matrimoniis illudens nobilibus, deorum habitu incedebat, quum Jovem se ob incestum, ex choro autem Bacchanali Liberum se assereret.

Neque secus contractis ad unum legionibus, spe in Germaniam transgrediendi, conchas umbilicosque in ora maris Oceani legi jussit : quum ipse nunc fluxo cultu Venerioque interesset, nunc armatus, spolia a se non ex hominibus, sed cœlestium capi dictitaret; scilicet quod hujusmodi pisces Græcorum dicto, quis augendi omnia studium est, nympharum lumina accepisset. His elatus, dominum dici, atque insigne regni capiti nectere tenta-

gula n'était pas sans quelque fondement de vérité; en effet, il avait d'abord si bien déguisé ses vices monstrueux, soit par pudeur, soit par hypocrisie de soumission, que l'on répétait partout avec justice, qu'il n'y avait jamais eu de meilleur esclave ni de plus mauvais maître que lui. Enfin, parvenu au pouvoir, et fort habile, comme ces sortes de caractères, à dissimuler les sentiments de son âme, il fit d'abord plusieurs actions agréables au peuple, au sénat et aux troupes : un jour même qu'on lui dénonçait une conspiration, comme s'il eût refusé d'y croire, il dit hautement qu'il était à peine vraisemblable que l'on pût rien tenter contre celui dont l'existence n'était ni à charge ni nuisible à personne. Mais tout à coup il fait périr, par des forfaits divers, un petit nombre de personnes innocentes, et dès lors, tel qu'une bête farouche qui s'est abreuvée de sang, il s'abandonne à toute la férocité de son naturel : aussi, à partir de ce moment, pendant trois années, il souilla l'univers du massacre toujours nouveau des sénateurs et des citoyens les plus vertueux. A ces crimes il ajoute l'inceste avec ses propres sœurs, et l'adultère avec les plus nobles Romaines; il s'avance paré du costume des dieux, il se vante d'être Jupiter, à cause de son triple inceste avec ses sœurs; puis, dans ses orgies et dans ses bacchanales, il affirme qu'il est le dieu Bacchus.

Toutefois, au milieu de ses désordres, il rassemble en un seul corps toutes les légions, et leur donne l'espoir de passer en Germanie; mais bientôt elles reçoivent l'ordre de recueillir, sur les côtes de l'Océan, des coquillages et de petits cailloux : lui-même il préside à cette opération, tantôt revêtu d'une robe flottante et avec les attributs de Vénus, tantôt, armé de toutes pièces, il ne cesse de répéter qu'il emporte, non point les dépouilles des hommes, mais celles des dieux; sans doute parce qu'il s'emparait de ces sortes de coquillages, que les Grecs, toujours passion-

verat. Qua causa, auctore Chærea, moti, quibus Romana virtus inerat, tanta pernicie rempublicam, confosso eo, levare: prælatumque excellens Bruti facinus ejecto Tarquinio foret, si per Quirites modo militia exerceretur. Verum ubi cives desidia externos barbarosque in exercitum cogere libido incessit; corruptis moribus, libertas oppressa, atque habendi auctum studium.

Interim dum senatus decreto gentem Cæsarum, etiam muliebri sexu, omnemque affinitatem armati persequuntur, forte unus, ortus Epiri, e cohortibus, quæ palatium per opportunos locos obsidebant, Tib. Claudium occultantem se reperit deformi latebra: protractoque eo, exclamat apud socios, si sapiant, adesse principem. Et sane quia vecors erat, mitissimus videbatur imprudentibus; quæ res adversum nefariam patrui Neronis mentem auxilio, neque apud fratris filium Caligulam invidiæ fuit: quin etiam militares plebisque animos conciliaverat, dum, flagrante suorum dominatione, ipse contemptui miserabilior haberetur. Talia plerisque memorantibus, repente eum, nullo retractante, quæ aderant turbæ circumsistunt, simulque affluebant reliqui militum et vulgi magna vis. Quod ubi patres accepere, mittunt ocius ausum comprimere[8]. Sed postquam variis tetrisque seditionibus

nés pour l'exagération, appellent des yeux de nymphes.
Fier de tels exploits, il essaye de prendre le titre de seigneur et d'orner son front du royal diadème. Aussi, tous les citoyens qui avaient conservé l'antique vertu romaine, animés par Chéréa, résolurent d'affranchir, par la mort du tyran, la république d'un fléau si pernicieux ; et cette action éclatante aurait eu le même résultat que l'héroïsme de Brutus, qui chassa Tarquin, si les Romains eussent encore été alors les seuls soldats de Rome. Mais du moment où l'indolence et la mollesse avaient forcé les citoyens à ne composer leurs légions que d'étrangers et de barbares, la corruption des mœurs anéantit la liberté, et la passion des richesses ne connut plus de bornes.

Tandis que, sur un décret du sénat, des gens armés poursuivent la famille impériale et tous ses membres, sans exception même des femmes, le hasard voulut qu'un Épirote, faisant partie des cohortes qui gardaient les postes les plus importants du palais, vînt à découvrir Tib. Claude, qui se tenait caché dans un coin des plus obscurs : il l'en tira brusquement, et se mit à crier à ses compagnons : « Si vous êtes sages, voici un empereur. » En effet, la stupidité de Claude le faisait paraître plein de douceur à ceux qui ne le devinaient pas ; déjà elle lui avait été d'un grand secours auprès de son oncle Tibère, à l'humeur intraitable, et l'avait préservé de la jalousie de son neveu Caligula ; je dirai plus : il s'était concilié le peuple et les soldats, en raison même du mépris et de l'état misérable dans lequel il avait vécu sous le règne tyrannique des deux précédents empereurs. Tandis que la plupart des assistants rappellent de telles circonstances, tout à coup les troupes alors présentes l'environnent, sans que personne s'y oppose ; en même temps accourent le reste des soldats et une grande foule de peuple. A cette nouvelle, les sénateurs envoient promptement réprimer la tentative. Mais lorsqu'ils voient la ville entière et tous

civitas cunctique ordines lacerabantur, tanquam ex imperio omnes dedere se. Ita Romae regia potestas firmata, proditumque apertius, mortalium conatus vacuos a fortuna cassosque esse.

IV. Claudius.

Igitur Claudius, quanquam ventri foede obediens, vecors juxta atque immemor, pavidusque animi et ignavior esset, pleraque per formidinem tamen egregie consultabat, nobilitatis praecipue consiliis, quae metu colebatur : quippe stolidorum ingenia proinde agunt, uti monitores sunt. Denique bonis auctoribus compressa per eum vitia, ac per Galliam druidarum famosae superstitiones; lata jura quam commodissima; curatum militiae officium; retenti fines, seu dati imperio Romano; Mesopotamia per orientem, Rhenus Danubiusque ad septentrionem, et a meridie Mauri accessere provinciis, demptis regibus post Jubam; caesaque Musalamiorum manus; simul, ultima occasus, Britanniae partes contusae, quam solam adiit, Ostia profectus mari : nam cetera duces curavere. Adhuc annonae egestas composita, quam Caligula induxerat, dum, adactis toto orbe navigiis, pervium mare theatris curribusque damno publico efficere contendit.

Neque secus censu novato, quum, senatu motis plu-

les ordres de l'État déchirés par des séditions violentes, qui ont chacune un but différent, ils se soumettent, comme s'ils en avaient reçu le commandement. Ainsi le pouvoir suprême d'un seul fut de nouveau consolidé à Rome, et l'on reconnut alors, d'une manière bien évidente, que les efforts des mortels sont impuissants lorsque la fortune ne les seconde pas.

IV. Claude.

Claude, esclave ignoble de sa gloutonnerie, imbécile et sans mémoire, poltron et plus que lâche, ne laissait pas, à cause même de sa pusillanimité, de prendre souvent d'excellentes déterminations, surtout par les conseils des nobles, pour qui la crainte lui inspirait de la déférence : car les esprits stupides agissent d'après les impulsions qu'ils reçoivent. Ce fut d'après l'influence des hommes sages qu'il arrêta le débordement des vices; qu'il abolit, dans la Gaule, les infâmes superstitions des druides; qu'il fit les lois les plus avantageuses aux Romains; qu'il introduisit dans l'armée les réformes les plus consciencieuses; qu'il conserva ou étendit les frontières de l'empire, en lui donnant pour limites, à l'orient, la Mésopotamie; au nord, le Rhin et le Danube; au midi, la Mauritanie, qui n'eut plus de rois après Juba. Il tailla en pièces les hordes des Musalamiens; enfin il soumit les parties les plus occidentales de la Grande-Bretagne, pour laquelle il s'embarqua au port d'Ostie, et la seule province où il parut en personne : car ses généraux assurèrent les autres conquêtes. Il fit encore cesser la famine causée par Caligula, qui, jaloux d'élever un théâtre sur la mer et d'y faire rouler des chars, avait, au grand détriment de la république, rassemblé des vaisseaux de toutes les parties du monde.

Ajoutons à cela qu'ayant rétabli le cens et la censure,

ribus, lascivum adolescentem, quem sibi probatum parens asseruerat, retinuisset, censorem et liberis patrem debere esse, recte adjecerat. Ast ubi Messalinæ conjugis, simulque libertorum delinimentis, quibus semet dediderat, in pravum abstractus, non illa modo tyrannorum admissa, verum quæ postremum genus mulierum atque servile quibat facere viro amenti dominoque. Namque uxor primo passim, quasi jure, adulteris utebatur: eoque exstincti cum suis plerique, ingenio seu metu abstinentes; dum, pervagatis mulierum artibus, peti se a petitis criminatur. Dehinc atrocius accensa, nobiliores quasque nuptas et virgines scortorum modo secum prostituerat; coactique mares, uti adessent; quod si qui talia horruerat, afficto crimine, in ipsum omnemque familiam sæviebatur.

Namque Claudium, uti supra docuimus, natura performidolosum, injecto metu sui agitabant, maxime conjurationis : quo commento liberti etiam, quos vellent, perditum ibant. Qui primo sceleribus collubentes, ubi pares patronæ facti sunt, eam quoque, ignaro, quasi jubente tamen, domino, per satellites interfecere. Et sane in id progressa mulier erat, uti, animi ac pellicum gratia Ostiam profecto, Romæ nuptias cum altero frequentaret : et hinc notior, dum mirum videtur apud imperatorem

il chassa du sénat plusieurs de ses membres; il y laissa toutefois un jeune débauché, dont le père avait attesté la bonne conduite, et il ajouta judicieusement, à ce sujet, qu'un père doit être aussi le censeur de ses enfants. Mais lorsque les caresses de Messaline, sa femme, et les propos adulateurs des affranchis qui le gouvernaient également, l'eurent entraîné au mal, il ne se contenta pas de commettre les crimes d'un tyran, il osa tous ceux qu'une femme de la dernière abjection et les plus vils esclaves pouvaient suggérer à un fou qui était le maître. Son épouse se livra d'abord à tous les genres d'adultère, pêle-mêle, comme si elle eût usé d'un droit, immolant presque toujours, avec ses complices, ceux qui, par honneur ou par crainte, s'abstenaient de répondre à ses désirs; or, à l'aide d'artifices familiers aux femmes de cette espèce, elle accusait d'avoir voulu la séduire ceux mêmes qu'elle avait tenté de corrompre. Enflammée ensuite d'une lubricité plus odieuse, elle prostituait avec elle, comme de viles courtisanes, les femmes mariées et les jeunes filles les plus nobles; les hommes étaient forcés d'assister à ce hideux spectacle; et si quelqu'un manifestait de l'horreur pour de telles turpitudes, on inventait une accusation, et l'on sévissait contre lui, contre toute sa famille.

Comme Claude, ainsi que nous venons de le dire, était la pusillanimité même, c'était presque toujours de la crainte de quelque conspiration mise en avant que l'on épouvantait le trop timide empereur : la même fable servait de texte aux affranchis pour accabler tous ceux qu'ils voulaient perdre. D'abord complices des forfaits de leur protectrice, dès qu'ils eurent acquis une autorité égale à la sienne, ils la firent périr elle-même par leurs satellites, comme si leur maître, qui ignorait tout, leur en eût cependant donné l'ordre. Messaline avait poussé l'infamie à un excès tel, que, pendant un voyage de Claude au port d'Ostie pour se distraire avec des courtisanes, elle con-

virum, viro quam imperatori nuptam esse. Ita liberti, potestatem nacti summam, stupris, exsilio, cæde, proscriptionibus, omnia fœdabant, eoque herilem stultitiam perpulere, uti senex fratris filiam in nuptias concupisceret. Quæ quamvis superiore absurdior haberetur, idcircoque paria extimesceret, veneno conjugem interemit.

Hujus anno sexto, quum quatuordecim regnarit, octingentesimus Urbis mire celebratus : visusque apud Ægyptum Phœnix [9], quam volucrem ferunt, anno quingentesimo, ex Arabis memoratos locos advolare; atque in Ægæo mari repente insula ingens emersit, nocte, qua defectus lunæ acciderat. Tetrum funus, uti quondam in Prisco Tarquinio, diu occultatum; dum arte mulieris corrupti custodes ægrum simulant, atque ab eo mandatam interim privigno, quem paulo ante in liberos asciverat, curam reipublicæ.

V. L. Domitius Nero.

Eo modo L. Domitius (nam id certe nomen Neroni, patre Domitio, erat) imperator factus est. Qui quum longe adolescens dominatum parem annis vitrico gessisset, quinquennium tamen tantus fuit, augenda Urbe [10]

tracta à Rome un nouveau mariage : ce qui mit le comble à sa mauvaise réputation, et chacun s'étonna que, sous un empereur, l'impératrice aimât mieux épouser un homme quelconque que l'empereur lui-même. Ainsi les affranchis, devenus plus puissants que jamais, souillaient tout de débauches infâmes, d'exil, de meurtre et de proscriptions; enfin ils poussèrent leur maître stupide, malgré sa vieillesse, à convoiter sa nièce en nouvelles noces. Bien qu'Agrippine passât pour être beaucoup plus inexpérimentée que la première femme de Claude, et que ce motif même lui fît redouter le sort de Messaline, elle empoisonna son mari.

Claude avait régné quatorze ans; la sixième année de son empire, on célébra à Rome, avec une rare magnificence, la huitième année séculaire de la fondation de la ville : puis apparut en Égypte le phénix, oiseau merveilleux qui, d'un vol rapide, accourt, dit-on, tous les cinq cents ans, des parages renommés de l'Arabie. A la même époque, une île immense surgit tout à coup de la mer Égée, pendant une nuit où il y avait eu éclipse de lune. La mort violente de Claude, comme autrefois celle de Tarquin l'Ancien, resta longtemps cachée ; car les gardes du palais, corrompus par les artifices d'Agrippine, firent passer l'empereur pour malade, et supposèrent qu'en attendant sa guérison, il avait confié le soin de la république à son beau-fils, qu'il avait tout récemment admis au nombre de ses enfants.

V. L. Domitius Néron.

Ainsi devint empereur L. Domitius, car Néron s'appelait Domitius, du nom de son père. Quoique fort jeune, lorsque commença son règne, qui fut aussi long que celui de son beau-père, il se montra si grand pendant les cinq premières années, il mit surtout tant de

maxime, uti merito Trajanus sæpius testaretur, procul differre cunctos principes Neronis quinquennio : quo etiam Pontum in jus provinciæ, Polemonis permissu, redegit; cujus gratia Polemoniacus Pontus appellatur : itemque Cottias Alpes, Cottio rege mortuo. Quare satis compertum, neque ævum impedimento virtuti esse ; eam facile mutari, corrupto per licentiam ingenio ; omissamque adolescentiæ quasi legem perniciosus repeti. Namque eo dedecore reliquum vitæ egit, uti pigeat pudeatque memorare hujuscemodi quemquam, nedum rectorem gentium, fuisse. Qui dum psallere per cœtus, Græcorum invento, in certamen coronæ cœpisset, eo progressus est, uti neque suæ, neque aliorum pudicitiæ parcens, ad extremum amictus nubentium virginum specie, palam senatu dote data, cunctis festa more celebrantibus, in manum conveniret lecto ex omnibus prodigiosis. Quod sane in eo (narrantur scelera Neronis) levius æstimandum. Quippe noxiorum vinctis modo, pelle tectus feræ, utrique sexui genitalia vultu contrectabat; exactor parium majore flagitio[11]. Atque inter hæc matrem etiam contaminavisse plures habent; dum ea quoque, dominandi ardore, scelere quolibet subjici filium cupit. Id ego, quanquam scriptoribus diversa firmantibus, verum puto : namque ubi mentem invaserint vitia, nequaquam verecundiæ, externis satiata, inhumanius grassatur peccandi consuetudo[12], nova, et eo dulciora,

soin à embellir la ville de Rome, que Trajan affirmait souvent avec raison que tous les empereurs étaient bien loin des cinq premières années de Néron. Ce fut alors qu'avec l'assentiment du roi Polémon, il réduisit en province romaine le Pont, appelé, depuis cette circonstance, Pont Polémoniaque : il en fut de même des Alpes Cottiennes après la mort du roi Cottius. Néron prouva d'une manière assez évidente que l'âge n'est point un obstacle à la vertu, mais qu'elle ne résiste pas à la licence qui corrompt le caractère, et que, pour s'être soustrait d'abord à cette loi qu'impose en quelque sorte la jeunesse, on ne reprend ensuite la vie de désordre qu'avec une ardeur plus pernicieuse encore. En effet, il passa le reste de ses jours dans un opprobre tel, qu'on aurait honte et regret de raconter que jamais le plus simple particulier soit descendu si bas, à plus forte raison le maître du monde. On le vit d'abord, à la manière des Grecs, disputer, dans les assemblées publiques, la couronne, prix du chant; ensuite, il en vint au point que, sans ménagement ni pour son honneur ni pour celui des autres, revêtant à la fin le voile nuptial des vierges, après avoir ouvertement convoqué le sénat, il se fit compter une dot, et, au milieu des fêtes que le peuple célébrait en pareille occasion, il donna sa main à un affranchi, qu'il eut soin de choisir entre tous les plus infâmes débauchés. Mais ce fut là le moindre des forfaits de Néron. Couvert de la peau d'une bête fauve, il faisait lier ensemble, comme des criminels, deux personnes de sexe différent, touchait et retouchait du visage leurs parties génitales, puis excitait ce couple à des turpitudes plus flétrissantes encore. Plusieurs historiens vont même jusqu'à l'accuser d'inceste avec sa mère, qui, dévorée de la soif de dominer, voulait assujettir son fils par quelque crime que ce fût. Pour moi, quoique d'autres écrivains aient nié le fait, je le crois irrécusable : car, dès que les vices ont fait invasion

affectans, ad extremum in suos agens. Quod his proditum magis, dum quasi quodam progressu, illa per adulteros ad patrui nuptias, atque alienorum cruciatibus, mariti exitium : hic paulatim ad sacerdotem Vestæ, deinde in se, postremo uterque in sui scelus processerunt.

Neque blandimentis talibus tamen coalescere potuere, sed eo præceps dati, dum insidiantur invicem, mater perversa interiit. Igitur quum omne jus fasque parricidio trivisset, ac magis magisque in optimos sæviretur; conjuravere plures varia sane tempestate, ad liberandam rempublicam. Quis proditis cæsisque immanior, Urbem incendio, plebem feris vulgo emissis, senatum pari morte tollere decreverat, nova sede regno quæsita, maximeque incitante legato Parthorum. Qui forte inter epulas, aulicis, uti mos est, canentibus, quum sibi citharistam poposcisset, responso dato, liberum esse, adjecerat, sumeret ipse, quem vellet, e suis, ostentans, qui convivio aderant; quod liber sub imperio nullus haberetur.

Ac ni Galba, qui Hispaniæ præsidebat, cognito,

dans le cœur de l'homme, blasée bientôt sur les attentats à la pudeur des personnes étrangères, sa lubricité habituelle marche à des forfaits contre nature plus monstrueux encore; il lui faut quelque chose de neuf pour rendre la jouissance plus douce : aussi finit-elle par se porter à tous les excès, même sur les parents les plus proches. Triste vérité, que prouva bien clairement la conduite de Néron et d'Agrippine : on voit, en effet, celle-ci procéder au mal comme par gradation : ce sont des adultères avant son mariage avec son oncle, des tortures envers des étrangers avant l'assassinat de son mari. Néron, à son tour, suit la même progression : d'abord il viole une prêtresse de Vesta, puis il se prostitue lui-même; enfin le fils et la mère arrivent tous deux à l'inceste.

Mais de telles caresses ne purent cependant les unir l'un à l'autre; et tandis que, se précipitant à des crimes nouveaux, ils se dressent de mutuelles embûches, la mère finit par succomber. Ainsi donc, après avoir renversé, par un parricide, toutes les lois divines et humaines, Néron redoubla chaque jour de fureur contre les citoyens les plus vertueux ; aussi plusieurs conspirations éclatèrent-elles à différentes époques, pour délivrer la république. La découverte de ces complots et le supplice des conjurés rendirent Néron plus cruel encore; il résolut d'incendier Rome, de livrer le peuple aux bêtes féroces, d'empoisonner tous les sénateurs, et de transférer ailleurs le siége de l'empire : dessein que lui avait surtout inspiré l'ambassadeur des Parthes. Certain jour que, dans un festin, les courtisans chantaient, suivant l'usage, l'ambassadeur lui demanda pour son service un joueur de cithare; Néron répondit d'abord que ce musicien était un homme libre; puis il ajouta, en montrant les convives, que le député pouvait néanmoins prendre celui qu'il voudrait, parce que personne, sous son empire, ne pouvait passer pour libre.

Et si Galba, qui gouvernait l'Espagne, à la nouvelle

mandatum sui exitium, quanquam senecta ætate, imperio correpto, subvenisset; tantum facinus haud dubie patraretur. Verum ejus adventu desertus undique, nisi ab spadone, quem quondam exsectum formare in mulierem tentaverat, semet ictu transegit; quum implorans percussorem diu, ne ad mortem quidem meruisset cujusquam officium.

Hic finis Cæsarum genti fuit: quem fore, prodigiorum multa denuntiavere, præcipueque eorum prædiis arescens lauri nemus, dicatum triumphantibus; atque interitus gallinarum, quæ adeo multæ [albæque, aptiores] erant [religionibus], ut iis Romæ habeatur hodie locus.

VI. Servius Galba.

At Galba, haud secus nobilis e gente clarissima Sulpiciorum, ubi Romam ingressus est, quasi luxuriæ aut etiam crudelitati auxilio ventitasset, rapere, trahere, vexare, ac fœdum in modum vastare cuncta et polluere. Quis rebus instabilior (dum gravius offendunt, quos mollius consulturos spes erat), simul quia opes militum, nimis pecuniæ cupidus, attenuaverat, Othone auctore interficitur; qui, prælatum adoptione ejus Pisonem impatientius dolens, accensas cohortes armatasque in forum deduxerat [13]. Quo quum lorica tectus Galba tumultum le-

que Néron avait ordonné sa mort, ne se fût hâté, malgré son grand âge, de saisir le pouvoir et d'arriver sur ces entrefaites, nul doute que Néron n'eût accompli le plus grand des forfaits. Mais à l'approche de Galba, abandonné de tout le monde, à l'exception d'un seul eunuque, qu'il avait autrefois, en le mutilant, essayé de transformer en femme, il se perça lui-même d'un poignard, après avoir longtemps demandé quelqu'un qui voulût le frapper; comme si, même pour l'aider à mourir, il n'eût plus mérité l'assistance de personne.

La famille des Césars finit avec Néron : événement que plusieurs prodiges avaient annoncé. Citons les principaux : le bois de lauriers, situé dans la villa des Césars, et dédié à ceux qui avaient triomphé, sécha tout à coup; au même endroit périt un grand nombre de poules blanches, que l'on employait surtout dans les cérémonies religieuses, et auxquelles on avait consacré, pour ce motif, un lieu spécial qu'elles occupent encore aujourd'hui dans Rome.

VI. Servius Galba.

Issu de l'illustre famille des Sulpicius, Galba, dès son entrée à Rome, sembla n'être venu que pour donner un puissant auxiliaire au luxe et à la cruauté : car il se mit à piller, à incarcérer, à tyranniser les citoyens; exerçant d'affreux ravages, il souilla tout d'une manière horrible. De tels excès firent promptement chanceler son pouvoir; en effet, on ne se rend que plus odieux, lorsqu'on a fait espérer en vain la douceur et la clémence; Galba fut donc détesté, surtout des soldats, dont il avait, par avarice, diminué la haute paye; bientôt il est tué, à l'instigation d'Othon, vivement piqué de ce que l'empereur lui a préféré Pison pour fils adoptif; Othon excite encore les cohortes, déjà vivement irritées, et les conduit en armes au Forum. Galba, couvert d'une cuirasse,

niturus contenderet, ad lacum Curtium caesus est, mense imperii ac die septimo.

VII. Salvius Otho.

Igitur Salvius Otho, Neroni quoque quondam criminose familiaris, haud multo fine adolescentiæ grandior[14], potentiam invadit. Qui, dies fere quinque et octoginta præcognitis moribus potitus, postquam a Vitellio, qui e Gallia descenderat, Veronensi prœlio pulsus est, mortem sibi conscivit.

VIII. A. Vitellius.

Ita ad Aulum Vitellium potestas delata; quæ progressu funestior talibus initiis foret, si Vespasianus aliquandiu Judæorum bello, quod Neronis jussu susceperat, impensius attineretur. Is ubi gesta per Galbam, ipsumque oppressum accepit, simul quoniam legati Mœsiæ Pannonicique exercitus hortantium venerant, imperium capit. Namque milites prædicti, postquam Othonem imperatorem prætoriis, Vitellium Germanicianis legionibus factum comperere, æmuli, ut inter se solent, ne dissimiles viderentur, Vespasianum perpulere, in quem jam Syriacæ cohortes ob egregia vitæ consenserant. Quippe Vespasianus, nova senator familia[15], Reatinis majoribus, industria rebusque pacis ac militiæ longe nobilis habebatur. Hujus legatorum in Italiam transgressu, fusisque apud Cremonam suis, Vitellius ab Sabino, urbi præfecto, Vespasiani fratre, sestertium millies pepigerat, arbitris

accourt alors pour apaiser le tumulte; mais il est massacré près du lac Curtius, après un règne de sept mois et sept jours.

VII. Salvius Othon.

Salvius Othon, jadis coupable, comme plusieurs autres, d'une familiarité honteuse avec Néron, sortait à peine de l'adolescence, lorsqu'il envahit la puissance impériale. Il la conserva près de quatre-vingt-cinq jours, malgré les mauvaises mœurs qu'on lui connaissait à l'avance. Défait, près de Vérone, par Vitellius, qui était descendu de la Gaule, il se donna lui-même la mort.

VIII. A. Vitellius.

Ainsi l'empire fut déféré à Aulus Vitellius. Ensanglantée dès le principe, sa domination n'aurait fait que des progrès plus funestes encore, si Vespasien fût resté plus longtemps retenu par la guerre de Judée, qu'il avait entreprise sur l'ordre de Néron. A la nouvelle de l'avénement et de la mort de Galba, sur les instances simultanées des troupes de Mésie et de Pannonie, qui lui envoyèrent des ambassadeurs pour l'exhorter à se déclarer empereur, il en prit le titre. Les soldats dont nous venons de parler, instruits que les prétoriens avaient élevé Othon à l'empire, et que l'armée de Germanie venait de proclamer Vitellius, voulurent, comme il arrive d'ordinaire dans les camps, par esprit de rivalité, ne paraître céder en rien aux autres légions, et poussèrent au trône Vespasien, que ses grandes actions avaient déjà fait reconnaître empereur par les cohortes de Syrie. Ce n'était qu'un sénateur de famille nouvelle, et dont les aïeux avaient habité l'humble ville de Réate; mais ses talents, ses vertus civiles et militaires lui donnaient aux yeux de tous la plus haute noblesse. Lorsque ses lieutenants furent passés en Italie, et eurent battu, près de Crémone, les

militibus imperio decedere. Sed postquam mox circumventum se nuntio ratus est, quasi renovato furore, ipsum ceterosque adversæ partis, cum Capitolio, quod saluti remedium ceperant, cremavit. Ast ubi vera esse, ac propinquare hostes, patefactum est, productus e tugurio, quo se abdiderat, janitoris, injecto laqueo, parricidarum more ad scalas Gemonias [16], perque eas pertractus; simul ictibus, quantum quisque valuerat, confosso corpore, in Tiberim dejicitur, tyrannidis octavo mense, annos natus quinquaginta et septem amplius.

Hi omnes, quos paucis attigi, præcipueque Cæsarum gens, adeo litteris culti atque eloquentia fuere, ut, ni cunctis vitiis, absque Augusto, nimii forent, tantæ artes profecto texissent modica flagitia. Quis rebus quanquam satis constet præstare mores; tamen cuique, præsertim summo rectori, utroque, si queat, juxta opus : sin autem, vitæ proposito in immensum progrediente, elegantiæ satis, atque auctoritatis sumat eruditionem.

IX. Flav. Vespasianus.

Hoc item ex genere Vespasianus, sanctus omnia, facundiæ haud egens promendis, quæ senserat, exsanguem diu fessumque terrarum orbem brevi refecit. Namque

troupes de Vitellius, celui-ci convint avec Sabinus, préfet de Rome et frère de Vespasien, d'abdiquer la dignité impériale, au prix de cent millions de sesterces, et en prenant les soldats pour arbitres. Mais bientôt, croyant qu'on l'a circonvenu par une fausse nouvelle, il semble reprendre toute sa fureur, et fait brûler ce même Sabinus, avec tous ceux du parti contraire, dans le Capitole, où ils s'étaient réfugiés pour sauver leur vie. Lorsque ensuite il apprend toute la vérité et l'approche de l'armée ennemie, il court se cacher dans la loge du portier de son palais; mais on l'en arrache, on lui jette une corde au cou, comme à un parricide, on le traîne aux échelles des Gémonies, où chacun à l'envi le perce de mille coups; enfin on précipite son cadavre dans le Tibre. Sa tyrannie avait duré huit mois; il était âgé de cinquante-sept ans et plus.

Tous ces empereurs, dont je viens de tracer la vie en abrégé, et principalement la famille des Césars, eurent l'esprit si bien cultivé par les lettres et par l'éloquence, que, sans l'énormité des vices de tout genre qui les déshonorèrent, à l'exception d'Auguste, ils auraient pu, sous l'éclat de leur talent, faire disparaître sans peine les taches de quelques légers défauts. Bien que ces exemples prouvent assez la supériorité des bonnes mœurs sur le savoir, chacun cependant, et surtout un prince, doit s'efforcer, autant que possible, de réunir les deux avantages : mais si la multiplicité de travaux toujours croissants l'empêche d'étendre le cercle de ses connaissances, que du moins il acquière une instruction qui ait certain reflet d'élégance et d'autorité.

IX. Flav. Vespasien.

Vespasien était du nombre de ces hommes qui à une vertu irréprochable unissent une éloquence facile et qui part de l'âme. Depuis longtemps l'univers était comme

primum satellites tyrannidis, nisi qui forte atrocius longe processerant, flectere potius maluit, quam excruciatos delere; prudentissime ratus, nefaria ministeria a pluribus metu curari. Dein conjurationum multas scelere inulto abscedere patiebatur; comiter, uti erat, stultitiæ arguens, qui ignorarent, quanta moles molestiaque imperio inesset. Simul divinis deditus (quorum vera plerisque negotiis compererat), successores fidebat liberos, Titum ac Domitianum, fore.

Præterea legibus æquissimis monendo, quodque vehementius est, vitæ specie, vitiorum plura aboleverat: infirmus tamen, uti quidam prave putant, adversum pecuniam: quum satis constet, ærarii inopia ac labe urbium novas eum, neque aliquandiu postea habitas, vectigalium pensiones exquisivisse. Namque Romæ Capitolium, quod conflagrasse supra memoravimus, ædes Pacis [17], Claudii monumenta, amphitheatri tanta vis, multæque aliæ, ac forum, cœpta ac patrata. Adhuc per omnes terras, qua jus Romanum est, renovatæ urbes cultu egregio, viæque operibus maximis munitæ, et cavati montes per Flaminiam, prono transgressu. Quæ tot tantaque, brevi confecta, intactis cultoribus, prudentiam magis, quam avaritiam probavere : simul, censu more veterum exercito, senatu motus probrosior

épuisé de sang, comme abattu : Vespasien cicatrisa bientôt ses blessures. Car, si l'on excepte ceux qui s'étaient portés trop loin dans leurs excès, il aima mieux avant tout pardonner aux satellites de la tyrannie que de les faire périr dans les tortures; pensant avec beaucoup de sagesse que la crainte pousse trop souvent à d'infâmes ministères. Plusieurs conjurations furent tramées contre lui; mais, loin de punir les auteurs de pareils attentats, il leur laissait la vie et la liberté, en leur reprochant seulement, avec la douceur qui faisait le fond de son caractère, toute la folie qu'il y avait à ignorer le fardeau et les soucis sans nombre de la puissance impériale. Plein de confiance dans les présages de la divination, parce que bien des circonstances lui en avaient fait reconnaître la vérité, il croyait fermement qu'il aurait pour successeurs ses deux fils, Titus et Domitien.

Ajoutons que, par les lois plus équitables, il donnait de salutaires avertissements, et, ce qui est beaucoup plus frappant encore, il avait, par l'exemple de sa vie, détruit la plupart des vices : pourtant disent, mais bien à tort, certains auteurs, il était sans force contre l'appât de l'argent : on sait, en effet, assez généralement que, par suite de la pénurie du trésor et de la ruine des villes, s'il imposa d'abord de nouvelles charges, de nouveaux tributs, il ne les renouvela plus dans la suite. D'ailleurs, ces sommes lui servirent à rebâtir à Rome le Capitole, qui venait d'être incendié, comme nous l'avons dit plus haut, à élever le temple de la Paix, à réparer le monument de Claude, à construire le plus vaste des amphithéâtres, une infinité d'autres édifices et un forum, qui furent commencés et terminés sous son règne. Enfin, dans tous les pays soumis à la puissance romaine, les villes reçurent les embellissements les plus remarquables; des routes furent ouvertes à l'aide d'immenses travaux; alors on creusa des montagnes pour donner une pente douce à la voie

quisque; ac lectis undique optimis viris, mille gentes compositæ, quum ducentas ægerrime reperisset, exstinctis sævitia tyrannorum plerisque.

Ac bello rex Parthorum Vologesus in pacem coactus, atque in provinciam Syria, cui Palæstinæ nomen, Judæique, annitente filio Tito, quem transgrediens in Italiam reliquerat externæ militiæ, moxque victorem præfectura prætorio extulerat. Unde etiam honos is, ingens a principio, tumidior, atque alter ab Augusto imperio fuit. Verum, hac tempestate, dum honorum honestas despectatur, mixtique bonis indocti, ac prudentibus inertes sunt, fecere nomen plerique potentia vacuum insolens per injurias, subjectum pessimo cuique, et annonæ specie rapax.

X. T. Flav. Vespasianus.

Ceterum Titus, postquam imperium adeptus est, incredibile [est] quantum, quem imitabatur, anteierit; præsertim litteris clementiaque ac muneribus. Denique quum concessa per priores principes firmari ab insequentibus mos esset; simul imperium cepit, talia possiden-

Flaminia. Tant d'ouvrages d'une si haute importance, achevés en peu de temps et sans aucun préjudice pour les cultivateurs, sont bien plutôt une preuve de sagesse que d'avarice. Après avoir rétabli l'antique sévérité de la censure, il chassa du sénat tous ceux que leur inconduite rendait indignes d'y prendre place; et de l'élite des meilleurs citoyens de tout l'empire, il composa mille nouvelles familles patriciennes : il n'en avait trouvé que deux cents, et avec la plus grande peine; car la cruauté des tyrans les avait détruites pour la plupart.

Le roi des Parthes Vologèse fut contraint par les armes à faire la paix; la partie de la Syrie qu'on nomme Palestine et la Judée furent réduites en province romaine par les heureux efforts de Titus, que Vespasien, son père, en partant pour l'Italie, avait chargé du soin de ces expéditions étrangères. Titus, bientôt vainqueur, fut décoré du titre de préfet du prétoire : charge déjà considérable dans le principe, qui, par la nomination de Titus, acquit plus d'importance encore, et devint la seconde dignité de l'empire. Comme, avant cette époque, l'éclat des honneurs était éclipsé par le mélange bizarre de l'ignorance et de la vertu, de l'incapacité et du talent, la plupart des préfets du prétoire ne se firent un nom que par leur nullité dans l'exercice du pouvoir, par l'insolence, l'injustice, l'abjection des vices les plus honteux et d'infâmes rapines, qu'ils coloraient du prétexte de la cherté des vivres.

X. T. Flav. Vespasien. — (Titus.)

Dès que Titus fut maître de l'empire, on ne saurait croire combien il surpassa celui qu'il prenait pour modèle, surtout par son instruction, sa clémence et sa libéralité. Jusqu'alors les nouveaux empereurs étaient dans l'usage de ratifier les concessions faites par leurs devanciers; à peine sur le trône, il assura, par un édit spontané, tous ces avantages à leurs possesseurs, dont il prévint les dé-

tibus edicto sponte cavit prospexitque. Neque minus sancte facilis in tuendis, qui forte in se conspirassent : adeo ut, quum amplissimi ordinis duo abnuere cogitatum scelus nequirent, patresque censuissent de confessis supplicium sumendum : deductos in spectaculum, se utrinque assidere jussit, petitoque ex industria gladiatoris, quorum pugnæ visebantur, gladio, quasi ad explorandam aciem, uni atque alteri committere. Queis perculsis et constantiam mirantibus : « Videtisne, inquit, potestates fato dari, frustraque tentari facinus potiundi spe vel amittendi metu? » Ita biennio post, ac menses fere novem, amphitheatri perfecto opere [18], lautusque, veneno interiit [19], anno ævi quadragesimo, quum ejus pater septuagesimo obiisset, imperator decennii. Hujus sane mors adeo provinciis luctui fuit, uti, generis humani delicias appellantes, orbatum orbem deflerent.

XI. T. Flav. Domitianus.

Igitur Domitianus, fratris atque imperatoris optimi nece, privato scelere publicoque amentior, simul maculosæ adolescentiæ, prædas, cædem, supplicia agere occœpit. Major libidinum flagitio, ac plus quam superbe utens patribus : quippe qui se dominum deumque dici [20] coegerit; quod, confestim ab insequentibus remotum, validius multo posthac deinceps retulere. Sed Domitianus

sirs. Il poussait le sublime de la vertu et de la bonté jusqu'à protéger ceux même qui avaient conspiré contre lui : ainsi, deux patriciens du rang le plus élevé ne pouvant nier le complot qu'ils avaient tramé contre ses jours, furent, d'après leurs propres aveux, condamnés par le sénat au dernier supplice. Titus ordonne alors qu'on les amène devant lui ; il les conduit au théâtre, les fait asseoir à ses côtés, demande à dessein, comme pour en examiner la pointe, l'épée d'un des gladiateurs qui combattaient, et la confie aux deux conspirateurs. Ils restent frappés de surprise et d'admiration devant tant de fermeté : « Ne voyez-vous pas, leur dit alors l'empereur, que c'est le destin qui donne la puissance, et qu'on tenterait vainement un crime dans l'espoir de s'en emparer, ou dans la crainte de la perdre ? » Après un règne de deux ans et neuf mois environ, pendant lesquels il acheva l'amphithéâtre commencé par son père, il périt empoisonné, au sortir du bain, à l'âge de quarante ans. Vespasien avait cessé de vivre dans sa soixante-dixième année, et la dixième de son règne. La mort de Titus causa dans les provinces un si grand deuil, que chacun, en l'appelant les délices du genre humain, le pleura comme si le monde eût à jamais perdu son protecteur et son père.

XI. T. Flav. Domitien.

Domitien, après la mort de son frère Titus, le meilleur des princes, se livra avec plus de frénésie que jamais à tous les crimes publics et privés ; aux infamies de sa jeunesse il ajouta les rapines, les meurtres, les supplices. Poussant aux derniers excès ses monstrueuses débauches, il traitait les sénateurs avec un orgueil qui était plus que de l'arrogance, les forçant de l'appeler seigneur et dieu ; titres que ses successeurs immédiats s'empressèrent de rejeter, mais que d'autres empereurs adoptèrent dans la

primo clementiam simulans, neque adeo iners domi, belloque tolerantior videbatur. Idcircoque, Dacis et Cattorum manu devictis, septembrem octobremque menses, Germanici superiorem, e suo nomine alterum appellaverat : multaque opera inchoata per patrem, vel fratris studio, atque inprimis Capitolium, absolvit [21]. Dehinc, atrox cædibus bonorum, segnisque, ridicule, remotis procul omnibus, muscarum agmina persequebatur, postquam ad libidinem minus virium erat, cujus fœdum exercitium Græcorum lingua κλινοπάλην vocabat. Hincque jocorum pleraque : nam percontanti cuidam, Quisquamne in palatio esset, responsum : « Ne musca quidem, nisi forte apud palæstram. »

Is ergo magis magisque sævitia nimius, eoque suspectior etiam suis, libertorum consilio, uxore non ignara, quæ amorem histrionis viro prætulerat, pœnas luit, quinto et quadragesimo anno vitæ, dominationis circiter quintodecimo. At senatus gladiatoris more funus ferri [22], radendumque nomen decrevit. Quo moti milites, quibus privatæ commoditates dispendio publico largius procedunt, auctores necis ad supplicium petere more suo seditiosius cœperunt. Qui, vix ægreque per prudentes cohibiti, tandem in gratiam optimatum convenere. Neque minus per se moliebantur bellum, quod his conversum imperium

suite avec un empressement plus vif encore. Domitien affecta d'abord la clémence, et déploya quelque énergie à l'intérieur; il paraissait encore plus actif à la guerre. Vainqueur par lui-même des Daces et des Cattes, il avait donné au mois de septembre le nom de Germanicus, et le sien au mois d'octobre. Il acheva beaucoup de travaux commencés par son père et par les soins de son frère, et le Capitole entre autres. Mais ensuite, tyran farouche et sanguinaire, il se mit à ordonner le supplice des bons citoyens; dans la ridicule apathie où l'avait plongé l'épuisement de la débauche, il écartait, il éloignait tout le monde, et poursuivait des volées de mouches : exercice honteux, qu'il appelait du mot grec κλινοπάλη [1]. De là contre lui une foule de sarcasmes, et cette réponse à un homme qui demandait s'il y avait quelqu'un au palais : « Pas même une mouche, si ce n'est peut-être dans l'endroit où l'empereur lutte avec elles. »

Comme la cruauté de Domitien redoublait chaque jour d'excès et de fureur, et qu'il devenait de plus en plus suspect à ceux même qui vivaient près de sa personne, ses affranchis conspirèrent contre ses jours, de complicité avec l'impératrice, qui lui préférait un histrion; il porta ainsi la peine de ses forfaits, à l'âge de quarante-cinq ans, après un règne d'environ quinze années. Le sénat décréta qu'il serait enseveli comme un gladiateur, et que son nom serait partout effacé. Mais sa mort émut vivement les soldats, dont la fortune privée ne prend des développements plus larges qu'aux dépens de la fortune publique : bientôt, selon leur habitude, ils éclatèrent en mouvements séditieux, et demandèrent hautement le supplice des meurtriers de l'empereur. Ce fut avec une peine infinie que des hommes sages parvinrent à les contenir et à les réconcilier avec les patriciens. Ils ne cessèrent point

[1] Exercice du lit.

mœstitiæ erat, ob omissionem prædarum per dona munifica.

Hactenus Romæ, seu per Italiam orti imperium rexere: hinc advenæ; nescio quoque, an, ut in Prisco Tarquinio, longe meliores. At mihi quidem audienti multa legentique plane compertum, urbem Romam externorum virtute, atque insitivis artibus præcipue crevisse.

XII. Coccejus Nerva.

Quid enim Nerva Narniensi prudentius magisque moderatum? Qui quum extrema ætate apud Sequanos, quo tyranni defecit metu, imperium arbitrio legionum cepisset [23]; ubi prospexit, nisi a superioribus robustioribusque corpore animoque geri non posse, mense sexto ac decimo semet eo abdicavit, dedicato prius foro, quod appellatur Pervium [24], quo ædes Minervæ eminentior consurgit, et magnificentior. Id quum semper egregium sit, metiri, quantum queas, neque ambitione præceps agi; tum in imperio, cujus adeo cupidi mortales sunt, ut id vel ultima senectus avide petat. Huc accedit, quod suffecti virtute quantus consilio esset, magis magisque patefecit.

XIII. Ulpius Trajanus.

Namque Ulpium Trajanum, Italica, urbe Hispaniæ, ortum, amplissimi ordinis tamen atque consulari loco,

cependant de songer entre eux à la guerre civile : tant ils étaient affligés d'un changement de gouvernement, qui leur faisait perdre les magnifiques largesses dont les rapines de Domitien les gratifiaient !

Jusqu'ici des Romains ou des Italiens ont gouverné l'empire ; des étrangers vont maintenant devenir empereurs ; et je ne sais si, comme Tarquin l'Ancien, ils ne furent pas beaucoup meilleurs que les premiers. Pour moi, d'après tout ce que j'ai pu lire ou apprendre, je suis intimement persuadé que la ville de Rome dut une grandeur vraiment nouvelle à la vertu et aux talents que des princes d'origine étrangère y ont naturalisés.

XII. Coccéius Nerva.

Qui fut, en effet, plus sage et plus modéré que Nerva de Narnium ? Il était déjà très-vieux et habitait le pays des Séquaniens, où il s'était réfugié par crainte du tyran, lorsque les légions le choisirent pour empereur. Une fois convaincu que l'empire ne pouvait être bien gouverné que par des hommes d'une force physique et morale supérieure à la sienne, il abdiqua de lui-même au bout de seize mois, après avoir fait préalablement la dédicace du forum appelé Pervium, et dans lequel s'élève le temple de Minerve, monument dont le grandiose répond à la magnificence. S'il est toujours beau de consulter ses forces sans se laisser entraîner par la pente rapide de l'ambition, c'est surtout à celui qui possède le pouvoir suprême, objet des désirs empressés de tous les mortels, de l'avidité des vieillards, même sur le seuil de la tombe. Mais ce qui prouve de la manière la plus évidente la haute sagesse de Nerva, c'est le mérite du héros qu'il se donna pour successeur.

XIII. Ulpius Trajan.

En effet, ce fut Ulpius Trajan, d'Italica, ville d'Espagne, d'une famille sénatoriale et consulaire, que Nerva

arrogatum accepit et dedit. Hoc ægre clarior domi, seu militiæ reperietur. Quippe primus, aut solus etiam, vires Romanas trans Istrum propagavit, domitis in provinciam Dacorum pileatis Sacisque nationibus, Decibalo rege ac Sardonio [25] : simul ad ortum solis cunctæ gentes, quæ inter Indum et Euphratem, amnes inclytos, sunt, concussæ bello; atque imperati obsides Persarum regi, nomine Cosdroe, et inter ea iter conditum per feras gentes, quo facile ab usque Pontico mari in Galliam permeatur. Castra suspectioribus atque opportunis locis exstructa; ponsque Danubio impositus [26]; ac deductæ coloniarum pleræque. Adhuc Romæ a Domitiano cœpta fora, atque alia multa, plus quam magnifice coluit ornavitque : et annonæ perpetuæ mire consultum, reperto firmatoque pistorum collegio; simul noscendis ocius, quæ ubique e republica gerebantur, admota media publici cursus [27] : quod equidem munus, satis utile [28], in pestem orbis Romani vertit posteriorum avaritia insolentiaque; nisi quod his annis suffectæ vires Illyrico sunt, præfecto medente Anatolio. Boni malique in republica nihil est, quod in diversum traduci nequeat moribus præsidentium.

Æquus, clemens, patientissimus, atque in amicos perfidelis : quippe qui Suræ familiari opus sacraverit, quæ Suranæ sunt : usque eo innocentiæ fidens, uti præfectum

adopta par adrogation, et dont il dota l'empire. On trouverait difficilement un plus habile politique, un guerrier plus illustre que Trajan. Car le premier, ou même le seul, il étendit les forces et la domination romaine au delà de l'Ister, après avoir dompté, réduit en province les deux nations des Saces et des Daces (aux larges coiffures), par la défaite des rois Décibale et Sardonius : tous les pays de l'Orient, situés entre les fleuves célèbres de l'Indus et de l'Euphrate, éprouvèrent aussi la puissance de ses armes victorieuses ; il exigea des otages du roi de Perse Cosroès, en même temps qu'il fit ouvrir à travers les peuplades barbares une route immense, pour faciliter le passage depuis le Pont-Euxin jusque dans la Gaule. Il bâtit des forteresses dans les endroits les plus exposés aux surprises, et dont la situation était favorable ; il éleva un pont sur le Danube, et forma un très-grand nombre de colonies. Puis, à Rome, il acheva les forums commencés par Domitien, et beaucoup d'autres ouvrages qu'il embellit et décora d'ornements au-dessus de toute magnificence. Par une prévoyance admirable, et afin d'entretenir à Rome une perpétuelle abondance, il établit et consolida le collége des boulangers; pour connaître plus vite à la fois ce qui se faisait dans tout l'empire, il institua une course ou inspection publique : établissement assez utile, mais qui devait tourner à la ruine du monde romain par l'avarice et l'insolence de certains de ses successeurs. Disons que, dans ces dernières années, le fléau a épargné les provinces illyriennes, qui ont obtenu beaucoup de soulagement, grâce à la salutaire administration du préfet Anatolius. Ainsi, dans un État, le bien et le mal peuvent changer de nature par le caractère de ceux qui gouvernent.

Juste, clément, le plus patient des hommes, et surtout le plus fidèle des amis, Trajan, par affection pour Sura, lui consacra l'édifice qui porte ce nom. Il comptait si bien sur sa propre vertu, que chaque fois qu'il

prætorio, Saburanum nomine, quum insigne potestatis, uti mos erat, pugionem daret crebro, monuerit, « Tibi istum ad munimentum mei committo, si recte agam; sin aliter, in me magis. » Quod moderatorem omnium vel errare minus fas sit. Quin etiam vinolentiam, quo vitio, uti Nerva, angebatur, prudentia molliverat; curari vetans jussa post longiores epulas. His virtutibus acto imperio annos prope viginti, quum terræ motu gravi apud Antiochiam ceteraque Syriæ extremis afficeretur, rogatu patrum militiam repetens, morbo periit, grandæva ætate; ascito prius ad imperium Hadriano, cive propinquoque. Abhinc divisa nomina cæsarum atque augusti; inductumque in rempublicam, uti duo seu plures summæ potentiæ, dissimiles cognomento ac potestate dispari sint [29]. Quanquam alii Plotinæ, Trajani conjugis, favore imperium assecutum putent, quæ viri testamento heredem regni institutum simularat.

XIV. Ælius Hadrianus.

Igitur Ælius Hadrianus, eloquio togæque studiis accommodatior, pace ad orientem composita, Romam regreditur. Ibi Græcorum more, seu Pompilii Numæ, cærimonias, leges, gymnasia, doctoresque curare occœpit; adeo quidem, ut etiam ludum ingenuarum artium, quod Athenæum vocant, constitueret; atque initia Ce-

remettait, selon l'usage, à Saburanus, préfet du prétoire, un poignard, comme l'attribut distinctif de ses hautes fonctions, il lui disait en forme d'avertissement : « Je te confie cette arme pour me défendre, si je fais bien; pour la tourner plutôt contre moi-même, si je fais mal. » Car celui qui gouverne les autres, a moins que personne le droit de se tromper. Tourmenté, comme Nerva, de la passion du vin, il en avait atténué les effets par sa prudence et par la défense expresse d'exécuter les ordres qu'il aurait pu donner après un trop long repas. Ce fut avec de telles vertus qu'il gouverna l'empire pendant près de vingt années. A l'époque où un violent tremblement de terre s'était fait sentir à Antioche et jusqu'aux extrémités de la Syrie, Trajan qui, sur la demande du sénat, était parti pour recommencer la guerre d'Orient, mourut de maladie dans un âge avancé, après avoir préalablement associé à l'empire Adrien, son compatriote et son parent. C'est du règne d'Adrien que date la séparation des titres de césars et d'auguste, et l'usage de laisser deux ou plusieurs princes exercer dans la république la souveraine puissance, avec un titre différent et un pouvoir inégal. D'autres auteurs pensent toutefois qu'Adrien dut son élévation au crédit de Plotine, femme de Trajan, qui supposa que ce prince avait par testament institué son cousin pour héritier de l'empire.

XIV. Élius Adrien.

Élius Adrien, qui avait plus d'aptitude pour l'éloquence et pour les fonctions civiles que pour la guerre, pacifie l'Orient et rentre dans Rome. Là, fidèle imitateur des Grecs ou de Numa Pompilius, il se mit à instituer des cérémonies, des lois, des gymnases, et prit un soin si particulier des savants, qu'il établit en faveur des beaux-arts une école qu'on appelle Athénée; il introduisit encore à Rome, d'après le rit des Athéniens, les initia-

reris Liberæque, quæ Eleusina dicitur, Atheniensium modo Roma percoleret [30]. Deinde, uti solet tranquillis rebus, remissior, rus proprium Tibur secessit, permissa urbe Lucio Ælio cæsari. Ipse, uti beatis locupletibus mos, palatia exstruere, curare epulas, signa, tabulas pictas : postremo omnia satis anxie prospicere, quæ luxus lasciviæque essent. Hinc orti rumores mali, injecisse stupra pueribus, atque Antinoi flagravisse famoso ministerio, neque alia de causa urbem conditam ejus nomine, aut locasse ephebo statuas. Quæ quidem alii pia volunt religiosaque : quippe Hadriano cupiente fatum producere, quum voluntarium ad vicem magi poposcissent, cunctis retractantibus, Antinoum objecisse se referunt [31]; hincque in eum officia supra dicta. Nos rem in medio relinquemus; quanquam in remisso ingenio suspectam æstimantes societatem ævi longe imparilis.

Interim Ælio cæsare mortuo, quum ipse animo parum valeret, idcircoque despectui haberetur, ad creandum cæsarem patres convocat. Quibus propere accurrentibus, forte Antoninum conspexit, senis soceri aut genitoris anxios gressus levantem manu. Quo mire oblectatus, adoptatum legibus cæsarem jubet; statimque ab eo senatus, cui ludibrio fuerat, magnam partem necari. Neque multo post apud Baias tabe interiit : anno imperii, absque

tions de Cérès et les mystères de Libera ou Éleusine. Puis, comme il arrive d'ordinaire au sein de la paix, et pour oublier ses fatigues, il se retira dans sa villa de Tibur, après avoir laissé le gouvernement de la capitale au césar Lucius Élius. Pour lui, selon les habitudes des hommes heureux et opulents, il fit construire des palais, mit tous ses soins à ordonner des festins, à se procurer des statues et des tableaux : on le vit enfin rechercher, avec une scrupuleuse sollicitude, tous les raffinements du luxe et de la volupté. Dès lors mille bruits coururent à sa honte : on l'accusa d'avoir flétri l'honneur de jeunes garçons, d'avoir brûlé pour Antinoüs d'une passion contre nature : c'était là, disait-on, le seul motif pour lequel il avait donné le nom de cet adolescent à une ville qu'il avait fondée ; c'était pour cette raison qu'il avait élevé des statues à ce favori. D'autres, il est vrai, ne veulent voir là que le sentiment saint et religieux de la reconnaissance : Adrien, disent-ils, désirant une longue vie, consulta les devins, qui lui assurèrent que son vœu s'accomplirait, si quelqu'un consentait à mourir pour lui : chacun refusait ; Antinoüs seul se dévoua généreusement ; de là, tous les hommages rendus à sa mémoire, et dont nous avons parlé plus haut. Nous laisserons la question indécise, bien que la liaison d'un prince si relâché dans ses mœurs avec un homme d'un âge si disproportionné nous paraisse fort équivoque.

Le césar Élius mourut sur ces entrefaites ; Adrien reconnut lui même alors que son esprit commençait à faiblir, et que déjà le dédain remplaçait le respect qu'on lui avait porté ; il convoqua donc le sénat pour créer un césar. Comme les sénateurs s'empressaient d'accourir à l'assemblée, l'empereur aperçut par hasard Antonin, qui du bras soutenait les pas chancelants d'un vieillard, son beau-père ou son père. Pénétré d'admiration à cette vue, Adrien fait légalement adopter Antonin pour césar, et ordonne de massacrer à l'instant une grande

mense, vicesimo secundo, senecta viridiore. At patres ne principis oratu quidem ad divi honorem eidem deferendum flectebantur : tantum amissos sui ordinis tot viros mœrebant ! Sed postquam subito prodiere, quorum exitium dolori erat, quique, suos complexi, censent, quod abnuerant.

XV. Antoninus Pius.

Aurelio Antonino cognomentum Pii. Hunc fere nulla vitiorum labes maculavit. Vir veterrimæ familiæ, e Lanuvino municipio, senator urbis [32] : adeo æqualis, probisque moribus, uti plane docuerit, neque jugi pace ac longo otio absoluta ingenia corrumpi : eoque demum fortunatas urbes fore, si regna sapientiæ sint. Denique annis, quibus publica egit, viginti, idem mansit, celebrato magnifice Urbis nongentesimo. Nisi forte, triumphorum expertem, socordiæ videtur : quod longe secus est, quum majus haud dubie sit, neque quemquam turbare ausum composita, neque ipsum ostentandi sui bellum fecisse quietis gentibus. Quin etiam, maribus frustratus, filiæ viro reipublicæ consultavit.

XVI. M. Aurelius Antoninus et L. Verus.

Namque M. Bojonium, qui Aurelius Antoninus habe-

partie des sénateurs, qui l'avaient tourné en ridicule. Bientôt il mourut à Baïes d'une cruelle maladie, après un règne de vingt-deux ans moins un mois, et lorsque sa vieillesse était encore dans toute sa verdeur. Le sénat, insensible aux prières du nouveau prince, refusait de décerner à Adrien les honneurs de l'apothéose : tant il était affligé de la perte d'un si grand nombre de ses membres! Mais lorsqu'il vit reparaître tout à coup ceux dont il déplorait le trépas, chacun, après avoir embrassé ses amis, finit par accorder ce qu'il avait refusé d'abord.

XV. Antonin le Pieux.

Aurelius Antonin fut surnommé le Pieux. Exempt de la souillure des vices, presque sans tache, d'une très-ancienne famille de la ville municipale de Lanuvium, dont il était sénateur, il avait un caractère si égal et des mœurs si pures, qu'il enseigna mieux que personne, que la plus longue paix et le repos le plus profond ne sauraient corrompre une vertu parfaite, et que les peuples seraient vraiment heureux, s'ils étaient gouvernés par des sages. Enfin, pendant vingt ans qu'il administra la république, il resta toujours le même; il célébra avec beaucoup de magnificence la neuvième année séculaire de la fondation de Rome. S'il n'obtint jamais les honneurs du triomphe, qu'on se garde bien pourtant de l'accuser de mollesse : loin de là, il fut assurément beaucoup plus glorieux pour lui que nul, sous son empire, n'ait osé troubler la paix, et que lui-même n'ait pas voulu faire ostentation de sa puissance en portant la guerre chez des nations paisibles. Ajoutons que, comme il n'avait pas d'enfants mâles, il rendit aux Romains un dernier service en plaçant le mari de sa fille à la tête de la république.

XVI. M. Aurèle Antonin et L. Verus.

En effet, il choisit pour gendre et pour successeur

tur, eodem oppido [33], pari nobilitate, philosophandi vero eloquentiæque studiis longe præstantem, in familiam atque imperium adscivit. Cujus divina omnia domi militiæque facta consultaque : quæ imprudentia regendæ conjugis attaminavit : quæ in tantum petulantiæ proruperat, ut, in Campania sedens, amœna litorum obsideret, ad legendos ex nauticis, quia plerumque nudi agunt, flagitiis aptiores.

Igitur Aurelius, socero apud Lorios anno vitæ post quintum et septuagesimum mortuo, confestim fratrem Lucium Verum in societatem potentiæ accepit. Ejus ductu Persæ, quum primum superavissent, ad extremum triumpho cessere, rege Vologeso. Lucius paucis diebus moritur; hincque materies fingendi, dolo consanguinei circumventum : quem ferunt, quum invidia gestarum rerum angeretur, fraudem inter cœnam exercuisse. Namque lita veneno cultri parte, vulvæ frustum, quod de industria solum erat, eo præcidit; consumptoque uno, uti mos est inter familiares, alterum, qua virus contigerat, germano porrexit. Hæc in tanto viro credere, nisi animi ad scelus proni, non queunt. Quippe quum Lucium satis constet Altini, Venetiæ urbe, consumptum; tantumque Marco sapientiæ, lenitudinis, innocentiæ ac litterarum fuisse, ut is, Marcomannos cum filio Commodo, quem Cæsarem

M. Bojonius, connu sous le nom de Marc Aurèle Antonin, de la même ville et d'une famille aussi noble que celle de son beau-père, qu'il surpassait de beaucoup par son double mérite de philosophe et d'orateur. Dans la paix comme dans la guerre, toutes les actions, tous les desseins de Marc Aurèle portèrent l'empreinte d'une sagesse divine : mais il en ternit l'éclat par sa négligence à réprimer les déréglements de sa femme, dont les passions étaient si impétueuses et si vives, que, lors de son séjour dans la Campanie, elle visitait fort assidûment les sites les plus agréables du rivage, afin de choisir parmi les matelots, qui presque toujours travaillent nus, les plus capables de satisfaire son infâme lubricité.

Lorsqu'Antonin, âgé de soixante et quinze ans, fut mort à Lorium, Marc Aurèle associa aussitôt à l'empire son frère Lucius Verus. Ce prince, d'abord vaincu par les Perses, finit par les battre à son tour et par triompher de leur roi Vologèse. Comme il mourut peu de jours après, on répandit le bruit calomnieux qu'il avait été victime de la perfidie de son parent, qui, disait-on, jaloux et envieux de ses exploits, l'aurait empoisonné dans un repas. En effet, à l'aide d'un couteau dont un côté avait été frotté de poison, Marc Aurèle avait partagé en deux tranches une vulve de truie, qu'il avait à dessein fait servir seule sur la table; il en avait mangé une moitié, et, selon l'usage de ceux qui vivent ensemble familièrement, il avait présenté à son frère adoptif le morceau qui restait, et que le venin avait touché. Pour croire à un tel crime de la part d'un si grand homme, il faut nécessairement être capable de le commettre. Il est d'ailleurs assez constant que Lucius mourut d'un coup de sang à Altinum, ville de la Vénétie. Pour Marc Aurèle, il savait allier à la plus haute sagesse tant de douceur, de pureté de mœurs et de connaissances littéraires, qu'à l'époque où il allait partir pour la guerre des Marcomans avec son fils Com-

suffecerat, petiturus, philosophorum obtestantium circumfunderetur [34], ne se expeditioni aut pugnæ prius committeret, quam sectarum ardua et occulta explanavisset. Ita incerta belli ejus salute doctrinæ studiis metuebantur: tantumque, illo imperante, floruere artes bonæ, ut illam gloriam etiam temporum putem. Legum ambigua mire distincta, vadimoniorumque solenni remoto, denuntiandæque litis operiendæque ad diem commode jus introductum [35]. Data cunctis promiscue civitas Romana; multæ urbes conditæ, deductæ, repositæ, ornatæque; atque inprimis Pœnorum Carthago, quam ignis fœde consumpserat, Asiæque Ephesus, ac Bithyniæ Nicomedia, constratæ terræ motu, æque ac nostra ætate Nicomedia, Cereali consule. Triumphi acti ex nationibus, quæ regi Marcomaro ab usque urbe Pannoniæ, cui Carnuto nomen est, ad media Gallorum protendebantur. Ita anno imperii octavo decimoque, ævi validior, Vendobonæ interiit, maximo gemitu mortalium omnium. Denique, qui sejuncti in aliis, patres ac vulgus, soli omnia decrevere, templa, columnas, sacerdotes.

XVII. L. Aurelius Commodus.

At filius sæva a principio dominatione detestabilior

mode, qu'il avait créé césar, plusieurs philosophes l'entourèrent, en le suppliant de ne pas s'exposer aux hasards de cette expédition et des combats, avant de les avoir initiés aux mystères les plus profonds et les plus cachés des sectes philosophiques : tant ils redoutaient les chances de cette campagne, et pour sa vie et dans l'intérêt de la science ! En effet, les arts libéraux fleurirent avec tant d'éclat sous son règne, qu'à mon avis c'est en cela surtout que consiste la gloire de ce siècle. On éclaircit alors d'une manière admirable les obscurités des lois; on supprima, pour l'homme cité en justice, l'obligation de fournir un répondant, et l'on introduisit dans le droit l'heureuse innovation de dénoncer simplement la demande et d'attendre sans caution le jour du procès. Tous les sujets de l'empire, sans distinction, reçurent le titre de citoyens de Rome; un grand nombre de villes furent bâties, agrandies, réparées, embellies, et surtout, en Afrique, Carthage, qui avait été détruite par l'action dévorante du feu; en Asie, Éphèse, et Nicomédie chez les Bithyniens, renversées toutes deux par un tremblement de terre, comme l'a été une seconde fois de nos jours Nicomédie, sous le consulat de Céréalis. L'empereur obtint des triomphes sur les nations qui s'étaient liguées avec le roi Marcomare, depuis la ville de Carnutum, en Pannonie, jusqu'au centre des Gaules. Après dix-huit années d'un règne si glorieux, le prince, encore dans toute la force de l'âge, mourut à Vendobona, vivement regretté de tout le genre humain. Enfin le sénat et le peuple, qui jusqu'alors avaient voté séparément à la mort des autres empereurs, se réunirent cette fois pour décerner au seul Marc Aurèle tous les genres d'hommages, des temples, des colonnes, des prêtres.

XVII. L. Aurèle Commode.

Dès le commencement de son règne, le fils de Marc

habebatur, præcipue per majorum controversam memoriam; quæ posteris usque eo gravis est, ut absque communi in impios odio, quasi corruptores generis exsecrabiliores sint. Bello plane impiger : quo in Quados prospere gesto, septembrem mensem Commodum appellaverat [36]. Mœnia, Romana potentia vix digna, lavandi usui instituit. Immiti prorsus feroque ingenio, adeo quidem, ut gladiatores, specie depugnandi, crebro trucidaret : quum ipse ferrum, obtectum veronibus plumbeis, uteretur [37]. Quumque eo modo plures confecisset, forte cum Scæva nomine, audacia ac robore corporis pugnandique arte perfidens, ab studio tali deterruit : qui, spreto gladio, quem inutilem cernebat, sufficere utrique ait, quo armabatur ipse. Eo metu, ne inter congressum, uti solet, extorto pugione conficeretur, Scævam removit, atque, ad alios formidolosior, in feras belluasque ferociam convertit.

Quis rebus quum insatiabilem sanguinis cuncti horrescerent, conjuravere in eum maxime proximus quisque, quippe dominationi adeo fidus nemo, ipsique satellites, dum incestam mentem pravamque putant, et Commodum quidem primo occultatius veneno petivere, anno regni tertio fere atque decimo. Cujus vis frustrata per cibum, quo se casu repleverat : quum tamen alvi dolorem causaretur, auctore medico, principe factionis, in

Aurèle passa pour un tyran farouche et d'autant plus détestable, qu'il formait un contraste frappant avec le souvenir de ses prédécesseurs; souvenir qui est un lourd fardeau pour les descendants pervers des bons princes, parce que, outre la haine commune dont tous les méchants sont l'objet, ils soulèvent contre eux l'exécration universelle comme corrupteurs de leur race. Commode, néanmoins, déploya dans la guerre beaucoup d'activité, d'énergie : après d'heureux succès sur les Quades, il donna son nom au mois de septembre. Il fit construire des thermes fort peu dignes de la puissance romaine. Il était d'un caractère si cruel et si barbare, que souvent il égorgeait des gladiateurs en feignant de les combattre : il se servait pour cela d'un glaive acéré recouvert de lames de plomb. Déjà il en avait tué de cette manière un assez grand nombre, lorsqu'un d'entre eux, nommé Scéva, homme hardi, vigoureux et plein de confiance dans son art meurtrier, lui fit perdre le goût de ces sortes d'exercices. Jetant avec dédain son inutile fleuret de plomb : « Votre épée, dit-il à l'empereur, peut nous suffire à tous deux. » A ces mots, Commode eut peur que Scéva ne lui arrachât, comme il arrive souvent, son arme dans la lutte, et ne le perçât lui-même; il le fit retirer. Devenu dès lors plus craintif à l'égard des autres gladiateurs, il tourna sa rage contre les bêtes féroces.

Cette soif inextinguible de sang le rendit pour tous un objet d'horreur, et ceux qui l'approchaient le plus conspirèrent contre lui : tant sa domination leur inspirait de méfiance ! Ses satellites eux-mêmes, qui redoutaient son naturel aussi perfide que méchant, essayèrent d'abord bien secrètement de l'empoisonner, vers la treizième année de son règne. Mais l'effet du poison fut neutralisé par la nourriture qu'il avait prise en abondance : cependant, comme il se plaignait d'une vive douleur d'entrailles, son médecin, qui était le chef de la conspiration,

palæstram perrexit. Ibi per ministrum ungendi (nam forte
is quoque e consilio erat) faucibus, quasi arte exercitii,
brachiorum nodo validius pressis, exspiravit. Quo cognito, senatus, qui ob festa Januariorum frequens primo
luci convenerat, simul plebes hostem deorum atque
hominum appellavere, radendumque nomen sanxere :
confestimque præfecto urbi, Publio Helvio Pertinaci
imperium defertur.

XVIII. Publ. Helvius Pertinax.

Hic doctrinæ omnis ac moribus antiquissimis, immodice parcus, Curios æquaverat Fabriciosque. Eum milites, quis, exhausto jam perditoque orbe, satis videtur nihil, impulsore Didio, fœde jugulavere, octogesimo imperii die.

XIX. Didius Julianus.

At Didius Salvius Julianus [38], fretus prætorianis, quos
in societatem promissis magnificentioribus perpulerat,
ex præfectura vigilum ad insignia dominatus processit.
Genus ei pernobile, jurisque urbani præstans scientia ;
quippe qui primus edictum, quod varie inconditeque a
prætoribus promebatur, in ordinem composuerit [39]. Hincque satis compertum, cohibendæ cupidini, ingenium ni
juvet, eruditionem imbecillem esse : quum præceptor, et
asper quidem, rectius vivendi, in facinus processerit,
quod novo supplicio plectendum ediderat [40]. Neque tamen

lui conseilla de passer dans la salle des exercices gymnastiques. Là, celui de ses serviteurs qui était chargé de le frotter d'huile, et qui se trouvait aussi du nombre des conjurés, lui passa, comme pour lutter, ses bras autour du cou, qu'il serra vigoureusement de cette étreinte, et Commode expira. A cette nouvelle, le sénat, qui, dès le matin, s'était réuni en assemblée nombreuse pour célébrer les fêtes de janvier, le déclara, de concert avec le peuple, ennemi des dieux et des hommes, décréta que son nom fût partout effacé, et s'empressa de déférer l'empire au préfet de la ville, Publius Helvius Pertinax.

XVIII. Publ. Helvius Pertinax.

D'un savoir universel et d'une intégrité de mœurs digne des premiers Romains, ce prince, par son excessive frugalité, égalait les Curius et les Fabricius. Les soldats, pour qui rien ne semblait suffire dans l'épuisement et la ruine du monde entier, le massacrèrent ignominieusement, à l'instigation de Didius, après un règne de quatre-vingts jours.

XIX. Didius Julianus.

Alors Didius Salvius Julianus, avec l'appui des prétoriens, qu'il avait entraînés dans ses intérêts par les promesses les plus magnifiques, s'éleva de la charge de préfet des gardes de nuit jusqu'au faîte de la souveraine puissance. Issu d'une famille très-illustre, il se distinguait encore par un mérite supérieur dans la science du droit civil; le premier, en effet, il mit de l'ordre et de la régularité dans le chaos ténébreux et confus des édits annuels des préteurs : exemple qui prouve bien que, pour réprimer l'ambition, le savoir, sans la vertu, est tout à fait impuissant : car malgré les préceptes de morale, de rigorisme qu'il avait tracés pour règles de conduite, Didius se laissa entraîner au même crime pour la punition duquel il avait

cupito potitus diu. Namque cum, acceptis illico, quæ acciderant, Septimius Severus, qui forte Syriæ legatus [41] in extremis terris bellum gerebat, imperator creatus, pontem proxime Milvium acie devicit ; missique, qui fugientem insequerentur, apud palatium Romæ obtruncavere.

XX. Septimius Severus.

Igitur Septimius, Pertinacis nece, simul flagitiorum odio, dolore atque ira commotior, cohortes prætorias statim militia exemit; cunctisque partium cæsis, Helvium senatusconsulto inter divos refert; Salvii nomen atque ejus scripta factave aboleri jubet : quod unum effici nequivit. Tantum gratia doctarum artium valet, ut scriptoribus ne sævi mores quidem ad memoriam officiant. Quin etiam mors hujuscemodi, ipsis gloriæ, exsecrationi auctoribus est : quum omnes, præcipueque posteri, sic habent, illa ingenia, nisi publico latrocinio ac per dementiam, opprimi non potuisse. Quo bonis omnibus ac mihi fidendum magis, qui, rure ortus tenuique et indocto patre, in hæc tempora [42] vitam præstiti, studiis tantis honestiorem. Quod equidem gentis nostræ reor, quæ fato quodam bonorum parte fecunda, quos eduxit tamen, quemque ad celsa suos habet. Velut Severum ipsum, quo præclarior in republica fuit nemo : quem, quanquam exacta ætate, mortuum, justitio elogioque lugendum sanxere, ad-

proposé un nouveau supplice. Toutefois il ne jouit pas longtemps de l'objet de ses désirs. En effet, à la première nouvelle de ce qui s'était passé, Septime Sévère, gouverneur de Syrie, qui faisait alors la guerre aux extrémités de l'empire, et qui venait d'être élu empereur, le vainquit près du pont Milvius ; et des soldats, envoyés à sa poursuite, le tuèrent à Rome, auprès de son palais.

XX. Septime Sévère.

Septime Sévère, que le meurtre de Pertinax et l'indignation contre les fureurs criminelles des prétoriens ont animé de douleur et de colère, se hâte de licencier cette milice ; puis, après avoir taillé en pièces tous les partis armés contre lui, il met, par un sénatus-consulte, Helvius au rang des dieux, et ordonne d'abolir à jamais le nom, les écrits et les actions de Salvius : c'est le seul ordre qu'il lui fut impossible de faire exécuter, parce que la science a tant de pouvoir et de prix, que les mœurs même les plus dépravées n'effacent point la mémoire des bons écrivains. Disons plus : cette espèce de mort à laquelle on les condamne leur fait autant d'honneur qu'elle attire de haine à ceux qui en ont prononcé l'arrêt : car tous les contemporains, et principalement la postérité, pensent qu'on ne peut étouffer ces beaux génies sans commettre un brigandage public, et sans être en démence. Voilà ce qui doit inspirer plus de confiance à tous les gens vertueux, et surtout à moi, qui, né à la campagne d'un pauvre laboureur sans instruction, ai su jusqu'ici, par des études sérieuses, me procurer une existence des plus honorables. Un mérite, selon moi, tout particulier à notre nation, c'est, grâce à un destin heureux, d'être féconde en hommes de bien, et surtout d'élever au faîte des honneurs le mérite, qu'elle a su tirer de l'oubli. Citons Sévère lui-même, dont personne, dans la république, ne surpassa la vertu : en effet, quoiqu'il

struentes illum justum nasci aut emori minime convenisse.

Scilicet quod corrigendis moribus nimium, postquam ad veterum innocentiam, quasi mentium sanitatem, pervenerant, clementem habuere [43]. Ita honestas, quæ principio anxia habetur ubi contigerit, voluptati luxuriæque est. Pescennium Nigrum apud Cyzicenos, Clodium Albinum Lugduni victos coegit mori : quorum prior Ægyptum dux obtinens, bellum moverat, spe dominationis; alter, Pertinacis auctor occidendi, quum eo metu in Britannos, quam provinciam a Commodo meruerat, transmittere nitebatur, in Gallia invaserat imperium. Horum infinita cæde crudelior habitus, ac cognomento Pertinax; quanquam ob vitæ parsimoniam similem, ipsum magis adscivisse plures putent : nobis mens ad credendum prona, acerbitati impositum. Nam quum quidam hostium, quem tamen, uti bellis civilibus solet, conditio loci ad Albinum detulerat, causa exposita, novissime conclusisset : « Quid, quæso, faceres, si tu esses? » Ille respondit : « Ea perferrem, quæ tu. » Quo dicto factoque durius nihil bonis : quum sanctique [44] hujuscemodi dissensiones, quamvis studiosius cœptas, fortunæ increpent; magisque in protegendis, quam ad perdendum cives, verum corrumpi patiantur.

fût mort dans un âge avancé, les sénateurs décrétèrent, en signe de deuil public, que le cours de la justice serait suspendu, qu'une oraison funèbre serait prononcée en son honneur; et ils ajoutèrent qu'un homme si juste aurait dû ou ne jamais naître, ou ne jamais mourir.

On lui reprocha d'abord un excès de sévérité dans la réforme des mœurs; mais lorsque ensuite Rome, rendue à l'innocence de ses ancêtres, eut recouvré la véritable santé de l'âme, elle proclama partout la clémence de l'empereur. Ainsi la pratique de la vertu, si pénible dans le principe, devient, par une heureuse habitude, une volupté, un véritable luxe de jouissance. Septime Sévère, vainqueur de Pescennius Niger auprès de Cyzique, et de Clodius Albinus à Lyon, les réduisit à se donner la mort. Le premier, gouverneur en Égypte, avait pris les armes, dans l'espérance de parvenir au pouvoir suprême; le second, auteur de la mort violente de Pertinax, avait, par la crainte même de cet attentat, usurpé l'empire dans la Gaule, au moment où il s'efforçait de passer dans la Grande-Bretagne, province que Commode lui avait confiée en récompense de ses services. La mort de ces deux compétiteurs et le massacre sans fin de leurs partisans firent passer Septime pour un homme trop cruel; on lui donna le surnom de Pertinax, à cause de sa parcimonie toute semblable à celle de cet empereur, disent un grand nombre de personnes : nous dirons, nous, à cause surtout de sa rigueur extrême, dont voici un exemple. Un de ses ennemis, contraint par des motifs de localité, avait, comme il arrive d'ordinaire dans les guerres civiles, embrassé le parti d'Albinus; après lui avoir exposé ses raisons, il termina ainsi : « Qu'auriez-vous fait à ma place ? — J'aurais subi le même châtiment que toi, » répondit Sévère. Mot cruel, suivi d'une action plus cruelle encore aux yeux des gens de bien, dont l'indulgente vertu rejette sur la fortune tout l'odieux des dissensions civiles,

At iste, delendarum cupidus factionum, quo deinceps mitius ageret, necessitudinem facti ulcisci maluit, ne paulatim spe veniæ in labem publicam per conjurationes procederetur, ad quas vitio temporum [agi] animos intelligebat : neque ego abnuo, ea delictorum, quæ grassari immodice cœperint, plus pæne quam severe excidenda esse. Felix ac prudens, armis præcipue; adeo ut nullo congressu nisi victor discesserit, auxeritque imperium, subacto Persarum rege, nomine Abgaro[45]. Neque minus Arabas, simul adortus ut est, in ditionem redegit, provinciæ modo. Adiabena quoque, ni terrarum macies despectaretur, in tributarios concessisset. Ob hæc tanta, Arabicum, Adiabenicum, et Parthici cognomento patres dixere.

His majora aggressus, Britanniam, quæ ad ea utilis erat, pulsis hostibus, muro munivit[46], per transversam insulam ducto utrinque ad finem Oceani. Quin etiam Tripoli, cujus Lepti oppido oriebatur, bellicosæ gentes submotæ procul. Quæ, factu ardua, facilius eo patrabantur, quo, implacabilis delictis, strenuum quemque præmiis extollebat. Denique ne parva latrocinia quidem impunita patiebatur, in suos animadvertens magis, quod vitio ducum aut etiam per factionem fieri vir experiens intelligeret[47]. Philosophiæ, declamandi, cunctis postremo liberalium deditus studiis; idemque abs se gesta

bien qu'elles aient pour principe une entière préméditation, et qui souffrent qu'on altère la vérité pour sauver les citoyens, bien plutôt que pour les perdre. Mais Septime, jaloux d'anéantir d'abord les factions, pour agir ensuite avec plus de douceur, voulut punir sans pitié tous les complices d'une conjuration, de peur que l'espoir du pardon ne fît peu à peu autant de conspirateurs que de citoyens; crime vers lequel il savait que la corruption du siècle avait une tendance irrésistible : et je l'avoue, les progrès du mal étaient alors devenus si effrayants, qu'il n'y avait plus d'autre remède qu'une excessive sévérité. Septime, heureux et sage, surtout à la guerre, ne livra aucune bataille sans la gagner, et il étendit les limites de l'empire par la défaite du roi de Perse, nommé Abgare. Quant aux Arabes, les attaquer, les soumettre, et les réduire en province romaine fut pour lui une seule et même entreprise. Il aurait encore imposé un tribut aux Adiabéniens, si la stérilité de leur territoire ne l'en eût détourné. Pour tant de hauts faits, les sénateurs lui accordèrent les surnoms d'Arabique, d'Adiabénique et de Parthique.

Ambitionnant des entreprises plus vastes encore, il chassa de la Grande-Bretagne les ennemis de l'empire, et, convaincu de l'utilité de cette province, il la fortifia d'une muraille transversale, élevée de l'une à l'autre mer, sur les confins de l'Océan. Ajoutons qu'il força des nations belliqueuses à fuir loin de la province de Tripoli, où se trouve la ville de Leptis, lieu de sa naissance. Il exécutait des choses si difficiles avec d'autant plus de facilité, que, toujours implacable pour les infractions à la discipline, il récompensait généreusement toutes les actions d'éclat. Enfin, il ne laissait pas impuni même le plus petit vol, et il châtiait les soldats romains plus sévèrement que les autres, parce que l'expérience lui avait appris que leurs écarts avaient pour principe ou la faute de leurs chefs, ou un

ornatu et fide paribus composuit. Legum conditor longe æquabilium. Huic tanto domi forisque, uxoris probra summam gloriæ dempsere: quam adeo famose amplexus est, uti, cognita libidine, ac ream conjurationis, retentarit. Quod quum infimo turpe, tum potentibus; et illi magis, cui non privati, neque singuli, aut flagitiosi, verum imperia, et exercitus, atque ipsa vitia concessere. Nam quum pedibus æger bellum moraretur, idque milites anxie ferrent, ejusque filium Bassianum, qui cæsar una aderat, augustum fecissent [48]; in tribunal se ferri, adesse omnes, imperatoremque ac tribunos, centuriones ac cohortes, quibus auctoribus acciderat, sisti reorum modo jussit. Quo metu stratus humi victor, quum tantorum exercitus veniam precaretur: « Sentitisne, inquit, pulsans manu, caput potius, quam pedes imperare? » Neque multo post Britanniæ municipio, cui Eboraci nomen, annis regni duodeviginti, morbo exstinctus est.

Ortus medie humilis [49], primo litteris, deinde imbutus foro, quo parum commodante, uti rebus artis solet, dum tentat aut exquirit varia melioraque, conscendit imperium. Ibi graviora expertus, laborem, curas, metum,

esprit de faction. Passionné pour la philosophie, l'éloquence et tous les arts libéraux, il composa même, avec autant d'élégance que de bonne foi, une histoire de sa vie. On lui doit aussi les lois les plus équitables. Ce prince, si illustre au dedans et au dehors, vit l'éclat de sa gloire éclipsé par les désordres de sa femme, pour laquelle il eut un si honteux attachement, qu'il ne put se résoudre à s'en séparer, bien qu'il connût tous ses déportements et la part qu'elle avait prise dans une conjuration : faiblesse déshonorante pour le dernier des hommes, mais plus encore pour les princes, et surtout pour l'empereur, auquel sont soumis, je ne dis pas seulement les simples particuliers, les citoyens pris individuellement ou les criminels, mais encore les empires, les armées, et les vices eux-mêmes. Septime montra tout son pouvoir dans une circonstance où, occupé d'une guerre, il fut contraint de faire halte à cause d'un mal qui lui survint aux pieds; déjà, dans leur impatience, les soldats avaient créé auguste son fils Bassien, qui l'accompagnait en qualité de césar; Septime alors se fait porter sur son tribunal, ordonne que tout le monde se présente et que le nouvel empereur, les tribuns, les centurions et les cohortes, qui ont eu le malheur de participer à cette nomination, comparaissent comme accusés. Frappée de crainte, son armée victorieuse se prosterne, et implore le pardon de si grands attentats : « Sentez-vous, lui dit-il en se frappant de la main, que c'est la tête qui commande plutôt que les pieds? » Et peu de temps après, il mourut de maladie dans la ville municipale d'Eboracum, en Grande-Bretagne, après un règne de dix-huit ans.

D'origine assez médiocre, il s'appliqua d'abord aux lettres, puis aux études du barreau; mais comme elles ne lui procuraient que peu d'avantages, ainsi qu'il arrive dans toute profession bornée, il chercha, tenta d'autres voies plus favorables à la fortune, et finit par s'élever jusqu'à

et incerta prorsus omnia, quasi testis vitæ mortalium : « Cuncta, inquit, fui; conducit nihil. » Fumus, quod liberi, Geta Bassianusque, Romam detulerant, mire celebratum, illatumque Marci sepulcro, quem adeo percoluerat, ut ejus gratia Commodum inter divos referri suaserit, fratrem appellans; Bassianoque Antonini vocabulum addiderat; quod ex illo, post multos dubiosque eventus, auspicia honorum cepisset patrocinio fisci. Proinde laborantibus secundarum initia earumque auctores memoriæ sunt.

At posteri, quasi bellum inter se mandatis accepissent, confestim secessere. Ita Geta, cui nomen paterno ab avo erat, quum ejus modestiore ingenio frater angeretur, obsessus interiit. Quæ victoria Papiniani exitio fœdior facta, ut sane putant memoriæ curiosi; quippe quem ferunt illo tempore Bassiani scrinia curavisse, monitumque, uti mos est, destinanda Romam quam celerrime componeret [50], dolore Getæ dixisse, haudquaquam pari facilitate velari parricidium, qua fieret : idcirco morte affectum. Sed hæc improbe absurda sunt, quum constet satis, præfecturam prætorio gessisse, neque incondite illum virum tantam con-

l'empire. C'est là qu'après avoir enduré les épreuves les plus pénibles, les travaux, les soucis, les craintes et l'instabilité perpétuelle des choses d'ici-bas, témoin vivant des misères humaines, il dit : « J'ai été tout, et ce tout ne me sert de rien. » Geta et Bassien, ses fils, firent transporter à Rome sa dépouille mortelle, qui, après de magnifiques funérailles, fut déposée dans le tombeau de Marc Antonin, pour lequel il avait eu la vénération la plus profonde ; en effet, par égard pour cet empereur, il avait conseillé de mettre au rang des dieux Commode, qu'il appelait son frère. Au nom de Bassien, son fils, il avait ajouté celui d'Antonin, parce qu'après mille traverses, mille vicissitudes, il avait reçu de ce prince le présage des honneurs qui l'attendaient, en obtenant de lui la charge de préfet du fisc : tant il est vrai que ceux qui ne sont parvenus qu'avec peine, gardent le souvenir des commencements de leur prospérité et la mémoire des hommes qui en furent les premiers auteurs !

Après la mort de Septime, la discorde éclata entre ses deux fils, comme s'ils eussent reçu un héritage de guerre. Aussi Geta, qui portait le nom de son aïeul paternel, et dont le caractère, plus modéré que celui de Bassien, était pour ce dernier un sujet perpétuel d'inquiétude, périt-il bientôt sous les embûches de son frère : victoire cruelle, que rendit plus odieuse encore le meurtre de Papinien, comme le pensent généralement les hommes curieux d'anecdotes historiques. D'après leur version, Papinien, qui était alors secrétaire de Bassien, reçut de lui l'ordre d'envoyer à Rome, le plus promptement possible, les dépêches d'usage ; mais, pénétré de douleur par la mort de Geta, il répondit qu'il n'était pas aussi facile de justifier un parricide que de le commettre : réponse qui fut l'arrêt de sa mort. Or ce récit n'est pas moins méchant qu'absurde ; car il demeure assez évident

tumeliam imponere potuisse, cui amori ac magisterio [51] erat.

XXI. Antoninus Caracalla.

Ceterum Antoninus incognita munerum specie urbem Romanam alliciens [52], quod indumenta in talos demissa largiretur, Caracalla dictus; quum pari modo vesti Antonianæ nomen e suo daret. Alamannos, gentem populosam, ex equo mirifice pugnantem, prope Mœnum amnem devicit. Patiens, communis, tranquillusque; pari fortuna, et eodem matrimonio, quo pater. Namque Juliam novercam, cujus facinora supra memoravi, forma captus, conjugem affectavit : quum illa factiosior, aspectui adolescentis, præsentiæ quasi ignara, semet dedisset intecto corpore, asserentique : « Vellem, si liceret, uti : » petulantius multo (quippe quæ pudorem velamento exuerat) respondisset : « Libet? plane licet. » Ægypti sacra per eum deportata Romam [53], atque aucta urbs magno accessu viæ Novæ, et ad lavandum absoluta opera pulchri cultus. Quibus confectis, quum Syriam circumgrederetur, anno potentiæ sexto moritur [54]. Corporis reliqua luctu publico relata Romam, atque inter Antoninos funerata sunt [55].

XXII. Opilius Macrinus et Diadumenus.

Dehinc Opilius Macrinus, qui præfecturam prætorio gerebat, imperator, ejusque filius, Diadumenus nomine,

que Papinien était préfet du prétoire; et de plus, il est impossible que Bassien ait poussé si loin l'inconvenance et l'outrage envers un homme qui aimait Geta, et qui était son gouverneur.

XXI. Antonin Caracalla.

Antonin, jaloux de gagner le peuple de Rome par un présent d'une nature qui jusqu'alors lui était inconnue, lui donna une nouvelle tunique qui descendait jusqu'aux talons : c'était la caracalla; l'empereur fut ainsi surnommé; mais comme il portait lui-même ce vêtement, il l'appela Antonin de son nom. Il vainquit, sur les rives du Mein, les Alamannes, nation fort nombreuse, et qui excellait dans les combats de cavalerie. Patient, affable et paisible, il eut le même bonheur que son père; il eut aussi la même femme, Julie, sa belle-mère, dont j'ai plus haut signalé les désordres; épris de ses attraits, il voulut l'épouser. Un jour, cette femme ambitieuse et impudique, feignant d'ignorer que le jeune prince était là, se mit toute nue devant lui : « Si vous me le permettiez, s'écria-t-il, je voudrais bien jouir de vos charmes. — Si vous le désirez, vous avez pleine licence, » répliqua avec la dernière effronterie cette femme, qui, avec ses vêtements, avait aussi dépouillé toute pudeur. Caracalla transporta à Rome les mystères de l'Égypte, ouvrit une nouvelle voie fort spacieuse, et bâtit des thermes, chefs-d'œuvre de magnificence. Ces travaux terminés, il s'était rendu en Syrie, et, tandis qu'il parcourait cette province, il mourut la sixième année de son règne. Ses dépouilles mortelles, rapportées à Rome au milieu du deuil public, furent ensevelies dans le tombeau des Antonins.

XXII. Opilius Macrin et Diaduméne.

Ensuite Opilius Macrin, préfet du prétoire, est proclamé empereur par les légions, qui donnent aussi le titre

cæsar a legionibus appellatur. Quibus eo quod ingens amissi principis desiderium erat, adolescentem Antoninum vocavere. Horum nihil præter sævos atque inciviles animos interim reperimus. Qua gratia, mensibus ferme quatuor ac decem vix retento imperio, per quos creati fuerant, interfecti sunt.

XXIII. M. Aurelius Antoninus Heliogabalus.

Accitusque Marcus Antoninus, Bassiano genitus; qui, patre mortuo, in Solis sacerdotium, quem Heliogabalum Syri vocant, tanquam asylum, insidiarum metu confugerat, hineque Heliogabalus dictus; translatoque Romam dei simulacro, in palatii penetralibus [palatia] constituit[56]. Hoc impurius ne improbæ quidem aut petulantes mulieres fuere : quippe orbe toto obscenissimos perquirebat, visendis tractandisve artibus libidinum ferendarum[57]. Hæc quum augerentur in dies, ac magis magisque Alexandri, quem, comperta Opilii nece, cæsarem nobilitas nuncupaverat, amor cumularetur, in castris prætoriis, tricesimo regni mense, oppressus est.

XXIV. Aurelius Alexander.

Statimque Aurelio Alexandro, Syriæ orto, cui duplex, Cæsarea et Arca, nomen est, militibus quoque annitentibus, augusti potentia delata. Qui, quanquam adolescens, ingenio supra ævum tamen, confestim appa-

de césar à son fils, nommé Diadumène. Mais, comme elles regrettaient vivement le prince qu'elles venaient de perdre, elles élevèrent au pouvoir le jeune Antonin. Nous ne connaissons de Macrin et de Diadumène que leur caractère farouche et grossier. Aussi purent-ils à peine conserver l'empire environ quatorze mois, et furent-ils tués par ceux mêmes qui les avaient élus.

XXIII. M. Aurèle Antonin Héliogabale.

Alors on appela au trône le fils de Bassien, Marc Antonin, qui, après la mort de son père, pour échapper aux embûches qu'il redoutait, s'était réfugié dans l'asile inviolable du temple du Soleil, que les Syriens nomment Héliogabale : de là le surnom que reçut le jeune prince. Il fit transporter à Rome la statue du dieu, et la plaça dans la partie la plus reculée de son palais. Point de femme impudique, point même de courtisane qu'il n'ait surpassée par l'infamie de ses débauches : car il ordonnait de chercher avec soin dans le monde entier les hommes les plus dissolus, pour faire avec eux un cours théorique et pratique de tous les raffinements possibles des plus monstrueuses voluptés. Comme ses excès augmentaient chaque jour, et que l'affection des Romains était progressivement arrivée à son comble pour Alexandre, que les sénateurs, à la nouvelle de la mort d'Opilius, avaient nommé césar, Héliogabale fut massacré dans le camp des prétoriens, après un règne de trente mois.

XXIV. Aurelius Alexandre Sévère.

Aussitôt le sénat, de concert avec les prétoriens, défère la puissance d'auguste à Aurelius Alexandre, originaire d'une ville syrienne, qui portait le double nom d'Arca et de Césarée. Jeune, il est vrai, mais d'un génie supérieur à son âge, Alexandre fait sur-le-champ de

ratu magno bellum adversum Xerxem, Persarum regem, movet : quo fuso fugatoque, in Galliam maturrime contendit, quæ Germanorum direptionibus tentabatur. Ibi tumultuantes legionum plerasque constantissime abjecit; quod in præsens gloriæ, mox exitio datum. Nam dum tantæ severitatis vim milites inhorrescunt (unde etiam Severi cognomentum accesserat), agentem casu cum paucis vico Britanniæ, cui vocabulum Sicila [58], trucidavere. Opus urbi florentissimum [celebrio] fabricatus est [59]; matrisque cultu, quæ nomine Mammæa erat, plus quam pius. Adhuc Domitium Ulpianum, quem Heliogabalus prætorianis præfecerat, eodem honore retinens, Paulloque inter exordia patriæ reddito, juris auctoribus, quantus erga optimos atque æqui studio esset, edocuit. Neque ultra annos tredecim imperio functus, rempublicam reliquit firmatam undique. Quæ jam tum a Romulo ad Septimium certatim evolans, Bassiani consiliis, tanquam in summo, constitit. Quo ne confestim laberetur, Alexandri fuit. Abhinc dum dominandi suis, quam subigendi externos, cupientiores sunt, atque inter se armantur, magis Romanum statum quasi abrupto præcipitavere, immissique in imperium promiscue boni malique, nobiles atque ignobiles, ac barbariæ multi. Quippe ubi passim confusaque omnia, neque suo feruntur modo, quique fas putant, uti per turbam, rapere aliena officia, quæ regere nequeunt, et inscientia bonarum artium [60],

grands préparatifs pour la guerre contre le roi de Perse Xerxès; il le bat, le met en fuite, et passe avec une extrême rapidité dans la Gaule, que les Germains s'efforçaient de piller. Là, il licencie avec beaucoup de fermeté plusieurs légions séditieuses; mesure qui pour lors le couvrit de gloire, mais qui, par la suite, fut cause de sa perte. Car les soldats prirent en horreur la sévérité dont l'excès lui fit donner même le surnom de Sévère, et ils l'égorgèrent à Sicila, bourg de la Grande-Bretagne, où il se trouvait par hasard avec une faible escorte. Il signala son règne par la construction d'un monument célèbre, l'un des plus beaux ornements de Rome, mais surtout par son respect, par sa piété plus que filiale pour Mammée, sa mère. Enfin, Domitius Ulpianus avait été créé préfet du prétoire par Héliogabale : Alexandre lui conserva le même honneur, et, dès son avénement, il avait rendu Paulus à la patrie : procédé noble envers ces deux jurisconsultes, et qui prouve sa haute estime pour les gens de bien et tout son amour pour la justice. Quoiqu'il n'eût régné que treize ans, il laissa la république affermie de toutes parts. Depuis Romulus jusqu'à Septime, elle avait pris, comme à l'envi, l'essor le plus rapide; les criminelles tentatives de Bassien aspirèrent à la faire descendre du faîte où elle était montée; mais Alexandre retarda sa chute imminente. Après lui, les empereurs, plus jaloux de tyranniser leurs peuples que de soumettre les étrangers, s'armèrent les uns contre les autres, et précipitèrent l'empire dans un abîme de maux; alors on vit se ruer pêle-mêle sur la dignité impériale bons et méchants, nobles et inconnus, et même barbares en foule. Malheur inévitable, lorsque çà et là tout devient confusion, que chacun ne suit plus que son caprice, et se croit permis d'usurper, à la faveur des troubles, la place d'autrui qu'il ne saurait remplir, et qu'il déshonore même par l'ignorance de tous les arts libéraux. Ainsi

fœde corrumpunt. Ita fortunæ vis, licentiam nacta, perniciosa libidine mortales agit : quæ, diu quidem virtute, uti muro, prohibita, postquam pæne omnes flagitiis subacti sunt, etiam infirmis genere institutoque publica permisit.

XXV. Caius Julius Maximinus.

Namque Caius Julius Maximinus, præsidens rei bellicæ [61], primus e militaribus, litterarum fere rudis, potentiam cepit suffragiis legionum. Quod tamen etiam patres, dum periculosum existimant inermes armato resistere, approbaverunt [62] : filiusque ejus pari nomine Caius Julius Maximinus cæsar factus est.

XXVI. Gordianus, Puplenus et Balbinus.

Queis biennium summis potitis, haud incommode prœlio gesto contra Germanos, repente Antoninus Gordianus, Africæ proconsul, ab exercitu princeps apud Thydri oppidum absens fit. Quo ut accitus pervenit, tanquam ea re creatus foret, seditione excipitur [63] : qua lenita facile, Carthaginem petit. Ibi quum avertendis prodigiis, quorum metu haud inani angebatur, rem divinam solitis ageret, repente hostia partum edidit. Id haruspices, atque ipse maxime (nam hujus scientiæ usu immodice prudens erat), ita accepere, illum quoque destinatum neci, verum liberis pariturum imperium : progressique conjectu longius, liberi quoque exitum de-

lorsque l'insolence de la fortune a permis de tout oser, elle pousse les mortels aux plus funestes passions : longtemps, il est vrai, la vertu vient opposer au mal comme un rempart qu'il ne peut franchir ; mais après que les vices ont en quelque sorte maîtrisé tout le monde, les derniers même des hommes par la naissance et par l'éducation envahissent les premières dignités de l'État.

XXV. Caïus Julius Maximin.

Caïus Julius Maximin en est la preuve. Général en chef des troupes, il fut le premier soldat de fortune qui, presque sans instruction, s'empara de la puissance impériale par le suffrage des légions. Sans armes pour résister à un empereur bien armé, les sénateurs virent tout le péril, approuvèrent eux-mêmes son élection, et nommèrent césar le fils du nouveau prince, qui s'appelait, comme son père, Caïus Julius Maximin.

XXVI. Gordien, Pupien et Balbin.

Les Maximins étaient, depuis deux ans, maîtres du souverain pouvoir, et avaient remporté une victoire sur les Germains, lorsque tout à coup Antonin Gordien, proconsul d'Afrique, est, pendant son absence, proclamé empereur par ses troupes, auprès de la ville de Thydrus. Il répond à leur appel, arrive et les trouve soulevées, comme si elles ne l'avaient élu que pour se révolter contre lui. Après avoir facilement apaisé cette sédition, il se rend à Carthage. Là, tandis que, pour détourner des présages qui lui inspiraient la plus vive terreur, il offrait un sacrifice d'après les cérémonies accoutumées, la victime vint soudainement à mettre bas. Les aruspices, et surtout lui-même, que l'expérience avait rendu très-habile dans l'art de la divination, comprirent d'abord que la mort le menaçait aussi, mais qu'il procurerait l'empire à ses enfants : puis, poussant plus loin leurs

nuntiavere, mitem atque innoxium præfantes fore, ut illud pecus, nec diuturnum tamen, subjectumque insidiis. Interim Romæ, comperto Gordiani interitu, hortante Domitio, urbi præfectus reliquique indices [64] vulgo cæduntur per prætorias cohortes. Quippe Gordianus, postquam delatum sibi imperium cognovit, præmia amplum in modum ostentans, Romam legatos ac litteras destinaverat; quibus, necato eo, frustratos se milites angebantur, genus hominum pecuniæ cupidius, fidumque ac bonum solo quæstu. At senatus metuens, ne, nullis rectoribus, specie captæ urbis, atrociora acciderent, primo potestatum vices, mox, conscriptis junioribus, Clodium Pupienum, Cæcilium Balbinum cæsares constituit [65].

XXVII. Gordianus nepos.

Iisdemque per Africam diebus, milites Gordianum, Gordiani filium [66], qui forte contubernio patris prætextatus ac deinceps præfectus prætorio intererat [67], augustum creavere; neque sane factum nobilitas aspernata. Denique accito eo, inter inplana urbis atque ipso sinu prætoriæ manus acie deletæ per gladiatorum familias tironumque exercitum. Dum hæc Romæ geruntur, Julii Maximini, quos forte ea tempestate Thracia retinebat, acceptis quæ evenerant, Italiam propere petunt. Eos Pupienus Aquileiæ obsidione confecit, postquam prœlio victos reliqui

conjectures, les devins lui prédirent également la mort de son fils, ajoutant qu'il serait doux et innocent comme la victime qu'on devait immoler, mais que bientôt pourtant il succomberait sous les embûches de ses ennemis. Cependant à Rome, lorsqu'on eut appris la mort de Gordien, les cohortes prétoriennes, excitées par Domitius, massacrent le préfet de la ville et tout ce qui restait de délateurs. Comme Gordien, à la nouvelle de son élévation à l'empire, avait envoyé à Rome des ambassadeurs avec des lettres où il promettait de magnifiques largesses aux prétoriens, sa mort, en les frustrant de leurs espérances, avait vivement affligé cette soldatesque insatiable d'argent, cette classe d'hommes, fidèle et dévouée seulement par intérêt. Le sénat, craignant alors de plus grands malheurs encore pour Rome, dépourvue de chefs, et qui offrait le spectacle d'une ville prise d'assaut, nomme d'abord plusieurs gouvernants qui se succèdent au pouvoir; puis, armant bientôt toute la jeunesse, il élève à la dignité de césars Clodius Pupien et Cécilius Balbin.

XXVII. Gordien le jeune.

A la même époque, en Afrique, les soldats créèrent auguste le fils de Gordien, qui, après avoir passé sa jeunesse dans les camps avec son père, avait ensuite exercé les fonctions de préfet du prétoire; cette élection ne déplut point aux sénateurs, qui finirent même par engager Gordien à venir à Rome. A son arrivée, il y eut, sur les hauteurs et jusqu'au centre de la ville, un massacre général des prétoriens par les bandes des gladiateurs et par l'armée des jeunes esclaves qu'on dressait à leur exercice. Tandis que ces événements se passent à Rome, les Maximins, alors en Thrace, apprennent ce qui venait d'arriver, et se hâtent de regagner l'Italie. Pupien acheva leur destruction au siége d'Aquilée, après les avoir vaincus dans un combat; ce qui leur restait de troupes les

paulatim deseruerant. Horum imperio ad biennium per hujusmodi moras annus quæsitus. Neque multo post tumultu militarium Clodio Cæcilioque Romæ intra palatium cæsis, Gordianus solus regnum obtinuit. Eoque anno, lustri certamine, quod Nero Romam invexerat, aucto firmatoque, in Persas profectus est; quum prius Jani ædes, quas Marcus clauserat[68], patentes more veterum fecisset. Ibi gesto insigniter bello, Marci Philippi, præfecti prætorio, insidiis periit sexennio imperii.

XXVIII. Philippi duo, pater et filius.

Igitur Marcus Julius Philippus Arabs Thraconites, sumpto in consortium Philippo filio[69], rebus ad Orientem compositis, conditoque apud Arabiam Philippopoli oppido, Romam venere : exstructoque trans Tiberim lacu, quod eam partem aquæ penuria fatigabat, annum Urbis millesimum ludis omnium generum celebrant. Et quoniam nomen admonuit, nostra quoque ætate, post mille centesimus, consule Philippo, excessit, nullis, uti solet, solennibus frequentatus : adeo in dies cura minima Romanæ urbis! Quod equidem denuntiatum illo tempore prodigiis portentisque : ex queis unum memorare brevi libet. Nam quum pontificum lege hostiæ mactarentur, suis utero maris feminarum genitalia apparuere. Id ha-

avait abandonnés peu à peu. Leur domination avait duré
trois ans, dont le dernier s'écoula dans les troubles que
je viens de rapporter. Bientôt après, par suite d'un soulèvement militaire, Clodius et Cécilius ayant été massacrés à Rome dans leur palais, Gordien resta seul maître
de l'empire. Après avoir, cette même année, célébré la
solennité du lustre par les combats que Néron avait in-
troduits à Rome, après avoir donné à cette fête un nouvel intérêt et un éclat nouveau, il marcha contre les
Perses; mais auparavant, il rouvrit, selon l'antique
usage, les portes du temple de Janus, qu'avait fermées
Marc Aurèle. Gordien venait d'obtenir les plus brillants
succès dans son expédition, lorsque, la sixième année
de son règne, il périt victime des embûches de Marcus
Philippe, préfet du prétoire.

XXVIII. Les deux Philippes, père et fils.

Ensuite Marcus Julius Philippe, originaire de la Tra-
chonitide, contrée de l'Arabie, se rendit à Rome avec
son fils Philippe, qu'il avait associé à l'empire, après
avoir pacifié l'Orient, et fondé en Arabie la ville de
Philippopolis. Les deux princes firent creuser un lac au
delà du Tibre, à cause de la disette d'eau qui frappait
de stérilité cette rive du fleuve; puis ils célèbrent, par
des jeux de toute espèce, la dixième année séculaire de
la fondation de la ville. Le nom de Philippe me rappelle
que, de notre temps aussi, la dernière année du onzième
siècle de cette fondation s'est écoulée sous le consulat
d'un autre Philippe, sans qu'on l'ait solennisée par aucune des cérémonies d'usage : tant chaque jour diminue
l'intérêt qu'on porte à la ville de Rome! Ce malheur
fut annoncé, à l'époque dont j'ai parlé, par les prodiges
les plus bizarres : je vais en citer un seul en quelques
mots. Un jour que, d'après l'ordre des pontifes, on im-
molait des victimes, un porc mâle parut tout à coup

ruspices solutionem posterorum portendere, vitiaque fore potiora, interpretati. Quod frustratum iri æstimans imperator Philippus, tum quia forte præteriens, filii similem pro meritorio ephebum conspexerat, usum virilis scorti removendum honestissime consultavit. Veruntamen manet : quippe conditione loci mutata, pejoribus flagitiis agitatur, dum avidius periculosa, quibusque mortales prohibentur, petunt. Huc accedit, quod longe aliud Etruscorum artes cecinerant, quæ, bonis parte plurima jacentibus, mollissimum quemque beatum fore asserebant. Eos ego ignorasse verum plane puto. Etenim, quamvis rerum omnium prospero successu, pudore amisso tamen, fortunatus quis esse potest? quum, eodem retento, cetera tolerabilia sint. His actis, filio urbi relicto, ipse, quanquam debili per ætatem corpore, adversum Decium profectus, Veronæ cadit, pulso amissoque exercitu. Queis Romæ compertis, apud castra prætoria filius interficitur. Annos potentiæ quinque egere.

XXIX. Decius.

Et Decius, Syrmiensium vico ortus, militiæ gradu ad imperium conspiraverat, lætiorque hostium nece, filium, Etruscum nomine[79], cæsarem facit; statimque eo in Illy-

avec les parties naturelles d'une truie. Les auspices déclarèrent que c'était le signe avant-coureur d'une grande dissolution de mœurs et de vices infâmes dans les âges suivants. Jaloux de prévenir l'effet de ce pronostic, et indigné surtout d'avoir vu, en passant devant un repaire de débauche, se prostituer un jeune homme qui ressemblait à son fils, l'empereur Philippe interdit, par un décret de la plus sage moralité, la licence du crime contre nature. Et pourtant cette infamie subsiste encore de nos jours : elle n'a fait que changer de théâtre; ce n'est plus en public, c'est en particulier qu'on se livre à des excès plus monstrueux qu'auparavant; car les mortels ne recherchent qu'avec plus d'avidité tout ce qui est dangereux, tout ce qui leur est défendu. Ajoutons ici que, dans leurs prédictions plus qu'étranges, les Étrusques, au moment où les vertus étaient presque toutes foulées aux pieds, avançaient avec assurance que l'homme le plus voluptueux serait aussi le plus heureux un jour. Pour moi, je pense qu'ils ont complétement ignoré ce qui fait le vrai bonheur. Car, au milieu même de tous les succès et de la plus grande prospérité, si l'on a perdu l'honneur, comment pouvoir être heureux? tandis que, si l'honneur est sauf, toutes les autres pertes sont supportables. Après les actions citées plus haut, Philippe laissa son fils à Rome, et quoique affaibli par l'âge, il marcha lui-même contre Dèce; mais vaincu et mis en fuite à Vérone avec ses troupes, il périt dans la bataille. Lorsque cette nouvelle parvient à Rome, Philippe le fils est tué près du camp des prétoriens. Les deux empereurs avaient régné cinq ans.

XXIX. Dèce.

Dèce, né dans un bourg de Sirmium, s'était élevé par tous les grades militaires à la dignité impériale. Plein de joie à la mort de ses ennemis, il nomme césar son fils

rios præmisso, Romæ aliquantum moratur mœnium
gratia, quæ instituit, dedicandorum. Et interea ad eum
Jotapiani, qui, Alexandri tumens stirpe[71], per Syriam
tentans nova, militum arbitrio occubuerat, ora, uti mos
est, inopinato feruntur, simulque per eos dies Lucio
Prisco[72], qui Macedonas præsidatu regebat, delata dominatio, Gothorum concursu, postquam, direptis Thraciæ plerisque, illo pervenerant. Qua causa Decio quam
potuit maturrime Roma digresso, Julius Valens[73] cupien-
tissimo vulgo imperium capit. Verum utrique mox cæsi,
quum Priscum nobilitas hostem patriæ censuisset. Decii,
barbaros trans Danubium persectantes, Bruti fraude
cecidere[74], exacto regni biennio. Sed Deciorum mortem
plerique illustrem ferunt. Namque filium audacius con-
gredientem cecidisse in acie : patrem autem, quum per-
culsi milites ad solandum imperatorem multa præfaren-
tur, strenue dixisse, detrimentum unius militis parum
videri sibi. Ita refecto bello, quum impigre decertaret,
interiisse pari modo.

XXX. Gallus et Hostilianus.

Hæc ubi patres comperere, Gallo Hostilianoque augusta imperia, Volusianum, Gallo editum, cæsarem
decernunt[75]. Dein pestilentia oritur : qua atrocius sæ-
viente, Hostilianus interiit, Gallo Volusianoque favor
quæsitus, quod anxie studioseque tenuissimi cujusque
exsequias curarent.

Etruscus, et l'envoie aussitôt contre les Illyriens; quant à lui, il s'arrête quelque temps à Rome pour y faire la dédicace d'un palais dont il avait ordonné la construction. Sur ces entrefaites, on lui apporte tout à coup, selon l'usage, la tête de Jotapien, qui, fier d'être issu d'Alexandre, avait tenté une révolution en Syrie, et venait d'être mis à mort par les soldats. Dans le même temps, Lucius Priscus, gouverneur de la Macédoine, se fait proclamer empereur avec le secours des Goths, qui, après avoir pillé presque toute la Thrace, s'étaient avancés en Macédoine. A cette nouvelle, Dèce quitte Rome en toute hâte, et, pendant son absence, Julius Valens, autorisé par les vœux les plus ardents du peuple, s'empare du pouvoir. Mais les deux usurpateurs furent bientôt massacrés, après que le sénat eut déclaré Priscus ennemi de la patrie. Les deux Dèces, qui poursuivaient les barbares au delà du Danube, périrent par la trahison de Brutus, après un règne de deux ans. Toutefois, la plupart des historiens donnent aux Dèces une fin glorieuse. Le fils, disent-ils, emporté par son héroïque audace, périt sur le champ de bataille : les soldats, frappés de cette mort, cherchent par de longs discours à consoler l'empereur, son père, qui leur répond avec courage : « La perte d'un soldat me paraît peu de chose.» Puis il recommence le combat et meurt, comme son fils, en faisant des prodiges de valeur.

XXX. Gallus et Hostilien.

A la nouvelle de ces événements, les sénateurs décernent à Gallus et à Hostilien les titres d'auguste, et celui de césar à Volusien, fils de Gallus. Bientôt la peste se déclare, et Hostilien est victime de ses affreux ravages; alors la faveur publique se porta sur Gallus et sur Volusien, à cause du soin que leur inquiète et pieuse sollicitude prenait des funérailles du citoyen même le plus obscur.

XXXI. Æmilius Æmilianus.

Igitur his Romæ morantibus, Æmilius Æmilianus summam potestatem, corruptis militibus, arripuit. Ad quem expugnandum profecti, Iteramnæ ab suis cæduntur, spe præmii majoris ab Æmilio, cui nullo labore seu detrimento victoria obveniebat : simul quia immodici per luxum lasciviamque, officia benevolentiæ corruperant. His sane omnibus biennio profecit. Nam Æmilianus quoque tres menses usus modesto imperio, morbo absumptus est[76]; quum proceres primo hostem, dein, exstinctis superioribus, pro fortuna, ut solet, augustum appellavissent.

XXXII. Licinius Valerianus.

At milites, qui, contracti undique, apud Rhætias ob instans bellum morabantur, Licinio Valeriano imperium deferunt. Qui, quanquam genere satis claro, tamen, uti mos tum etiam erat, militiam sequebatur. Ejus filium Gallienum senatus cæsarem creat; statimque Tiberis adulta æstate diluvii facie inundavit. Prudentes perniciosum reipublicæ cecinere, adolescentis fluxo ingenio[77], quia Etruria accitus venerat, unde amnis prædictus. Quod equidem confestim evenit. Nam quum ejus pater bellum per Mesopotamiam anceps diuturnumque instruit, Persarum regis, cui nomen Sapor erat, dolo circumven-

XXXI. Émilius Émilien.

Mais tandis qu'ils restent à Rome, Émilius Émilien s'empare de l'empire, après avoir corrompu l'armée. Les deux empereurs, qui marchent contre lui, sont tués à Interamna par leurs propres légions, séduites par l'espoir de plus grandes largesses du côté d'Émilien, à qui ce meurtre assurait une victoire facile et sans danger: disons aussi que Gallus et Volusien, à cause de leur passion immodérée pour le luxe et pour les plaisirs, avaient perdu l'affection des troupes. Le règne de tous ces princes ne dura que deux ans. Car Émilien lui-même, après avoir, pendant trois mois, usé avec modération du pouvoir impérial, mourut de maladie. Les sénateurs, qui d'abord l'avaient déclaré ennemi public, cédant, comme toujours, à la fortune, avaient fini par le proclamer auguste, à la mort de ses prédécesseurs.

XXXII. Licinius Valérien

Les soldats, rassemblés de toutes parts dans les cantonnements de la Rhétie pour soutenir une guerre sur le point d'éclater, élèvent au pouvoir Licinius Valérien, qui, malgré l'éclat d'une origine assez illustre, suivait la carrière des armes, selon l'usage de ce temps-là. Son fils Gallien est créé césar par le sénat; et presque aussitôt, vers le milieu de l'été, il y eut un débordement du Tibre, semblable à un déluge. Dès lors, les esprits sages et pénétrants présagèrent les malheurs que causeraient à la république les déportements licencieux du jeune Gallien, qu'on avait fait venir de l'Étrurie, où le fleuve nommé plus haut prend sa source. La prédiction ne se réalisa que trop tôt. Car Valérien, qui faisait en Mésopotamie une guerre douteuse et longue, tomba dans un piége que lui tendit le roi des Perses, appelé Sapor; il mou-

tus, fœde laniatus interiit, imperii anno sexto, ætate robustiore.

XXXIII. Licinius Gallienus cum Salonino.

Sub idem tempus, Licinius Gallienus, quum a Gallia Germanos strenue arceret, in Illyricum properans descendit. Ibi Ingebum, quem, curantem Pannonos, comperta Valeriani clade, imperandi cupido incesserat, Mursiæ[78] devicit; moxque Regallianum, qui, receptis militibus, quos Mursina labes reliquos fecerat, bellum duplicaverat. His prospere ac supra vota cedentibus, more hominum, secundis solutior, rem Romanam quasi naufragio dedit, cum Salonino[79] filio, cui honorem cæsaris contulerat, adeo uti Thraciam Gothi libere progressi, Macedonas Achæosque et Asiæ finitima occuparent : Mesopotamiam Parthi ; Orienti latrones seu mulier dominaretur[80] ; Alemannorum vis tunc æque Italiam ; Francorum gentes, direpta Gallia, Hispaniam possiderent, vastato ac pæne direpto Tarraconensium oppido, nactisque in tempore navigiis, pars in usque Africam permearet : et amissa trans Istrum, quæ Trajanus quæsierat. Ita quasi ventis undique sævientibus, parvis maxima, ima summis orbe toto miscebantur. Simulque Romam pestilentia grassabatur, qua sæpe curis gravioribus atque animi desperatione oritur. Inter hæc, ipse popinas ganeasque obiens, lenonum ac vinariorum amicitiis hære-

fut ignominieusement écorché vif, la sixième année de son règne, à un âge où il était encore dans toute sa vigueur.

XXXIII. Licinius Gallien et Salonin.

Environ à la même époque, Licinius Gallien, qui repoussait vigoureusement les Germains de la Gaule, s'empresse de descendre en Illyrie. Là, il défait à Mursia le gouverneur des Pannonies, Ingebus, que la nouvelle du désastre de Valérien avait enflammé du désir d'être empereur; bientôt après il bat Régallien, qui avait doublé ses forces avec les troupes échappées au désastre de Mursia. De si grands succès avaient passé ses espérances; aussi, comme tous les mortels, la prospérité l'amena lui et son fils Salonin, qu'il avait créé césar, à un tel relâchement, qu'il fit, en quelque sorte, faire naufrage à la fortune de l'empire. Déjà les Goths poussent librement leurs incursions, et envahissent la Thrace, la Macédoine, l'Achaïe et les contrées voisines de l'Asie : la Mésopotamie devient la proie des Parthes : l'Orient subit le joug d'une troupe de brigands, ou même d'une femme : un débordement de troupes allemanes inonde également l'Italie; les peuplades franques, après avoir pillé la Gaule, s'emparent de l'Espagne, ravagent et détruisent presque entièrement la ville de Tarragone; enfin une partie de ces barbares, qui a fort à propos trouvé des navires, pénètre jusqu'en Afrique : on perdit aussi les conquêtes de Trajan au delà de l'Ister. Ainsi l'on eût dit que, de toutes parts, la fureur des vents soufflait la tempête, et que, dans l'univers entier, petitesse et grandeur, abaissement et élévation étaient mêlés et confondus. Rome se trouvait en même temps dévorée de la peste, qui souvent met le comble au malheur et au désespoir des peuples. Au milieu de tant de fléaux, Gallien, l'empereur, hantait les tavernes et les lieux de débauche, s'attachait aux

bat, expositus Saloninæ conjugi atque amori flagitioso filiæ Attali, Germanorum regis, Pipæ nomine [81] : qua causa etiam civiles motus longe atrociores orti. Namque primus omnium Postumus, qui forte barbaris per Galliam præsidebat, imperium ereptum ierat: explosaque Germanorum multitudine, Læliani bello excipitur. Quo non minus feliciter fuso, suorum tumultu periit; quod flagitantibus Moguntiacorum direptiones, quia Lælianum juverant, abnuisset. Igitur eo occiso, Marius ferri quondam opifex, neque etiam tum militiæ satis clarus, regnum capit. Proinde cuncta ad extremum reciderant, ut talibus imperia ac virtutum omnium decus ludibrio essent. Hinc denique joculariter dictum, nequaquam mirum videri, si rem Romanam Marius reficere contenderet, quam Marius, ejusdem artis auctor, stirpisque ac nominis, solidavisset. Hoc jugulato post biduum, Victorinus deligitur, belli scientia Postumo par, verum libidine præcipiti : qua cohibita in exordio, post biennii imperium, constupratis vi plerisque, ubi Attitiani conjugem concupivit, facinusque ab ea viro patefactum est, accensis furtim militibus, per seditionem Agrippinæ occiditur. Tantum Actuariorum [82], quorum loco Attitianus habebatur, in exercitu factiones vigent, ut arduum petentibus malitia patraretur : genus hominum, præsertim hac tempestate, nequam, venale, callidum, seditiosum, habendi cupidum, atque ad patrandas fraudes velan-

sociétés des ivrognes et des libertins, tout à sa criminelle
passion pour sa femme, ou plutôt pour sa maîtresse,
nommée Salonine ou Pipa, et fille d'Attale, roi des
Germains : conduite infâme, qui fut aussi la source de
plusieurs guerres civiles très-sanglantes. Le premier de
tous les rebelles, Postumus, gouverneur de la Gaule, se
met à la tête des barbares, et usurpe l'empire : après
avoir défait des bandes innombrables de Germains, il se
voit attaqué par Lélianus, qu'il combat avec non moins
de bonheur; mais il périt dans un soulèvement de ses
troupes, irritées de ce qu'en dépit de leurs pressantes
sollicitations, il leur avait refusé le pillage de la ville des
Moguntiens, qui avaient secouru Lélianus. Après la mort
de Postumus, un certain Marius, ancien forgeron et
soldat assez obscur, s'empare du pouvoir. Tout alors
était tombé si bas, que de pareils hommes se faisaient
un jouet du commandement suprême et de la dignité de
toutes les vertus. De là enfin ce mot plaisant, qu'on ne
devait pas être surpris que Marius s'efforçât de reforger
la république romaine, qu'avait consolidée un autre Marius, de la même profession, le premier de sa race et
de son nom. Le second Marius est égorgé, après un règne
de deux jours; on choisit alors Victorin, aussi grand
capitaine que Postumus, mais d'une débauche effrénée.
Il sut d'abord en réprimer les excès; mais, après deux
ans de règne, il fit violence à la plupart des femmes de
ses officiers. Attitianus, dont il avait séduit l'épouse,
apprit d'elle-même son déshonneur; aussitôt il soulève
secrètement contre l'empereur les soldats, qui le massacrent à Cologne, dans une sédition. La faction des
scribes publics, dont Attitianus faisait partie, était si
puissante dans l'armée, que le meurtre de Victorin fut
consommé par ceux mêmes qui ambitionnaient le poste
le plus élevé. Ces scribes, surtout ceux de notre époque,
sont, en général, des hommes pervers, au cœur vénal,

dasque quasi ab natura factum; annonæ dominans, eoque utilia curantibus, et fortunis aratorum infestum; prudens in tempore his largiendi, quorum vecordia damnoque opes contraxerit. Interim Victoria[83], amisso Victorino filio, legionibus grandi pecunia comprobantibus, Tetricum imperatorem facit, qui familia nobili, præsidatu Aquitanos tuebatur; filioque ejus Tetrico cæsarea insignia impartiuntur. At Romæ Gallienus pacata omnia, ignaris publici mali, improbe suadebat, crebro etiam, uti rebus ex voluntate gestis solet, ludos ac festa triumphorum, quo promptius simulata confirmarentur, exercens. Sed postquam periculum propinquabat, tandem Urbe egreditur. Namque Aureolus, quum per Rhætias legionibus præesset, excitus, uti mos est, socordia tam ignavi ducis, sumpto imperio, Romam contendebat. Eum Gallienus apud pontem, cui ex eo Aureoli nomen est, fusum acie Mediolanum coegit. Quam urbem dum machinationibus omnis generis oppugnat, ab suis interiit. Quippe Aureolus, ubi solvendi obsidii spem inanem videt, ducum Gallieni tribunorumque nomina, quasi destinata ab eo ad necem, astu composuit[84], litterasque e muro, quam occultissime potuit, abjecit; quæ forte a memoratis repertæ, metum suspicionemque injecere mandati exitii, verum eas effluxisse incuria ministrorum. Qua causa, Aureliani consilio, cujus gratia in exercitu atque honor præstabant, simulata proruptione hostium,

rusé, turbulent, cupide, formé, comme d'instinct, à
commettre toutes les fraudes, et non moins habile à les
cacher. Préposés aux vivres, et par cela même ennemis
acharnés des citoyens utiles et de la fortune des cultivateurs, ils savent néanmoins quelquefois être généreux
envers ceux par la faiblesse et au préjudice desquels ils
ont amassé leurs trésors. Cependant Victoria, après la
perte de Victorin, son fils, gagne les légions par une
forte somme d'argent, et, de leur aveu, proclame empereur Tetricus, d'une famille noble, et gouverneur de
l'Aquitaine; le fils de Tetricus obtient aussi les insignes
de césar. D'une autre part, à Rome, Gallien faisait croire
perfidement à ceux qui ignoraient les malheurs publics,
que tout l'empire était en paix; souvent même, selon
l'usage de ceux dont le seul but est de tromper, il faisait
célébrer des jeux et des fêtes triomphales, pour mieux
confirmer la réalité de ses mensonges. Mais pourtant à
l'approche du danger, il sort enfin de la ville. Car Aureolus, commandant des légions de la Rhétie, encouragé,
comme cela devait être, par l'indolence d'un si lâche
empereur, s'était emparé du pouvoir, et marchait droit
sur Rome. Gallien le défait auprès du pont appelé de
son nom le pont d'Aureolus, le contraint de se réfugier
à Milan; et, tandis qu'il attaque cette place avec des
machines de toute sorte, il est tué par ses propres soldats. Voici comment : Aureolus, désespérant de faire
lever le siége, dresse avec ruse de fausses listes, où il
inscrit les noms des chefs et des tribuns de l'armée de
Gallien, que l'empereur est censé vouloir faire périr;
puis ces tablettes sont jetées, le plus mystérieusement
possible, au pied des murailles. Le hasard veut qu'elles
soient trouvées par ceux dont elles portent les noms;
saisis de crainte, ils soupçonnent qu'un arrêt de mort
est signé contre eux, et que la négligence des suppôts de
Gallien a pu seule le faire tomber entre leurs mains. Aus-

nullis, uti re trepida ac repentina solet, tectum stipatoribus, tabernaculo educunt nocte intemperata; teloque trajicitur, cujusnam, per tenebras incertum. Ita auctoris necisne errore, an quia bono publico acciderat, inulta caedes fuit. Quanquam eo prolapsi mores sunt, uti suo, quam reipublicae, magisque potentiae, quam gloriae studio plures agant. Hinc quoque rerum vis ac nominum corrupta; quum plerumque potior flagitio, ubi armis superaverit, tyrannidem amotam vocaverit, damno publico oppressos. Quin etiam aliquanti pari libidine in coelestium numerum referuntur, aegre exsequiis digni. Queis ni fides rerum gestarum obstitisset, quae neque honestos praemiis memoriae frustrari sinit, neque improbis aeternam illustremque famam procedere; nequidquam peteretur virtus, quum verum illud atque unicum decus pessimo cuique gratia tribueretur, demptum impie bonis.

Denique Gallienum subacti a Claudio patres, quod ejus arbitrio imperium cepisset, divum dixere. Nam quum profluvio sanguinis, vulnere tam gravi, mortem sibi adesse intelligeret, insignia imperii ad Claudium destinaverat honore tribunatus Ticini retinentem praesidiariam

sitôt, sur l'avis d'Aurélien, qui jouissait, dans l'armée, de la plus haute considération, ils répandent la fausse nouvelle d'une sortie des assiégés. Comme il arrive toujours dans les moments de trouble et de surprise, Gallien sort de sa tente, sans gardes et au milieu des ténèbres de la nuit; et alors il est atteint d'un trait qui le perce de part en part, sans qu'on puisse, dans l'obscurité, reconnaître la main qui l'a décoché. Ce meurtre resta donc impuni, soit qu'on ne pût en découvrir l'auteur, soit qu'il fût regardé comme un événement heureux pour l'empire. Telle était, à cette époque, la décadence des mœurs, que la plupart des citoyens consultaient plutôt leur intérêt personnel que celui de l'État, et qu'ils immolaient la gloire à l'ambition du rang suprême. De là, les idées et les noms mêmes des choses étaient complétement dénaturés; ainsi, le plus criminel, que la victoire avait favorisé, prétendait avoir détruit la tyrannie, lorsqu'au préjudice même du bien public, il avait accablé ses rivaux. Par suite de cet aveuglement, on alla jusqu'à mettre au rang des dieux certains empereurs, qui méritaient à peine les honneurs de la sépulture. Si de telles apothéoses n'étaient flétries par l'impartiale histoire, qui ne permet pas que la mémoire des gens de bien reste sans honneur, et que les méchants conservent à jamais une illustre renommée, qui voudrait encore embrasser la vertu, dont le prix, le seul véritable, le seul glorieux, serait accordé par la faveur aux plus pervers des hommes, tandis qu'un sacrilége le ravirait aux plus saints des mortels?

Ainsi, les sénateurs, contraints par Claude, que Gallien avait désigné pour son successeur, donnèrent à l'infâme empereur le titre de divin. Au moment où des flots de sang s'échappaient de sa blessure si grave, Gallien comprit que sa fin était proche, et il envoya les ornements impériaux à Claude, alors tribun légionnaire et qui commandait la garnison de Ticinum. Nul doute que l'on

manum[85]. Quod sane extortum : quum neque Gallieni
flagitia, dum urbes erunt, occultari queant; et quisque
pessimus erit, par similisque semper ipsi habebitur :
adeo principes atque optimi mortalium, vitæ decore,
quam quæsitis nominibus atque compositis, quantum
conjiciatur, cœlum adeunt, seu fama hominum dei ce-
lebrantur modo! At senatus, comperto tali exitio, satellites propinquosque per scalas Gemonias præceps agendos
decrevit, patronoque fisci [86] in curiam perducto effossos
oculos pependisse satis constat; quum irruens vulgus,
pari clamore, Terram matrem deosque inferos precaretur, sedes impias uti Gallieno darent. Ac nisi Claudius,
confestim recepta Mediolani urbe[87], tanquam postulato
exercitus, parcendum, qui forte eorum supererant, præcepisset; nobilitas plebesque atrocius grassarentur. Et
patres quidem, præter commune Romani malum orbis,
stimulabat proprii ordinis contumelia : quia primus ipse,
metu socordiæ suæ, ne imperium ad optimos nobilium
transferretur, senatum militia vetuit; etiam adire exercitum. Huic novem annorum potentia fuit[88].

XXXIV. Claudius.

Sed Claudii imperium milites, quos fere contra inge-

n'eût extorqué les honneurs divins décernés au dernier empereur : car les forfaits de Gallien, tant qu'il existera des villes, ne pourront jamais rester dans l'oubli; et les monstres de scélératesse, dont il fut le digne émule, seront toujours mis en parallèle avec lui : tant il est vrai que les princes et les plus nobles des mortels méritent, autant qu'il est permis de le conjecturer, bien plus par la sainteté de leur vie que par les titres mensongers de l'adulation, l'entrée du ciel et la gloire d'être vénérés à l'égal des dieux par la reconnaissance des hommes! Cependant le sénat, informé des circonstances de la mort tragique de Gallien, ordonna que ses satellites et ses proches fussent précipités par les échelles des Gémonies; quant au préfet du fisc, il est assez constant qu'on l'amena dans la curie et qu'on lui arracha les yeux, qui demeurèrent suspendus le long de son visage. Le peuple, se précipitant alors de ce côté, conjurait à grands cris la Terre, notre mère commune, et les divinités infernales de plonger Gallien dans le séjour réservé aux impies. Et si Claude, aussitôt après la prise de Milan, n'eût prescrit, comme pour accéder à la demande de ses troupes, qu'on épargnât ceux des partisans de Gallien qui pouvaient vivre encore, la noblesse et le peuple se fussent portés à de plus atroces réactions. Pour ne parler ici que des sénateurs, outre le ressentiment des maux communs au monde romain, ils avaient encore celui de l'affront particulier que Gallien avait fait subir à leur ordre, lorsque, le premier de tous les empereurs, par l'effet de la crainte que lui inspirait son indolence, et pour que la puissance impériale ne pût être transférée aux plus illustres des patriciens, il leur avait interdit le service militaire, et même l'approche de l'armée. Gallien régna neuf ans.

XXXIV. Claude [II].

Les soldats, que le malheur des temps force, pour

nium perditæ res subigunt recta consulere, ubi afflicta omnia perspexere, avide approbant extolluntque, viri laborum patientis, æquique ac prorsus dediti reipublicæ: quippe ut longo intervallo Deciorum morem renovaverit [89]. Nam quum pellere Gothos cuperet, quos diuturnitas nimis validos, ac prope incolas effecerat, proditum ex libris Sibyllinis est, primum ordinis amplissimi victoriæ vovendum. Quumque is, qui esse videbatur, semet obtulisset, sibi potius id muneris competere ostendit, qui revera senatus atque omnium princeps erat. Ita nullo exercitus detrimento fusi barbari summotique, postquam imperator vitam reipublicæ dono dedit: adeo bonis salus civium ac longe sui memoria cariora sunt! Quæ non gloriæ modo, verum etiam ratione quadam posterorum felicitati proficiunt. Hoc siquidem Constantius et Constantinus, atque imperatores nostri.... Corporisque acceptior militibus [90], præmiorum spe, seu lasciviæ. Quo ægra asperiorque victoria fuit, dum, uti mos subditis erat, studio impune peccandi, remissa imperia promptius, quam utilia, defendunt.

XXXV. Aurelianus.

Ceterum Aurelianus, successu tanto vehementior, confestim, quasi belli reliquiæ superessent, in Persas

ainsi dire, contre leur nature, à prendre par hasard de sages résolutions, sentirent alors que tout était perdu : ils se hâtent donc d'approuver avec transport l'élection de Claude, personnage connu par sa patience dans les travaux, par sa justice et par un dévouement sans bornes aux intérêts de la patrie : car on le vit, après plus de deux siècles, renouveler l'exemple des Decius. Comme il désirait chasser les Goths, devenus par trop puissants et en quelque sorte citoyens de l'empire, il apprit, par les livres Sibyllins, que le premier des membres de l'ordre le plus illustre devait se dévouer pour assurer la victoire aux armes romaines; et, comme le sénateur, qui paraissait tenir ce rang, s'était volontairement offert, Claude prouva que ce devoir le regardait plus que tout autre, puisqu'il était réellement le prince du sénat et de tous les Romains. Ainsi les barbares furent mis en fuite et chassés, sans que l'armée romaine essuyât aucune perte, après que l'empereur eut sacrifié sa vie pour la république : tant il est vrai que les bons princes n'ont rien de plus cher que le salut des citoyens et le souvenir qu'ils doivent laisser après eux ! Noble calcul qui profite et à la gloire et au bonheur de la postérité. Tels furent, n'en doutons pas, les sentiments de Constance, de Constantin et de tous nos illustres empereurs.... Et il sut plaire aux soldats par ses qualités physiques, mais surtout par l'espoir qu'ils eurent avec lui des récompenses ou d'une licence extrême. Aussi la victoire fut-elle rude et pénible, à cause de l'habitude que les subordonnés, jaloux de commettre impunément toutes les fautes, avaient alors de suivre les ordres peu sévères, de préférence à ceux que dictait la nécessité.

XXXV. Aurélien.

Un si grand succès redouble l'ardeur martiale d'Aurélien, qui, pour en finir, en quelque sorte, avec les restes

progressus est. Queis deletis, Italiam repetivit, cujus urbes Alamannorum vexationibus affligebantur. Simul Germanis Gallia demotis, Tetrici, de quo supra commemoravimus, cæsæ legiones, proditore ipso duce. Nam Tetricus, quum Faustini præsidis dolo corruptis militibus plerumque peteretur, Aureliani per litteras præsidium imploraverat, eique adventanti, producta ad speciem acie, inter pugnam se dedit. Ita, uti rectore nullo solet, turbati ordines oppressi sunt : ipse post celsum biennii imperii in triumphum ductus, Lucaniæ correcturam, filioque veniam atque honorem senatorum cooptavit. Neque secus intra Urbem monetæ opifices deleti : qui, quam auctore Felicissimo rationali nummariam notam corrosissent, pœnæ metu bellum fecerant, usque eo grave, uti, per Cœlium montem congressi, septem fere millia bellatorum confecerint. His tot tantisque prospere gestis, fanum Romæ Soli magnificum constituit, donariis ornans opulentis. Ac ne unquam, quæ per Gallienum evenerant, acciderent, muris urbem quam validissimis laxiore ambitu circumsepit : simulque usus porcinæ carnis, quo plebi Romanæ affatim cederet, prudenter munificeque prospectavit : deletæque fiscales et quadruplatorum [91], quæ urbem miserabiliter affecerant, calumniæ, consumptis igni tabulis monumentisque hujusmodi negotiorum, atque ad Græciæ morem decreta abolitione [92]; inter quæ avaritiæ peculatum, provincia-

de la guerre, marche aussitôt contre les Perses. Après les avoir terrassés, il regagne l'Italie, dont les villes étaient désolées par les incursions des Alamannes. Il repousse en même temps les Germains de la Gaule, et taille en pièces, par la trahison même de leur chef, les légions de Tetricus, dont nous avons parlé plus haut. Voyant, en effet, que le gouverneur Faustinus avait gagné ses soldats, et lui dressait de fréquentes embûches, Tetricus avait imploré par lettres la protection d'Aurélien; puis, à l'approche de l'empereur, faisant avancer ses troupes, comme pour le combattre, il se rendit à lui pendant l'action. Aussi, comme il arrive toujours à une armée sans général, le désordre se mit dans ses rangs, et sa déroute fut complète. Quant à Tetricus, après deux ans de règne, traîné en triomphe, il obtint pour lui-même les fonctions de correcteur de la Lucanie, et pour son fils, le pardon du passé avec le titre de sénateur. Dans l'intérieur de Rome, Aurélien anéantit la faction des ouvriers, qui, à l'instigation du receveur Felicissimus, avaient altéré le poids et le titre des monnaies, puis, par crainte du châtiment, avaient levé l'étendard de la révolte, et d'une manière si terrible, que, dans un combat livré sur le mont Célius, ils tuèrent environ sept mille hommes de troupes impériales. Après tant d'exploits et de conquêtes, Aurélien éleva, dans Rome, au Soleil, un temple magnifique, qu'il orna des plus riches présents; et, pour prévenir à jamais les invasions causées par l'indolence de Gallien, il agrandit considérablement l'enceinte de la ville, qu'il entoura de murailles inexpugnables : dans le même temps, pour céder aux désirs empressés du peuple romain, il établit avec autant de sagesse que de somptuosité des distributions de chair de porc : il abolit les délations fiscales et les rapports calomnieux des quadruplateurs, fléaux des citoyens qu'ils ruinaient; il livra aux flammes les registres et toutes les

rum prædatores, contra morem militarium, quorum e numero erat, immane quantum insectabatur. Qua causa, ministri scelere, cui secretorum officium crediderat, circumventus, apud Cœnofrurium interiit : quum ille, prædæ conscientia delictique, scripta callide composita tribunis, quasi per gratiam, prodidisset, quibus interfici jubebantur : illique, eo metu accensi, facinus patravere. Interea milites, omisso principe, legatos statim Romam destinant, uti suopte arbitratu patres imperatorem deligerent. Quibus hoc ipsorum potissimum convenire munus respondentibus, rursum legiones ad eos rejiciunt. Ita utrinque pudore ac modestia decertabatur, rara in hominibus virtute, rebus præsertim hujusmodi, ac prope ignota militibus. Tantum ille vir severitate atque incorruptis artibus potuit, ut ejus necis auctoribus exitio, pravis metui, stimulo dubiis, optimo cuique desiderio, nemini insolentiæ aut ostentationi esset [93]. Atque etiam soli, quasi Romulo, interregni species obvenit, longe vero gloriosior. Quod factum præcipue edocuit, cuncta in orbis modo verti ; nihilque accidere, quod rursum naturæ vis ferre nequeat ævi spatio. Adhuc virtutibus principum res attolli facile, vel afflictas, easque firmiores præceps vitiis dari.

pièces qui avaient rapport à ce trafic honteux; ensuite, il publia une amnistie à l'exemple de la Grèce; enfin, contrairement à l'usage des gens de guerre, dont il faisait partie, il poursuivit avec la dernière rigueur ceux qui, par avarice, s'étaient rendus coupables de péculat et de déprédations dans les provinces. Cette sévérité fut cause qu'il périt, près de Cénofrurium, par la trahison de son secrétaire : ce ministre criminel, dont la conscience était chargée de nombreuses rapines, remit aux tribuns militaires, comme une preuve d'intérêt de sa part, un écrit simulé avec une adresse perfide, et qui contenait l'ordre de les faire périr : la crainte les saisit, et ils assassinèrent Aurélien. Cependant, après la mort de leur prince, les soldats envoient aussitôt à Rome une députation au sénat pour l'inviter à élire un empereur. Le sénat répond que cette élection convient plus spécialement à l'armée; mais les troupes persistent à la renvoyer aux sénateurs. On vit alors, de part et d'autre, un combat d'honneur et de modération : mérite bien rare parmi les hommes, surtout en pareille circonstance, et presque inconnu des soldats. Tel était l'ascendant des mœurs sévères et incorruptibles d'Aurélien, que l'assassinat de ce héros fut un arrêt de mort pour ses meurtriers, un sujet de crainte pour les méchants, un stimulant au bien pour ceux qui flottaient entre le vice et la vertu, une source de regrets pour tous les bons citoyens, et que personne n'osa ni s'en prévaloir, ni en faire parade. Après lui seul, comme après Romulus, il y eut une sorte d'interrègne, mais beaucoup plus glorieux encore : exemple qui prouve bien que tout est révolution dans le monde, et qu'il n'arrive rien que la force de la nature ne puisse reproduire après un certain laps de temps; que les vertus des princes relèvent facilement les empires même abattus, tandis que leurs vices précipitent la ruine des États le plus solidement affermis.

XXXVI. Tacitus et Florianus.

Igitur tandem senatus, mense circiter post Aureliani interitum sexto, Tacitum e consularibus, mitem sane virum, imperatorem creat; cunctis fere lætioribus, quod militari ferocia legendi jus principis proceres recepissent. Quæ tamen lætitia brevis, neque exitu tolerabili fuit. Namque Tacito confestim a ducentesima regni luce Tyanæ mortuo; quum tamen prius auctores Aureliani necis, maximeque Mucaperem ducem, quod ipsius ictu occiderat, excruciavisset; Florianus, ejusdem frater, nullo senatus seu militum consulto, imperium invaserat.

XXXVII. Probus.

Qui, uno mense aut altero vix retentata dominatione, apud Tarsum ab suis interficitur. Post quem, Probum, in Illyrico factum, accepere[94], ingenti belli scientia exercitandisque varie militibus ac duranda juventute prope Hannibalem alterum. Namque ut ille oleis Africæ pleraque per legiones, quarum otium reipublicæ atque ductoribus suspectum rebatur, eodem modo hic Galliam Pannoniasque et Mœsorum colles vinetis replevit[95]: postea sane quam barbarorum attritæ gentes sunt, quæ, nostris principibus suorum scelere interfectis, irruperant; simul cæsis, Saturnino per Orientem, Agrippinæ Bonoso [cum] exercitu: nam utrique dominatum tentaverant, sumpta, cui duces præerant, manu. Qua causa, receptis omnibus

XXXVI. Tacite et Florien.

Enfin, six mois environ après la mort d'Aurélien, le sénat choisit pour empereur Tacite, personnage consulaire, et qui était la douceur même; ce fut une joie presque universelle de voir la fierté farouche du soldat laisser reprendre aux patriciens le droit d'élire un prince. Cependant cette joie dura peu, et se termina par un événement inouï. Tacite mourut subitement à Tyane, le septième mois de son règne; mais déjà il avait puni du dernier supplice les auteurs du meurtre d'Aurélien, et surtout Mucaper, un des chefs de l'armée, qui avait porté le coup mortel. Alors Florien, frère de Tacite, s'était emparé de l'empire, sans attendre l'assentiment des sénateurs ou des légions.

XXXVII. Probus.

Après un ou deux mois à peine d'une domination précaire, Florien est massacré, près de Tarse, par son armée, qui reçoit ensuite de l'Illyrie la nouvelle de l'avénement de Probus, capitaine très-habile dans la science de la guerre, et presque un autre Annibal dans l'art d'exercer les troupes et d'endurcir la jeunesse à toute espèce de travaux. En effet, à l'exemple du Carthaginois, qui avait employé ses légions à planter des oliviers dans presque toute l'Afrique, pour empêcher leur oisiveté de devenir funeste à la république et à leurs généraux, Probus remplit de vignes, plantées par ses soldats, la Gaule, les Pannonies et les collines des Mésiens : mais avant tout, il avait brisé les efforts des nations barbares, qui, profitant de la mort de nos princes, assassinés par le crime de leurs sujets, avaient fait invasion dans l'empire. En même temps, il détruisait avec leur armée Saturninus en Orient, et Bonose à Cologne : car tous deux, avec l'aide des légions qu'ils commandaient, avaient essayé

pacatisque, dixisse proditur, brevi milites frustra fore. Hinc denique magis irritati paulo cis sextum annum apud Sirmium trucidavere, quum ad siccandam lacunis ac fossa urbem ipsi patriam adigerentur, quæ palustri solo hiemalibus aquis corrumpitur. Abhinc militaris potentia convaluit, ac senatui imperium creandique jus principis ereptum ad nostram memoriam : incertum, an, ipso cupiente, per desidiam, an metu seu dissensionum odio. Quippe amisso Gallieni edicto, refici militia potuit, concedentibus modeste legionibus, Tacito regnante, neque Florianus temere invasisset, aut judicio manipularium cuiquam, bono licet, imperium daretur, amplissimo ac tanto ordine in castris degente. Verum dum oblectantur otio, simulque divitiis pavent, quarum usum affluentiamque æternitate majus putant, munivere militaribus ac pæne barbaris viam in se ac posteros dominandi.

XXXVIII. Carus, Carinus et Numerianus.

Igitur Carus, præfectura pollens prætorii, augusto habitu, liberis cæsaribus[96], Carino Numerianoque. Et quoniam, cognita Probi morte, barbarorum quique opportune invaserant, misso ad munimentum Galliæ majore filio, Numeriani comitatu in Mesopotamiam pergit protinus; quod ea Persarum quasi solenni bello subest.

d'usurper le souverain pouvoir. Après avoir tout soumis, tout pacifié, Probus eut l'imprudence de dire, à ce sujet, que bientôt on n'aurait plus besoin de soldats. Vivement irritées de cette parole, les troupes l'égorgèrent, vers la fin de la sixième année de son règne, près de Sirmium, sa ville natale, où il leur avait prescrit, en y creusant des fossés et des canaux, de dessécher les marais formés dans les environs par les pluies d'hiver. Dès lors la puissance militaire reprit tout son ascendant sur l'autorité du sénat, qui, jusqu'à nos jours, est resté privé du droit d'élire les empereurs : on ne sait s'il y renonça volontairement, ou par insouciance, ou par crainte, ou par aversion des troubles civils. Car l'édit de Gallien une fois révoqué, il lui eût été facile de rétablir la discipline militaire, d'après la conduite modérée des légions, sous le règne de Tacite, et Florien n'eût point témérairement usurpé le pouvoir; la soldatesque enfin n'aurait pas osé, suivant son caprice, donner l'empire, même à un citoyen vertueux, si les membres d'un ordre aussi considérable et aussi distingué que le sénat avaient passé leur vie dans les camps. Mais en s'abandonnant aux charmes du repos et à la crainte de perdre leurs richesses, dont ils se flattaient de jouir pleinement au delà même de l'éternité, ils frayèrent aux soldats, j'ai presque dit aux barbares, la voie de la domination et sur eux et sur leurs descendants.

XXXVIII. Carus, Carin et Numérien.

Carus, préfet du prétoire, prend alors les ornements impériaux, et nomme césars ses deux fils Carin et Numérien. Comme les barbares, à la nouvelle de la mort de Probus, avaient jugé le moment favorable pour envahir, chacun de son côté, les provinces romaines, Carus envoie son fils aîné à la défense de la Gaule, et part aussitôt lui-même avec Numérien pour la Mésopotamie, que

Ubi, fusis hostibus, dum gloriæ inconsulte avidior, Ctesiphonta, urbem Parthiæ inclytam, transgreditur, fulminis tactu conflagravit 97. Id quidam jure ei accidisse referunt. Nam quum oracula docuissent, adusque oppidum memoratum perveniri victoria licere, longius delatus, pœnas luit. Proinde arduum fatalia devertere; eoque futuri notio superflua. At Numerianus, amisso patre simul confectum æstimans bellum, quum exercitum reductaret, Apri, præfecti prætorio, soceri, insidiis exstinguitur; queis casum detulit adolescentis oculorum dolor. Denique diu facinus occultatum, dum clausum lectica cadaver, specie ægri, ne vento obtunderetur acies, gestabatur.

XXXIX. Valerius Diocletianus.

Sed postquam odore tabescentium membrorum scelus proditum est, ducum consilio tribunorumque Valerius Diocletianus, domesticos regens 98, ob sapientiam deligitur, magnus vir, his moribus tamen : quippe qui primus, ex auro veste quæsita, serici ac purpuræ gemmarumque vim plantis concupiverit. Quæ quanquam plus, quam civilia, tumidique et affluentis animi; levia tamen præ ceteris. Namque se primus omnium, Caligulam post Domitianumque, dominum palam dici passus, et adorari se, appellarique uti deum. Queis rebus, quantum ingenium

sa position mettait continuellement en butte aux attaques des Perses. Là, il bat l'ennemi; mais cédant à une ardeur de gloire trop irréfléchie, il pousse jusqu'à Ctésiphon, ville célèbre des Parthes, et en la traversant, il est frappé d'un coup de foudre. Quelques-uns rapportent qu'il avait mérité de périr ainsi, parce que les oracles l'avaient averti que la victoire lui permettait de s'avancer seulement jusqu'à cette ville; mais en la dépassant, il fut justement puni. Il est donc impossible de détourner l'arrêt du destin; et dès lors la connaissance de l'avenir est superflue. Numérien, après avoir perdu son père, regarda la guerre comme terminée; il ramenait les troupes, lorsqu'il succomba sous les embûches d'Aper, préfet du prétoire, dont il était le gendre. Une ophthalmie du jeune prince donna lieu à ce forfait, qui resta longtemps caché, parce qu'on portait le mort dans une litière bien close, comme s'il n'eût toujours été que malade, et sous prétexte que le vent pourrait lui blesser la vue.

XXXIX. Valerius Dioclétien.

Mais après que l'odeur des membres tombés en putréfaction eut révélé le crime, les chefs de l'armée et les tribuns choisissent pour empereur le sage Valerius Dioclétien, commandant des gardes de l'intérieur du palais : c'était un grand homme, mais avec plus d'un défaut de caractère : ainsi, par exemple, le premier des empereurs, il voulut porter un manteau tout brodé d'or, des chaussures de pourpre et de l'étoffe précieuse des Sères, étincelantes de mille pierreries : magnificence plus qu'indigne d'un citoyen de Rome, et qui trahissait une âme orgueilleuse et vaine, mais qui pourtant n'était rien en comparaison de ce que je vais ajouter. Car, depuis Caligula et Domitien, il fut le premier qui souffrit qu'on l'appelât ouvertement seigneur, et qu'on lui prodiguât les adora-

est, compertum habeo, humillimos quosque, maxime ubi alta accesserunt, superbia atque ambitione immodicos esse. Hinc Marius, patrum memoria; hinc iste nostra, communem habitum supergressi, dum animus potentiæ expers, tanquam inedia refecti, insatiabilis est. Quo mihi mirum videtur, nobilitati plerosque superbiam dare; quæ, gentis patriciæ memor, molestiarum, queis agitatur, remedio, eminere paululum pluris habet. Verum hæc in Valerio obducta ceteris bonis; coquo ipso, quod dominum dici passus, parentem egit : satisque constat, prudentem virum [99] edocere voluisse, atrocitatem rerum magis, quam nominum, officere.

Interim Carinus, eorum, quæ acciderant, certior, spe, facilius erumpentes motus sedatum iri, Illyricum propere Italiæ circuitu petit. Ibi Julianum, pulsa ejus acie, obtruncat. Namque is, quum Venetos correctura ageret [100], Cari morte cognita, imperium avens eripere, adventanti hosti obviam processit. At Carinus, ubi Mœsiam contigit, illico Margum juxta Diocletiano congressus, dum victos avide premeret, suorum ictu interiit, quod, libidine impatiens, militarium nuptas affectabat : quarum infestiores viri iram tamen doloremque in eventum belli distulerant. Quo prosperius cedente, metu, ne hujusmodi ingenium magis magisque victoria insolesceret, sese ulti sunt. Is finis Caro liberisque : Narbone patria [101], imperium biennii fuere.

tions et le titre de dieu : exemple qui me prouve, autant que j'en puis juger, que les hommes, parvenus de la condition la plus basse aux plus hautes dignités, ne mettent plus de bornes à leur orgueil et à leur ambition. Ainsi Marius, du temps de nos pères, et ce même Dioclétien, dans notre siècle, après s'être élevés au-dessus de l'humble position de la vie privée, qui ne leur donnait aucune puissance, se montrèrent insatiables de pouvoir, comme celui qu'une longue diète pousse aux excès de l'intempérance. D'où je m'étonne de voir tant de gens reprocher aux nobles une fierté, que peut leur inspirer le souvenir de l'illustration de leurs aïeux, et qui est une compensation aux épreuves cruelles dont ils sont agités. Au reste, chez Dioclétien, ces vices furent effacés par beaucoup de qualités estimables ; car, s'il se fit appeler seigneur, il se comporta comme un père : et il est assez constant que ce sage prince voulut démontrer que les attentats les plus funestes sont plutôt dans les choses que dans les noms.

Cependant Carin, instruit de ce qui avait eu lieu, et dans l'espoir de comprimer aisément les troubles qui éclataient, se hâte, par un détour en Italie, de gagner rapidement l'Illyrie. Là, vainqueur de Julianus, il le fait égorger. Ce Julianus était correcteur chez les Vénètes, lorsqu'il apprit la mort de Carus ; impatient d'arracher l'empire à son ennemi, il accourut pour le combattre. Mais Carin, arrivé sur les frontières de la Mésie, livre aussitôt bataille à Dioclétien, près de Margus ; et tandis qu'il poursuit vivement les fuyards, il est tué par ses tribuns, dont il déshonorait les femmes, dans sa passion effrénée pour la débauche : les maris outragés voulaient faire trêve à leur indignation et à leur ressentiment jusqu'à l'issue de la guerre ; mais la crainte que le succès ne rendît le caractère de Carin de plus en plus insolent, les poussa à la vengeance. Telle fut la fin de Carus et de ses deux fils ; nés à Narbonne, ils avaient régné deux ans.

Igitur Valerius prima ad exercitum concione, quum, educto gladio, solem intuens, obtestaretur, ignarum cladis Numeriani, neque imperii cupientem se fuisse, Aprum, proxime adstantem, ictu transegit; cujus dolo, uti supra docuimus, adolescens bonus facundusque et gener occiderat. Ceteris venia data, retentique hostium fere omnes, ac maxime vir insignis Aristobulus, præfectus prætorio, per officia sua. Quæ res post memoriam humanam nova atque inopinabilis fuit, civili bello, fortunis, fama, dignitate, spoliatum neminem: quum pie admodum mansueteque geri lætemur, exsilio, proscriptioni, atque etiam suppliciis et cædibus modum fieri. Quid ea memorem, adscivisse consortio multos externosque, tuendi prolatandive gratia juris Romani? Namque ubi comperit Carini discessu, Ælianum Amandumque per Galliam, excita manu agrestium ac latronum, quos Bagaudas incolæ vocant, populatis late agris, plerasque urbium tentare; Maximianum statim, fidum amicitia, quanquam semiagrestem, militiæ tamen atque ingenio bonum, imperatorem jubet. Huic postea cultu numinis Herculei cognomentum accessit, uti Valerio Jovium: unde etiam militaribus auxiliis longe in exercitum præstantibus nomen impositum.

Sed Herculius, in Galliam profectus, fusis hostibus aut acceptis, quieta omnia brevi patraverat. Quo bello Carausius, Menapiæ civis, factis promptioribus eni-

Dans la première allocution qu'adressa Valerius à son armée, il tira son glaive, et, les regards fixés sur le soleil, il le prit à témoin qu'il ignorait le meurtre de Numérien, et qu'il n'avait pas désiré l'empire; puis, se tournant du côté d'Aper, alors debout près de lui, il perça de son épée ce traître, qui, nous l'avons dit plus haut, avait fait périr un jeune prince, bon, éloquent, et gendre de son meurtrier. Dioclétien pardonna à tous les complices d'Aper; il retint même auprès de sa personne la plupart de ses ennemis, entre autres Aristobule, personnage très-considéré, qu'il laissa préfet du prétoire : exemple inouï, de mémoire d'homme, clémence inespérée! Personne, dans une guerre civile, ne fut dépouillé de ses biens, de son honneur, de ses dignités : et pourtant alors nous applaudissons à la douceur et à l'humanité du vainqueur, lorsque seulement il fait trêve aux exils, aux proscriptions, aux supplices et aux massacres. Rappellerai-je encore que Dioclétien associa à son pouvoir plusieurs citoyens et même des étrangers, soit pour protéger, soit pour étendre les droits de l'empire romain? Car, à la nouvelle qu'après le départ de Carin, Élianus et Amandus avaient rassemblé dans la Gaule une troupe de pâtres et de brigands, appelés Bagaudes par les naturels du pays, et qu'après avoir ravagé au loin les campagnes, ils tentaient de pénétrer dans la plupart des villes; il se hâte de créer empereur Maximien, son ami fidèle, demi-barbare, il est vrai, mais doué d'une grande habileté pour la guerre et de beaucoup de jugement. Dans la suite, Maximien prit le surnom d'Herculius, du nom d'Hercule, sa divinité favorite, comme Dioclétien prit celui de Jovius : et l'on appliqua même ces deux surnoms aux légions auxiliaires qui se distinguaient le plus dans l'armée.

Herculius partit ensuite pour la Gaule, qu'il eut bientôt entièrement pacifiée par la défaite ou par la soumission de l'ennemi. Dans cette guerre, le Mé-

tuit; eoque cum, simul quia gubernandi (quo officio adolescentiam mercede exercuerat) gnarus habebatur, parandae classi ac propulsandis Germanis, maria infestantibus, praefecere. Hoc elatior, quum parum multos opprimeret [102], neque praedae omnia in aerarium referret, Herculii metu, a quo se caedi jussum compererat, Britanniam, hausto imperio, capessivit. Eodem tempore, Orientem Persae, Africam Julianus, ac nationes Quinquegentanae graviter quatiebant. Adhuc apud Ægyptii Alexandriam Achilleus nomine dominationis insignia induerat. His de causis, Julium Constantium, Galerium Maximianum, cui cognomen Armentario erat, creatos caesares, in affinitatem vocant. Prior Herculii privignam, alter Diocletiano editam sortiuntur, diremptis prioribus conjugiis; ut in Nerone Tiberio ac Julia filia Augustus quondam fecerat. His sane omnibus Illyricum patria fuit; qui, quanquam humanitatis parum, ruris tamen ac militiae miseriis imbuti, satis optimi reipublicae fuere. Quare constat, sanctos prudentesque sensu mali promptius fieri; contraque expertes aerumnarum, dum opibus suis cunctos aestimant, minus consulere. Sed horum concordia maxime edocuit, virtuti ingenium, usumque bonae militiae, quanta his Aureliani Probique institutio fuit, paene sat esse. Denique Valerium, ut parentem, seu dei magni suspiciebant modo : quod quale quantumque sit, ab Urbis conditore ad

napien Carausius se signala par de hauts faits; et, comme il était fort habile dans la manœuvre des vaisseaux, métier que, dès sa jeunesse, il avait exercé pour vivre, les deux empereurs le chargèrent d'équiper une flotte et de repousser les Germains qui infestaient les mers. Fier de cette mission, comme il ne détruisit qu'un assez faible nombre de barbares, et qu'il fut loin de verser au trésor tout le butin conquis, craignant Herculius, et informé de l'ordre que ce prince avait donné de le mettre à mort, il prit le titre d'empereur, et s'empara de la Grande-Bretagne. A la même époque, l'Orient était fortement ébranlé par les Perses, l'Afrique par Julianus et par les nations quinquégentanes. Ajoutez qu'un certain Achilleus usurpait à Alexandrie en Égypte les insignes de la domination impériale. Ces événements déterminent les deux empereurs à s'associer, en les créant césars, Jules Constance et Galerius Maximin, surnommé Armentarius. Le premier épouse la belle-fille d'Herculius; le second, la fille de Dioclétien, après avoir tous deux répudié leur première femme, ainsi qu'Auguste l'avait autrefois exigé de Tibère Néron, quand il lui donna en mariage sa fille Julie. Tous ces princes étaient Illyriens de naissance; quoique peu civilisés, mais endurcis aux rudes travaux de la campagne et de la guerre, ils rendirent à l'État d'assez importants services. Ce qui prouve que le sentiment du malheur donne plus vite à l'homme la sagesse et la vertu; tandis que ceux qui n'ont jamais connu l'infortune, en n'estimant leurs semblables qu'autant qu'ils sont riches, montrent beaucoup moins de pénétration. Au reste, la concorde qui régna entre ces princes fit bien voir que leurs qualités naturelles et leur expérience dans l'art militaire, qu'ils avaient appris à l'école d'Aurélien et de Probus, pouvaient presque leur tenir lieu des vertus qu'ils n'avaient pas. Enfin, ils honoraient Valerius comme un père, et même à l'égal d'un dieu puissant : or, ce qui

nostram ætatem propinquorum facinoribus patefactum
est.

Et quoniam bellorum moles, de qua supra memoravimus, acrius urgebat, quasi partito imperio, cuncta, quæ trans Alpes Galliæ sunt, Constantio commissa; Africa Italiaque Herculio; Illyricique ora adusque Ponti fretum, Galerio; cetera Valerius retentavit. Hinc denique parti Italiæ invectum tributorum ingens malum. Nam quum omnis eadem functione moderataque ageret, quo exercitus atque imperator, qui semper aut maxima parte aderant, ali possent; pensionibus inducta lex nova. Quæ sane illorum temporum modestia tolerabilis, in perniciem processit, his tempestatibus. Interim, Jovio Alexandriam profecto, provincia credita Galerio cæsari, uti, relictis finibus, in Mesopotamiam progrederetur, ad arcendos Persarum impetus. A queis primo graviter vexatus, contracto confestim exercitu e veteranis ac tironibus, per Armeniam in hostes contendit : quæ ferme sola seu facilior vincendi via est. Denique ibidem Narseum regem in ditionem subegit : simul liberos conjugesque et aulam regiam. Adeo victor, ut ni Valerius, cujus nutu omnia gerebantur, incertum qua causa, abnuisset, Romani fasces in provinciam novam ferrentur.

Verum pars terrarum tamen nobis utilior quæsita : quæ quum acrius reposcuntur, bellum recens susceptum est, grave admodum perniciosumque. At in Ægypto Achil-

donne encore plus d'éclat et de relief à de tels sentiments, ce sont les crimes commis entre les proches parents, depuis la fondation de Rome jusqu'à notre siècle.

Comme le poids des guerres dont nous avons parlé précédemment devenait plus écrasant chaque jour, les deux empereurs et les deux césars firent entre eux une sorte de partage de l'empire : toutes les provinces au delà des Alpes Gauloises furent confiées à Constance; Herculius eut l'Afrique et l'Italie; Galerius, toutes les côtes de l'Illyrie jusqu'au Pont-Euxin; Valerius se réserva tout le reste. Bientôt une partie de l'Italie fut soumise à des tributs plus qu'onéreux. Jusqu'alors elle était seule chargée de fournir, dans une proportion modérée, des vivres à l'armée et à l'empereur, qui toujours ou presque toujours y faisaient leur résidence; on augmenta l'impôt, en vertu d'une loi nouvelle. Supportable toutefois à cette époque, parce qu'il n'était pas excessif, il est devenu, de notre temps, un fléau pernicieux. Cependant Jovius s'était mis en marche vers Alexandrie, après avoir confié au césar Galerius la mission de quitter les frontières illyriennes, pour s'avancer en Mésopotamie, afin d'arrêter les incursions des Perses. D'abord très-maltraité par ces peuples, Galerius rassemble à la hâte une armée de vétérans et de nouvelles recrues, avec laquelle il marche contre l'ennemi, en traversant l'Arménie : ce qui est le moyen le plus facile, et peut-être le seul, de vaincre les Perses. Enfin là, il fait prisonniers le roi Narsès, ses enfants, ses femmes et toute sa cour. La victoire fut si complète, que, sans un refus de Valerius à la volonté toute-puissante, refus dont le motif est incertain, les faisceaux de Rome eussent été portés dans une province nouvelle.

Cependant la partie la plus utile de cette contrée nous resta; mais comme les Perses redoublèrent d'acharnement pour nous reprendre cette conquête, ce fut le su-

leus, facili negotio pulsus, pœnas luit. Per Africam gestæ res pari modo; solique Carausio remissum insulæ imperium, postquam jussis ac munimento incolarum contra gentes bellicosas opportunior habitus. Quem sane sexennio post Allectus nomine dolo circumvenit. Qui, quum ejus permissu summæ rei præesset, flagitiorum et ob ea mortis formidine, per scelus imperium extorserat. Quo usum brevi, Constantius, Asclepiodoto, qui prætorianis præfectus præerat, cum parte classis ac legionum præmisso, delevit. Et interea cæsi Marcomanni, Carporumque natio translata omnis in nostrum solum; cujus fere pars jam tum ab Aureliano erat [103].

Neque minore studio pacis officia vincta legibus a quissimis, ac remoto pestilenti frumentariorum genere [104], quorum nunc Agentes rerum simillimi sunt. Qui quum ad explorandum annuntiandumque, qui forte in provinciis motus exsisterent, instituti viderentur; compositis nefarie criminationibus, injecto passim metu, præcipue remotissimo cuique, cuncta fœde diripiebant. Simul annona Urbis ac stipendiariorum salus anxie sollicitèque habita; honestiorumque provectu, et e contra, suppliciis flagitiosi cujusque, virtutum studia augebantur. Veterrimæ religiones castissime curatæ. Ac mirum in modum novis adhuc cultisque mœnibus, Romana culmina et ceteræ urbes ornatæ; maxime Carthago, Mediolanum, Nicomedia.

jet d'une guerre nouvelle, non moins sanglante que funeste. Sur ces entrefaites, en Égypte, Achilleus, battu sans peine, fut puni de son usurpation. En Afrique, les armes romaines eurent un égal succès; Carausius seul obtint la concession de la Grande-Bretagne, quand on fut persuadé qu'avec les ordres et le concours efficace des habitants de l'île, nul n'était plus capable que lui de résister à des peuples belliqueux. Six ans après, il périt par la trahison d'un nommé Allectus, tout à la fois son subordonné et son collègue. Cet homme, qui redoutait la mort à cause de ses forfaits, avait, par un crime, envahi le pouvoir. Il n'en jouit pas longtemps; car Constance le renversa en faisant marcher contre lui Asclépiodote, préfet du prétoire, avec une partie de la flotte et des légions. A cette même époque, les Marcomans furent taillés en pièces, et la nation des Carpiens, déjà transportée en partie par Aurélien sur notre territoire, y passa tout entière.

On ne montra pas moins de zèle à s'astreindre aux devoirs de la paix; les lois les plus équitables furent établies, et l'on destitua les agents des subsistances (*frumentaires?*), véritables fléaux publics, auxquels ne ressemblent que trop ceux qui remplissent aujourd'hui les mêmes fonctions. Ces hommes, qui semblaient avoir été établis dans les provinces pour observer et faire connaître les mouvements séditieux qui pouvaient s'y élever, ne songeaient qu'à inventer de criminelles accusations, et au moyen de la terreur universelle qu'ils inspiraient, principalement aux citoyens les plus éloignés de Rome, ils exerçaient partout de honteuses rapines. L'approvisionnement de la capitale et les intérêts des contribuables provoquèrent alors les soins empressés et la vive sollicitude des empereurs; en récompensant le mérite, et en punissant sévèrement le crime, ils excitèrent une heureuse émulation pour la vertu. Le culte des anciens dieux fut entretenu

Neque tamen, quum hæc agerent, extra vitia fuerunt.
Quippe Herculius libidine tanta agebatur, ut ne ab obsidum corporibus quidem animi labem comprimeret.
Valerio parum honesta in amicos fides erat, discordiarum
sane metu; dum enuntiationibus posse agitari quietem
consortii putat. Hinc etiam quasi truncatæ vires Urbis,
imminuto prætoriarum cohortium atque in armis vulgi
numero [105]: quo quidem plures volunt imperium posuisse.
Namque imminentium scrutator, ubi fato intestinas
clades et quasi fragorem quemdam impendere comperit
status Romani; celebrato regni vicesimo anno, valentior
curam reipublicæ abjecit; quum in sententiam Herculium ægerrime traduxisset, cui anno minus potentia
fuerat. Et quanquam, aliis alia æstimantibus, veri gratia corrupta sit, nobis tamen excellenti natura videtur
ad communem vitam, spreto ambitu, descendisse.

XLI. *Constantius et Armentarius, Severus et Maximinus, item Constantinus et Maxentius.*

Igitur Constantio Armentarioque his succedentibus,
Severus Maximinusque, Illyricorum indigenæ, cæsares,
prior Italiam, posterior in quæ Jovius obtinuerat, desti-

dans toute sa pureté; de nouvelles constructions vinrent, comme par enchantement, embellir encore la majesté grandiose de Rome et des autres principales villes de l'empire, surtout Carthage, Milan, Nicomédie. Malgré ces belles actions, les deux empereurs n'étaient point exempts de vices. Ainsi Herculius se laissait emporter à de tels excès de débauche, que, dans ses goûts infâmes, il ne respectait pas même la personne des otages. Valerius témoignait envers ses amis une méfiance peu honorable pour eux, sans doute par crainte des discordes, à la suite de rapports perfides, qui pouvaient, selon lui, troubler la paix de l'intimité des gouvernants. Aussi, il paralysa, en quelque sorte, la défense de la capitale, en diminuant le nombre des cohortes prétoriennes et des citoyens armés : et dès lors il prit, disent plusieurs historiens, la résolution d'abdiquer. En effet, lorsque son génie scrutateur lui eut révélé des périls imminents, des guerres civiles marquées par le destin, et une sorte de bouleversement qui menaçait l'empire, il célébra la vingtième année de son règne, et, quoiqu'il eût encore toutes ses forces physiques et morales, il déposa les rênes du gouvernement. Ce fut avec la plus grande peine qu'il fit partager sa résolution à Herculius, qui avait régné un an de moins. Bien que l'incertitude d'une foule d'opinions diverses ait, au sujet de cette abdication, obscurci l'éclat de la vérité, nous pensons qu'il n'appartient qu'à un excellent naturel de mépriser ainsi la puissance, et d'aspirer à descendre du faîte des grandeurs à l'humble condition de la vie privée.

XL. Constance et Armentarius, Sévère et Maximin, Constantin et Maxence.

Ainsi Constance et Armentarius succédèrent à Dioclétien et à Maximien : Sévère et Maximin, d'origine illyrienne, furent créés césars; le premier eut l'Italie; le

nantur. Quod tolerare nequiens Constantinus, cujus jam tum a puero ingens potensque animus ardore imperitandi agitabatur, fugæ commento, quum ad frustrandos insequentes publica jumenta, quaqua iter egerat, interficeret, in Britanniam pervenit : nam is a Galerio religionis specie, ad vicem obsidis tenebatur. Et forte iisdem diebus ibidem Constantium patrem vitæ ultima agebant. Quo mortuo, cunctis, qui aderant, annitentibus, imperium capit. Interim Romæ vulgus turmæque prætoriæ Maxentium, retractante diu patre Herculio, imperatorem confirmant. Quod ubi Armentarius accepit, Severum cæsarem, qui casu ad Urbem erat, arma in hostem ferre propere jubet. Is circum muros quum ageret, desertus a suis, quos præmiorum illecebris Maxentius traduxerat, fugiens, obsessusque Ravennæ obiit. Hoc acrior Galerius, adscito in consilium Jovio, Licinium vetere cognitum amicitia cæsarem, creat augustum; eoque ad munimentum Illyrici ac Thraciæ relicto, Romam contendit. Ibi quum obsidione distineretur, militibus eadem, qua superiores, via attentatis, metu ne desereretur, Italia decessit; pauloque post vulnere pestilenti consumptus est [106], quum agrum satis reipublicæ commodantem, cæsis immanibus silvis, atque emisso in Danubium lacu Pelsone apud Pannonios fecisset. Cujus gratia provinciam uxoris nomine Valeriam appellavit. Huic quinquennii imperium; Constantio annuum fuit : quum sane uterque po-

second, les provinces que Jovius s'était réservées. Mais ce partage parut intolérable à Constantin, qui, dès l'enfance, doué d'un haut et puissant génie, se montrait dévoré de l'ambition de commander; il prit donc la fuite, et, pour frustrer dans leur espoir ceux qui le poursuivaient, partout sur son passage il tua les chevaux de service public, et se rendit dans la Grande-Bretagne, échappant ainsi à Galerius, qui le retenait en otage sous un prétexte de religion. Le hasard voulut qu'il arrivât précisément à l'époque où Constance[1], son père, touchait à sa dernière heure. Il meurt, et de l'accord unanime de tous les assistants, Constantin prend l'empire. Cependant à Rome le peuple et les prétoriens confirment aussi l'élection de Maxence, malgré la longue résistance d'Herculius, son père. A cette nouvelle, Armentarius ordonne au césar Sévère, qui par hasard se trouvait près de Rome, d'attaquer aussitôt l'ennemi. Au moment où Sévère arrive sous les murs de la capitale, il est abandonné de ses troupes, que Maxence a gagnées à prix d'or; il s'enfuit et meurt assiégé dans Ravenne. Alors Galerius, de plus en plus irrité, prend les conseils de Dioclétien, nomme auguste le césar Licinius, avec lequel il était lié d'une vieille amitié, le charge de défendre l'Illyrie et la Thrace, et marche lui-même sur Rome. Comme le siége de cette ville traînait en longueur, craignant que ses soldats, après s'être laissé séduire comme ceux de Sévère, ne vinssent aussi à l'abandonner, il quitta l'Italie; et peu de temps après, il mourut d'un ulcère pestilentiel. La république lui fut redevable d'un vaste terrain qu'il sut fertiliser, dans la Pannonie, en abattant d'immenses forêts, et en faisant écouler dans le Danube les eaux du lac Pelson. En mémoire d'une telle entreprise, il appela cette province Valeria, du nom de sa femme. Il avait régné cinq ans, et Constance une seule année : l'un et

[1] Chlore, le Pâle.

tentiam cæsarum annos tredecim gessissent. Adeo mihi naturæ officiis, ut ea, si a doctis pectoribus proficiscerentur, neque insulsitate offenderent, haud dubie præcipua haberentur. Quare compertum est, eruditionem, elegantiam, comitatem præsertim, principibus necessarias esse; quum sine his naturæ bona quasi incompta, aut etiam horrida despectui sint, contraque ea Persarum regi Cyro æternam gloriam paraverint. At memoria mea Constantinum, quanquam ceteris promptum virtutibus, adusque astra votis omnium subvexere. Qui profecto si munificentiæ atque ambitioni modum, hisque artibus statuisset, queis præcipue adulta ingenia gloriæ studio progressa longius in contrarium labuntur, haud multum abesset deo.

Is ubi vastari Urbem atque Italiam comperit, pulsosque seu redemptos exercitus, et imperatores duos, composita pace per Gallias, Maxentium petit. Ea tempestate, apud Pœnos Alexander pro præfecto gerens, dominatui stolide incubuerat: quum ipse debili ætate, agrestibus ac Pannonicis parentibus vecordior, milites, tumultuarieque quæsiti, armorum vix medium haberetur. Denique cum a tyranno missi paucissimis cohortibus Rufius Volusianus præfectus prætorio, ac militares duces levi certamine confecere. Quo victo, Maxentius Carthaginem, terrarum decus, simul Africæ pulchriora vastari, diripi, incendique jusserat; ferus inhumanusque ac libi-

l'autre avaient exercé d'abord, pendant treize ans, la puissance de césar. Tous deux tenaient de la nature de si admirables avantages, qu'en les relevant par l'instruction, au lieu de les affaiblir par une grossière ignorance, ils en auraient, sans aucun doute, fait leur plus beau titre de gloire : preuve évidente que le savoir, l'élégance des formes, et surtout l'affabilité, sont des qualités nécessaires aux princes, et que, sans elles, tous les dons de la nature perdent leurs charmes, et ont je ne sais quoi de sauvage qui les fait mépriser; tandis qu'au contraire l'heureux accord de cette double supériorité a valu à Cyrus, roi des Perses, une renommée immortelle. Ainsi, de nos jours, Constantin, qui d'ailleurs réunit les autres vertus, s'est vu, par les vœux du monde entier, élevé jusqu'aux astres. Et certes, s'il avait mis des bornes à sa munificence et à son ambition, à ces vastes projets enfin qui précipitent vers l'abîme les génies supérieurs entraînés trop loin par l'enthousiasme de la gloire, Constantin, disons-le, serait presque l'égal d'un dieu.

Dès qu'il apprend que Rome et l'Italie sont ravagées, et que l'on a défait ou corrompu les armées des deux empereurs, il assure la tranquillité des Gaules, et marche contre Maxence. A cette époque, un certain Alexandre, gouverneur de Carthage, avait follement rêvé le pouvoir suprême : déjà affaibli par l'âge, plus stupide encore que les pâtres pannoniens qui lui avaient donné le jour, il s'était improvisé à la hâte une troupe de soldats sans discipline, et dont à peine la moitié avait des armes. Rufius Volusien, préfet du prétoire, et quelques autres chefs envoyés contre lui par le tyran Maxence, avec un très-petit nombre de cohortes, lui livrèrent un combat sans importance où il perdit la vie. Après cette victoire, Maxence avait ordonné que Carthage, cet ornement de l'univers, et les plus belles villes de l'Afrique, fussent ravagées, livrées au pillage et aux flammes; ce tyran

dine multo tetrior. Adhuc pavidus et imbellis, atque in desidiam foede pronus, usque eo, ut, flagrante per Italiam bello, fusisque apud Veronam suis, nihilo segnius solita curaret, neque patris exitio moveretur. Namque Herculius, natura impotentior, simul filii segnitiæ metuens, inconsulte imperium repetiverat. Quumque specie officii dolis compositis Constantinum generum tentaret acerbe, jure tandem interierat. Sed Maxentius atrocior in dies, tandem Urbe in Saxa rubra millia ferme novem ægerrime progressus, dum cæsa acie fugiens semet Romam reciperet, insidiis, quas hosti apud pontem Milvium locaverat, in transgressu Tiberi interceptus est, tyrannidis anno sexto. Hujus nece incredibile quantum lætitia gaudioque senatus ac plebes exsultaverint : quos in tantum afflictaverat, uti prætorianis cædem vulgi quondam annuerit, primusque instituto pessimo munerum specie patres aratoresque pecuniam conferre prodigenti sibi cogeret. Quorum odio prætoriæ legiones, ac subsidia factionibus aptiora, quam urbi Romæ, sublata penitus, simul arma atque usus indumenti militaris.

Adhuc cuncta opera, quæ magnifice construxerat, Urbis fanum, atque basilicam [107], Flavii meritis patres

farouche et sanguinaire, plus détestable encore par ses débauches, de plus timide et lâche, poussait l'indolence à un excès tellement honteux, qu'au moment même où le feu de la guerre dévorait l'Italie, où ses troupes étaient battues près de Vérone, il ne s'en livrait pas moins à ses goûts de prédilection, sans être ému en rien de la mort tragique de son père. Herculius, en effet, cédant à l'impatiente ambition de son caractère et à la crainte que lui inspirait la mollesse de son fils, avait imprudemment ressaisi l'empire. Puis, sous le masque du dévouement, il avait essayé de faire périr, par une odieuse trahison, Constantin, son gendre; enfin la mort avait été le juste châtiment de sa perfidie. Maxence, qui devenait plus cruel de jour en jour, se hasarde, mais avec bien de la peine, à sortir de la capitale, et à s'avancer jusqu'aux rochers Rouges, situés à neuf milles de Rome : son armée est vaincue; il fuit vers la ville; mais, en traversant le Tibre, il tombe dans le piége même qu'il avait tendu à son ennemi sur le pont Milvius : sa tyrannie avait duré six ans. On ne saurait s'imaginer quels furent, à sa mort, les transports de joie et d'allégresse du sénat et du peuple : ils avaient eu tant à souffrir de ce tyran! Ainsi, un jour, il avait permis aux gardes prétoriennes le massacre des plébéiens; le premier de tous, en vertu de l'édit le plus injuste et à titre de présents, il força les membres du sénat et les cultivateurs à lui livrer autant d'argent qu'il en exigerait pour ses ruineuses prodigalités. Après la victoire de Constantin, les légions prétoriennes, qui avaient mérité la haine publique, et les cohortes urbaines, toujours plus disposées à se soulever qu'à veiller à la sûreté de la ville, furent à jamais licenciées et cassées; on leur ôta leurs armes; on leur défendit même de porter l'habit militaire.

Ensuite le sénat reconnaissant dédia à Flavius tous les somptueux édifices que Maxence avait élevés, comme le

sacravere. A quo etiam post Circus maximus excultus mirifice, atque ad lavandum institutum opus ceteris haud multo dispar. Statuæ locis quam celeberrimis, quarum plures ex auro, aut argenteæ sunt : tum per Africam sacerdotium decretum Flaviæ genti; Cirtæque oppido, quod obsidione Alexandri cecidcrat, reposito exornatoque, nomen Constantina inditum [108]. Adeo acceptius præstantiusque tyrannorum depulsoribus nihil est; quorum gratia eo demum auctior erit, si modesti atque abstinentes sint. Quippe humanæ mentes, frustratæ boni spe, asperius offenduntur, quum, mutato rectore flagitioso, ærumnarum vis manet.

XLI. Constantinus, Licinius, Crispus, Constantius, Licinianus, Constans, Dalmatius, Magnentius, Vetranio.

Dum hæc in Italia geruntur, Maximinus ad Orientem, post biennii augustum imperium, fusus fugatusque a Licinio, apud Tarsum perit. Ita potestas orbis Romani duobus quæsita : qui, quamvis per Flavii sororem, nuptam Licinio, connexi inter se erant, ob diversos mores tamen anxie triennium congruere quivere. Namque illi præter admodum magna cetera; huic parsimonia, et ea quidem agrestis, tantummodo inerat. Denique Constantinus cunctos hostes honore ac fortunis manentibus texit recepitque; eo pius, ut etiam vetus veterrimumque supplicium patibulorum et cruribus suffringendis

temple et la basilique de Rome. Bientôt après, Flavius répara le très-grand Cirque avec une admirable magnificence, et fit bâtir des thermes aussi remarquables que tous ceux qu'on avait vus jusqu'à cette époque. On éleva aussi, d'après ses ordres, dans les quartiers les plus fréquentés de Rome, des statues d'or ou d'argent pour la plupart : alors aussi, en Afrique, les honneurs du sacerdoce furent décernés à la famille Flavia; et la ville de Cirta, ruinée par le siége qu'elle avait soutenu contre Alexandre, fut rebâtie, embellie, et reçut le nom de Constantine : tant il est vrai qu'il n'y a point de héros plus grands et plus populaires que les destructeurs des tyrans! Et la haute faveur dont ils jouissent ne fera toujours que s'accroître, s'ils savent montrer de la modération et du désintéressement. En effet, les hommes qui se voient frustrés d'un bonheur dont ils avaient l'espérance, sont plus profondément blessés, lorsqu'après avoir été délivrés d'un mauvais prince, ils restent encore sous le poids des mêmes infortunes.

XLI. Constantin, Licinius, Crispus, Constance, Licinien, Constant, Dalmace, Magnence, Vétranion.

Tandis que ces événements se passent en Italie, Maximin, après un règne de deux années dans l'Orient, est vaincu, mis en fuite par Licinius, et meurt près de la ville de Tarse. Ainsi l'empire du monde romain ne reconnut plus que deux maîtres, alliés entre eux, il est vrai, puisque la sœur de Constantin avait épousé Licinius, mais si différents de caractère, qu'ils eurent beaucoup de peine à vivre en bonne intelligence pendant trois ans. Chez l'un, en effet, presque tout était grand; mais, chez l'autre, il n'y avait que la plus ignoble parcimonie. Constantin même laissa à tous ses ennemis leurs honneurs et leur fortune; il les accueillit, il les protégea; dans sa pieuse humanité, le premier il abolit le supplice du gibet, qui remontait aux temps les plus anciens, et il in-

primus removerit. Hinc pro conditore, seu deo habitus. Licinio ne insontium quidem ac nobilium philosophorum servili more cruciatus adhibiti modum fecere. Quo sane variis prœliis pulso, quum eum prorsus opprimere arduum videretur, simul affinitatis gratia recepti consortio, adscitique imperio cæsarum communes liberi Crispus Constantinusque, Flavio geniti; Licinianus, Licinio. Quod equidem vix diuturnum, neque his, qui assumebantur, felix fore, defectu solis fœdato iisdem mensibus die, patefactum. Itaque sexennio post rupta pace, apud Thracas Licinius pulsus Chalcedona concessit. Ibi ad auxilium sui Martiniano [109] in imperium cooptato, una oppressus est.

Eo modo respublica unius arbitrio geri cœpit, liberis cæsarum nomina diversa retentantibus: namque ea tempestate imperatori nostro Constantio insigne cæsaris datum. Quorum quum natu grandior, incertum qua causa, patris judicio occidisset; repente Calocerus, magister pecoris camelorum, Cyprum insulam specie regni demens capessiverat. Quo excruciato, ut fas erat, servili aut latronum more, condenda urbe formandisque religionibus ingentem animum avocavit, simul novando militiæ ordine [110]. Et interea Gothorum Sarmatarumque stratæ gentes; filiusque cunctorum minor,

terdit la coutume de rompre les jambes aux suppliciés. Aussi fut-il regardé comme un autre fondateur de Rome, et même comme un dieu. Licinius, au contraire, assouvit à peine sa rage de cruauté en livrant aux tortures destinées aux seuls esclaves d'illustres philosophes qui étaient complétement innocents. Constantin, après l'avoir vaincu dans plusieurs batailles, n'en reconnut pas moins l'extrême difficulté qu'il y avait à l'accabler entièrement; il s'en rapprocha donc, et, pour cimenter leur union, tous deux associèrent au partage de l'empire, en qualité de césars, leurs communs enfants, Crispus et Constantin, issus de Flavius; et Licinien, fils de Licinius. Mais cette alliance devait peu durer, et de plus être funeste aux collègues des deux empereurs : c'est ce qu'annonça positivement une éclipse de soleil, survenue la même année. En effet, six ans après, la paix était rompue, et Licinius éprouvait, dans la Thrace, une défaite qui le forçait de se réfugier à Chalcédoine, où il périt avec Martinien, qu'il avait appelé à son secours, en l'associant à l'empire.

Après cet événement, la république se vit soumise au gouvernement d'un seul chef; les fils de Constantin conservèrent leur titre de césars, et Constance, aujourd'hui notre empereur, reçut alors les insignes de cette haute dignité. L'aîné des fils de Constantin ayant été mis à mort, on ne sait trop pour quel motif, par les ordres de son père, un certain Calocerus, maître d'un troupeau de chameaux, poussa tout à coup la démence jusqu'à s'établir comme souverain dans l'île de Chypre. Après l'avoir puni, comme il le méritait, du supplice des esclaves ou des brigands, Constantin occupa l'activité de son génie à fonder une ville, à instituer de nouveaux rites religieux, et à rétablir la discipline militaire. Dans le même temps, il terrassait les Goths et les Sarmates, et il nommait césar Constant, le plus jeune de ses fils. L'élection de ce prince devait à

Constans nomine, cæsar fit. Cujus gratia reipublicæ permixtionem fore, ostentorum mira prodidere : quippe ea nocte, quæ commissi imperii diem sequebatur, igni continuo cœli facies conflagravit. Abhinc consumpto fere biennio, fratris filium, cui ex patre Dalmatio nomen fuit, cæsarem jussit, assistentibus valide militaribus. Ita anno imperii tricesimo secundoque, quum totum orbem tredecim tenuisset, sexaginta natus atque amplius duo, in Persas tendens, a queis bellum irrumpere acceperat, rure proximo Nicomediæ, Achyronam vocant, excessit. Quum ad id tetrum sidus regnis, quod crinitum vocant, portendisset. Funus relatum in urbem sui nominis. Quod sane populus Romanus ægerrime tulit; quippe cujus armis, legibus, clementi imperio, quasi novatam urbem Romanam arbitraretur [111]. Pons per Danubium ductus; castra castellaque pluribus locis commode posita. Remotæ olei frumentique adventitiæ præbitiones, quibus Tripolis ac Nicæa acerbius angebantur. Quas res superiores, Severi imperio gratantes, civi obtulerant; verteratque gratiam muneris in perniciem posterorum dissimulatio. Alteros Marcus Bojonius afflixerat mulcta, quod Hipparchum præstanti ingenio indigenam fuisse ignoravissent [112].

Fiscales molestiæ severius pressæ; cunctaque divino ritui paria viderentur, ni parum dignis ad publica aditum concessisset. Quæ quanquam sæpius accidere,

l'avenir bouleverser l'État; c'est ce que plusieurs prodiges révélèrent : car, la nuit même qui suivit le jour de sa nomination impériale, la voûte du ciel parut longtemps comme embrasée. Environ deux ans après, Constantin créa césar, à la vive satisfaction de l'armée, le fils de son frère, qui portait, comme son père, le nom de Dalmace. Puis, la trente-deuxième année de son règne, après avoir gouverné le monde entier pendant treize ans, à l'âge de soixante-deux ans et plus, il marchait contre les Perses, dont il venait d'apprendre les incursions sur le territoire de l'empire, lorsqu'il mourut près de Nicomédie, dans une campagne appelée Achyrona. L'astre qu'on nomme chevelu, et qui est si fatal aux royaumes, avait été le signe avant-coureur de sa fin. Sa dépouille mortelle fut transportée dans la ville qu'il avait appelée de son nom. Sa perte excita les regrets amers du peuple romain; car ses victoires, ses lois, et la douceur de son gouvernement l'avaient, en quelque sorte, rendu aux yeux de tous le fondateur d'une Rome nouvelle. Il fit construire un pont sur le Danube; il établit des camps et des forteresses dans les postes les plus avantageux. Les villes de Tripoli et Nicée lui durent la suppression de l'impôt annuel d'huile et de froment, qui les grevait d'une manière impitoyable. Dans le principe, ce n'était qu'un don gratuit offert par les anciens habitants de Tripoli à l'empereur Sévère, leur compatriote; mais la mauvaise foi des successeurs de ce prince avait fait d'un présent bénévole une taxe ruineuse pour les descendants des Tripolitains. Quant aux habitants de Nicée, Marcus Bojonius[1] leur avait infligé cette amende pour les punir d'avoir ignoré qu'Hipparque, astronome d'un brillant génie, était né parmi eux.

Constantin réprima très-sévèrement aussi les vexations du fisc; en un mot, par toutes ses actions, il aurait mérité

[1] Marc Aurèle.

tamen in summo ingenio atque optimis reipublicæ moribus, quamvis parva vitia, elucent magis, eoque notantur facile : quin etiam acrius sæpe officiunt, quum ob auctoris decus in virtutes potissimum accipiuntur, atque ad imitandum invitamento sunt. Igitur confestim Dalmatius, incertum quo suasore, interficitur; statimque triennio post minimum maximumque fatali bello Constantinus cadit. Qua Constans victoria tumidior, simul per ætatem cautus parum, atque animi vehemens, adhuc ministrorum pravitate exsecrabilis, atque præceps in avaritiam, despectumque militarium, anno post triumphum decimo, Magnentii scelere circumventus est, externarum sane gentium compressis motibus. Quarum obsides pretio quæsitos pueros venustiores quod cultius habuerat, libidine hujusmodi arsisse pro certo habetur. Quæ tamen vitia utinam mansissent! Namque Magnentii, utpote gentis barbaræ, diro atroque ingenio, simul his, quæ post accidere, adeo exstincta omnia sunt, ut illud imperium haud injuria desideraretur. Tum quia Vetranio, litterarum prorsus expers et ingenio stolidior, idcircoque agresti vecordia pessimus, quum per Illyrios peditum magisterio milites curaret, dominationem, ortus Mœsiæ superioris locis squalidioribus, improbe occupaverat.

les honneurs divins, s'il n'eût élevé aux charges publiques des hommes peu dignes d'y trouver accès. Ce tort, il est vrai, avait été celui de plus d'un empereur; mais dans un prince dont on admire le génie, et à une époque où les mœurs publiques sont irréprochables, même de légers défauts frappent plus vivement les regards, et appellent naturellement la censure: j'ajouterai qu'ils sont d'autant plus pernicieux, que la haute dignité des coupables leur donne comme un relief de vertu, et invite à suivre ce funeste exemple. Aussitôt après la mort de Constantin, Dalmace est tué, l'on ne sait d'après quel conseil; et trois ans au plus sont à peine écoulés, que Constantin le jeune périt fatalement dans une bataille contre Constant. Fier de son succès, le vainqueur, dans l'âge de l'inexpérience et dans toute la fougue d'un caractère emporté, devint bientôt un objet d'exécration par la perversité de ses ministres et par l'avarice sordide à laquelle il s'abandonnait sans réserve; couvert du mépris de son armée, il périt victime de la trahison de Magnence, dix ans après son triomphe sur Constantin le jeune, et lorsque déjà il avait comprimé les mouvements des peuplades étrangères. Ses prodigalités sans bornes envers les otages de ces nations, enfants d'une beauté rare achetés à prix d'or, ont laissé la conviction qu'il brûlait pour eux d'un amour contre nature. Toutefois, que n'a-t-il vécu plus longtemps, même avec ses vices! Car le caractère farouche et cruel de Magnence, né au milieu des barbares, puis les événements qui arrivèrent bientôt, plongèrent l'empire dans un anéantissement tel, qu'on regretta, non sans raison, le gouvernement de Constant. Ajoutons à tout cela que Vétranion, homme de la plus crasse ignorance, de l'esprit le plus stupide, et que sa rusticité grossière rendait plus détestable encore; Vétranion, simple général d'infanterie chez les Illyriens, et issu d'une des plus ignobles familles de la Mésie supérieure, venait d'usurper le pouvoir suprême.

XLII. Constantius, Nepotianus, Decentius, Patricius, Silvanus, Julianus.

Eum Constantius cis mensem decimum, facundiæ vi dejectum imperio [113], in privatum otium removit. Quæ gloria post natum imperium, soli processit eloquio clementiaque. Nam quum magna parte utrinque exercitus convenissent, habita ad speciem judicii concione, quod fere vix aut multo sanguine obtinendum erat, eloquentia patravit. Quæ res satis edocuit, non modo domi, verum militiæ quoque dicendi copiam præstare; qua demum vel ardua proclivius eo conficiuntur, si modestia atque integritate superet. Quod maxime cognitum e nostro principe [114]: quem tamen, quo minus statim in hostes alios ad Italiam contenderet, hiems aspera clausæque Alpes tardavere. Interim Romæ, corrupto vulgo, simul Magnentii odio, Potentianus, materna stirpe Flavio propinquus, cæso Urbi præfecto, armataque gladiatorum manu, imperator fit. Cujus stolidum ingenium adeo plebi Romanæ patribusque exitio fuit, uti passim domus, fora, viæ, templaque cruore ac cadaveribus opplerentur, bustorum modo. Neque per eum tantum, verum etiam advolantibus Magnentianis; qui tricesimo die, triduo minus, hostem perculerant. Sed jam antea, quum externi motus suspectarentur, Magnentius fratri Decentio Gallias, Constantius Gallo, cujus nomen suo mutaverat, Orientem, Cæsaribus commiserant. Ipsi inter se acrio-

XLII. Constance, Népotien, Decentius, Patrice, Silvanus, Julien.

Environ dix mois après, Constance, par la force de ses discours éloquents, précipita du trône Vétranion, et le fit rentrer dans l'obscurité de la vie privée. C'est, depuis l'origine de l'empire, le seul prince qui ait obtenu un tel succès par le talent de la parole et par la clémence. En effet, les deux armées se trouvaient en grande partie réunies, lorsque Constance, après avoir prononcé, en forme de jugement, une harangue, du haut de son tribunal, gagna par son éloquence une victoire qu'il n'eût remportée qu'à grand'peine, ou même au prix de beaucoup de sang : exemple qui prouve clairement que le don de la parole n'a pas moins de supériorité en temps de guerre qu'en temps de paix, et qu'il triomphe assez facilement des obstacles les plus difficiles, si l'orateur sait joindre à son talent la modération et l'intégrité. C'est une vérité que notre prince a su mettre dans tout son jour. Il marcha immédiatement vers l'Italie contre des ennemis nouveaux ; mais la rigueur de l'hiver et les neiges qui fermaient le passage des Alpes l'arrêtèrent dans sa course. Cependant, à Rome, Potentien, proche parent de Flavius du côté maternel, gagne le peuple, qui haïssait Magnence, massacre le préfet de la ville, arme une troupe de gladiateurs, et s'empare du pouvoir. Sa stupide férocité fut si funeste au peuple et au sénat romain, que partout l'on vit bientôt les maisons, les places publiques, les rues, les temples inondés de sang, se remplir de cadavres amoncelés comme ceux des gladiateurs qu'on destinait au bûcher. Tant d'atrocités ne furent pas commises seulement par Potentien, mais aussi par les partisans de Magnence, qui se hâtèrent d'accourir, et tuèrent leur ennemi, le vingt-septième jour de son usurpation. Mais comme déjà même auparavant on s'était aperçu de quelques mouvements extérieurs, Magnence avait confié

ribus præliis per triennium congressi, ad extremum Constantius, fugientem in Galliam persequutus, vario ambos supplicio semet adegit interficere. Et interea Judæorum seditio, qui patricium nefarie in regni specie sustulerant, oppressa. Neque multo post ob sævitiam atque animum trucem, Gallus Augusti jussu interiit. Ita longo intervallo, annum fere post septuagesimum, relata ad unum cura reipublicæ. Quæ recens quieta a civili trepidatione, Silvano in imperium coacto, tentari rursus occeperat. Is namque Silvanus, in Gallia ortus barbaris parentibus, ordine militiæ, simul a Magnentio ad Constantium transgressu, pedestre ad magisterium adolescentior meruerat. E quo dum altius per metum seu dementiam conscendisset, legionum, e queis præsidium speraverat, tumultu, octavum circa ac vicesimum diem trucidatus est.

Qua causa ne quid apud Gallos, natura præcipites [115], novaretur, præsertim Germanis pleraque earum partium populantibus, Julianum cæsarem, cognatione acceptum sibi, Transalpinis præfecit; isque nationes feras brevi subegit, captis famosis regibus. Quæ quanquam vi ejus, fortuna principis tamen et consilio accidere. Quod adeo præstat, ut Tiberius Galeriusque [116] subjecti aliis egregia pleraque, suo autem ductu atque

les Gaules au césar Decentius, son frère, et Constance, l'Orient à Gallus, également créé césar, et auquel il avait fait prendre son nom. Ensuite, les deux empereurs se livrèrent l'un à l'autre, pendant trois années, plusieurs batailles sanglantes; mais enfin Constance vainqueur, ayant poursuivi jusque dans la Gaule Magnence fugitif, força les deux frères à se donner la mort par des supplices différents. A la même époque, on étouffa une révolte des Juifs, qui avaient eu l'audace coupable de porter au souverain pouvoir un certain Patricius. Peu de temps après, Constance fit périr Gallus à cause de sa cruauté et de son caractère farouche. Ainsi la république, après le long intervalle d'environ soixante-dix ans, rentra sous l'autorité d'un seul chef. Elle venait à peine d'être délivrée des troubles civils, lorsqu'elle fut agitée de nouveau par l'élévation forcée de Silvanus à l'empire. Gaulois d'origine et né de parents barbares, ce Silvanus, d'abord simple soldat, après avoir abandonné le parti de Magnence pour celui de Constance, avait obtenu, malgré son extrême jeunesse, le titre de général de l'infanterie. Par crainte ou par démence, il monta plus haut encore; mais après un règne d'environ vingt-huit jours, il fut massacré dans une révolte des légions dont il avait espéré l'appui.

Afin donc de prévenir de nouveaux troubles chez les Gaulois, peuple si remuant de sa nature, afin surtout de repousser les Germains, qui dévastaient plusieurs cantons de la Gaule, Constance donna au césar Julien, qu'il affectionnait comme son parent, le gouvernement des provinces transalpines; Julien eut bientôt soumis ces belliqueuses nations, en faisant prisonniers leurs plus illustres rois : succès glorieux pour ses armes sans doute, mais qu'on doit cependant attribuer à la fortune et à la sagesse de l'empereur. Car la sagesse est plus puissante que les armes; témoins Tibère et Galerius, qui, subordonnés à

auspicio minus paria experti sint. At Julius Constantius, annos tres atque viginti augustum imperium regens, dum externis motibus, modo civilibus exercetur, ægre ab armis abest. Queis tyrannide tantorum depulsa, sustentoque interim Persarum impetu, genti Sarmatarum magno decore, considens apud eos, regem dedit. Quod Cnæum Pompeium in Tigrane restituisse, vixque paucos majorum fecisse, comperimus. Placidus clemensque pro negotio, litterarum ad elegantiam prudens; atque orandi genere leni jucundoque; laboris patiens, ac destinandi sagittas mire promptus; cibi omnis, libidinis atque omnium cupidinum victor; cultu genitoris satis pius, suique nimis custos : gnarus, vita bonorum principum reipublicæ quietem regi. Hæc tanta, tamque inclyta, tenue studium probandis provinciarum ac militiæ rectoribus, simul ministrorum parte maxima absurdi mores, adhuc neglectus boni cujusque fœdavere. Atque uti verum absolvam brevi, ut imperatore ipso clarius, ita apparitorum plerisque magis atrox nihil [112].

d'autres princes, se distinguèrent par une foule d'actions d'éclat, et qui, devenus les maîtres, éprouvèrent, sous leurs propres auspices, des chances bien moins heureuses. Mais pendant vingt-trois années que Jules Constance a gouverné l'empire, avec le titre d'auguste, sans cesse occupé de guerres étrangères ou civiles, à peine il trouva un moment pour déposer les armes. Après qu'il eut exterminé tant d'usurpateurs et de tyrans; après qu'il eut, à la même époque, repoussé les incursions des Perses, on le vit, assis sur son tribunal, donner glorieusement un roi à la nation des Sarmates. Ainsi Cnéus Pompée rétablit Tigrane sur le trône; ainsi un bien petit nombre de nos ancêtres, nous dit l'histoire, ont obtenu pareil honneur. Doux et clément au besoin, Constance était lettré, et avait une instruction aussi solide qu'élégante; à la suavité, au charme de l'élocution, il joignait la patience dans les travaux et une adresse merveilleuse à lancer les flèches; modèle de frugalité, de continence, il savait vaincre toutes ses passions; plein d'une pieuse tendresse pour son père, il veillait d'une manière toute spéciale à sa propre conservation, bien persuadé que de la vie des bons princes dépend la tranquillité des États. Mais l'éclat de si nobles et de si précieuses qualités fut obscurci par le peu de soin qu'il mit dans le choix des gouverneurs de provinces et des chefs de ses armées, par la dépravation extrême de ses ministres, et par l'oubli où il laissait tous les gens de bien. Enfin, pour dire d'un seul mot la vérité, autant l'empereur lui-même montrait de brillantes vertus, autant la plupart de ses ministres avaient des vices monstrueux.

EPITOME.

DE VITA ET MORIBUS IMPERATORUM ROMANORUM

EXCERPTA EX LIBRIS

SEXTI AURELII VICTORIS

A CÆSARE AUGUSTO USQUE AD THEODOSIUM IMPERATOREM.

I. Octavianus Augustus.

Anno Urbis conditæ septingentesimo vicesimo secundo, ab exactis vero regibus quadringentesimo octogesimoque, mos Romæ repetitus uni prorsus parendi, pro rege imperatori vel sanctiori nomine augusto appellato. Octavianus igitur, patre Octavio senatore genitus, maternum genus ab Ænea per Juliam familiam sortitus, adoptione vero Caii Cæsaris, majoris avunculi, Caius Cæsar dictus, deinde ob victoriam Augustus cognominatus est. Iste, in imperio positus, tribunitiam potestatem per se exercuit. Regionem Ægypti, inundatione Nili accessu difficilem inviamque paludibus, in provinciæ formam redegit. Quam ut annonæ Urbis copiosam efficeret[1], fossas, incu-

ÉPITOME.

VIE ET CARACTÈRE
DES EMPEREURS ROMAINS

EXTRAITS DES LIVRES,

DE SEXTUS AURELIUS VICTOR

DEPUIS CÉSAR AUGUSTE JUSQU'A L'EMPEREUR THÉODOSE.

I. Octavien Auguste.

L'an sept cent vingt-deux de la fondation de la ville et quatre cent quatre-vingts de l'expulsion des rois, on reprit à Rome l'usage d'obéir entièrement à un seul chef; mais au lieu d'un roi ce fut un empereur, ou plutôt on l'appela du nom plus sacré d'auguste. Ainsi Octavien, fils du sénateur Octavius, et descendant, du côté maternel, d'Énée, par la famille Julia; puis nommé Caïus César, après que Caïus César, son grand-oncle, l'eut adopté, prit enfin, à cause de sa victoire, le surnom d'Auguste. Élevé à l'empire, ce prince exerça par lui-même la puissance tribunitienne. Il réduisit en province romaine l'Égypte, contrée que l'inondation du Nil et des marais impraticables rendaient d'un accès difficile. Pour fertiliser ses récoltes dans l'intérêt de Rome, il fit ouvrir, par le travail des soldats, tous les canaux qu'une longue incurie

ria vetustatis limo clausas, labore militum patefecit. Hujus tempore, ex Ægypto Urbi annua ducenties centena millia frumenti inferebantur. Iste Cantabros et Aquitanos, Rhætos, Vindelicos, Dalmatas, numero provinciarum populi Romani conjunxit. Suevos, Cattosque delevit; Sicambros in Galliam transtulit. Pannonios stipendiarios adjecit. Getarum populos Basternasque, lacessitos bellis, ad concordiam compulit. Huic Persæ obsides obtulerunt, creandique regis arbitrium permiserunt. Ad hunc Indi, Scythæ, Garamantes, Æthiopes, legatos cum donis miserunt. Adeo denique turbas, bella, simultates exsecratus est, ut, nisi justis de causis, nunquam genti cuiquam bellum indixerit. Jactantisque esse ingenii et levissimi dicebat, ardore triumphandi et ob lauream coronam, id est folia infructuosa, in discrimen per incertos eventus certaminum securitatem civium præcipitare : neque imperatori bono quidquam minus, quam temeritatem, congruere : satis celeriter fieri, quidquid commode gereretur : armaque, nisi majoris emolumenti spe, nequaquam movenda esse; ne compendio tenui, jactura gravi, petita victoria similis sit hamo aureo piscantibus, cujus abrupti amissique detrimentum nullo capturæ lucro pensari potest. Hujus tempore, trans Rhenum vastatus est Romanus exercitus, atque tribuni et proprætor. Quod in tantum accidisse perdoluit[2], ut cerebri valido incursu parietem pulsaret, veste capilloque ac reliquis lugentium indiciis deformis. Avunculi quoque inventum vehementer arguebat, qui, milites commili-

avait obstrués de limon. De son temps, l'Égypte fournissait annuellement à Rome deux cent mille mesures de blé. Il mit au nombre des provinces du peuple romain les pays des Cantabres, des Aquitains, des Rhétiens, des Vindéliciens et des Dalmates. Il détruisit les Suèves et les Cattes, fit passer les Sicambres dans la Gaule, et rendit les Pannoniens tributaires. Après des guerres assez vives contre les Gètes et les Basternes, il les contraignit à faire la paix. Les Perses lui offrirent des otages, et lui laissèrent le libre arbitre de créer un roi. Les Indiens, les Scythes, les Garamantes et les Éthiopiens lui envoyèrent une ambassade avec des présents. Enfin il détesta tellement les troubles, les combats et les dissensions, que jamais, à moins de justes motifs, il ne déclara la guerre à aucune nation. Il n'appartient, disait-il, qu'à un esprit présomptueux et plus que léger, de sacrifier à la passion des triomphes, à une couronne de laurier, ou plutôt à des feuilles stériles, la sécurité des citoyens, et de la précipiter dans le péril par les chances incertaines des batailles. Rien, ajoutait-il, ne convient moins au général habile que la témérité : c'est faire assez vite que de faire assez bien : on ne doit jamais prendre les armes que dans l'espoir d'un intérêt bien réel; car une victoire stérile en avantages et féconde en désastres n'est-elle pas l'image de celui qui pêche avec un hameçon d'or? Que cet hameçon se brise et se perde, quelle capture pourra jamais, par son gain, compenser un tel détriment? Sous Auguste, les légions romaines furent taillées en pièces au delà du Rhin avec les tribuns et le propréteur. Ce revers causa tant de regrets au prince, qu'il se frappait la tête à coups redoublés contre les murailles de son palais; il prit le deuil, laissa croître ses cheveux, et donna tous les signes de l'affliction la plus profonde. Il blâmait aussi très-vivement l'expression nouvelle et flatteuse inventée par son oncle, qui, jaloux de se rendre

tones novo blandoque more appellans, dum affectat carior fieri, auctoritatem principis emolliverat. Denique erga cives clementissime versatus est. In amicos fidus exstitit. Quorum præcipui erant, ob taciturnitatem Mæcenas, ob patientiam laboris modestiamque Agrippa. Diligebat præterea Virgilium. Rarus quidem ad recipiendas amicitias, ad retinendas constantissimus. Liberalibus studiis, præsertim eloquentiæ, in tantum incumbens, ut nullus, ne in procinctu quidem, laberetur dies, quin legeret, scriberet, declamaret. Leges alias novas, alias correctas protulit suo nomine. Auxit ornavitque Romam ædificiis multis, isto glorians dicto : « Urbem lateritiam reperi, relinquo marmoream. » Fuit mitis, gratus, civilis animi et lepidi, corpore toto pulcher, sed oculis magis. Quorum aciem clarissimorum siderum modo vibrans, libenter accipiebat, cedi ab intendentibus tanquam solis radiis aspectu suo. A cujus facie dum quidam miles oculos averteret, et interrogaretur ab eo, cur ita faceret, respondit : « Quia fulmen oculorum tuorum ferre non possum. » Nec tamen vir tantus vitiis caruit. Fuit enim paululum impatiens, leniter iracundus, occulte invidus, palam factiosus : porro autem dominandi, supra quam æstimari potest, avidissimus ; studiosus aleæ lusor. Quumque esset cibi ac vini multum, aliquatenus vero somni abstinens, serviebat tamen libidini usque ad probrum vulgaris famæ. Nam inter duodecim catamitos totidemque puellas accubare solitus erat. Abjecta quoque uxore Scribonia, amore alienæ conjugis possessus, Li-

plus cher aux soldats, en les appelant ses camarades, avait ainsi affaibli l'autorité du général. En un mot, plein d'indulgence pour les citoyens, il se montra fidèle envers ses amis, parmi lesquels on citait surtout Mécène pour sa discrétion, Agrippa pour son dévouement infatigable et sa modestie. Il affectionnait aussi beaucoup Virgile. Très-difficile dans le choix de ses amitiés, il les conservait avec une constance inaltérable. Passionné pour l'étude des arts libéraux et surtout de l'éloquence, il s'y livrait avec tant d'ardeur, que jamais, même à la guerre, il ne laissait passer un jour sans lire, écrire et déclamer. Il rendit en son nom différentes lois nouvelles, et en réforma plusieurs autres. Il agrandit Rome et l'embellit de nombreux édifices : « J'ai trouvé, disait-il avec orgueil, une ville de brique, je la laisse de marbre. » Il fut doux, affable, d'un esprit populaire et enjoué, beau de toute sa personne, mais principalement des yeux. Il dardait le feu de ses regards avec tout l'éclat des astres les plus brillants, et il aimait volontiers qu'à son aspect on baissât la vue comme devant les rayons du soleil. Un soldat avait détourné les yeux loin de son visage; Auguste lui en demanda le motif : « C'est, répond-il, parce que je ne puis soutenir la foudre de tes regards. » Toutefois, un si grand homme ne fut point sans défauts. Il était peut-être un peu vif, un peu emporté, jaloux en secret des autres, ouvertement factieux, surtout avide du pouvoir au delà de toute expression; de plus joueur effréné. Bien qu'il fût très-sobre sur les aliments, sur le vin, et qu'il se privât même quelquefois de sommeil, il était cependant esclave de certains désordres qui eussent fait l'opprobre du dernier de ses sujets. Car on le voyait souvent couché à table au milieu de douze mignons et d'autant de jeunes filles. Après avoir répudié Scribonia, son épouse, par suite de l'amour qu'il conçut pour une autre femme, il s'unit à Livie, comme du consentement

viam, quasi marito concedente, sibi conjunxit. Cujus Liviæ jam erant filii Tiberius et Drusus. Quumque esset luxuriæ serviens, erat tamen ejusdem vitii severissimus ultor; more hominum, qui in ulciscendis vitiis, quibus ipsi vehementer indulgent, acres sunt. Nam poetam Ovidium, qui et Naso, pro eo, quod tres libellos amatoriæ artis conscripsit, exsilio damnavit[3]. Quodque est læti animi vel amœni, oblectabatur omni genere spectaculorum, præcipue ferarum incognita specie, et infinito numero. Annos septem et septuaginta ingressus, Nolæ morbo interiit. Quanquam alii scribant, dolo Liviæ exstinctum, metuentis, ne, quia privignæ filium Agrippam, quem odio novercali in insulam relegaverat, reduci compererat, eo summam rerum adepto, pœnas daret. Igitur mortuum, seu necatum, multis novisque honoribus senatus censuit decorandum. Nam præter id, quod antea patrem patriæ dixerat, templa tam Romæ, quam per urbes celeberrimas ei consecravit, cunctis vulgo jactantibus : « Utinam aut non nasceretur, aut non moreretur! »

Alterum pessimi incepti, exitus præclari alterum. Nam et in adipiscendo principatu oppressor libertatis est habitus, et in gerendo cives sic amavit, ut tridui frumento in horreis quondam viso, statuisset veneno mori, si e provinciis classes interea non venirent. Quibus advectis, felicitati ejus salus patriæ est attributa. Imperavit annos quinquaginta et sex : duodecim cum Antonio, quadraginta et quatuor solus. Qui certe nun-

du mari de cette dernière, qui avait déjà deux fils, Tibère et Drusus. Quoique esclave de la débauche, il n'en punissait peut-être que plus rigoureusement les mêmes excès dans les autres, suivant l'usage de ceux qui sont sans pitié pour la répression des vices auxquels ils s'abandonnent eux-mêmes avec le plus de scandale. Car le poëte Ovide, appelé aussi Naso, fut condamné par lui à l'exil pour avoir écrit trois livres sur l'art d'aimer. Ce qui dénote une humeur joyeuse et agréable, il se plaisait à toute espèce de spectacles, et principalement à ceux où figuraient des animaux inconnus, et en très-grand nombre. Comme il entrait dans sa soixante-dix-septième année, il mourut à Noles de maladie. D'autres prétendent qu'il fut empoisonné par Livie, instruite du retour d'Agrippa, fils de sa belle-fille, d'Agrippa que sa haine de marâtre avait fait reléguer dans une île, et dont elle redoutait la vengeance, s'il parvenait au pouvoir souverain. Au reste, qu'Auguste ait péri naturellement, ou de mort violente, le sénat crut devoir lui décerner les honneurs les plus grands et les plus inouïs. Car, outre le titre de père de la patrie, que déjà il lui avait déféré, il consacra des temples à sa mémoire, et dans Rome, et dans les villes principales de l'empire, et chacun alors de s'écrier à l'envi « qu'Auguste n'aurait jamais dû naître ou ne jamais mourir. »

Il débuta en tyran, il finit en bon prince. En effet, pour monter à l'empire, on le vit opprimer la liberté; et, lorsqu'il exerça l'autorité, il témoigna tant d'amour pour les citoyens, qu'une fois ayant vu, dans les greniers, du blé seulement pour trois jours, il résolut de mourir par le poison, si, dans cet intervalle, les flottes d'approvisionnement ne revenaient point des provinces. Elles arrivèrent, et l'on attribua à son bonheur le salut de la patrie. Il eut le pouvoir cinquante-six ans : douze avec Antoine, et seul, quarante-quatre. Certes, jamais il n'eût

quam aut reipublicæ ad se potentiam traxisset, aut tamdiu ea potiretur, nisi magnis naturæ et studiorum bonis abundasset [4].

II. Claudius Tiberius.

Claudius Tiberius, Liviæ filius, Cæsaris Octaviani privignus, imperavit annos viginti tres. Iste, quia Claudius Tiberius Nero dicebatur, eleganter a jocularibus Caldius Biberius Mero ob vinolentiam nominatus est [5]. Satis prudens in armis, satisque fortunatus ante sumptum imperium sub Augusto fuit, ut non immerito reipublicæ dominatus ei committeretur. Inerat ei scientia litterarum multa. Eloquio clarior, sed ingenio pessimo, truci, avaro, insidioso, simulans ea se velle, quæ nollet : his quasi infensus, quibus consultum cupiebat; his vero, quos oderat, quasi benevolus apparens. Repentinis responsionibus aut consiliis melior, quam meditatis. Denique delatum a patribus principatum (quod quidem astu fecerat) ficte abnuere, quid singuli dicerent vel sentirent, atrociter explorans : quæ res bonos quosque pessumdedit. Æstimantes enim, ex animo cum longa oratione imperialis molestiæ magnitudinem declinare, quum sententias ad ejus voluntatem promunt, incidere exitia postrema. Iste Cappadocas in provinciam, remoto Archelao rege eorum, redegit. Gætulorum latrocinia repressit. Maroboduum, Suevorum regem, callide circumvenit. Quum immani furore insontes, noxios, suos pariter externosque puniret, resolutis militiæ artibus, Armenia per Parthos, Mœsia a Dacis, Pannonia a Sar-

attiré à lui toute la puissance de l'État, où il n'en serait pas si longtemps resté le maître, s'il n'avait été comblé de tous les biens que donnent la nature et l'instruction.

II. Claudius Tibère.

Claudius Tibère, fils de Livie et beau-fils de César Octavien, gouverna l'empire vingt-trois ans. Comme il s'appelait Claudius Tiberius Nero, les plaisants le nommèrent fort élégamment, à cause de sa passion pour le vin, Caldius Biberius Mero. Sous Auguste, avant de prendre les rênes de l'État, il eut assez de prudence militaire et de bonheur pour qu'on pût lui confier avec raison le gouvernement de la république. Très-versé dans les lettres, encore plus éloquent, mais d'un caractère odieux, cruel, avare, hypocrite, feignant de vouloir ce qu'il ne voulait pas, il semblait en apparence l'ennemi de ceux qu'il désirait favoriser, et l'ami dévoué de ceux qu'il haïssait; plus heureux dans ses réponses et dans ses entreprises improvisées que dans celles qu'il avait méditées. Enfin, lorsque les sénateurs lui déférèrent le principat, il usa de ruse et fit semblant de refuser, épiant avec une atroce perfidie et les paroles et les sentiments de chacun : ce qui fut un arrêt de mort pour les meilleurs citoyens. Car persuadés, d'après la longueur de son discours, qu'il reculait sincèrement devant le lourd fardeau de la puissance impériale, en ouvrant un avis conforme à la volonté qu'il manifestait, ils devinrent victimes de leur franchise. Tibère réduisit la Cappadoce en province romaine, après avoir éloigné du trône le roi Archélaüs. Il réprima les brigandages des Gétules, surprit dans ses piéges Maroboduus, roi des Suèves. Dans l'excès de sa fureur, il punissait également innocents et coupables, fussent-ils Romains ou étrangers; il paralysa ainsi les forces de l'art militaire, et alors l'Arménie fut pillée par les

matis, Gallia a finitimis gentibus direptæ sunt. Ipse, post septuagesimum octavum annum et mensem quartum, insidiis Caligulæ exstinctus est [6].

III. Caius Cæsar Caligula.

Caligula imperavit annos quatuor. Iste filius fuit Germanici; et, quia natus in exercitu fuerat, cognomentum calceamenti militaris, id est Caligulæ, sortitus est. Ante principatum omnibus carus acceptusque fuit : in principatu vero talis, ut non immerito vulgaretur, atrociorem illo dominum non fuisse. Denique tres sorores suas stupro maculavit. Incedebat habitu deorum suorum. Jovem ob incestum, e choro autem Bacchanali Liberum se asserebat. De quo nescio an decuerit memoriæ prodi, nisi forte quia juvat de principibus nosse omnia, ut improbi saltem famæ metu talia declinent. In palatio matronas nobiles publicæ libidini subjecit. Primus, diademate imposito, dominum se jussit appellari. In spatio trium millium, quod in sinu Puteolano inter moles jacet, duplici ordine naves contexens, arenæ aggestu ad terræ speciem viam solidatam, phalerato equo, insignis quernea corona, quasi triumphans indutus aureo paludamento, curru bijugo decucurrit. Dehinc a militibus confossus interiit [7].

Parthes, la Mésie par les Daces, la Pannonie par les Sarmates, la Gaule par les nations voisines. Enfin Tibère lui-même, à l'âge de soixante-dix-huit ans et quatre mois, périt sous les embûches de Caligula.

III. Caïus César Caligula.

Caligula régna quatre ans. C'était le fils de Germanicus; et, comme il était né à l'armée, il reçut le surnom de la chaussure militaire, c'est-à-dire de Caligula. Cher et agréable à tous avant son principat, sur le trône il fut tel, que l'on répétait publiquement, non sans raison, qu'il n'y avait jamais eu de maître plus exécrable que lui. Enfin il déshonora ses trois sœurs. Il prenait la démarche et les attributs extérieurs de ses dieux. Il se vantait d'être Jupiter à cause de son triple inceste avec ses sœurs; puis dans ses orgies et ses bacchanales, il assurait qu'il était Bacchus. Je ne sais s'il est convenable de rapporter pareilles extravagances; à moins peut-être qu'il ne soit à propos de tout connaître relativement aux souverains, pour que du moins la crainte de l'immortalité du vice détourne les méchants de pareilles atrocités. Dans l'intérieur du palais impérial, Caligula contraignit les plus nobles matrones de se prostituer à la lubricité publique. Le premier des empereurs, portant sur son front le diadème, il se fit appeler seigneur et maître. Dans un espace de trois milles situé entre des môles sur le golfe de Baïes, réunissant un double rang de vaisseaux, après avoir entassé une masse de sable capable de former un continent et une route solide, il s'avança d'abord sur un cheval richement harnaché, la tête ceinte d'une couronne de chêne, revêtu, comme un triomphateur, du manteau étincelant d'or, et il parcourut ensuite toute la carrière sur un char que traînaient deux coursiers. Enfin il fut tué par les soldats.

IV. Claudius Tiberius.

Claudius Tiberius, Drusi, Tiberii fratris, filius, Caligulæ patruus, imperavit annos quatuordecim. Iste, quum senatus censuisset, gentem Cæsarum exterminari, deformi latebra latens, repertus a militibus, quia vecors erat, mitissimus videbatur imprudentibus, imperator effectus est. Hic ventri, vino, libidini fœde obediens, vecors et prope hebes, ignavus ac pavidus, libertorum et conjugis imperiis subjectus fuit. Hujus tempore, Scribonianus Camillus, intra Dalmatias imperator creatus, continuo occiditur. Mauri provinciis accessere : cæsa Musulamiorum manus est. Aqua Claudia Romæ introducta. Hujus uxor Messalina primo passim, quasi jure, adulteriis utebatur ; ex quo facto plures, metu abstinentes, exstincti sunt. Dehinc atrocius accensa, nobiliores quasque nuptas et virgines scortorum modo secum proposuerat; coactique mares, ut adessent. Quod si quis talia horruerat, afficto crimine, in ipsum, omnemque familiam sæviebatur : ut magis videretur sub imperatore, viro, quam imperatori, nupta esse.

Ita liberti ejus, potestatem summam adepti, stupris, exsilio, cæde, proscriptionibus, omnia fœdabant. Ex quibus Felicem legionibus Judææ præfecit. Possidio eunucho, post triumphum Britannicum, inter militarium fortissimos arma insignia, tanquam participi victoriæ, dono

IV. Claude Tiberius.

Claude Tiberius, fils de Drusus, frère de l'empereur Tibère, oncle de Caligula, régna quatorze ans. Après que le sénat eut décrété qu'il fallait bannir à jamais la famille des Césars, Claude, qui se tenait caché dans un coin obscur du palais, y fut découvert par les troupes prétoriennes, et, comme sa stupidité le faisait paraître plein de douceur à ceux qui ne le devinaient pas, les soldats l'élevèrent à l'empire. Glouton, ivrogne, esclave des passions les plus abjectes, imbécile et presque hébété, lâche et poltron, il fut soumis au joug des affranchis et de sa femme. À cette époque, Scribonien Camille, créé empereur en Dalmatie, périt aussitôt. Le pays des Maures fut réduit en province romaine : on tailla en pièces la troupe des Musulamiens. On introduisit à Rome l'eau Claudia. Messaline, épouse de Claude, se livra d'abord à tous les genres d'adultère pêle-mêle, comme si elle eût usé d'un droit : cette conduite impudique fut un arrêt de mort pour une foule de Romains qui s'abstenaient par crainte. Enflammée ensuite d'une lubricité plus odieuse, elle prostituait avec elle, comme de viles courtisanes, les femmes mariées et les jeunes filles les plus nobles. Les hommes étaient forcés d'assister à ce hideux spectacle ; et si quelqu'un manifestait de l'horreur pour de telles turpitudes, on inventait une accusation, et l'on sévissait contre lui, contre toute sa famille : on eût dit réellement que, sous un empereur, l'impératrice aimait mieux épouser un homme quelconque que l'empereur lui-même.

Ainsi les affranchis du prince, devenus possesseurs du pouvoir suprême, souillaient tout de débauches infâmes, d'exil, de meurtre et de proscriptions. Claude mit Félix, un de ses affranchis, à la tête des légions de la Judée. L'eunuque Possidius, après le triomphe sur la Grande-Bretagne, reçut en présent de son maître, au milieu des

dedit. Polybium inter consules medium incedere fecit. Hos omnes anteibat Narcissus ab epistolis, dominum se gerens ipsius domini, Pallasque, prætoriis ornamentis sublimatus; adeo divites, ut, causante eo inopiam fisci, lepidissime famoso elogio vulgatum sit, abunde ei pecuniam fore, si a duobus libertis in societatem reciperetur. Hujus temporibus, visus est apud Ægyptum Phœnix, quam volucrem ferunt anno quingentesimo ex Arabis memoratos locos advolare : atque in Ægæo mari repente insula emersit. Hic Agrippinam, Germanici fratris sui filiam, uxorem duxit : quæ filio imperium procurans, primo privignos insidiis multiformibus, dehinc ipsum conjugem veneno interemit. Vixit annos sexaginta quatuor[8] : cujus funus, ut quondam in Tarquinio Prisco, diu occultatum. Dum arte muliebri corrupti custodes ægrum simulant, Nero, privignus ejus, imperii jura suscepit.

V. Domitius Nero.

Domitius Nero, patre Domitio Ahenobarbo genitus, matre Agrippina, imperavit annos tredecim. Iste quinquennio tolerabilis visus. Unde quidam prodidere, Trajanum solitum dicere, procul distare cunctos principes Neronis quinquennio. Hic in Urbe amphitheatrum et lavacra construxit. Pontum in jus provinciæ, Polemonis reguli permissu, redegit, a quo Polemoniacus Pontus appellatus est; itemque Cottias Alpes, Cottio rege mor-

plus braves guerriers, une armure magnifique, comme s'il avait eu quelque part à la victoire. Claude fit marcher Polybius entre les deux consuls. Mais le premier de tous ces favoris était le secrétaire Narcisse, se posant fièrement en maître de son propre maître; venait ensuite Pallas, tout orgueilleux des brillants insignes de la dignité de préfet du prétoire; tous deux étaient si riches, que Claude se plaignant de la pénurie du trésor impérial, on fit répandre fort plaisamment, au moyen d'une trop fameuse épigramme, qu'il aurait de l'argent en abondance, si ses deux affranchis l'admettaient avec eux en société de leurs trésors. Sous le règne de Claude, apparut en Égypte le phénix, oiseau merveilleux, qui d'un vol rapide accourt, dit-on, tous les cinq cents ans, de l'Arabie dans quelques parages célèbres. A la même époque, une île sortit tout à coup de la mer Égée. Claude épousa Agrippine, fille de son frère Germanicus : jalouse de procurer l'empire à son fils, elle fit d'abord périr ses beaux-fils par mille embûches de toute sorte, puis son époux lui-même par le poison. Claude vécut soixante-quatre ans : on tint sa mort longtemps cachée, comme autrefois celle de Tarquin l'Ancien. Tandis que les gardes du palais, corrompus par les artifices d'Agrippine, font passer l'empereur pour malade, Néron, son beau-fils, usurpe le pouvoir impérial.

V. Domitius Néron.

Domitius Néron, fils de Domitius Ahenobarbus et d'Agrippine, régna treize ans. Il parut supportable pendant cinq années. De là, suivant plusieurs historiens, Trajan avait coutume de dire que tous les empereurs étaient bien loin des cinq premières années de Néron. Il construisit à Rome un amphithéâtre et des bains. Avec l'assentiment du jeune roi Polémon, il réduisit en province romaine le Pont, appelé depuis Pont Polémoniaque; il en fut de même des Alpes Cottiennes, après la

tuo. Eo namque dedecore reliquum vitæ egit, ut pudeat memorare hujuscemodi quemquam. Eo progressus est, ut, neque suæ neque aliorum pudicitiæ parcens, ad extremum, amictus nubentium virginum specie, palam convocato senatu, dote dicta, cunctis festa de more frequentantibus, nuberet. Pelle tectus feræ, utrique sexui genitalia vultu contrectabat. Matrem etiam stupro contaminavit; quam postmodum interemit. Octaviam et Sabinam, cognomento Poppæam, in matrimonium duxit, viris earum trucidatis. Tunc Galba, Hispaniæ proconsul, et Caius Julius imperium corripuere. Ubi adventare Nero Galbam didicit, senatusque sententia constitutum, ut more majorum collo in furcam conjecto, virgis ad necem cæderetur; desertus undique, noctis medio, egressus Urbem, sequentibus Phaone, Epaphrodito, Neophytoque, et spadone Sporo, quem quondam exsectum formare in mulierem tentaverat, semet ictu gladii transegit, adjuvante trepidantem manum impuro, de quo diximus, eunucho; quum sane prius, nullo reperto, a quo feriretur, exclamaret : « Itane nec amicum habeo, nec inimicum? Dedecorose vixi, turpius peream. » Periit anno ætatis tricesimo secundo [9]. Hunc Persæ in tantum dilexerunt, ut legatos mitterent, orantes copiam construendi monumenti. Ceterum adeo cunctæ provinciæ omnisque Roma interitu ejus exsultavit, ut plebs, induta pileis manumissionum, tanquam sævo exempta domino, triumpharet.

mort du roi Cottius. Ensuite il passa le reste de sa vie dans un opprobre tel, qu'on rougirait de raconter que jamais homme soit descendu si bas. Il en vint au point que, sans ménagement pour son honneur et pour celui des autres, revêtant à la fin le voile nuptial des vierges, après avoir ouvertement convoqué le sénat, il se fit donner une dot et prit un mari, au milieu des fêtes que le peuple célébrait en pareille occasion. Couvert de la peau d'une bête fauve, il touchait et retouchait du visage les parties génitales des deux sexes. Il souilla même la couche de sa mère; puis après, il la fit mourir. Il prit pour femmes Octavie et Sabine, surnommée Poppée, après avoir massacré leurs maris. Alors Galba, proconsul d'Espagne, et Caïus Julius s'emparèrent de l'empire. A la nouvelle de l'arrivée de Galba, et de l'arrêt des sénateurs portant que, selon l'antique usage, on lui passerait le cou dans une fourche, et qu'il serait frappé de verges jusqu'à la mort, Néron, abandonné de toutes parts, sort de la ville, au milieu de la nuit, accompagné de Phaon, d'Épaphrodite, de Néophyte et de l'eunuque Sporus, qu'il avait autrefois, en le mutilant, essayé de transformer en femme; d'abord il se perce lui-même d'un coup d'épée, et l'infâme eunuque, dont nous venons de parler, aide sa main tremblante; car, d'abord, il n'a trouvé personne pour le frapper : « N'ai-je donc plus, s'écriait-il, ni ami ni ennemi? J'ai vécu dans le déshonneur, je mourrai plus honteusement encore. » Il périt à trente-deux ans. Les Perses avaient pour lui tant d'affection, qu'ils envoyèrent des ambassadeurs supplier le sénat de leur permettre de lui élever un monument funèbre. Au reste, toutes les provinces et Rome entière éprouvèrent à sa mort une si vive allégresse, que le peuple prit le chapeau de l'affranchissement, comme s'il triomphait, en se voyant délivré d'un maître impitoyable.

VI. Servius Galba.

Galba, nobili Sulpiciorum gente progenitus, imperavit menses septem, diesque totidem. Iste in adolescentes infamis, ad vescendum intemperans fuit : trium amicorum consilio, id est Vinnii, Cornelii et Iceli, cuncta disponens, adeo ut intra Palatinas ædes pariter habitarent, et vulgo pædagogi dicerentur. Hic ante sumptam dominationem multas provincias egregie administravit, militem severissime tractans, ita ut, ingresso eo castra, vulgaretur statim : « Disce militare, miles; Galba est, non Gætulicus. » Quum septuagesimum tertium ætatis annum ageret, dum factione Othonis accensas legiones lorica tectus lenire contenderet, ad lacum Curtium cæsus est.

VII. Salvius Otho.

Salvius Otho, splendidis ortus majoribus ex oppido Ferentano, imperavit menses tres, vita omni turpis, maxime adolescentia. Hic a Vitellio primum ad Placentiam, dehinc apud Betriacum victus, semet gladio transfixit, anno ætatis tricesimo septimo. Adeo amabilis militibus propriis, ut plerique, corpore ejus viso, suis manibus interierint [10].

VIII. A. Vitellius.

Vitellius, ortus familia nobili, patre Lucio Vitellio ter consule, imperavit menses octo. Iste tumens, crudelis, avarusque cum profusione fuit. Hujus tempore,

ÉPITOME.

VI. Servius Galba.

Issu de la noble famille des Sulpicius, Galba régna sept mois et autant de jours. De mœurs infâmes avec les jeunes gens, il s'abandonnait à tous les excès de la table. Entièrement gouverné par les conseils de ses trois amis Vinnius, Cornelius et Icelus, il les laissait habiter avec lui le palais impérial, et chacun les appelait les pédagogues de l'empereur. Avant de prendre le pouvoir, Galba avait administré sagement plusieurs provinces, traitant le soldat avec la plus grande sévérité, de sorte qu'à son entrée dans le camp, partout on répétait aussitôt : « Apprends à servir, soldat ; c'est Galba qui commande, et non Gétulicus. » A l'âge de soixante-treize ans, au moment où, couvert d'une cuirasse, il s'avance pour rétablir le calme au milieu des légions que la faction d'Othon avait soulevées, il fut tué près du lac Curtius.

VII. Salvius Othon.

Né d'ancêtres illustres, de la ville de Ferentinum, Salvius Othon régna trois mois ; toute sa vie, et principalement sa jeunesse, fut souillée de honte. Vaincu par Vitellius, d'abord à Plaisance, puis auprès de Bétriac, il se perça de son épée, à l'âge de trente-sept ans. Il fut si cher à ses soldats, que la plupart d'entre eux, à la vue de son cadavre, se tuèrent de leurs propres mains.

VIII. A. Vitellius.

La famille de Vitellius était noble, son père Lucius Vitellius fut trois fois consul ; il régna lui-même huit mois. Il fut orgueilleux, cruel, avare et prodigue tout

Vespasianus in Oriente principatum arripuit : a cujus militibus, certamine sub muris Urbis habito, superatus, e palatio, quo se abdiderat Vitellius, vinctis a tergo manibus, productus, circumducitur ad spectaculum vulgi. Ac ne homo impudens, in extremis saltem malorum, quæ gesserat, rubore faciem demitteret, subjecto in mentum gladio, seminudus, multis cœno fimoque et ceteris turpioribus dictu purgamentis vultum ejus incessentibus, per scalas Gemonias trahitur, ubi Sabinum, Vespasiani fratrem, necari permiserat. Numerosis ictibus confossus interiit. Vixit annos quinquaginta septem. Ili omnes, quos paucis attigi, præcipue Cæsarum gens, adeo litteris culti atque eloquentia fuere, ut, ni cunctis vitiis, absque Augusto, nimii forent, profecto texissent modica flagitia.

IX. Flav. Vespasianus.

Vespasianus imperavit annos decem. Hujus inter cetera bona illud singulare fuit, inimicitias oblivisci ; adeo, ut Vitellii, hostis sui, filiam locupletissime dotatam splendidissimo conjungeret viro. Ferebat patienter amicorum motus, contumeliis eorum, ut erat facetissimus, jocularibus respondens. Namque Licinium Mucianum, quo adjutore ad imperium pervenerat, fiducia meritorum insolentem, lepide flectebat, adhibito aliquo utrique familiari, id unum dicens : « Nosti, me virum esse. » Sed quid mirum in amicis, quum etiam causidicorum obli-

à la fois. A cette époque, Vespasien saisit le principat en Orient : Vitellius, vaincu par les troupes de ce dernier, dans un combat livré sous les murs de Rome, est arraché du palais où il s'était caché ; on lui attache les mains derrière le dos, on le promène dans toute la ville pour le donner en spectacle à la multitude : et, afin d'empêcher cet homme si impudent de baisser, du moins au moment suprême, un visage que le remords de tant de crimes pouvait voiler de quelque rougeur, on lui met sous le menton la pointe d'un glaive ; à moitié nu, la figure couverte de boue, de fange et d'autres ordures plus dégoûtantes encore, il est traîné aux échelles des Gémonies, où il avait laissé massacrer Sabinus, frère de Vespasien. Il y expire percé de mille coups, à l'âge de cinquante-sept ans. Tous ces empereurs, dont je viens de tracer la vie en abrégé, et principalement la famille des Césars, eurent l'esprit si bien cultivé par les lettres et par l'éloquence, que, sans l'énormité des vices de tout genre qui les déshonorèrent, à l'exception d'Auguste, ils eussent aisément pallié de faibles écarts.

IX. Flav. Vespasien.

Vespasien fut dix années empereur. Entre autres qualités, il eut surtout le mérite bien rare d'oublier les injures ; à tel point qu'après avoir très-richement doté la fille de Vitellius, son ennemi, il lui fit épouser un personnage des plus haut placés. Il supportait patiemment la mauvaise humeur de ses amis, et, comme il était très-facétieux, il ne répondait à leurs boutades que par des plaisanteries. Ainsi, lorsque Licinius Mucianus, qui l'avait aidé à parvenir au pouvoir, montrait, par trop de confiance dans ses services, une insolente fierté, il rabaissait finement cet orgueil avec un mot qui leur était familier à tous deux, et se contentait de lui dire : « Tu sais que je suis un homme. » Mais quoi d'étonnant qu'il

qua dicta¹¹, et philosophorum contumaciam contemneret? Iste exsanguem diu, fessumque terrarum orbem brevi refecit. Namque primum satellites tyrannidis, nisi qui forte atrocius longe processerant, flectere potius maluit, quam excruciatos delere; prudentissime ratus, nefaria ministeria a pluribus metu curari. Præterea legibus æquissimis monendo, quodque vehementius est, vitæ specie, vitiorum plura aboleverat. Infirmus tamen, uti quidam prave putant, adversus pecuniam, quum satis constet, ærarii inopia et clade urbium novas cum neque postea habitas vectigalium pensiones exquisivisse.

Hic Romam, deformem incendiis veteribus ac ruinis, permissa, si domini deessent, volentibus ædificandi copia, Capitolium, ædem Pacis, Claudii monumenta reparavit; multaque nova instituit. Per omnes terras, qua jus Romanum est, renovatæ urbes cultu egregio; viæ operibus maximis munitæ sunt. Tunc cavati montes per Flaminiam sunt prono transgressu, quæ vulgariter Pertunsa petra vocitatur. Mille gentes compositæ, quum ducentas ægerrime reperisset, exstinctis sævitia tyrannorum plerisque. Rex Parthorum Vologæsus metu solo in pacem coactus est. Syria, cui Palæstina nomen est, Ciliciaque ac Thracia et Commagene, quam hodie Augustophratensem nominamus, provinciis accessere. Judæi quoque additi sunt.

ménageât ses amis, lorsqu'il dédaignait de punir même les mots à double sens des avocats et le cynisme des philosophes ! Depuis longtemps l'univers était comme épuisé de sang, comme abattu : Vespasien cicatrisa bientôt ses blessures. Car, si l'on excepte ceux qui s'étaient portés trop loin dans leurs excès, il aima mieux avant tout pardonner aux satellites de la tyrannie que de les faire périr dans les tortures; pensant avec beaucoup de sagesse que la crainte pousse trop souvent à d'infâmes ministères. Ajoutons que, par les lois les plus équitables, il donnait de salutaires avertissements; et, ce qui est beaucoup plus frappant encore, il avait, par l'exemple de sa vie, détruit la plupart des vices. Pourtant disent, mais bien à tort, certains auteurs, il était sans force contre l'appât de l'argent : on sait, en effet, assez généralement que, par suite de la détresse du trésor et de la ruine des villes, il imposa de nouvelles charges, de nouveaux tributs, qui ne furent plus renouvelés dans la suite.

Rome était défigurée par les ruines et par les incendies qui précédemment avaient eu lieu; Vespasien permit, au défaut des premiers maîtres, de bâtir à volonté; il releva le Capitole, le temple de la Paix, les monuments de Claude, et fit beaucoup de constructions nouvelles. Dans tous les pays soumis à la puissance romaine, les villes reçurent les embellissements les plus remarquables; les routes furent consolidées par d'immenses travaux. Alors on creusa des montagnes pour ouvrir une pente facile par la voie Flaminia, que l'on appelle vulgairement la Pierre percée. L'empereur créa mille familles nouvelles; il n'en avait trouvé que deux cents, et avec la plus grande peine; car la cruauté des tyrans les avait détruites pour la plupart. Le roi des Parthes Vologèse fut réduit par la seule crainte à faire la paix. La Syrie, nommée Palestine, la Cilicie, la Thrace et la Commagène, que nous appelons de nos jours Augustophrate, furent ajoutées

Hic, monentibus amicis, ut caveret a Metio Pomposiano, de quo sermo percrebuerat regnaturum, consulem fecit, alludens tali cavillo : « Quandoque memor erit tanti beneficii. » Institutum vero uniforme omni imperio tenuit. Vigilare de nocte, publicisque actibus absolutis, caros admittere, dum salutatur, calceamenta sumens et regium vestitum. Post autem negotiis, quæcumque advenissent, auditis, exerceri vectatione, deinde requiescere : postremo, ubi lavisset, remissiore animo convivium curabat. Plura dicere studium coegit imperatoris boni, quem, ab Augusti morte, post annos sex et quinquaginta, Romana respublica, exsanguis sævitia tyrannorum, quasi fato quodam, ne penitus rueret, assecuta est. Itaque, annum agens vitæ absque uno septuagesimum, seriis joca, quibus delectabatur, admiscens, interiit. Quippe primo quum crinitum sidus apparuisset : « Istud, inquit, ad regem Persarum pertinet, cui capillus effusior. » Deinde, ventris eluvie fessus, et assurgens : « Stantem, ait, imperatorem excedere terris decet [12]. »

X. T. Flav. Vespasianus.

Titus, vocabulo patris etiam Vespasianus dictus, matre liberta, Domitilla nomine, genitus, imperavit annos duos et menses duos diesque viginti. Iste a puero præclaris studiis, probitatis, militiæ, litterarum instantissime deditus, quo contenderit, animi et corporis

aux provinces romaines, ainsi que la Judée. Les amis de Vespasien le prévenaient de se mettre en garde contre Metius Pomposianus, que le bruit public désignait comme devant régner; l'empereur le créa consul, faisant, par cette plaisanterie, allusion à ce qu'on disait : « Un jour il sera reconnaissant d'un si grand bienfait. » Pendant toute la durée de son règne, Vespasien eut un genre de vie constamment uniforme. Il se levait avant le jour, puis, après s'être occupé des affaires publiques, il donnait audience à ses amis, et, tandis qu'on le saluait, il mettait sa chaussure et son vêtement impérial. Ensuite, après avoir entendu toutes les affaires qui se présentaient, il se promenait en litière, puis se reposait : enfin, au sortir du bain, il prenait son repas d'un esprit plus libre et plus tranquille. J'ai dû, par affection pour ce bon prince, m'étendre plus longuement sur sa vie; car, depuis la mort d'Auguste, après un espace de cinquante-six années, il fut le seul appui que la république romaine, épuisée par la cruauté des tyrans, trouva, comme par un heureux destin, pour échapper à une ruine complète. Vespasien mourut à soixante-neuf ans, mêlant toujours au sérieux la plaisanterie, qu'il aimait par-dessus tout. Car, au premier bruit de l'apparition d'une comète chevelue : « Ceci, dit-il, regarde le roi de Perse, qui a des cheveux plus touffus que les miens. » Enfin, épuisé par un flux de ventre, il se lève sur son séant : « Il faut, ajoute-t-il, qu'un empereur meure debout. »

X. T. Flav. Vespasien (Titus).

Titus, appelé aussi Vespasien du nom de son père, eut pour mère l'affranchie Domitilla; il régna deux ans deux mois et vingt jours. Dès l'enfance, appliqué sans relâche aux nobles études de la vertu, de la guerre et des lettres, riche de tous les dons de l'esprit et du corps, il fit voir à quel but élevé il tendait. Dès qu'il se fut

muneribus ostendit. Hic ubi patriæ curam suscepit, incredibile est, quantum, quem imitabatur, anteierit, præcipue clementia, liberalitate, honorificentia, ac pecuniæ contemptu : quæ eo amplius grata fuere, quod ex nonnullis a privato adhuc patratis asperior, luxuriæ et avaritiæ amans credebatur fore. Namque, præfecturam prætorianam, patre imperante, adeptus, suspectum quemque et oppositum sibi, immissis, qui per theatra et castris invidiosa jactantes ad pœnam poscerent, quasi criminis convictos, oppressit. In queis Cæcinam consularem, adhibitum cœnæ, vixdum triclinio egressum, ob suspicionem stupratæ Berenicis, uxoris suæ[13], jugulari jussit. Jurgia autem sub patre venumdata, rapinarum cupidum : unde, Neronem cuncti opinantes vocantesque, summam rerum nactum graviter acceperant. Sed hæc in melius conversa adeo ei immortalem gloriam contulere, ut deliciæ atque amor humani generis appellaretur. Denique ut subiit pondus regium, Berenicen, nuptias suas sperantem, regredi domum, et enervatorum greges abire præcepit. Quo facto, quasi signum protulit mutatæ intemperantiæ. Dehinc quum donata concessave a prioribus principibus firmare insequentes solerent, simul imperium cepit, talia possidentibus edicto sponte cavit. Quadam etiam die, recordans vesperi nihil se cuiquam præstitisse, venerando cœlestique dicto : « Amici, ait, perdidimus diem. » Quod erat magnificæ liberalitatis.

dévoué aux intérêts de la patrie, on ne saurait croire combien il surpassa celui qu'il prenait pour modèle, surtout en clémence, en libéralité, en munificence, en mépris des richesses : qualités qui furent d'autant plus agréables en lui, que, d'après certaines de ses actions de simple particulier, on pensait qu'il serait cruel, avare et débauché. Car, nommé préfet du prétoire, sous le règne de son père, si quelqu'un lui était suspect et s'opposait à ses vues, il s'en défaisait au moyen des agents qu'il envoyait au théâtre et dans l'armée, pour y semer des bruits calomnieux et demander le supplice de ses ennemis, comme s'ils eussent été convaincus de quelque crime. Ainsi, après avoir admis à souper le consulaire Cécina, Titus le fit étrangler presqu'à la sortie de la salle du festin, parce qu'il le soupçonnait d'avoir déshonoré son épouse Bérénice. Comme du vivant de son père il avait fait trafic de plusieurs charges, on le crut avide et rapace : aussi chacun, pensant voir un autre Néron dans Titus, et l'appelant même de ce nom, apprit avec douleur son avénement au pouvoir souverain. Mais tous ces vices disparurent, et cet heureux changement le couvrit d'une gloire immortelle, au point qu'il fut appelé l'amour et les délices du genre humain. Enfin, dès qu'il eut pris le fardeau de la couronne, malgré l'espoir que Bérénice avait de l'épouser, il lui ordonna de retourner dans sa patrie, et en même temps il chassa loin de lui tous les troupeaux de débauchés : signe manifeste qu'il réformait l'intempérance de ses mœurs. Jusqu'alors les nouveaux empereurs étaient dans l'usage de confirmer les donations et concessions faites par leurs devanciers; à peine sur le trône, il assura, par un édit spontané, ces avantages à leurs possesseurs. Certain jour même, se rappelant sur le soir qu'il n'avait rendu de service à personne, il prononça ces paroles sublimes et dignes d'un dieu : « Mes amis, s'écria-t-il, nous avons perdu la journée. » C'est

Clementiam vero usque eo perduxit, ut, amplissimi ordinis duo quum adversus eum conjurassent, neque abnuere cogitatum scelus quirent, monuerit primo : post, deductos in spectaculum, se utrinque assidere jusserit; petitoque ex industria mirmillonum, quorum pugnæ visebantur, gladio, quasi ad explorandam aciem, uni atque alteri commiserit : quibus perculsis et constantiam mirantibus diceret : « Videtisne, potestates fato dari, frustraque tentari facinus potiundi spe vel amittendi metu? » Fratrem quoque Domitianum, parantem insidias, militumque animos sollicitantem, flens sæpius obtestatus est, ne parricidio assequi cuperet, quod et se volente esset obventurum ei, et jam haberet, quum sit particeps potestatis. Hujus tempore, mons Vesuvius in Campania ardere cœpit : incendiumque Romæ sine nocturna requie per triduum fuit. Lues quoque, quanta vix unquam antea, fuit. Quibus tamen malis, nullo vexato, pecunia propria subvenit, cunctis remediorum generibus, nunc ægrotantes per semetipsum reficiens, nunc consolans suorum mortibus afflictos. Vixit annos quadraginta unum : et in eodem, quo pater, apud Sabinos agro, febri interiit. Hujus mors, credi vix potest, quantum luctus Urbi provinciisque intulerit, adeo ut, eum delicias publicas, sicut diximus, appellantes, quasi perpetuo custode orbatum terrarum orbem deflerent.

qu'il était le modèle de la plus noble libéralité. Quant à la clémence, il la poussa si loin, que deux patriciens du rang le plus élevé ayant conspiré contre lui, et ne pouvant nier le complot qu'ils avaient tramé, il les avertit d'abord qu'il savait tout : puis il les mena au théâtre, les fit asseoir à ses côtés, demanda à dessein, comme pour en examiner la pointe, l'épée d'un des gladiateurs qui combattaient, et la confia à l'un et à l'autre : tous deux restent frappés de surprise et d'admiration devant sa fermeté : « Ne voyez-vous pas, leur dit-il, que c'est le destin qui donne la puissance, et qu'on tenterait vainement un crime dans l'espoir de s'en emparer, ou dans la crainte de la perdre? » Comme son frère Domitien lui tendait aussi des embûches, et s'efforçait de soulever les esprits des soldats, il le conjura plusieurs fois, les larmes aux yeux, de ne point désirer acquérir par un parricide ce qui devait lui appartenir un jour d'après la volonté même de son frère, et ce qu'il avait déjà, puisqu'il partageait le pouvoir. Sous Titus, le mont Vésuve s'enflamma dans la Campanie, et à Rome éclata un incendie qui dura trois jours et trois nuits sans interruption. Il y eut encore une peste horrible, et telle que peut-être on n'en avait jamais vu jusqu'alors. Cependant Titus soulagea tant de maux, sans imposer aux citoyens aucun sacrifice; il leur prodigua tout ce qu'il avait d'argent, tout ce qu'il put trouver de remèdes, tantôt guérissant lui-même les malades, tantôt consolant les affligés qui pleuraient la mort de leurs parents. Il vécut quarante et un ans, et mourut de la fièvre dans la même campagne que son père, au pays des Sabins. On aurait peine à croire quel deuil immense la mort de Titus causa dans Rome et dans les provinces : chacun à l'envi l'appelait, comme nous l'avons dit, les délices du genre humain; chacun le pleurait comme si le monde entier eût à jamais perdu son gardien tutélaire.

XI. T. Flav. Domitianus.

Domitianus, Vespasiani et Domitillæ libertæ filius, germanus Titi, imperavit annos quindecim. Ille primo, clementiam simulans, neque adeo iners domi, belloque tolerantior videbatur : idcircoque Cattos Germanosque devicit; jus æquissime dixit. Romæ multa ædificia vel cœpta, vel a fundamentis construxit. Bibliothecas, incendio consumptas, petitis undique, præsertim Alexandria, exemplis, reparavit. Sagittarum tam doctus fuit, ut inter patentes digitos extentæ manus viri, procul positi, spicula transvolarent. Dehinc, atrox cædibus, bonorum supplicia agere cœpit ; ac, more C. Caligulæ, dominum sese deumque dici coegit : segnisque ridicule, remotis omnibus, muscarum agmina persequebatur. Furens libidine : cujus fœdum exercitium Græcorum lingua κλινοπάλην vocabat. Hinc percontanti cuidam, quisquamne in palatio esset, responsum : « Ne musca quidem. » His ejus sævitiis, ac maxime injuria verborum, qua scortum vocari dolebat, accensus Antonius, curans Germaniam superiorem, imperium corripuit. Quo per Norbanum Appium acie strato, Domitianus longe tetrior, in omne hominum genus, etiam in suos, ferarum more grassabatur. Igitur metu crudelitatis et conscientiæ suæ conjuravere plerique, impulsoribus Parthenio, procurante cubiculum, et Stephano, et, tum ob fraudem

XI. T. Flav. Domitien.

Fils de Vespasien et de l'affranchie Domitilla, Domitien, frère de Titus, régna quinze ans. Affectant d'abord la clémence, et déployant quelque énergie à l'intérieur, il paraissait encore plus actif à la guerre : aussi défit-il les Cattes et les Germains; il rendit la justice avec la plus grande impartialité. A Rome, il acheva plusieurs édifices commencés, et en construisit d'autres depuis les fondements. Comme un incendie avait dévoré les bibliothèques publiques, il répara ce désastre, en faisant venir de tous côtés, et surtout d'Alexandrie, de nouveaux exemplaires des livres. Il fut si adroit dans l'art de lancer les traits, qu'en plaçant assez loin un homme, la main tendue, il faisait, entre les ouvertures de ses doigts, voler au delà ses flèches toujours sûres. Ensuite, tyran farouche et sanguinaire, il se mit à ordonner le supplice des bons citoyens; et, à l'exemple de C. Caligula, il se fit appeler seigneur et dieu. Dans sa ridicule apathie, il éloignait tout le monde, et poursuivait des volées de mouches. C'était chez lui une passion, un délire : exercice honteux qu'il appelait du mot grec κλινοπάλη [1]! De là cette réponse à un homme qui demandait s'il y avait quelqu'un au palais : « Pas même une mouche, » lui dit-on. Les cruautés de Domitien, et surtout le nom injurieux de prostituée, qu'il donnait à Antonius, gouverneur de la haute Germanie, enflammèrent le courroux de ce dernier, qui voulut usurper l'empire. Mais Norbanus Appius le vainquit, pour l'empereur, en bataille rangée; et dès lors Domitien, redoublant de barbarie, se déchaînait, comme les bêtes féroces, contre les hommes de toute condition, sans même épargner les siens. Aussi la crainte qu'inspiraient tant d'atrocités, et des remords de conscience, poussèrent la plupart des gens du palais à conspirer

[1] Exercice du lit.

interceptæ pecuniæ supplicium suspectante, Clodiano, adscita etiam in consilium tyranni uxore Domitia, ob amorem Paridis histrionis a principe cruciatus formidante. Domitianum multis vulneribus confodiunt, post annum quintum et quadragesimum vitæ. At senatus gladiatoris more funus efferri, radendumque nomen decrevit [14]. Hujus tempore, Seculares ludi celebrati sunt.

Hactenus, Romæ seu per Italiam orti, imperium rexere : hinc advenæ. Unde compertum est, urbem Romam externorum virtute crevisse. Quid enim Nerva prudentius aut moderatius? quid Trajano divinius? quid præstantius Hadriano?

XII. Cocceius Nerva.

Cocceius Nerva, oppido Narniensi genitus, imperavit menses sedecim, dies decem. Iste quum imperium suscepisset, mox rumore orto, vivere atque affore Domitianum, perinde trepidavit, ut colore mutato, verbis amissis, vix consisteret. Sed, a Parthenio confirmatus, recepta fiducia, ad solenne delenimentum conversus est. Qui quum in curiam a senatu gratanter exceptus esset, solus ex omnibus Arrius Antoninus, vir acer eique amicissimus, conditionem imperantium prudenter exprimens, amplexus eum, gratulari se ait senatui et populo

contre Domitien ; les instigateurs du complot furent le chambellan Parthenius et Stephanus[1], puis Clodianus, qui redoutait le dernier supplice pour un vol d'argent qu'il avait détourné ; enfin Domitia, femme du tyran, prit part elle-même à la conjuration, parce que son amour pour l'histrion Pâris lui faisait craindre, de la part du prince, les tourments de la torture. Les conjurés percent de mille coups Domitien, qui entrait dans sa quarante-sixième année. Le sénat décréta qu'il serait enseveli comme un gladiateur, et que son nom serait partout effacé. Sous son règne, on célébra les jeux Séculaires.

Jusqu'ici des Romains ou des Italiens ont gouverné l'empire : des étrangers vont maintenant devenir empereurs : exemple qui prouve que la ville de Rome dut une grandeur nouvelle à la vertu des étrangers. En effet, quoi de plus sage ou de plus modéré que Nerva ? de plus divin que Trajan ? de plus grand qu'Adrien ?

XII. Cocceius Nerva.

Cocceius Nerva, né dans la ville de Narnium, régna seize mois et dix jours. Après son élection, sur le bruit qui vint bientôt à se répandre que Domitien vivait et allait paraître, Nerva ressentit un tremblement tel qu'il changea de couleur, perdit la voix, et put à peine se tenir debout. Mais Parthenius le rassure ; il reprend confiance, et tourne ses regards vers le charme flatteur de la solennité de son avénement. Le sénat le reçut dans la curie avec des félicitations ; mais seul de tous, Arrius Antoninus, homme d'une franchise énergique et son ami le plus dévoué, lui parla avec sagesse du sort de ceux qui gouvernaient, et lui dit, après l'avoir embrassé, qu'il félicitait le sénat, le peuple et les provinces, mais non

[1] Étienne.

provinciisque; ipsi autem nequaquam, cui satius fuerat, malos semper principes eludere, quam tanti oneris vim sustinentem, haud molestiis modo et periculis subjici, sed famæ etiam inimicorum pariter et amicorum : qui quum se mereri omnia præsumunt, si quidquam non extorserint, atrociores sunt ipsis quoque hostibus. Iste, quidquid antea pœnæ nomine tributis accesserat, indulsit; afflictas civitates relevavit, puellas puerosque natos parentibus egestosis sumptu publico per Italiæ oppida ali jussit. Hic ne accessu malevolorum terreretur, Juni Maurici, constantis viri, dicto ita admonetur. Qui, convivio familiari adhibitus [15], quum Veientonem, consulari honore functum quidem apud Domitianum, tamen multos occultis criminationibus persequutum, adesse vidisset; inter colloquia, mentione Catulli facta, calumniatoris præcipui, dicente Nerva, quid nunc faceret, si Domitiano supervixisset? « Nobiscum, inquit Mauricus, cœnaret. » Hic jurgiorum disceptator et scientissimus et frequens fuit. Calpurnium Crassum, promissis ingentibus animos militum pertentantem, detectum confessumque, Tarentum cum uxore removit, patribus lenitatem ejus increpantibus. Quumque interfectores Domitiani ad exitium poscerentur, tantum est consternatus, ut neque vomitum neque impetum ventris valuerit differre : et tamen vehementer obstitit, dictitans, æquius esse mori, quam auctoritatem imperii fœdare, proditis potentiæ sumendæ auctoribus. Sed milites, neglecto prin-

point Nerva, qui toujours avait été plus heureux d'éluder la fureur des mauvais princes, que d'avoir à soutenir un si lourd, un si pesant fardeau; car il allait être en butte, non-seulement aux soucis et aux périls, mais encore à tous les propos de ses ennemis et de ses amis : et souvent ces derniers, dans la présomption qu'ils ont tout mérité, deviennent, s'ils n'ont pu rien arracher, plus implacables que les ennemis mêmes du dehors. Nerva fit remise de tous les surcroîts de tributs imposés auparavant à titre de châtiment; il releva les cités abattues, fit nourrir aux frais de l'État, dans les villes de l'Italie, les jeunes filles et les jeunes gens nés de parents pauvres. Un mot de Junius Mauricus, homme plein de fermeté, l'avertit un jour de ne point s'effrayer de l'abord des méchants. Admis aux repas intimes du prince, Mauricus y vit assister Véienton, qui, pour avoir obtenu les honneurs du consulat sous Domitien, n'en avait pas moins poursuivi une foule de personnes d'accusations clandestines; dans l'entretien, on vint à parler du fameux délateur Catullus, et Nerva demandait ce qu'il ferait aujourd'hui, s'il avait survécu à Domitien : « Il souperait avec nous, » répondit Mauricus. Nerva fut très-versé dans la science du droit, fort habile et fort assidu à en décider les questions. Calpurnius Crassus avait tenté, par de brillantes promesses, de soulever les esprits des soldats; il fut découvert et avoua son crime; l'empereur se contenta de le reléguer à Tarente avec sa femme, malgré les reproches des sénateurs au sujet de sa clémence. Comme on demandait, pour les faire mourir, les meurtriers de Domitien, Nerva fut si consterné, qu'il ne put retenir les vomissements et le flux de ventre dont il fut saisi : il résista cependant de toutes ses forces, en répétant qu'il aimait mieux mourir, que de souiller l'autorité impériale, en trahissant les auteurs de son élévation. Mais les soldats, sans égard pour le prince, se mirent à la re-

cipe, requisitos, Petronium uno ictu, Parthenium vero, demptis prius genitalibus et in os conjectis, jugulavere, redempto magnis sumptibus Casperio; qui, scelere tam truci insolentior, Nervam compulit referre apud populum gratias militibus, quia nefandos pessimosque omnium mortalium peremissent. Hic Trajanum in liberi locum [16] inque partem imperii cooptavit : cum quo tribus vixit mensibus. Qui dum, suggerente ira, voce quam maxima contra quemdam Regulum nomine inclamaret, sudore correptus est. Quo refrigescente, horror corporis nimius initia febri præbuit, nec multo post vitam finivit, anno ætatis sexagesimo tertio. Cujus corpus a senatu, ut quondam Augusti, honore delatum, in sepulcro Augusti sepultum est. Eoque die, quo interiit, solis defectio facta est.

XIII. Ulpius Trajanus.

Ulpius Trajanus, ex urbe Tudertina [17], Ulpius ab avo dictus, Trajanus a Trajo, paterni generis auctore, vel de nomine Trajani patris sic appellatus, imperavit annis viginti. Iste talem se reipublicæ præbuit, qualem vix ægreque exprimere valuerunt summorum scriptorum miranda ingenia. Hic imperium apud Agrippinam, nobilem Galliæ coloniam, suscepit, habens diligentiam in re militari, in civilibus lenitatem, in sublevandis civitatibus largitionem. Quumque duo sint, quæ ab egregiis principibus exspectentur, sanctitas domi, in armis fortitudo, utrobique prudentia; tantus erat in eo maxima-

cherche des coupables, égorgèrent Petronius d'un seul coup, arrachèrent à Parthenius les parties sexuelles, et les lui jetèrent dans la bouche avant de le tuer; Casperius racheta ses jours au poids de l'or; et, poussant plus loin encore l'insolence et l'atrocité du crime, il contraignit Nerva de remercier, devant le peuple, les soldats d'avoir mis à mort les plus coupables et les plus odieux de tous les hommes. Nerva adopta Trajan pour fils, l'associa à l'empire, et vécut trois mois avec lui. Dans un accès de colère, où, d'une voix tonnante, il apostrophait par son nom un certain Regulus, il se sentit inondé de sueur; un refroidissement s'ensuivit, et un frisson violent amena des symptômes de fièvre : Nerva eut bientôt cessé de vivre, à l'âge de soixante-trois ans. Son corps, après avoir, comme autrefois celui d'Auguste, obtenu l'honneur d'être porté par le sénat, fut enseveli dans le tombeau d'Auguste; et le jour de sa mort, il y eut une éclipse de soleil.

XIII. Ulpius Trajan.

Ulpius Trajan, de la ville de Tudertinum, appelé Ulpius du nom de son aïeul, Trajan de Trajus, auteur de sa famille paternelle, ou ainsi désigné, par le nom de Trajan, son père, régna vingt ans. Ce prince se montra pour la république tel que le génie sublime des plus illustres écrivains put à peine, et bien difficilement l'exprimer. Élu empereur à Cologne, célèbre colonie de la Gaule, il fit preuve d'habileté dans l'art militaire, de douceur dans les affaires politiques, de munificence dans l'allégement des charges des cités. Il est deux choses que l'on attend des princes modèles, la vertu dans la paix, la bravoure dans la guerre, et, des deux côtés, la prudence; Trajan possédait si bien la juste mesure des plus belles qualités, qu'il semblait, en les tempérant l'une par

rum rerum modus, ut quasi temperamento quodam miscuisse videretur, nisi quod cibo vinoque paululum deditus erat. Liberalis in amicos, et tanquam vitæ conditione par, societatibus perfrui. Hic ob honorem Suræ, cujus studio imperium arripuerat, lavacra condidit. De quo supervacaneum videtur cuncta velle nominatim promere, quum satis sit, excultum atque emendatum dixisse. Fuit enim patiens laboris, studiosus optimi cujusque ac bellicosi : magis simpliciora ingenia aut eruditissimos, quamvis ipse parcæ esset scientiæ, moderateque eloquens, diligebat. Justitiæ vero ac juris humani divinique tam repertor novi, quam inveterati custos. Quæ omnia eo majora visebantur, quo, per multos atque atroces tyrannos perdito atque prostrato statu Romano, in remedium tantorum malorum divinitus credebatur opportune datus; usque eo, ut adveniens imperium ejus pleraque mirifica denuntiaverint. In queis præcipuum, cornicem e fastigio Capitolii Atticis sermonibus effatam esse, Καλῶς ἔσται. Hujus exusti corporis cineres relati Romam, humatique Trajani foro sub ejus columna; et imago superposita, sicuti triumphantes solent, in Urbem invecta, senatu præeunte et exercitu. Eo tempore, multo perniciosius, quam sub Nerva, Tiberis inundavit, magna clade ædium proximarum; et terræ motus gravis per provincias multas, atroxque pestilentia, famesque, et incendia facta sunt. Quibus omnibus Trajanus per exquisita remedia pluri-

l'autre, en avoir fait le plus heureux mélange; seulement il aimait un peu trop la table et le vin. Libéral envers ses amis, il jouissait de leur société, comme s'ils eussent été ses égaux. Il construisit des bains en l'honneur de Sura, dont le dévouement lui avait fait saisir le pouvoir. Il semble superflu de vouloir énumérer en détail chacune des vertus de Trajan : disons, en un mot, qu'il les cultiva, les perfectionna toutes. Car il fut infatigable au travail, protecteur zélé des meilleurs citoyens et des gens de guerre : il aimait principalement le génie dans toute sa simplicité, ou l'érudition dans sa plus vaste étendue, bien qu'il eût lui-même peu de savoir, et qu'il fût d'une éloquence médiocre. Passionné pour la justice, il introduisit, dans le droit divin et humain, plus d'une disposition nouvelle, sans cesser d'être le fidèle gardien de l'ancienne législation. Une chose rehaussait encore l'éclat de toutes ces qualités; c'est qu'après tant d'atroces tyrans, qui avaient perdu et renversé la constitution de l'État, Trajan semblait comme un don du ciel, fait à propos pour réparer de si funestes malheurs; aussi plusieurs présages merveilleux annoncèrent-ils son avénement. Citons le plus remarquable : Une corneille avait, sur le sommet du Capitole, prononcé en grec : Καλῶς ἔσται[1]. Ses cendres, rapportées à Rome, furent déposées dans le forum de Trajan, sous sa colonne; et sa statue, placée sur le faîte, avec tous les honneurs du triomphe, fut transportée dans la ville, précédée du sénat et de l'armée. Sous son règne, il y eut une inondation du Tibre beaucoup plus désastreuse que sous Nerva : fléau terrible qui renversa les édifices voisins; un violent tremblement de terre éclata dans plusieurs provinces; une peste horrible, la famine et les incendies le suivirent. Partout Trajan prodigua les secours, au moyen de remèdes aussi prompts qu'efficaces; il prescrivit que la

[1] C'est bien.

mum opitulatus est; statuens, ne domorum altitudo sexaginta superaret pedes, ob ruinas faciles, et sumptus, si quando talia contingerent, exitiosos. Unde merito Pater patriæ dictus est [18]. Vixit annos sexaginta quatuor.

XIV. Ælius Hadrianus.

Ælius Hadrianus, stirpis Italicæ, Ælio Hadriano, Trajani principis consobrino, Adriæ orto, genitus, quod oppidum agri Piceni etiam mari Adriatico nomen dedit, imperavit annis viginti duobus. Hic, Græcis litteris impensius eruditus, a plerisque Græculus appellatus est. Atheniensium studia moresque hausit, potitus non sermone tantum, sed et ceteris disciplinis, canendi, psallendi, numerandique scientia [19], musicus, geometra, pictor, fictorque ex aere vel marmore proxime Polycletos et Euphranoras. Proinde omnino ad ista et facetus, ut elegantius unquam raro quidquam humanæ res expertæ videantur. Memor supra quam cuiquam credibile est, locos, negotia, milites, absentes quoque, nominibus recensere. Immensi laboris, quippe qui provincias omnes passibus circuierit, agmen comitantium prævertens, quum oppida universa restitueret, augeret ordinibus. Namque ad specimen legionum militarium, fabros, perpendiculatores, architectos, genusque cunctum exstruendorum mœnium, seu decorandorum, in cohortes centuriaverat. Varius, multiplex, multiformis: ad vitia atque virtutes quasi arbiter genitus, impetum

hauteur des maisons ne dépassât point soixante pieds, pour rendre leur chute moins facile, et les frais de réparation moins coûteux, en cas d'accidents nouveaux de cette nature. De pareils bienfaits lui méritèrent le nom de père de la patrie. Il vécut soixante-quatre ans.

XIV. Élius Adrien.

Élius Adrien, d'origine italienne, fils d'Élius Adrien, cousin germain de l'empereur Trajan, et natif d'Adria, ville du Picenum, qui a donné aussi son nom à la mer Adriatique, Adrien régna vingt-deux ans. Comme il était très-versé dans les lettres grecques, on l'appelait communément le petit Grec. Imbu des études et des mœurs athéniennes, expert, non pas seulement dans la langue, mais dans tous les arts de l'Attique, il savait chanter et s'accompagner de la cithare; il était à la fois arithméticien, musicien, géomètre, peintre, sculpteur en airain ou en marbre, digne de rivaliser avec les Polyclète et les Euphranor. Enfin, il avait tellement le génie des sciences, que bien rarement peut-être la nature s'essaya à former un type si parfait. Sa mémoire incroyable lui rappelait aussitôt les lieux, les affaires, les soldats qu'il citait tous par leurs noms, même les absents. Actif, infatigable, il parcourait de pied l'étendue de chaque province, devançant toujours ceux qui l'accompagnaient, soit que, dans ses courses à travers le monde, il relevât toutes les villes abattues, ou qu'il en accrût les ressources avec les troupes d'artisans qu'il menait à sa suite. Car il avait, sur le modèle des légions militaires, classé en cohortes et en centuries les serruriers, les arpenteurs-géomètres, les architectes, en un mot tous les ouvriers propres à élever des murailles ou à les embellir. Adrien était un véritable protée, qui prenait mille et mille formes diverses : né pour les vices et pour les vertus, dont il semblait disposer en arbitre, réglant, par une sorte d'artifice, la mobilité de

mentis quodam artificio regens, ingenium invidum, triste, lascivum, et ad ostentationem sui insolens callide tegebat; continentiam, facilitatem, clementiam simulans, contraque dissimulans ardorem gloriæ, quo flagrabat. Acer nimis ad lacessendum pariter et respondendum seriis, joco, maledictis: referre carmen carmini, dictum dictui; prorsus ut meditatum crederes adversus omnia. Hujus uxor Sabina, dum prope servilibus injuriis afflicitur, ad mortem voluntariam compulsa. Quæ palam jactabat, se, quod immane ingenium probavisset, elaborasse, ne ex eo ad humani generis perniciem gravidaretur. Hic morbo subcutaneo, quem diu placide pertulerat, victus, dolore ardens, impatiensque, plures e senatu exstinxit. A regibus multis pace occultis muneribus impetrata, jactabat palam, plus se otio adeptum, quam armis ceteros. Officia sane publica, et palatina, nec non militiæ, in eam formam statuit, quæ, paucis per Constantinum immutatis, hodie perseverant. Vixit annos sexaginta duos: dehinc miserabili exitu consumptus est[20], cruciatu membrorum fere omnium confectus, in tantum ut crebro sese interficiendum ministrorum fidissimis precans offerret; ac, ne in semetipsum sæviret, custodia carissimorum servaretur.

XV. Antoninus Pius.

Antoninus Fulvius, seu Bojonius dictus, postea etiam Pius cognominatus[21], imperavit annos viginti tres. Iste

son esprit, il déguisait adroitement son humeur jalouse, triste, lascive, pleine d'insolence et de vanité; affectant la continence, la douceur, la clémence, tandis que, d'une autre part, il dissimulait la soif de gloire qui dévorait son âme. Trop prompt à provoquer comme à riposter par des mots sérieux, enjoués, mordants, il rendait vers pour vers, épigramme pour épigramme; on l'aurait cru réellement préparé d'avance contre tout. Les injures dont il accabla Sabina, son épouse, presque comme une vile esclave, la poussèrent au suicide. Du reste, elle répétait ouvertement qu'ayant reconnu par expérience toute l'atrocité du caractère d'Adrien, elle avait travaillé à ne pas devenir enceinte de ses œuvres pour la perte du genre humain. Vaincu par la violence d'une maladie sous-cutanée, qu'il avait supportée longtemps avec résignation, en proie à de cuisantes douleurs qu'il ne pouvait plus endurer, il fit périr plusieurs membres du sénat. Après avoir, par des présents secrets, obtenu la paix de plusieurs rois, il se vantait publiquement d'avoir fait plus de conquêtes par le repos que d'autres par les armes. Les charges publiques, celles du palais, les fonctions militaires furent soumises par Adrien à des formes nouvelles qui durent encore aujourd'hui, sauf les légers changements que Constantin leur a fait subir. Adrien vécut soixante-deux ans : enfin, à ses derniers moments, qui furent déplorables, il souffrait dans presque tous les membres des tortures si cruelles, que souvent il pria ses plus fidèles esclaves de lui ôter la vie; il s'offrait à leurs coups, et, pour qu'il ne se tuât pas lui-même, ses amis les plus chers le gardaient et veillaient à sa conservation.

XV. Antonin le Pieux.

Antonin Fulvius, appelé aussi Bojonius, et depuis encore surnommé le Pieux, régna vingt-trois ans. Adopté

ab Hadriano in filium adoptatus, cujus gener fuerat, tantæ bonitatis in principatu fuit, ut haud dubie sine exemplo vixerit. Quamvis eum Numæ contulerit ætas sua, quum orbem terræ nullo bello per annos viginti tres auctoritate sola rexerit, adeo trementibus eum atque amantibus cunctis regibus nationibusque et populis, ut parentem seu patronum magis, quam dominum imperatoremve reputarent; omnesque [uno ore] in cœlestium morem propitium optantes, de controversiis inter se judicem poscerent. Quin etiam Indi, Bactriani, Hyrcani legatos misere, justitia tanti imperatoris comperta, quam ornabat vultu serio pulchro, procerus membra, decenter validus. Priusquam salutandus prodiret, degustans panis aliquantulum, ne, frigescente circum præcordia per jejunium sanguine, viribus exesis interciperetur, eoque actui publicorum minime sufficeret, quæ incredibili diligentia ad speciem optimi patrisfamilias exsequebatur. Appetentia gloriæ carens et ostentatione : adeo mansuetus, ut instantibus patribus ad eos, qui contra eum conjuraverant, persequendos, compresserit quæstionem, præfatus, necesse non esse, sceleris in semetipsum cupidos pertinacius indagari, ne, si plures reperirentur, quantis odio esset, intelligeretur. Igitur apud Lorios, villa propria, millibus passuum duodecim ab Urbe, febri paucorum dierum, post tres atque viginti annos imperii, consumptus est. Ob cujus honorem templa, sacerdotes, atque infinita alia de-

pour fils par Adrien, dont il avait été le gendre, il montra tant de bonté sur le trône, qu'il vécut assurément sans modèle. Toutefois son siècle le mit en parallèle avec Numa, parce qu'il gouverna vingt-trois ans le monde, sans aucune guerre, par sa seule autorité; objet réel de crainte et d'amour pour tous les rois, toutes les nations et tous les peuples, qui voyaient en lui un père ou un patron plutôt qu'un maître ou un empereur; et qui, jaloux d'obtenir sa protection comme celle d'un dieu propice, le demandaient d'une voix unanime pour juge des différends qui s'élevaient entre eux. Ajoutons que les Indiens, les Bactriens et les Hyrcaniens lui envoyèrent des ambassadeurs, quand ils connurent l'équité d'un empereur si magnanime, équité que relevaient encore la beauté grave de son visage, et une taille majestueuse où s'alliaient la vigueur et la grâce. Avant de venir recevoir les salutations du matin, il prenait un léger morceau de pain, pour empêcher le sang de se refroidir autour du cœur à la suite d'une longue abstinence, pour ne pas se trouver surpris par l'épuisement de ses forces, et hors d'état de suffire à la multiplicité des affaires publiques, qu'il traitait avec la plus rare exactitude, à l'exemple du meilleur des pères de famille. Insensible à la passion de la gloire et à toute vanité, d'une douceur telle que, pressé par le sénat de poursuivre ceux qui avaient conspiré contre lui, il arrêta toute enquête, en disant qu'il n'était pas nécessaire de chercher si obstinément à découvrir ceux dont le crime n'en voulait qu'à sa vie; car, si l'on en trouvait beaucoup, ce serait faire voir que trop de monde le haïssait. Il mourut dans sa villa de Lories, à douze milles de Rome, emporté par une fièvre de quelques jours, après un règne de vingt-trois ans. On décréta en son honneur des temples, des prêtres et une infinité d'autres hommages. Telle était, disons-le, la douceur d'Antonin, que, sur un soupçon de disette de blé, la

creta sunt. Usque eo autem mitis fuit, ut, quum ob inopiæ frumentariæ suspicionem lapidibus a plebe Romana perstringeretur, maluerit ratione exposita placare, quam ulcisci seditionem.

XVI. M. Aurelius Antoninus et L. Verus.

Marcus Aurelius Antoninus imperavit annos decem et octo. Iste virtutum omnium, cœlestisque ingenii exstitit, ærumnisque publicis quasi defensor objectus est. Etenim nisi ad illa tempora natus esset, profecto quasi uno lapsu ruissent omnia status Romani. Quippe ab armis nusquam quies erat; perque omnem Orientem, Illyricum, Italiam, Galliamque bella fervebant : terræ motus non sine interitu civitatum, inundationes fluminum, lues crebræ, locustarum species agris infestæ, prorsus ut prope nihil, quo summis angoribus atteri mortales solent, dici seu cogitari queat, quod non illo imperante sævierit. Credo divinitus attributum, ut, dum mundi lex, seu natura aliudve quid, hominibus incognitum, gignit, rectorum consiliis, tanquam medicinæ remediis, leniantur. Is propinquum suum, Lucium Annium Verum, ad imperii partem novo benevolentiæ genere adscivit [22]. Qui Verus, inter Altinum atque Concordiam iter faciens, ictu sanguinis, quem morbum Græci ἀπόπληξιν vocant, undecimo imperii anno exstinctus est. Carminum, maxime tragicorum, studiosus, ingenii asperi atque lascivi. Post cujus obitum, Marcus Antoninus rempublicam solus tenuit:

populace de Rome l'ayant poursuivi à coups de pierres, il aima mieux l'apaiser en exposant les motifs de sa conduite, que de se venger des séditieux.

XVI. Marc-Aurèle Antonin et L. Verus.

Marc Aurèle Antonin régna dix-huit ans. Ce fut un prince doué de toutes les vertus, d'un génie divin, et qui sembla donné à l'empire comme un défenseur dans les désastres publics. Car, s'il n'était pas né pour cette époque, nul doute qu'une seule et même chute aurait entraîné la ruine de tout l'état romain. Nulle part, en effet, les armes ne laissaient le repos ; des guerres éclataient dans tout l'Orient, dans l'Illyrie, l'Italie et la Gaule. Tremblements de terre suivis de la destruction des cités, débordements des fleuves, pestes fréquentes, nuées de sauterelles désolant les campagnes, enfin tout ce qu'on peut dire ou imaginer de fléaux venant d'ordinaire frapper les mortels des plus terribles angoisses, se déchaîna furieux sous le règne de Marc Aurèle. Il est, je crois, dans les attributions de la divinité, quand la loi de l'univers, la nature, ou quelque autre puissance inconnue aux hommes, produit l'excès des maux, qu'alors les sages conseils de ceux qui gouvernent viennent, comme les remèdes de la médecine, adoucir de si cruelles douleurs. Marc Aurèle, par un nouveau genre de bienveillance, associa à l'empire son proche parent, Lucius Annius Verus. Mais ce dernier, sur la route d'Altinum à Concordia, mourut frappé d'un coup de sang, maladie que les Grecs appellent apoplexie ; il était alors dans la onzième année de son règne. Passionné pour les vers, surtout pour les tragédies, il avait un caractère farouche et débauché. Après la mort de Verus,

a principio vitæ tranquillissimus, adeo, ut ab infantia vultum nec ex gaudio nec ex mœrore mutaverit : philosophiæ studens, litterarumque Græcarum peritissimus. Hic permisit viris clarioribus, ut convivia eodem cultu, quo ipse, et ministris similibus, exhiberent. Hic quum, ærario exhausto, largitiones, quas militibus impenderet, non haberet, neque indicere provincialibus aut senatui aliquid vellet, instrumentum regii cultus, facta in foro Trajani sectione, distraxit, vasa aurea, pocula crystallina et murrhina, uxoriam ac suam sericam et auream vestem, multa ornamenta gemmarum : ac per duos continuos menses venditio habita est, multumque auri redactum. Post victoriam tamen emptoribus pretia restituit, qui reddere comparata voluerunt; molestus nulli fuit, qui maluit semel empta retinere. Hujus tempore, Cassius, tyrannidem arripiens, exstinctus est. Ipse, vitæ anno quinquagesimo nono, apud Vendobonam morbo consumptus est. De ejus morte nuntio Romam pervecto, confusa luctu publico urbe, senatus in curia, veste tetra amictus, lacrimans convenit. Et quod de Romulo ægre creditum est, omnes pari consensu præsumpserunt, Marcum cœlo receptum esse [23]. Ob cujus honorem templa, columnæ, multaque alia decreta sunt.

XVII. L. Aurelius Commodus.

Aurelius Commodus, Marci Antonini filius, Antoni-

Marc Antonin gouverna seul la république. Dès ses premières années, il parut si tranquille et si calme, que, même enfant, joyeux ou triste, jamais il ne changeait de visage : voué à l'étude de la philosophie, et très-habile dans les lettres grecques. Il permit aux citoyens de distinction de donner des repas aussi somptueux que les siens, et de s'y faire servir par des esclaves vêtus comme ceux de l'empereur. Dans un moment où le trésor public était épuisé, n'étant plus à même de faire des largesses aux soldats, mais ne voulant imposer aux provinces ou au sénat aucune contribution extraordinaire, il fit vendre en détail, aux enchères, sur le forum de Trajan, tout le mobilier de la couronne, les vases d'or, de cristal et de porcelaine, les robes d'or, de pourpre et de la précieuse étoffe des Sères, qui lui appartenaient, puis celles de l'impératrice, enfin mille bijoux de prix : l'encan dura deux mois consécutifs, et produisit une somme immense. Cependant, après la victoire, il racheta argent comptant ces effets à ceux des acquéreurs qui voulurent s'en défaire ; mais il n'inquiéta aucun de ceux qui préférèrent garder ce qu'ils avaient une fois acheté. Sous son règne périt l'usurpateur Cassius. Marc Aurèle mourut lui-même de maladie, à cinquante-neuf ans, auprès de Vendobona. Dès qu'on apprit à Rome la nouvelle de sa mort, ce ne fut plus que désespoir et confusion dans toute la ville ; le sénat, vêtu d'habits de deuil, se rendit en pleurant à la curie ; et ce que l'on avait cru si difficilement de Romulus, tous les cœurs, confondus dans le même sentiment, le pensèrent d'avance de Marc Aurèle, et proclamèrent qu'il était reçu dans le ciel. Aussi, l'on décréta en son honneur des temples, des colonnes et beaucoup d'autres hommages.

XVII. L. Aurelius Commode.

Aurelius Commode, fils de Marc Antonin, et appelé

nus et ipse dictus, imperavit annos tredecim. Hic qualis futurus esset, in ipso primordio ostendit : nam quum in supremis moneretur a parente, attritos jam barbaros ne permitteret vires recipere, respondit ab incolumi quamvis paulatim negotia perfici posse, a mortuo nihil. Sævior omnibus libidine atque avaritia, crudelitate : nulli fidus : magisque in eos atrox, quos amplissimis honoribus donisque ingentibus extulerat. In tantum depravatus, ut gladiatoriis armis sæpissime in amphitheatro dimicaverit. Huic Marcia, generis libertini, forma tamen meretriciisque artibus pollens, quum animum ejus penitus devinxisset, egresso e balneo veneni poculum obtulit. Ad extremum, ab immisso validissimo palæstrita compressis faucibus, exspiravit, anno vitæ tricesimo secundo [24].

XVIII. P. Helvius Pertinax.

Helvius Pertinax imperavit dies octoginta quinque. Iste coactus repugnansque imperium suscipiens, tale cognomentum sortitus est [25]. Origine ortus sordida, præfecturam Urbi agens, imperator effectus, scelere Juliani multis vulneribus obtruncatur, annos natus septem atque sexaginta. Hujus caput tota Urbe circumvectum est. Hoc exitu obiit vir ad humanæ conversationis exemplum per laboris genera universa ad summa provectus, usque eo, ut fortunæ vocaretur pila. Nam, libertino genitus patre, apud Ligures in agro squalido Lollii Gentiani, cujus in præfectura quoque clientem se esse libentissime fateba-

aussi de ce dernier nom, régna treize ans. Il montra tout d'abord quel tyran il devait être un jour : car son père l'avertissant, à sa dernière heure, de ne point laisser les barbares, déjà écrasés, reprendre des forces : « Celui qui vit, répliqua Commode, peut, même lentement, terminer les affaires; mais un mort ne peut rien. » Plus sanguinaire que tous les autres empereurs, les surpassant tous en débauche, en avarice, en cruauté, sans foi pour personne, et plus implacable encore envers ceux qu'il avait comblés des plus grands honneurs et de présents magnifiques, il fut si dégradé dans ses passions, qu'il combattit fort souvent dans l'amphithéâtre sous l'armure des gladiateurs. L'affranchie Marcia, courtisane d'une rare beauté, qui, par ses charmes et par ses artifices, s'était rendue maîtresse absolue de son esprit, lui présenta, au sortir du bain, une coupe empoisonnée. Enfin un vigoureux athlète le saisit et l'étrangla : il mourut ainsi à l'âge de trente-deux ans.

XVIII. P. Helvius Pertinax.

Helvius Pertinax régna quatre-vingt-cinq jours. Comme il ne prit le pouvoir que malgré lui et après une résistance opiniâtre, on lui donna le surnom de Pertinax. De basse extraction, fait empereur lorsqu'il était préfet de Rome, il succombe, à l'âge de soixante-sept ans, sous les coups redoublés de Julianus, son assassin; sa tête est promenée dans toute la ville. Telle fut la fin tragique d'un homme qui, nouvel exemple des vicissitudes humaines, avait passé par tous les degrés des emplois les plus laborieux, pour s'élever jusqu'au faîte des grandeurs, en sorte qu'on l'appelait le jouet (*la balle*) de la fortune. En effet, issu d'un père qui était fils d'affranchi, il fut maître d'école, enseignant à lire aux enfants, chez les Liguriens, dans l'humble champ de Lollius Gentianus, dont il avouait très-volontiers, à

tur, fuit doctor litterarum, quæ a grammaticis tradun-
tur. Blandus magis, quam beneficus : unde cum Græco
nomine Χρηστολόγον appellavere. Nunquam injuria accepta ad ulciscendum ductus. Amabat simplicitatem ;
communem se affatu, convivio, incessu præbebat. Huic
mortuo divi nomen decretum est : ob cujus laudem in-
geminatis, ad vocis usque defectum, plausibus acclama-
tum est : « Pertinace imperante, securi viximus; neminem timuimus : patri pio, patri senatus, patri omnium
bonorum ! »

XIX. Didius Julianus.

Didius Julianus, ortu Mediolanensis, imperavit mensibus septem. Vir nobilis, jure peritissimus, factiosus,
præceps, regni avidus. Hoc tempore, Niger Pescennius,
apud Antiochiam, in Pannoniæ Sabaria Septimius Severus, creantur augusti. Ab hoc Severo Julianus in ab-
ditas palatii balneas ductus, extenta damnatorum modo
cervice, decollatur [26], caputque ejus in rostris ponitur.

XX. Septimius Severus.

Septimius Severus imperavit annos decem et octo.
Hic Pescennium interemit, hominem omnium turpitudi-
num. (Sub eo etiam Albinus, qui in Gallia se cæsarem
fecerat, apud Lugdunum occiditur.) Hic Severus filios
suos successores reliquit, Bassianum et Getam. Hic in
Britannia vallum per triginta duo passuum millia a mari
ad mare deduxit. Fuit bellicosissimus omnium, qui ante

l'époque même où il était préfet de Rome, avoir été le client. Il était plus libéral en paroles qu'en actions : ce qui lui fit donner le surnom grec de Χρηστόλογος [1]. Jamais un outrage qu'il avait reçu ne put le porter à en tirer vengeance. Il aimait la simplicité; sa conversation, sa table, sa démarche n'avaient rien que de fort ordinaire. Après sa mort, on lui décerna le titre de divin : pour célébrer sa mémoire, des applaudissements sans fin éclatèrent, et l'on cria de toutes parts jusqu'à extinction de voix : « Sous l'empire de Pertinax nous avons vécu dans la sécurité; nous n'avons craint personne : gloire au père le plus pieux, au père du sénat, au père de tous les bons citoyens! »

XIX. Didius Julianus.

Didius Julianus, originaire de Milan, régna sept mois. Il était noble, très-habile jurisconsulte, factieux, téméraire, avide du trône. A cette époque, Pescennius Niger à Antioche, et Septime Sévère à Sabaria, ville de Pannonie, sont créés augustes. Julianus, conduit par Sévère dans la partie la plus retirée des bains du palais, est contraint de tendre la gorge comme un condamné; on lui tranche la tête, et elle reste exposée sur la tribune aux harangues.

XX. Septime Sévère.

Septime Sévère régna dix-huit ans. Il fit mourir Pescennius, monstre de turpitude. Sous son règne aussi, Albinus, qui avait pris dans la Gaule le titre de césar, est tué près de Lyon. Sévère laissa pour successeurs ses fils Bassien et Géta. Il fit élever, dans la Grande-Bretagne, d'un bout de la mer à l'autre, une muraille de trente-deux mille pas. Il fut le plus belliqueux de tous les princes qui régnèrent avant lui. D'un esprit vif, il persévé-

[1] Chrysologue, ou gracieux en paroles.

cum fuerunt. Acer ingenio, ad omnia, quæ intendisset, in finem perseverans. Benevolentia, quo inclinasset, mirabili ac perpetua. Ad quærendum diligens, ad largiendum liberalis. In amicos inimicosque pariter vehemens; quippe qui Lateranum, Cilonem, Anulinum, Bassum, ceterosque alios ditaret, ædibus quoque memoratu dignis, quarum præcipuas videmus, Parthorum quæ dicuntur ac Laterani. Hic nulli in dominatu suo permisit honores venumdari [27]. Latinis litteris sufficienter instructus : Græcis sermonibus eruditus. Punica eloquentia promptior, quippe genitus apud Leptim provinciæ Africæ. Is dum membrorum omnium, maxime pedum, dolorem pati nequiret, veneni vice, quod ei negabatur, cibum gravis ac plurimæ carnis avidius invasit : quem quum conficere non posset, cruditate pressus, exspiravit. Vixit annos sexaginta quinque.

XXI. Aur. Antoninus Caracalla.

Aurelius Antoninus Bassianus Caracalla, Severi filius, Lugduni genitus, imperavit solus annos sex. Hic Bassianus ex avi materni nomine dictus est. At quum e Gallia vestem plurimam devexisset, talaresque caracallas fecisset, coegissetque plebem ad se salutandum indutam talibus introire, de nomine hujusce vestis Caracalla cognominatus est. Hic fratrem suum Getam peremit : ob quam causam furore pœnas dedit Dirarum insectatione, quæ non immerito ultrices vocantur; a quo post furore

rait jusqu'à la fin dans tous les projets qu'il avait formés. Là où il était porté d'inclination, sa bienveillance était admirable et constante. S'il recherchait avec soin l'argent, c'était pour le répandre avec grandeur et libéralité. Aussi ardent pour ses amis que contre ses ennemis, il enrichit Lateranus, Cilon, Anulinus, Bassus et beaucoup d'autres, en leur donnant des palais dignes d'être cités avec honneur; nous voyons encore aujourd'hui les plus remarquables, ceux qu'on appelle palais des Parthes et de Lateranus. Il ne permit, sous sa domination, de vendre les honneurs à personne. Assez versé dans les lettres latines, savant dans la langue grecque, il avait l'éloquence plus facile encore dans l'idiome carthaginois, parce qu'il était originaire de Leptis, ville d'une province d'Afrique. N'ayant plus la force de supporter les douleurs qu'il ressentait dans tous les membres et surtout aux pieds, à la place du poison qu'on lui refusait, il dévora avec avidité un plat de grosse viande fort lourde, qu'il ne put digérer, et il étouffa d'indigestion, à l'âge de soixante-cinq ans.

XXI. Aur. Antonin Caracalla.

Aurèle Antonin Bassien Caracalla, fils de Sévère, et né à Lyon, régna seul six ans. Il fut appelé Bassien du nom de son aïeul maternel. Comme il avait rapporté de la Gaule plusieurs sortes d'habillements, introduit à Rome les casaques ou caracacalles traînantes, et forcé le peuple à venir le saluer dans ce nouveau costume, on lui en appliqua le nom, et il fut surnommé Caracalla. Il tua Géta, son frère : crime que lui fit expier, par des accès de fureur, la poursuite acharnée des Furies, si justement appelées vengeresses; mais, dans la suite, il guérit de ce délire. A la vue du corps d'Alexandre de Macédoine, il se fit appeler Grand et Alexandre; les flat-

convaluit. Hic, corpore Alexandri Macedonis conspecto, Magnum atque Alexandrum se jussit appellari, assentantium fallaciis eo perductus, ut truci fronte, et ad lævum humerum conversa cervice, quod in ore Alexandri notaverat, incedens[28], fidem vultus simillimi persuaderet sibi. Fuit impatiens libidinis, quippe qui novercam suam duxit uxorem. Quum Carras iter faceret, apud Edessam secedens ad officia naturalia, a milite, qui quasi ad custodiam sequebatur, interfectus est. Vixit annos fere triginta. Corpus ejus Romam relatum est.

XXII. Macrinus et Diadumenus.

Macrinus cum Diadumeno filio, ab exercitu imperatores creati, imperaverunt menses quatuordecim; et ab eodem exercitu obtruncantur pro eo, quia Macrinus militarem luxuriam stipendiaque profusiora comprimeret.

XXIII. Aur. Antoninus Varius Heliogabalus.

Aurelius Antoninus Varius, idem Heliogabalus dictus, Caracallæ ex Sœmea consobrina, occulte stuprata, filius, imperavit biennio et mensibus octo. Hujus matris Sœmeæ avus, Bassianus nomine, fuerat Solis sacerdos; quem Phœnices, unde erat, Heliogabalum nominabant, a quo iste Heliogabalus dictus est. Is quum Romam ingenti militum et senatus exspectatione venisset, probris se omnibus contaminavit. Cupiditatem stupri, quam assequi naturæ defectu nondum poterat, in se convertens, muliebri nomine Bassianam se pro Bassiano jusserat appel-

teries mensongères de ses courtisans lui persuadèrent qu'il ressemblait parfaitement de figure à ce prince, parce qu'il s'avançait, le regard menaçant et la tête inclinée vers l'épaule gauche, signes distinctifs qu'il avait remarqués dans les traits du héros. Sans frein dans ses débauches, il alla jusqu'à épouser sa belle-mère. Sur la route de Carres, arrivé près d'Édessa, au moment où il passait à l'écart pour satisfaire un besoin naturel, il fut tué par un soldat, qui le suivait comme pour veiller à sa garde. Il vécut près de trente ans. On rapporta son corps à Rome.

XXII. Macrin et Diadumène.

Macrin et son fils Diadumène, créés empereurs par l'armée, régnèrent quatorze mois. Bientôt ils sont mis à mort par cette même armée, parce que Macrin cherchait à réprimer le luxe des soldats et à réduire l'élévation de leur solde.

XXIII. Aur. Antonin Varius Héliogabale.

Aurèle Antonin Varius, appelé aussi Héliogabale, et fils de Caracalla et de Sémea, cousine de ce prince qui l'avait déshonorée secrètement, régna deux ans et huit mois. Bassien, aïeul de Sémea, mère d'Antonin Varius, avait été prêtre du soleil; aussi les Phéniciens, dont il était compatriote, le nommaient-ils Héliogabale; de là, le même nom donné au nouvel empereur. Arrivé à Rome où l'armée et le sénat l'attendaient avec la plus vive impatience, il se souille de toutes les sortes d'infamies. Comme l'impuissance de son extrême jeunesse ne lui permettait pas encore d'assouvir sa passion pour le libertinage, il la tourna contre lui-même, et se fit appeler du nom de femme Bassiène, au lieu de Bassien. Feignant d'épouser une

lari. Vestalem virginem quasi matrimonio jungens suo, abscisisque genitalibus, Matri se Magnæ sacravit. Hic Marcellum, qui post Alexander dictus est, consobrinum suum, cæsarem fecit. Ipse tumultu militari interfectus est. Hujus corpus per Urbis vias, more canini cadaveris, a militibus tractum est, militari cavillo appellantium indomitæ rabidæque libidinis catulam. Novissime quum angustum foramen cloacæ corpus minime reciperet, usque ad Tiberim deductum, adjecto pondere, ne unquam emergeret, in fluvium projectum est. Vixit annos sedecim [29]: atque ex re, quæ acciderat, Tiberinus Tractitiusque appellatus est.

XXIV. Severus Alexander.

Severus Alexander imperavit annos tredecim. Hic, bonus reipublicæ, fuit ærumnosus. Sub hoc imperante, Taurinus, augustus effectus, ob timorem ipse se Euphrate fluvio abjecit. Tunc etiam Maximinus regnum arripuit, pluribus de exercitu corruptis. Alexander vero, quum deseri se ab stipatoribus vidisset, matrem sibi causam fuisse mortis exclamans [30], accurrenti percussori, obvoluto capite, cervices valide compressas præbuit, anno vitæ vicesimo sexto. Hujus mater Mammæa eo filium coegerat, ut illa ipsa permodica, si mensæ prandioque superessent, quamvis convivio, reponerentur.

XXV. Julius Maximinus.

Julius Maximinus Thrax, ex militaribus, imperavit annos tres. Is dum persequitur pecuniosos, insontes pa-

vierge de Vesta, après une mutilation complète, il se consacra au culte de la Grande-Déesse. Il créa césar son cousin Marcellus, nommé depuis Alexandre. Il fut tué lui-même dans un soulèvement militaire. Les soldats traînèrent son corps à travers les rues de la ville comme le cadavre d'un chien, l'appelant dans leurs railleries militaires, chienne à la passion indomptable et qui tenait de la rage. Enfin, comme l'ouverture d'un égout se trouvait trop étroite pour recevoir son cadavre, on le poussa jusqu'au Tibre, et on le précipita dans le fleuve, après avoir eu soin d'y attacher une pierre énorme, pour l'empêcher de jamais surnager. Héliogabale vécut seize ans. Les circonstances de sa mort lui firent donner les surnoms de Tiberinus et de Tractitius.

XXIV. Alexandre Sévère.

Alexandre Sévère régna treize ans. Il fit le bonheur de l'empire, mais il essuya d'affreux malheurs. Sous son règne, Taurinus, élu auguste, se précipita lui-même par crainte dans l'Euphrate. Ensuite Maximin saisit à son tour le pouvoir, après avoir séduit une grande partie de l'armée. Alexandre, qui se voit abandonné de ses gardes, s'écrie que sa mère était la cause de son trépas; puis il s'enveloppe la tête, présente au glaive de l'assassin, qui accourt, sa gorge fortement serrée, et meurt à vingt-six ans. Mammée, sa mère, avait poussé l'avarice jusqu'à contraindre son fils à faire servir une seconde fois sur sa table, fût-ce même en un festin, les restes les plus exigus du dîner le plus ordinaire.

XXV. Julius Maximin.

Le Thrace Julius Maximin, soldat de fortune, régna

riter noxiosque, apud Aquileiam seditione militum discerptus est una cum filio, conclamantibus cunctis militari joco, ex pessimo genere ne catulum habendum.

XXVI. Gordiani, pater et filius, Pupienus et Balbinus.

Hujus imperio, duo Gordiani, pater et filius, principatum arripientes, unus post unum interiere. Pari etiam tenore Pupienus et Balbinus, regnum invadentes, perempti sunt.

XXVII. Gordianus nepos.

Gordianus, nepos Gordiani ex filia, ortus Romæ clarissimo patre, imperavit annos sex. Apud Ctesiphontem, a Philippo, præfecto prætorio, accensis in seditionem militibus, occiditur anno vitæ undevicesimo. Corpus ejus, prope fines Romani Persicique imperii positum, nomen loco dedit Sepulcrum Gordiani [31].

XXVIII. Marcus Julius Philippus.

Marcus Julius Philippus imperavit annos quinque. Veronæ ab exercitu interfectus est, medio capite supra ordines dentium præciso. Filius autem ejus, Caius Julius Saturninus, quem potentiæ sociaverat, Romæ occiditur, agens vitæ annum duodecimum; adeo severi et tristis animi, ut jam tum a quinquennii ætate nullo prorsus cujusquam commento ad ridendum solvi potuerit [32]; patremque, ludis Secularibus petulantius cachinnantem, quanquam adhuc tener, vultu notaverit aversato. Is Philippus humillimo ortus loco fuit, patre nobilissimo latronum ductore.

cents tout comme les coupables, il est mis en pièces avec son fils, auprès d'Aquilée, dans un soulèvement des soldats, qui s'écrient tous, dans leurs plaisanteries militaires, qu'il ne fallait pas même conserver un petit d'une détestable race de chien.

XXVI. Les Gordiens, père et fils. Pupien et Balbin.

Les deux Gordiens, père et fils, qui, sous le règne de Maximin, avaient saisi le pouvoir, périrent l'un après l'autre. Il en fut de même ensuite de Pupien et de Balbin que l'on massacra lorsqu'ils s'emparaient du trône.

XXVII. Gordien le jeune.

Gordien le jeune, né à Rome de la fille du second Gordien et d'un père très-illustre, régna six ans. Le préfet du prétoire, Philippe, ameute et soulève contre lui les soldats, puis le tue près de Ctésiphon; Gordien avait alors dix-neuf ans. Il fut enseveli sur les frontières de l'empire des Romains et des Perses : circonstance qui fit donner à cet endroit le nom de Tombeau de Gordien.

XXVIII. Marcus Julius Philippe.

Marcus Julius Philippe régna cinq ans. Les troupes le massacrèrent à Vérone; il eut la tête fendue jusqu'aux dents. Son fils Caïus Julius Saturninus, qu'il avait associé au pouvoir, est tué dans Rome; il n'avait que douze ans. Ce prince était d'un caractère si grave et si triste, que, dès l'âge même de cinq ans, jamais aucune ruse ne parvint à le faire rire, et qu'entendant son père, lors des jeux Séculaires, pousser des éclats de rire trop bruyants, il lui lança, malgré son extrême enfance, un regard sévère et irrité. De la plus basse extraction, Philippe était fils d'un chef de voleurs très-célèbre.

XXIX. Decius.

Decius e Pannonia inferiore, Bubaliæ natus, imperavit menses triginta. Hic Decium filium suum cæsarem fecit; vir artibus cunctis virtutibusque instructus, placidus et communis domi, in armis promptissimus. In solo barbarico inter confusas turbas gurgite paludis submersus est, ita ut nec cadaver ejus potuerit inveniri. Filius vero ejus bello exstinctus est. Vixit annos quinquaginta. Hujus temporibus, Valens Licinianus imperator effectus est.

XXX. Vibius Gallus, Volusianus et Hostilianus.

Vibius Gallus cum Volusiano filio imperaverunt annos duos. Horum temporibus, Hostilianus Perpenna a senatu imperator creatus, nec multo post pestilentia consumptus est.

XXXI. Æmilianus.

Sub his etiam, Æmilianus in Mœsia imperator effectus est; contra quem ambo profecti, apud Interamnam ab exercitu suo cæduntur, anno ætatis pater septimo circiter et quadragesimo, creati in insula Meninge, quæ nunc Girba dicitur. Æmilianus vero, mense quarto dominatus, apud Spoletium, sive pontem, quem ab ejus cæde [33] Sanguinarium accepisse nomen ferunt, inter Ocriculum Narniamque, Spoletium et urbem Romam regione media positum. Fuit autem Maurus genere, pugnax, nec tamen præceps. Vixit annis tribus minus quinquaginta.

XXIX. Dèce.

Dèce, né à Bubalia, dans la basse Pannonie, régna trente mois. Il fit césar son fils Dèce. Doué de tous les talents et de toutes les vertus, doux et populaire en temps de paix, Dèce le père déploya la plus grande énergie sous les armes. Étant tombé dans le gouffre d'un marais, sur le territoire des barbares, au milieu du trouble et de la confusion, il y fut si profondément englouti, que l'on ne put retrouver son cadavre. Quant à son fils, il périt dans la guerre. Dèce vécut cinquante ans. Sous son règne, Licinien Valens fut élu empereur.

XXX. Vibius Gallus, Volusien et Hostilien.

Vibius Gallus et son fils Volusien régnèrent deux ans. A cette époque, Perpenna Hostilien, créé empereur par le sénat, mourut bientôt de la peste.

XXXI. Émilien.

Alors Émilien fut également salué empereur en Mésie. Vibius Gallus et Volusien, qui marchent tous deux contre lui, sont massacrés par leurs légions, près d'Intéramna. Le père de Volusien était âgé d'environ quarante-sept ans : on les avait élus dans l'île de Méninge, appelée Girba de nos jours. D'une autre part, Émilien, après un règne de quatre mois, périt près de Spolète, ou d'un pont qui, dit-on, reçut le nom de Sanguinaire, à cause du meurtre de ce prince ; ce pont était situé dans le pays qui tenait le milieu entre Ocriculum et Narnia, Spolète et la ville de Rome. Maure d'origine, Émilien était batailleur, mais sans aveugle précipitation. Il vécut moins de cinquante-trois ans.

XXXII. Licinius Valerianus, Gallienus, cum tyrannis.

Licinius Valerianus, cognomento Colobius, imperavit annos quindecim, parentibus ortus splendidissimis, stolidus tamen, et multum iners, neque ad usum aliquem publici officii consilio seu gestis accommodatus. Hic filium suum Gallienum augustum fecit, Gallienique filium, Cornelium Valerianum, cæsarem. Ilis imperantibus, Regillianus in Mœsia, Cassius Latienus Postumus in Gallia, Gallieni filio interfecto, imperatores effecti sunt. Pari modo Ælianus apud Moguntiacum, in Ægypto Æmilianus, apud Macedonas Valens, Mediolani Aureolus dominatum invasere. Valerianus vero, in Mesopotamia bellum gerens, a Sapore, Persarum rege, superatus, mox etiam captus, apud Parthos ignobili servitute consenuit: nam quamdiu vixit, rex ejusdem provinciæ, incurvato eo, pedem cervicibus ejus imponens, equum conscendere solitus erat.

XXXIII. Gallienus.

Gallienus quidem in loco Cornelii filii sui Salonianum, alterum filium, subrogavit, amori diverso pellicum deditus, Saloninæ conjugis, et concubinæ, quam per pactionem, concessa parte superioris Pannoniæ, a patre, Marcomannorum rege, matrimonii specie susceperat, Pipam nomine. Novissime adversus Aureolum profectus est. Quem quum apud pontem, qui ex ejus nomine Aureolus appellatur, obtentum detrusumque Mediolanum

XXXII. Licinius Valérien, Gallien et les tyrans.

Licinius Valérien, surnommé Colobius, régna quinze ans. De la naissance la plus illustre, il n'en était pas moins stupide et d'une apathie profonde, sans expérience aucune des affaires publiques, nul pour le conseil ou pour l'action. Il fit auguste son fils Gallien, et césar, Cornelius Valerianus, fils de Gallien. Sous le règne de ces princes, Regillianus dans la Mésie, et Cassius Latienus Postumus dans la Gaule, furent créés empereurs, après avoir tué le fils de Gallien. A leur exemple, Élien à Mayence, en Égypte Émilien, Valens en Macédoine, Aureolus à Milan, envahirent le pouvoir. Quant à Valérien, il portait la guerre en Mésopotamie, lorsque, vaincu par le roi des Perses Sapor, et bientôt même fait prisonnier, il fut réduit à vieillir, chez les Parthes, dans une servitude ignominieuse : car, tant qu'il vécut, le roi de cette province avait coutume de le faire courber jusqu'à terre et de lui mettre le pied sur la tête, lorsqu'il voulait monter à cheval.

XXXIII. Gallien.

Gallien mit en lieu et place de son fils légitime Cornelius, son autre fils Salonin, fruit de ses inconstantes amours avec des maîtresses : car il avait eu cet enfant de son épouse, ou plutôt de sa concubine, appelée Salonine ou Pipa, qu'un mariage, nul aux yeux des Romains, lui fit obtenir du roi des Marcomans, son père, auquel il céda, par un traité, une partie de la haute Pannonie. Il finit par marcher contre Aureolus. Après l'avoir défait et mis en fuite près du pont qu'on appelle de son nom le pont d'Aureolus, il assiégea Milan ; mais, victime

obsedit, ejusdem Aureoli commento a suis interiit. Regnavit annos quindecim, cum patre septem, solus octo [34]. Vixit annos quinquaginta.

XXXIV. *Claudius, et frater ejus Quintillus.*

Claudius imperavit annis duobus. Hunc plerique putant Gordiano satum, dum adolescens a muliere matura institueretur ad uxorem. Ille Claudius, Gallieni morientis sententia imperator designatus, ad quem, Ticini positum, per Gallonium Basilium indumenta regia direxerat, exstinctoque a suis Aureolo, receptis legionibus, adversum gentem Alamannorum haud procul a lacu Benaco dimicans, tantam multitudinem fudit, ut ægre pars dimidia superfuerit. His diebus, Victorinus regnum cepit. Claudius vero quum ex fatalibus libris, quos inspici præceperat, cognovisset, sententiæ in senatu dicendæ primi morte remedium desiderari, Pomponio Basso, qui tunc erat, se offerente, ipse vitam suam, haud passus responsa frustrari, dono reipublicæ dedit; præfatus, neminem tanti ordinis primas habere, quam ipsum imperatorem. Ea res sicut erat cunctis grata, non divi vocabulum modo, sed ex auro statuam prope ipsum Jovis simulacrum, atque in curia imaginem auream proceres sacravere [35]. Huic successit frater ejus Quintillus. Is, paucis diebus imperium tenens, interemptus est.

d'une ruse du même Auréolus, il fut tué par ses propres soldats. Il régna quinze années : sept avec son père, et huit tout seul. Il mourut à cinquante ans.

XXXIV. Claude (II), et son frère Quintillus.

Claude régna deux ans. On le croit généralement fils de Gordien, qui l'aurait eu d'un mariage contracté dans sa jeunesse avec une femme d'un âge mûr. Désigné empereur par les dernières volontés de Gallien mourant, Claude, campé près du Tésin, reçut les insignes de la puissance impériale des mains de Gallonius Basilius, chargé de cette mission par Gallien. Après qu'Auréolus eut été tué par ses propres soldats, Claude prend le commandement des légions, livre bataille aux Alamannes, non loin du lac Benacus, et en dissipe une si grande multitude, que la moitié à peine survécut au désastre. Sur ces entrefaites, Victorin s'empare du souverain pouvoir. Claude, qui avait ordonné de consulter les livres Sibyllins, apprend par eux que la mort du premier sénateur, appelé à donner son avis dans l'assemblée, doit être le remède aux maux de l'empire; comme Pomponius Bassus, alors prince du sénat, s'offrait au trépas, Claude ne put souffrir qu'on éludât le sens de l'oracle, et fit à l'État le sacrifice de sa vie, en disant que le premier membre d'un corps aussi auguste que le sénat n'était autre que l'empereur lui-même. Ce dévouement fut si agréable à tout le monde, que non-seulement Claude reçut le nom de divin, mais qu'on lui éleva une statue d'or près de la statue même de Jupiter, et que les sénateurs placèrent religieusement dans la curie un écusson d'or qui le représentait en buste. Il eut pour successeur son frère Quintillus, qui fut tué après un règne de quelques jours.

XXXV. Aurelianus.

Aurelianus, genitus patre mediocri, et, ut quidam ferunt, Aurelii clarissimi senatoris colono, inter Daciam et Macedoniam, imperavit annis quinque, mensibus sex. Iste haud dissimilis fuit Magno Alexandro, seu Cæsari dictatori : nam Romanum orbem triennio ab invasoribus receptavit ; quum Alexander annis tredecim per victorias ingentes ad Indiam pervenerit, et Caius Cæsar decennio subegerit Gallos, adversum cives quadriennio congressus. Iste in Italia tribus prœliis victor fuit, apud Placentiam, juxta amnem Metaurum ac fanum Fortunæ, postremo Ticinensibus campis. Hujus tempore, apud Dalmatas Septimius imperator effectus, mox a suis obtruncatur. Hoc tempore, in urbe Roma monetarii rebellarunt, quos Aurelianus victos ultima crudelitate compescuit. Iste primus apud Romanos diadema capiti innexuit ; gemmisque et aurata omni veste, quod adhuc fere incognitum Romanis moribus visebatur, usus est. Hic muris validioribus et laxioribus Urbem sepsit. Porcinæ carnis usum populo instituit. Hic Tetricum, qui imperator ab exercitu in Galliis effectus fuerat, correctorem Lucaniæ provexit, aspergens hominem eleganti joco : « Sublimius habendum, regere aliquam Italiæ partem, quam trans Alpes regnare. » Novissime fraude servi sui, qui ad quosdam militares viros, amicos ipsius, nomina pertulit annotata, falso manum ejus imitatus, tanquam Aurelianus ipsos pararet occidere, ab iisdem interfectus est in itine-

XXXV. Aurélien.

Aurélien, né, entre la Dacie et la Macédoine, d'un père assez obscur, et, selon quelques-uns, fermier de l'illustre sénateur Aurelius, régna cinq ans et six mois. On peut le comparer soit à Alexandre le Grand, soit à César le dictateur : car, en trois années, il reconquit le monde romain sur les barbares qui l'avaient envahi ; et même Alexandre ne pénétra dans l'Inde qu'après treize ans de victoires éclatantes ; Caïus-César mit dix ans à faire la conquête des Gaules, et combattit quatre ans contre ses concitoyens. Aurélien fut vainqueur en Italie dans trois batailles : à Plaisance, puis auprès du fleuve Métaure et du temple de la Fortune, enfin dans les plaines de Ticinum. Sous son règne, Septimius, salué empereur chez les Dalmates, est bientôt massacré par ses soldats. A la même époque, les monnayeurs se soulevèrent à Rome ; Aurélien, après les avoir vaincus, étouffa la révolte par des actes de la dernière cruauté. Le premier des empereurs romains, il orna son front d'un diadème ; il se para de pierreries et d'habillements tout resplendissants d'or : luxe presque inouï jusqu'alors dans les mœurs romaines. Il entoura la ville de murailles plus fortes et plus étendues. Il institua l'usage de nourrir le peuple avec de la chair de porc. En élevant à la dignité de sous-gouverneur de la Lucanie Tetricus, que l'armée avait élu empereur dans les Gaules, il lui adressa cette plaisanterie de bon goût : « On doit regarder comme un plus grand honneur de régir quelque partie de l'Italie, que de régner au delà des Alpes. » Aurélien finit par périr victime de la trahison d'un de ses esclaves, qui contrefit l'écriture impériale, et qui porta à quelques officiers, amis du prince, une liste de proscription où leurs noms étaient inscrits, comme si l'empereur les eût dévoués à une mort très-prochaine : ceux-ci le tuèrent au milieu

ris medio, quod inter Constantinopolim et Heracleam est. Fuit sœvus et sanguinarius, et trux omni tempore, etiam filii sororis interfector[36]. Hoc tempore, septem mensibus interregni species evenit.

XXXVI. Tacitus et Florianus.

Tacitus post hunc suscepit imperium, vir egregie moratus; qui, ducentesimo imperii die, apud Tarsum febri moritur. Huic successit Florianus. Sed quum magna pars exercitus Equitium Probum, militiæ peritum, legisset, Florianus dierum sexaginta quasi per ludum imperio usus, incisis a semetipso venis, effuso sanguine, consumptus est.

XXXVII. Probus.

Probus, genitus patre agresti, hortorum studioso, Dalmatio nomine, imperavit annos sex. Iste Saturninum in Oriente, Proculum et Bonosum, Agrippinæ imperatores effectos, oppressit. Vineas Gallos et Pannonios habere permisit. Opere militari Almam montem apud Sirmium, et Aureum apud Mœsiam superiorem, vineis conseruit. Hic Sirmii in turri ferrata occiditur[37].

XXXVIII. Carus, Carinus, Numerianus.

Carus, Narbonæ natus, imperavit annos duos. Iste confestim Carinum et Numerianum cæsares fecit. Hic apud Ctesiphonta ictu fulminis interiit. Numerianus quoque, filius ejus, quum, oculorum dolore correptus, in lecticula veheretur, impulsore Apro, qui socer ejus erat, per insidias occisus est. Quum dolo occultaretur

de la route, qui se trouve entre Constantinople et Héraclée. Il fut cruel, sanguinaire, toujours impitoyable, et fit périr jusqu'au fils de sa sœur. A la mort d'Aurélien, on vit un interrègne de sept mois.

XXXVI. Tacite et Florien.

Après Aurélien, l'empire fut gouverné par Tacite, prince de la plus haute vertu, qui règne deux cents jours, et meurt, à Tarse, de la fièvre. A Tacite succéda Florien. Mais une grande partie de l'armée avait choisi pour empereur Equitius Probus, guerrier plein de mérite. Florien, dont le règne de soixante jours n'avait été, pour ainsi dire, qu'un jeu, s'ouvrit lui-même les veines, et mourut en perdant ainsi tout son sang.

XXXVII. Probus.

Probus, fils d'un paysan, nommé Dalmatius, horticulteur habile, régna six ans. Il vainquit Saturninus, élu empereur en Orient, Proculus et Bonose, également proclamés empereurs à Cologne. Il permit aux Gaulois et aux Pannoniens d'avoir des vignes. Il en fit planter de la main des soldats au mont Alma, près de Sirmium, et au mont d'Or, près de la haute Mésie. Il est assassiné à Sirmium, dans la tour de fer.

XXXVIII. Carus, Carin, Numérien.

Carus, de Narbonne, régna deux ans. Il s'empressa de nommer césars Carin et Numérien. Il périt à Ctésiphon, d'un coup de foudre. Son fils Numérien, atteint d'une grave ophthalmie, se faisait porter en litière; il fut massacré dans un complot, à l'instigation d'Aper, dont il était le gendre. On cachait mystérieusement sa mort, pour qu'Aper eût le temps et les moyens d'envahir le

ipsius mors, quousque Aper invadere posset imperium, fœtore cadaveris scelus est proditum. Hinc Sabinus Julianus, invadens imperium, a Carino in campis Veronensibus occiditur. Hic Carinus omnibus se sceleribus inquinavit. Plurimos innoxios fictis criminibus occidit. Matrimonia nobilium corrupit. Condiscipulis quoque, qui cum in auditorio verbi fatigatione taxaverunt, perniciosus fuit. Ad extremum trucidatur [39] ejus præcipue tribuni dextera, cujus dicebatur conjugem polluisse.

XXXIX. Diocletianus et Maximianus Herculius.

Diocletianus Dalmata, Anulini senatoris libertinus, matre pariter atque oppido nomine Dioclea, quorum vocabulis, donec imperium sumeret, Diocles appellatus, ubi orbis Romani potentiam cepit, Graium nomen in Romanum morem convertit, imperavit annis viginti quinque [39]. Is Maximianum augustum effecit; Constantium et Galerium Maximianum, cognomento Armentarium, cæsares creavit, tradens Constantio Theodoram, Herculii Maximiani privignam, abjecta uxore priori. Hoc tempore, Charausio in Galliis, Achilleus apud Ægyptum, Julianus in Italia imperatores effecti, diverso exitu periere. E quibus Julianus, acto per costas pugione, in ignem se abjecit. Diocletianus vero apud Nicomediam, sponte imperiales fasces relinquens, in propriis agris consenuit. Qui dum ab Herculio atque Galerio ad recipiendum imperium rogaretur, tanquam pestem aliquam

pouvoir; mais l'odeur infecte du cadavre révéla le crime. Ensuite Sabinus Julianus, qui usurpait l'empire, est tué par Carin dans les plaines de Vérone. Ce Carin se souille de tous les forfaits; il immole, sur de fausses accusations, une foule de victimes innocentes, profane la sainteté des plus illustres mariages, et se montre même le fléau de ses anciens condisciples, qui avaient pu le blesser, à l'école, par quelques mots de plaisanterie. Il finit par périr précisément de la main d'un tribun, dont il avait, disait-on, déshonoré la femme.

XXXIX. Dioclétien et Maximien Hercule.

D'origine dalmate et fils d'un affranchi du sénateur Anulinus, Dioclétien, avant d'être empereur, s'appelait Dioclès, du nom de sa mère et de sa ville natale; mais aussitôt qu'il fut maître du monde romain, il changea en latin son nom grec. Il régna vingt-cinq ans. Il fit Maximien auguste, créa césars Constance et Maximien Galerius, surnommé Armentarius, et donna en mariage à Constance Theodora, belle-fille de Maximien Hercule, en le forçant de répudier sa première femme. Sous le règne de Dioclétien, Charausion dans les Gaules, Achillée en Égypte, et Julianus en Italie, furent tous trois élus empereurs, et périrent de différente manière. Julianus, l'un d'eux, après s'être percé le flanc d'un poignard, se précipita dans les flammes. Par la suite, Dioclétien abdiqua volontairement, à Nicomédie, le pouvoir impérial, et alla vieillir dans ses terres. Lorsque Hercule et Galerius le priaient de reprendre le sceptre, il en eut horreur comme d'un fléau, et leur répondit en ces termes : « Plût aux dieux que vous pussiez voir à Salone les légumes cultivés par nos mains! Certes, vous jugeriez à jamais inutile de tenter cette épreuve. » Dioclétien vé

detestans, in hunc modum respondit : « Utinam Salonæ possetis visere olera nostris manibus instituta! Profecto nunquam istud tentandum judicaretis. » Vixit annos sexaginta octo, ex queis communi habitu prope novem egit. Morte consumptus est, ut satis patuit, per formidinem, voluntaria. Quippe quum a Constantino atque Licinio vocatus ad festa nuptiarum, per senectam, quo minus interesse valeret, excusavisset, rescriptis minacibus acceptis, quibus increpabatur Maxentio favisse, ac Maximino favere, suspectans necem dedecorosam, venenum dicitur hausisse.

XL. Constantius, Galerius Maximianus, Severus, Maximinus, Maxentius, Licinius, Alexander, Valens.

His diebus, Constantius, Constantini pater, atque Armentarius, cæsares, augusti appellantur, creatis cæsaribus, Severo per Italiam, Maximino, Galerii sororis filio, per Orientem : eodemque tempore Constantinus cæsar efficitur. Maxentius imperator in villa sex millibus ab Urbe discreta, itinere Lavicano; dehinc Licinius augustus efficitur, parique modo Alexander apud Carthaginem imperator fit; similique modo Valens imperator creatur, quorum exitus iste fuit. Severus ab Herculio Maximiano Romæ ad Tres Tabernas exstinguitur; funusque ejus Gallieni sepulcro infertur, quod ab Urbe abest per Appiam millibus novem. Galerius Maximianus consumptis genitalibus defecit. Maximianus Herculius, a Constantino apud Massiliam obsessus, deinde captus.

eut soixante-huit ans, et passa environ les neuf dernières années de sa vie dans la condition privée. Sa mort, évidemment causée par un excès de crainte, fut volontaire. En effet, Constantin et Licinius l'ayant invité aux fêtes de leurs noces, comme il s'excusa d'y assister à cause de sa vieillesse, il reçut des lettres menaçantes dans lesquelles on lui reprochait d'avoir servi les intérêts de Maxence et de favoriser Maximin; redoutant dès lors un trépas ignominieux, il finit, dit-on, par s'empoisonner.

XL. Constance, Maximien Galerius, Sévère, Maximin, Maxence, Licinius, Alexandre, Valens.

Ces jours-là, Constance, père de Constantin, et Armentarius, tous deux césars, sont proclamés augustes; on nomme césars Sévère en Italie, et en Orient Maximin, neveu de Galerius : à la même époque, Constantin est fait césar. Maxence est salué empereur dans une villa, à six milles de Rome, sur la voie Lavicana; puis Licinius est créé auguste, et le même mode d'élection fait nommer empereur Alexandre à Carthage; enfin, et toujours par les mêmes procédés, Valens devient empereur; voici quelle fut la fin tragique de tous ces princes. Sévère est tué par Maximien Hercule, près de Rome, aux Trois Tavernes, et on l'ensevelit dans le tombeau de Gallien, à neuf milles de Rome sur la voie Appienne. Maximien Galerius mourut d'un ulcère qui lui dévora les parties naturelles. Maximien Hercule, assiégé par Constantin à Marseille et fait ensuite prisonnier, subit le dernier des supplices, la strangulation. Alexandre est massacré par les troupes de Constantin. Maxence, en combattant contre

pœnas dedit mortis genere postremo, fractis laqueo cervicibus. Alexander a Constantini exercitu jugulatur. Maxentius, dum adversus Constantinum congreditur, paulo superius a ponte Mulvio, in pontem navigiis compositum ab latere ingredi festinans, lapsu equi in profundum demersus est; voratumque limo, pondere thoracis, corpus vix repertum. Maximinus apud Tarsum morte simplici periit. Valens a Licinio morte mulctatur. Fuerunt autem morum hujusmodi. Aurelius Maximianus, cognomento Herculius, ferus natura, ardens libidine, consiliis stolidus, ortu agresti Pannonioque. Nam etiam nunc haud longe Sirmio eminet locus, palatio ibidem constructo, ubi parentes ejus exercebant opera mercenaria. Ætate interiit sexagenarius, annorum viginti imperator. Genuit ex Eutropia, Syra muliere, Maxentium et Faustam, conjugem Constantini; cujus patri Constantio tradiderat Theodoram privignam. Sed Maxentium suppositum ferunt arte muliebri, tenere mariti animum laborantis auspicio gratissimi partus cœpti a puero [40]. Is Maxentius carus nulli unquam fuit, ne patri aut socero quidem Galerio. Galerius autem fuit, licet inculta agrestique justitia, satis laudabilis, pulcher corpore, eximius et felix bellator, ortus parentibus agrariis, pastor armentorum; unde ei cognomen Armentarius fuit. Ortus Dacia Ripensi, ibique sepultus est : quem locum Romulianum ex vocabulo Romulæ matris appellarat. Is insolenter affirmare ausus est, ma-

Constantin, au moment où, un peu au-dessus du pont Milvius, il se hâte de traverser de côté une embarcation formée de batelets, tombe au fond des eaux, entraîné par la chute de son cheval; et son corps, profondément enfoncé dans la vase par le poids de sa cuirasse, put à peine être retrouvé. Maximin périt à Tarse d'une mort naturelle. Valens est immolé par Licinius. Voici maintenant quel fut le caractère de ces princes. Aurelius Maximien, surnommé Hercule, était féroce, débauché à l'excès, grossièrement stupide, né en Pannonie, et de la plus basse extraction. Car, aujourd'hui encore, non loin de Sirmium, sur une éminence, où l'on a fait construire un palais, on voit le lieu où ses parents exerçaient des travaux mercenaires. Il mourut à soixante ans, après avoir été vingt ans empereur. Il eut de la Syrienne Eutropia Maxence et Fausta, femme de Constantin; il avait fait épouser à Constance, père de ce prince, Théodora sa belle-fille. Mais on prétend que Maxence n'était qu'un enfant supposé, et qu'au moyen de cette ruse de femme, Eutropia s'était efforcée de captiver le cœur de son époux par l'heureux présage de la plus agréable fécondité, dont le premier gage était un fils. Ce Maxence ne fut jamais cher à personne, pas même à son père, ou à son beau-père Galerius. Pour celui-ci, quoique ignorant et grossier dans l'art de rendre la justice, il fut cependant assez recommandable, d'un beau physique, guerrier non moins heureux qu'habile, né de parents laboureurs, berger de grands troupeaux; d'où on lui donna le surnom d'Armentarius. Originaire de la Dacie Riveraine, il y fut enseveli : il avait appelé cet endroit Romulien, du nom de Romula, sa mère. Il osa affirmer avec un insolent orgueil qu'à l'exemple d'Olympias, mère d'Alexandre le Grand, sa mère l'avait eu d'un dragon. Maximin Galerius, fils de la sœur d'Armentarius, et dont le nom véritable, avant son élévation à l'empire, était Daça, fut quatre ans césar, puis

trem, more Olympiadis, Alexandri Magni creatricis, compressam dracone, semet concepisse. Galerius Maximinus, sorore Armentarii progenitus, veroque nomine ante imperium Daca dictus, cæsar quadriennio, dehinc per Orientem augustus triennio fuit; ortu quidem atque instituto pastorali, verum sapientissimi cujusque ac litterarum cultor, ingenio quieto, vini avidior. Quo ebrius, quædam corrupta mente aspera jubebat : quod quum pigeret factum, differri, quæ præcepisset, in tempus sobrium ac matutinum statuit. Alexander fuit Phryx origine, ingenio timidus, inferior adversus laborem vitio senectæ ætatis.

XLI. Constantinus, Licinius, Crispus, Constantinus, Licinianus, Martinianus, Constantius, Constans, Delmatius, Anibalianus, Magnentius, Vetranio.

His omnibus assumptis, imperii jura penes Constantinum et Licinium devenere. Constantinus, Constantii imperatoris et Helenæ filius, imperavit annos triginta. Hic dum juvenculus a Galerio in urbe Roma religionis specie obses teneretur, fugam arripiens, atque ad frustrandos insequentes, publica jumenta, quaqua iter egerat, interfecit, et ad patrem in Britanniam pervenit : et forte iisdem diebus ibidem Constantium parentem fata ultima perurgebant. Quo mortuo, cunctis qui aderant, annitentibus, sed præcipue Eroco, Alamannorum rege, auxilii gratia Constantium comitato, imperium capit. Hic sororem suam Constantiam Licinio, Mediolanum accito, conjungit : filiumque suum, Crispum

trois années auguste en Orient. Berger de naissance et d'éducation, mais passionné pour la sagesse et pour les lettres, de mœurs pacifiques, il aimait trop le vin. Dans ses moments d'ivresse, lorsque la tête était perdue, il lui arrivait de commander des actes de rigueur; mais comme le repentir s'ensuivait bientôt, il voulait qu'on différât l'exécution de ses ordres jusqu'au moment où il serait à jeun, par exemple jusqu'au matin. Alexandre, Phrygien de naissance, était naturellement timide, et son âge avancé le rendait incapable de supporter le travail.

XLI. Constantin, Licinius, Crispus, Constantin (le jeune), Licinien, Martinien, Constance, Constant, Delmace, Anibalien, Magnence, Vétranion.

Après la mort de tous ces princes, les droits de l'empire passèrent à Constantin et à Licinius. Constantin, fils de l'empereur Constance et d'Hélène, régna trente ans. Comme Galerius le retenait, dans sa jeunesse, en otage à Rome, sous un prétexte de religion, il prit la fuite, et, pour frustrer dans leur espoir ceux qui le poursuivaient, partout sur son passage il tua les chevaux de service public, et se rendit en Grande-Bretagne auprès de son père : le hasard voulut que ce fût précisément à l'époque où Constance touchait à son heure dernière. Il meurt, et de l'accord unanime de tous les assistants, et surtout d'Erocus, roi des Alamannes, qui avait accompagné Constance pour lui prêter secours, Constantin prend l'empire. Il marie sa sœur Constance avec Licinius, qu'il fit venir à Milan, et nomme césars son fils Crispus, qu'il avait eu de sa concubine Minervina, et son autre fils Constantin, qui venait de naître

nomine, ex Minervina concubina susceptum, item Constantinum, iisdem diebus natum oppido Arelatensi, Licinianumque, Licinii filium, mensium fere viginti, cæsares effecit. Verum enimvero, ut imperia difficile concordiam custodiunt, discidium inter Licinium Constantinumque exoritur : primumque apud Cibalas juxta paludem, Hiulcam nomine, Constantino nocte castra Licinii irrumpente, Licinius fugam petiit [41], Byzantiumque fuga voluceri pervenit. Ibi Martinianum, officiorum magistrum, cæsarem creat. Dehinc Constantinus, acie potior, apud Bithyniam adegit Licinium, pacta salute, indumentum regium offerre per uxorem. Inde Thessalonicam missum, paulo post eum Martinianumque jugulari jubet. Hic Licinius annum dominationis fere post quartumdecimum, vitæ proximæ sexagesimum, occidit : avaritiæ cupidine omnium pessimus, neque alienus a luxu venerio, asper admodum, haud mediocriter impatiens, infestus litteris, quas per inscitiam immodicam virus ac pestem publicam nominabat, præcipue forensem industriam. Agraribus plane ac rusticantibus, quia ab eo genere ortus altusque erat, satis utilis; ac militiæ custos ad veterum instituta severissimus. Spadonum et aulicorum omnium vehemens domitor, tineas soricesque palatii eos appellans.

At Constantinus, obtento totius Romani imperii mira bellorum felicitate regimine, Fausta conjuge, ut putant suggerente, Crispum filium necari jubet. Dehinc uxorem suam Faustam, in balneas ardentes conjectam, interemit,

dans la ville d'Arles, enfin le fils de Licinius, Licinien, qui avait à peu près vingt mois. Mais comme il est rare que la concorde règne longtemps dans les empires, la division éclate entre Licinius et Constantin : et d'abord, à Cibales, près du marais d'Hiulca, Constantin force de nuit les retranchements de Licinius, qui prend la fuite, et gagne précipitamment Byzance. Là, il crée césar Martinien, chef des serviteurs du palais. Constantin, vainqueur une seconde fois sur le champ de bataille, contraint en Bithynie Licinius, auquel il s'engage à laisser la vie, de lui remettre, par les mains de son épouse, les insignes de la puissance impériale. Il le relègue ensuite à Thessalonique, et bientôt il le fait mourir avec Martinien. Licinius périt, après un règne d'environ quatorze ans; il entrait dans sa soixantième année. Il était d'une avarice exécrable, débauché, dur, intraitable, emporté, ennemi juré des lettres, que, dans l'excès de son ignorance, il traitait de peste et de fléau public, principalement l'éloquence du barreau. Assez utile toutefois aux cultivateurs et aux habitants de la campagne, parce qu'il était né et qu'il avait été élevé dans les champs; il avait aussi, pour la discipline militaire, toute la sévérité des premiers Romains. Il pourchassait impitoyablement les eunuques et les courtisans de toute espèce, qu'il appelait les mites et les souris du palais.

Bientôt Constantin, devenu maître de tout l'empire romain par le merveilleux succès de ses armes, ordonne la mort de son fils Crispus, à l'instigation, comme on le pense, de sa femme Fausta. Ensuite il fait plonger et étouffer celle-ci dans des bains brûlants, à cause des

quum cum mater Helena dolore nimio nepotis increparet. Fuit vero ultra, quam æstimari potest, laudis avidus. Hic Trajanum herbam parietariam, ob titulos multis ædibus inscriptos, appellare solitus erat. Hic pontem in Danubio construxit. Habitum regium gemmis et caput exornans perpetuo diademate. Commodissimus tamen rebus multis fuit: calumnias sedare legibus severissimis; nutrire artes bonas, præcipue studia litterarum; legere ipse, scribere, meditari, audire legationes et querimonias provinciarum. Quumque, liberis filioque fratris Delmatio cæsaribus confirmatis, tres et sexaginta annos vixisset, ex quibus dimidios ita, ut tredecim solus imperaret, morbo consumptus est. Irrisor potius, quam blandus. Unde proverbio vulgari Trachala[42]; decem annis præstantissimus, duodecim sequentibus latro, decem novissimis pupillus ob profusiones immodicas nominatus. Corpus sepultum in Byzantio, Constantinopoli dicta. Quo mortuo, Delmatius militum vi necatur. Ita ad tres orbis Romani redacta dominatio est, Constantino et Constantio ac Constante, filiis Constantini. Hi singuli has partes regendas habuerunt: Constantinus junior[43] cuncta trans Alpes; Constantius a freto Propontidis, Asiam atque Orientem; Constans Illyricum, Italiamque et Africam, Dalmatiam, Thraciam Macedoniamque, et Achaiam; Anibalianus, Delmatii cæsaris consanguineus, Armeniam nationesque circum socias.

Interim ob Italiæ Africæque jus dissentire statim Constantinus et Constans. Constantinus latrocinii specie

reproches que lui adressait Hélène, sa mère, inconsolable du meurtre de son petit-fils Crispus. Constantin fut beaucoup trop passionné pour la gloire. Il avait coutume d'appeler Trajan la pariétaire, parce qu'il voyait le nom de ce prince inscrit avec honneur sur une foule d'édifices. Il construisit un pont sur le Danube. Il orna de pierreries le manteau impérial, et ceignit pour toujours le diadème. Il ne laissa pas cependant de faire beaucoup de bien en plusieurs choses : ainsi il réprima, par des lois très-sévères, les délations calomnieuses; il encouragea les beaux-arts et surtout l'étude des lettres; on le voyait lui-même lire, écrire, méditer, accueillir les députations et les plaintes des provinces. Après avoir affermi dans la dignité de césars ses enfants et son neveu Delmace, il mourut de maladie à soixante-trois ans; dans la moitié de sa carrière, il régna seul pendant treize années. Il était plus railleur que bienveillant en paroles : de là, ce surnom de Trachala que lui appliqua le proverbe vulgaire; on l'appela dix ans le modèle des empereurs, brigand les douze années suivantes, pupille enfin les dix dernières années de son règne, à cause de ses profusions inouïes. Sa dépouille mortelle fut ensevelie à Byzance, autrement dite Constantinople. Après sa mort, Delmace est tué dans une sédition militaire. Ainsi la domination du monde romain fut réduite à trois empereurs, aux trois fils de Constantin : Constantin II, Constance et Constant. Ils se partagèrent l'empire de la manière suivante : Constantin le jeune gouverna tous les pays au delà des Alpes; Constance, l'Asie et l'Orient, à partir du détroit de la Propontide; Constant, l'Illyrie, l'Italie et l'Afrique, la Dalmatie, la Thrace, la Macédoine et l'Achaïe; Anibalien, frère consanguin du césar Delmace, eut l'Arménie et les nations alliées circonvoisines.

Cependant le droit de possession de l'Italie et de l'Afrique fait aussitôt éclater la discorde entre Constant

dum incautus fœdeque temulentus in aliena irruit, obtruncatus est, projectusque in fluvium, cui nomen Alsa est, non longe ab Aquileia. Constans vero venandi cupidine dum per silvas saltusque erraret, conspiravere aliquanti militares in ejus necem, auctoribus Chrestio et Marcellino, simulque Magnentio : qui ubi patrandi negotii dies placuit, Marcellinus, natalem filii simulans, plerosque ad cœnam rogat. Itaque in multam noctem convivio celebrato, Magnentius, quasi ad ventris solita secedens, habitum venerabilem capit. Ea re cognita, Constans fugere conatus, apud Helenam, oppidum Pyrenæo proximum, a Gaisone, cum lectissimis misso, interficitur, anno tertiodecimo augustæ dominationis, (nam cæsar triennio fuerat), ævi septimo vicesimoque. Hic fuit debilis pedibus manibusque, articulorum dolore: fortunatus cœli temperie, fructuum proventu, nulla a barbaris formidine : quæ profecto majora fierent, si provinciarum rectores non pretio, sed judicio provexisset. Hujus morte cognita, Vetranio, magister militum, imperium in Pannonia apud Mursiam corripuit; quem Constantius non post multos dies regno exuit, grandævæ ætati non vitam modo, sed etiam voluptarium otium concedens. Fuit autem prope ad stultitiam simplicissimus.

XLII. Gallus, Decentius, Nepotianus, Silvanus, et Julianus.

Constantius Gallum, fratrem patruelem, cæsarem pronuntiat, sororem Constantinam illi conjungens. Magnen-

et Constantin. Ce dernier, tel qu'un bandit, et dans un honteux état d'ivresse, se jette imprudemment sur les possessions des autres; mais il est massacré et précipité dans le fleuve Alsa, non loin d'Aquilée. D'une autre part, tandis que Constant, tout à sa passion pour la chasse, s'égare dans les forêts et dans les bois, quelques officiers conspirent sa perte, excités par Chrestius, Marcellinus et Magnence. On fixe le jour de l'attentat, et Marcellinus, sous prétexte de célébrer la naissance de son fils, invite à souper la plupart des conjurés. Le festin se prolonge fort avant dans la nuit, et Magnence, qui est sorti de la salle comme pour satisfaire un besoin naturel, prend les insignes distinctifs du pouvoir. A cette nouvelle, Constant essaye de fuir, mais il est tué près d'Helena, ville voisine des Pyrénées, par Gaison, envoyé contre lui avec toute l'élite des troupes; il expire, à vingt-sept ans, la treizième année de sa domination d'auguste, après avoir été trois ans césar. Il était faible des pieds et des mains, par suite d'une maladie des articulations [1] : heureux sous un beau ciel, sur une terre féconde, et sans avoir rien à craindre des barbares, il aurait pu doubler encore ces avantages, si la raison plutôt que l'intérêt l'avait guidé dans les promotions des gouverneurs de provinces. A la nouvelle de sa mort, le général Vétranion saisit l'empire à Mursia, en Pannonie; mais, après quelques jours, Constance le dépouille du trône, accordant à son grand âge et la vie et même un voluptueux repos. Vétranion fut simple et naïf presque jusqu'à la stupidité.

XLII. Gallus, Decentius, Népotien, Silvanus, et Julien.

Constance proclame césar Gallus, son frère de père, et

[1] la goutte?

tius quoque Decentium, consanguineum suum, trans Alpes cæsarem creavit. His diebus, Romæ Nepotianus, Eutropiæ, Constantini sororis, filius, hortantibus perditis, augusti nomen rapit : cum octavo die vicesimoque Magnentius oppressit. Hoc tempore, Constantius, cum Magnentio apud Mursiam dimicans, vicit. In quo bello pæne nusquam amplius Romanæ consumptæ sunt vires, totiusque imperii fortuna pessumdata. Dehinc quum se Magnentius in Italiam recepisset, apud Ticinum plures fudit, incautius, et, ut in victoria solet, audacius persequentes. Nec multo post, apud Lugdunum coangustatus, gladio occulte proviso, ictum pulsu parietis juvans, transfosso latere, ut erat vasti corporis, vulnere naribusque et ore cruorem effundens, mense imperii quadragesimo secundo, ætatis anno prope quinquagesimo, exspiravit. Ortus parentibus barbaris, qui Galliam inhabitant : legendi studio promptus, sermonis acer, animi tumidi, et immodice timidus : artifex tamen ad occultandam audaciæ specie formidinem. Ejus morte audita, Decentius laqueo fascia composito vitam finivit [44]. Hoc tempore, Gallus cæsar a Constantio occiditur. Imperavit annos quatuor. Silvanus imperator effectus, die imperii vicesimo octavo, perimitur. Fuit ingenio blandissimus. Quanquam barbaro patre genitus, tamen institutione Romana satis cultus et patiens. Constantius Claudium Julianum, fratrem Galli, honore cæsaris assumit [45], annos natum fere tres atque viginti. Iste in

le marie à sa sœur Constantine. Magnence élut aussi césar, au delà des Alpes, son frère consanguin Decentius. Dans le même temps, à Rome, Népotien, fils d'Eutropia, sœur de Constantin, poussé par une foule de gens perdus, s'empare du titre d'auguste: Magnence l'écrase le vingt-huitième jour de son usurpation. A cette époque, Constance défait Magnence, à la bataille de Mursia : guerre désastreuse où succombèrent, pour ainsi dire, plus que partout ailleurs les forces de Rome, et où la fortune de tout l'empire sembla pour jamais anéantie. Magnence se réfugie ensuite en Italie, et dissipe, auprès de Ticinum, les troupes nombreuses qui le poursuivaient avec toute l'imprudence et toute l'audace qu'inspire d'ordinaire la victoire. Quelque temps après, réduit, à Lyon, aux dernières extrémités, il prit une épée dont il s'était secrètement muni, et se perça le flanc, en appuyant la garde contre la muraille, pour donner au coup plus de force : comme il était d'une taille élevée, sa blessure lui fit rendre des flots de sang par le nez et par la bouche, et il expira le quarante-deuxième mois de son règne, à l'âge d'environ cinquante ans. Né de parents barbares, dans la Gaule, il devait à son goût pour la lecture une conception vive; sa conversation était piquante; vaniteux et d'une excessive timidité, il avait cependant l'art de cacher sa frayeur sous le masque de l'audace. A la nouvelle de sa mort, Decentius se pendit, à l'aide d'un nœud coulant fait avec une bandelette. A cette époque, le césar Gallus est tué par Constance; il avait régné quatre ans. Silvanus, fait empereur, périt le vingt-huitième jour de son règne. Il était d'un caractère plein de douceur. Quoique né d'un père barbare, il n'en fut pas moins poli et cultivé par l'éducation romaine. Constance élève à la dignité de césar Claude Julien, frère de Gallus, alors âgé d'environ vingt-trois ans. Ce prince détruisit, en Gaule, dans les plaines d'Argentoratum [1], avec une

(1) Strasbourg.

campis Argentoratensibus apud Gallias, cum paucis militibus, infinitas hostium copias delevit. Stabant acervi, montium similes; fluebat cruor fluminum modo; captus rex nobilis Chonodomarius; fusi omnes optimates; redditus limes Romæ possessionis; ac postmodum, cum Alamannis dimicans, potentissimum eorum regem Vadomarium cepit. Hic a militibus Gallicanis augustus pronuntiatur. Hinc Constantius urgere legationibus, in statum nomenque pristinum revertatur. Julianus mandatis mollioribus refert, se sub nomine celsi imperii multo officiosius pariturum. His Constantius magis magisque ardens dolore, atque, ut erat talium impatiens, in radicibus Tauri montis apud Mopsocrenen febri acerrima, quam indignatio nimia vigiliis augebat, interiit anno ævi quarto et quadragesimo, imperii nono atque tricesimo, verum augustus quarto vicesimoque : octo solus, cum fratribus atque Magnentio sedecim, quindecim cæsar. Felix bellis civilibus, externis lacrymabilis; mirus artifex in sagittis : a cibo vinoque et somno multum temperans, patiens laboris, facundiæ cupidus; quam quum assequi tarditate ingenii non posset, aliis invidebat. Spadonum aulicorumque amori deditus et uxorum : quibus contentus, nulla libidine transversa aut injusta polluebatur. Sed ex conjugibus, quas plurimas sortitus est, præcipue Eusebiam dilexit, decoram quidem, verum per Adamantias, et Gorgonias, et alia importuna ministeria vexantem famam viri contra,

poignée de soldats, une innombrable armée d'ennemis. Des monceaux de cadavres s'élevaient tels que des montagnes : des fleuves de sang inondaient la terre : on prit l'illustre roi Chonodomarius ; on mit en fuite tous les nobles gaulois : l'empire romain recouvra ses anciennes limites. Peu de temps après, Julien, qui a livré bataille aux Alamannes et qui a fait prisonnier leur roi Vadomarius, est proclamé auguste par les légions de la Gaule. Aussitôt Constance lui envoie ambassades sur ambassades, pour le presser de reprendre son ancienne position et son premier titre de césar. Julien répond, par lettres beaucoup plus modérées, que, malgré le titre qui lui donne un pouvoir sans bornes, il n'en obéira que plus officieusement encore. Constance sent alors redoubler son dépit, et, furieux d'une telle conduite, il arrive à Mopsocrène, au pied du mont Taurus ; mais là, saisi d'une fièvre violente qu'augmentait encore par l'insomnie l'excès de son indignation, il meurt âgé de quarante-quatre ans, la trente-neuvième année de son règne, après avoir été vingt-quatre ans auguste : seul huit années, seize avec ses frères et Magnence, et quinze ans césar. Heureux dans les guerres civiles, il eut, dans les expéditions étrangères, des revers déplorables ; il lançait les flèches avec une merveilleuse adresse : plein de tempérance et de sobriété, dormant peu, supportant la fatigue, il aspirait à briller sous le rapport de l'éloquence ; mais incapable d'y atteindre par la lenteur de sa conception, il était jaloux des hommes éloquents. Livré à la passion des eunuques, des courtisans et de ses femmes, il se contentait de telles amours, sans jamais se déshonorer par des excès de débauche bizarres ou injustes. Il eut plusieurs épouses ; mais il aima surtout Eusebie, qui était belle sans doute, mais qui se servait des Adamantia, des Gorgonia et autres suppôts de tracasseries incessantes, pour nuire à la réputation de son époux, contrairement au

quam feminis modestioribus mos est, quarum sæpe præcepta maritos juvant. Namque, ut ceteras omittam, Pompeia Plotina, incredibile dictu est, quanto auxerit gloriam Trajani : cujus procuratores quum provincias calumniis agitarent, adeo ut unus ex iis diceretur locupletium quemque ita convenire, « Quare habes ? » Alter, « Unde habes ? » Tertius, « Pone, quod habes; » illa conjugem corripuit; atque increpans, quod laudis suæ esset incuriosus, talem reddidit, ut postea exactiones improbas detestans, fiscum lienem vocaret, quod, eo crescente, artus reliqui tabescunt.

XLIII. Julianus.

Igitur Julianus, redacta ad unum se orbis Romani curatione, gloriæ nimis cupidus, in Persas proficiscitur. Illic a transfuga quodam in insidias deductus, quum eum hinc inde Parthi urgerent, e castris jam positis, arrepto tantum clypeo, procurrit. Quumque inconsulto ardore nititur ordines ad prœlium componere, ab uno ex hostibus, et quidem fugiente, conto percutitur. Relatusque in tabernaculum, rursusque ad hortandos suos egressus, paulatim sanguine vacuatus, circa noctis fere medium defecit, præfatus, consulto sese de imperio nihil mandare; ne, uti solet in multitudine discrepantibus studiis, amico ex invidia, reipublicæ discordia exercitus periculum pararet. Fuerat in eo litterarum ac negotiorum ingens scientia [46] : eo juverat philosophos et

rôle des femmes vertueuses, dont les sages conseils sont souvent d'un utile secours à leurs maris. Car, sans parler des autres, on ne saurait vraiment dire combien Pompéia Plotina sut augmenter la gloire de Trajan. Les intendants de ce prince tourmentaient à tel point les provinces de leurs délations calomnieuses, que l'un d'entre eux passait pour aborder tout homme riche en lui disant : « Pourquoi as-tu ? » Un autre : « D'où as-tu ? » Un troisième : « Donne ce que tu as. » Plotine s'en prit vivement à son époux, et, lui reprochant d'être insensible à sa gloire, elle le rendit tel, que, par la suite, rempli d'horreur pour les levées d'impôt injustes, il comparait le fisc à la rate, qui se gonfle de l'épuisement des autres membres.

XLIII. Julien.

Resté seul maître du monde romain, Julien, trop avide de gloire, marche contre les Perses. Attiré alors dans un piége par un transfuge, et se voyant, de tous côtés, pressé par les Parthes, il s'élance, avec un bouclier pour toute armure, hors de son camp déjà dressé. Tandis qu'entraîné par une fougue téméraire, il s'efforce de rétablir le combat, il est percé d'une longue pique par un ennemi, qui cependant fuyait devant lui. Rapporté dans sa tente, il en sort de nouveau pour encourager ses troupes; mais, perdant peu à peu tout son sang, il expire vers le milieu de la nuit, après avoir dit que c'était à dessein qu'il ne prescrivait rien au sujet de l'empire ; car, comme il arrive d'ordinaire dans le choc de tant d'opinions diverses, il craignait d'attirer sur un ami le danger de la haine, et sur la république le péril de la discorde d'une armée. Ce prince avait une rare habileté dans les lettres et dans les affaires : aussi protégeait-il les philosophes et les plus sages des Grecs. Son corps, toujours alerte et dispos, était vigoureux, même

Græcorum sapientissimos. Usu promptior corporis; quo validus quidem, sed brevis fuit. Hæc minuebat quarumdam rerum neglectus modus. Cupido laudis immodica; cultus numinum superstitiosus : audax plus, quam imperatorem decet, cui salus propria, quum semper ad securitatem omnium, in bello maxime conservanda est. Ita illum cupido gloriæ flagrantior pervicerat, ut neque terræ motu, neque plerisque præsagiis, quibus vetabatur petere Persidem, adductus sit finem ponere ardori; ac ne noctu quidem visus ingens globus cœlo labi ante diem belli cautum præstiterit.

XLIV. Jovianus.

Jovianus, genitus patre Varroniano [47], in solo agri Singidonensis provinciæ Pannoniæ, imperavit menses octo. Ejus patri, quum liberos crebros amitteret, præceptum somnio est, cum, qui jam instante uxoris partu, edendus foret, diceret Jovianum. Hic fuit insignis corpore, lætus ingenio, litterarum studiosus. Hic dum a Perside hieme aspera mediaque Constantinopolim accelerans, cruditate stomachi, tectorio novi operis gravatus [esset], repente interiit, annos gerens proxime quadraginta.

XLV. Valentinianus et Firmus.

Valentinianus imperavit annos duodecim, minus diebus centum. Hujus pater Gratianus, mediocri stirpe ortus apud Cibalas, Funarius appellatus est, eo quod venalitium funem portanti quinque milites nequirent extor-

dans sa petite taille. Le défaut de mesure en certaines choses diminuait l'éclat de ces qualités. Dévoré de la passion de la gloire, superstitieux en matière de religion, Julien avait trop d'audace pour un empereur, qui doit toujours, et surtout dans la guerre, songer à sa propre conservation pour la sécurité générale. L'ardente ambition des conquêtes avait tellement subjugué son âme, que ni le tremblement de terre, ni tous les autres présages qui lui défendaient d'aller en Perse, ne purent l'amener à mettre un frein à son impétuosité; et même l'apparition nocturne d'un globe immense, qui semblait tomber du ciel, la veille du combat, ne le rendit pas plus prudent.

XLIV. Jovien.

Fils de Varronien, né sur le territoire de Singidonum, ville de la Pannonie, Jovien régna huit mois. Son père, qui avait perdu plusieurs enfants, reçut l'ordre en songe de nommer Jovien, le fils qui devait naître de sa femme presque arrivée au terme de sa grossesse. Jovien était beau, d'un esprit enjoué, plein de goût pour les lettres. Comme il se hâtait, au milieu d'un rigoureux hiver, de revenir de la Perse à Constantinople, il mourut subitement à l'âge de quarante ans environ, étouffé par une indigestion et par l'odeur de la chaux dont on venait de donner une couche à sa chambre.

XLV. Valentinien et Firmus.

Valentinien régna douze ans moins cent jours. Gratien, son père, né à Cibales, et d'une origine assez obscure, fut surnommé Funarius, parce que, lorsqu'il tenait la corde des esclaves mis en vente, cinq soldats ne pouvaient la lui arracher. Admis pour ce genre de mérite

quere. Eo merito ascitus in militiam, usque ad præfecturæ prætorianæ potentiam conscendit : ob cujus apud milites commendationem, Valentiniano imperium resistenti oggeritur. Hic Valentem, consanguineum suum, sibi socium in imperio adscivit; ac demum Gratianum filium, needum plene puberem, hortatu socrus et uxoris augustum creavit. Hic Valentinianus fuit vultu decens, sollers ingenio, animo gravis, sermone cultissimus. Quanquam esset ad loquendum parcus, severus, vehemens, infectus tamen vitiis, maximeque avaritiæ; cujus cupitor ipse fuit acer, et in his, quæ memoraturus sum, Hadriano proximus. Pingere venustissime, meminisse, nova arma meditari, fingere cera seu limo simulacra, prudenter uti locis, temporibus, sermone : atque, ut breviter concludam, si ei fœdis hominibus, queis sese quasi fidissimis prudentissimisque dederat, carere, aut probatis eruditisque monitoribus uti licuisset, perfectus haud dubie princeps enituisset. Hujus tempore, Firmus, apud Mauritaniam regnum invadens, exstinguitur. Valentinianus, apud Bergentionem legationi Quadorum respondens, anno ævi quinto et quinquagesimo, impetu sanguinis, voce amissa, sensu integer, exspiravit. Quod quidem intemperantia cibi, ac saturitate, qua artus diffuderat, accidisse plures retulere. Itaque eo mortuo, Valentinianus adhuc quadriennis, auctore Equitio ac Merobaude, e propinquo, ubi cum matre fuerat, allatus, creatus est imperator.

dans la milice, il s'éleva jusqu'au grade supérieur de préfet du prétoire. Les titres de recommandation dont Gratien jouissait auprès de l'armée firent jeter le pouvoir aux mains de Valentinien, malgré sa résistance. Il associe à l'empire Valens, son frère consanguin, et finit, d'après les conseils de sa belle-mère et de sa femme, par créer auguste son fils Gratien, qui n'avait pas encore atteint pleinement l'âge de puberté. Valentinien avait la figure noble, l'esprit inventif, le caractère grave, la conversation très-cultivée. Bien qu'il fût sobre de paroles, sévère, rigoureux même, il ne laissa pas d'être entaché de vices, d'avarice surtout, passion qui fut très-vive chez lui. Dans ce que je vais rapporter, il se rapprocha d'Adrien : il peignait avec le talent le plus gracieux, avait beaucoup de mémoire, inventait de nouveaux perfectionnements pour les armes, façonnait des statues de cire ou d'argile, tirait habilement parti des lieux, des circonstances et des discours : bref, s'il avait pu se passer des hommes pervers auxquels il s'était livré comme aux plus sages et aux plus fidèles amis, ou s'il eût été libre d'user des conseils de gens vertueux et instruits, il aurait brillé, sans nul doute, de tout l'éclat d'un prince accompli. Sous son règne, périt Firmus, qui alors en Mauritanie avait usurpé l'empire. Valentinien répondait à Bergence aux ambassadeurs des Quades, lorsqu'un coup de sang lui fit perdre la voix, sans rien lui ôter de sa présence d'esprit ; il expira dans la cinquante-cinquième année de son âge. Plusieurs historiens prétendent que cet accident fut causé par l'intempérance et les excès de table qui lui avaient fait prendre beaucoup d'embonpoint. Après sa mort, Valentinien II, âgé seulement de quatre ans, fut créé empereur par l'influence d'Equitius et de Mérobaude, après qu'on l'eut fait venir d'un lieu voisin où il se trouvait avec sa mère.

XLVI. Valens, et Procopius.

Valens una cum Valentiniano, germano suo [48], de quo diximus, regnavit annos tredecim, menses quinque. Hic Valens, cum Gothis lacrymabili bello commisso, sagittis saucius in casa deportatur vilissima : ubi supervenientibus Gothis, igniqué supposito, incendio concrematus est. In quo probanda hæc fuere. Fuit possessoribus consultor bonus; mutare judices rarius; in amicos fidus; irasci sine noxa ac periculo cujusquam; sane valde timidus. Hujus temporibus, Procopius, tyrannidem invadens, exstinguitur.

XLVII. Gratianus et Maximus.

Gratianus, genitus Sirmii, imperavit cum patre Valentiniano annos octo, dies octoginta quinque; cum patruo et fratre tres; cum eodem fratre ac Theodosio quatuor; et his omnibus accedente Arcadio, menses sex. Hic apud Argentariam, oppidum Galliæ [49], triginta Alamannorum millia in bello exstinxit. Hic quum animadvertisset, Thraciam Daciamque tanquam genitales terras possidentibus Gothis Taifalisque, atque omni pernicie atrocioribus Hunnis et Alanis, extremum periculum instare nomini Romano; accito ab Hispania Theodosio, cunctis faventibus, degenti annum a tricesimo tertium, imperium committit. Fuit autem Gratianus litteris haud mediocriter institutus : carmen facere, ornate loqui, explicare controversias rhetorum more; nihil aliud die noctuque agere,

XLVI. Valens et Procope.

Valens régna treize ans et cinq mois avec son frère Valentinien, dont nous venons de parler. Ce Valens, dans une guerre déplorable contre les Goths, est transporté, percé de flèches, dans la plus misérable des cabanes : les ennemis surviennent, y mettent le feu, et Valens périt dans l'incendie. Ce prince eut des qualités estimables. Il prenait avec bienveillance les intérêts des propriétaires, changeait les juges le plus rarement possible, était fidèle à ses amis, ne s'emportait contre personne au point de lui être nuisible et redoutable; il avait surtout une excessive timidité. Sous son règne, périt l'usurpateur Procope.

XLVII. Gratien et Maxime.

Gratien, né à Sirmium, régna huit ans et quatre-vingt-cinq jours avec Valentinien, son père, trois années avec son oncle et son frère; avec ce même frère et Théodose, quatre ans; enfin six mois avec tous ces princes et Arcadius. Il défit, près d'Argentaria, ville de la Gaule, trente mille Alamannes. Voyant que les Goths et les Taïfaliens possédaient la Thrace et la Dacie, comme si elles eussent été leur pays natal; que les Huns et les Alains, plus terribles que tous les fléaux ensemble, menaçaient du dernier péril le nom romain, Gratien fait venir d'Espagne Théodose, objet de la faveur universelle, et confie l'empire à ce prince, alors âgé de trente-trois ans. Gratien fut très-versé dans les lettres : il faisait des vers, s'exprimait avec élégance, et développait les controverses à la manière des rhéteurs; il s'occupait jour et nuit à méditer sur la manière de lancer les javelots; frapper le but lui semblait le comble de la volupté, un art vraiment divin. Frugal, dormant peu, vainqueur de l'ivresse et

quam spiculis meditari, summæque voluptatis divinæque artis credere ferire destinata. Parcus cibi somnique, et vini ac libidinis victor; cunctisque fuisset plenus bonis, si ad cognoscendam reipublicæ gerendæ scientiam animum intendisset, a qua prope alienus non modo voluntate, sed etiam exercitio fuit. Nam dum exercitum negligeret, et paucos ex Alanis, quos ingenti auro ad se transtulerat, anteferret veteri ac Romano militi, adeoque barbarorum comitatu et prope amicitia capitur, ut nonnunquam eodem habitu iter faceret, odia contra se militum excitavit. Hoc tempore, quum Maximus apud Britanniam tyrannidem arripuisset, et in Galliam transmisisset, ab infensis Gratiano legionibus exceptus, Gratianum fugavit; nec mora, exstinxit, qui vixit annos novem et viginti.

XLVIII. Theodosius

Theodosius, genitus patre Honorio, matre Thermantia, genere Hispanus, originem a Trajano principe trahens, a Gratiano augusto apud Sirmium imperator effectus, regnavit annos decem et septem. Huic ferunt nomen somnio parentes monitos sacravisse, ut Latine intelligimus, a Deo datum. De hoc etiam oraculo in Asia divulgatum est, cum Valenti successurum, cujus nomen e Θ et E et O atque Δ Græcis litteris initiaretur. Qua cognatione principii deceptus Theodorus, quum sibi imperium deberi præsumeret, scelestæ cupidinis supplicia persolvit. Fuit autem Theodosius propagator

de la débauche, il eût réuni tous les avantages, s'il avait appliqué son esprit à connaître la science de l'administration publique, à laquelle il fut presque étranger non-seulement de volonté, mais même d'habitude et d'exercice. Car, tandis qu'il négligeait l'armée, et qu'il préférait au vieux guerrier de Rome une poignée d'Alains qu'il avait achetés au poids de l'or, il se laissa tellement captiver par l'entourage, j'ai presque dit par l'amitié des barbares, que souvent il marchait revêtu du même costume qu'eux : imprudence qui souleva contre lui la haine des soldats romains. A cette époque, Maxime, qui a saisi le pouvoir en Bretagne, passe dans la Gaule, où, reçu par les légions irritées contre Gratien, il défait ce prince, et le tue bientôt après. Gratien était alors âgé de vingt-neuf ans.

XLVIII. Théodose.

Fils d'Honorius et de Thermantia, d'origine espagnole et descendant de Trajan, Théodose, fait empereur à Sirmium par Gratien auguste, régna dix-sept ans. Ses parents, dit-on, avertis en songe, lui donnèrent le nom sacré de *A Deo datus*[1], comme nous l'entendons en latin. De là même cet oracle répandu en Asie, que le successeur de Valens serait celui dont le nom commencerait par les lettres grecques Θ, Ε, Ο et Δ. Cette identité d'initiales séduisit Théodore, qui eut la présomption de croire que l'empire lui était dû ; mais il paya du dernier supplice sa criminelle ambition. Théodose étendit au loin les limites de la république, dont il fut le défenseur invincible. Car il défit dans diverses batailles les Huns et

---

[1] Donné par Dieu ou Dieudonné.

reipublicæ atque defensor eximius. Nam Hunnos et Gothos, qui eam sub Valente defatigassent, diversis prœliis vicit. Cum Persis quoque petitus pacem pepigit. Maximum autem tyrannum, qui Gratianum interfecerat et sibi Gallias vindicabat, apud Aquileiam exstinxit; Victoremque ejus filium, intra infantiæ annos a Maximo patre augustum factum, necavit. Eugenium quoque tyrannum, atque Arbogasten superavit, deletis eorum decem millibus pugnatorum. Hic etenim Eugenius, confisus viribus Arbogastis, postquam apud Viennam Valentinianum exstinxerat, regnum invasit : sed mox simul cum vita imperium perdidit.

Fuit autem Theodosius moribus et corpore Trajano similis [50], quantum scripta veterum et picturæ docent. Sic eminens status, membra eadem, par cæsaries, os, absque eo, quod illi aliquantum vellendo steriles genæ, neque tam ingentes oculi erant, nescio an et tanta gratia, tantusque flos in facie, seu tanta dignitas in incessu. Mens vero prorsus similis, adeo ut nihil dici queat, quod non ex libris in istum videatur transferri. Clemens animus, misericors, communis, solo habitu differre se ceteris putans; in omnes homines honorificus, verum effusius in bonos : simplicia ingenia æque diligere, erudita mirari, sed innoxia : largiri magno animo magna; amare cives vel privato contubernio cognitos, eosque honoribus, pecunia, beneficiis ceteris munerare, præsertim quorum erga se vel patrem aspero casu officia

les Goths, qui, sous Valens, avaient fatigué l'empire de leurs invasions. Il conclut aussi avec les Perses une paix qu'ils demandèrent. Il mit à mort près d'Aquilée le tyran Maxime, qui avait tué Gratien et envahi le gouvernement des Gaules; il fit également périr le fils de l'usurpateur, Victor, créé dès l'enfance auguste par Maxime, son père. Théodose vainquit encore le tyran Eugène et Arbogaste, après avoir taillé en pièces leurs dix mille combattants. Plein de confiance dans les forces d'Arbogaste, cet Eugène s'était emparé du pouvoir, après avoir avoir massacré Valentinien près de Vienne : mais il perdit bientôt et l'empire et la vie.

De caractère et de physique, Théodose ressemblait à Trajan, autant que nous l'apprennent les anciennes histoires et les tableaux qu'on a faits de ce dernier empereur. C'était même port majestueux, même taille, même chevelure, mêmes traits de visage, avec cette différence que Théodose avait les joues moins garnies de barbe, qu'il prenait soin d'épiler. Ses yeux n'étaient pas si grands; peut-être n'avait-il pas non plus tant de grâce, une figure si fleurie, une démarche si majestueuse. Quant au moral, c'était tout à fait celui de Trajan, et les livres ne sauraient dire des vertus de cet empereur rien qui ne semble fidèlement reproduit chez Théodose. Il avait l'âme clémente, miséricordieuse, populaire, et ne croyait différer des autres que par les marques extérieures de sa dignité; prodigue de distinctions honorables envers tous les hommes, mais surtout envers les gens de bien, il ne témoignait pas moins d'affection pour le génie dans toute sa simplicité; il admirait l'érudition, mais dans les esprits droits et purs : ses largesses étaient grandes comme son âme; il

probaverat. Illa tamen, quibus Trajanus aspersus est, vinolentiam scilicet et cupidinem triumphandi, usque eo detestatus, ut bella non moverit, sed invenerit; prohibueritque lege ministeria lasciva psaltriasque comissationibus adhiberi : tantum pudori tribuens et continentiæ, ut consobrinarum nuptias vetuerit, tanquam sororum. Litteris, si nimium perfectos contemplemur, mediocriter doctus : sagax plane, multumque diligens ad noscenda majorum gesta. E quibus non desinebat exsecrari, quorum facta superba, crudelia, libertatique infesta legerat, ut Cinnam, Marium, Sullamque, atque universos dominantium, præcipue tamen perfidos et ingratos. Irasci sane rebus indignis, sed flecti cito : unde modica dilatione emolliebantur aliquando severa præcepta. Habuitque a natura munere, quod Augustus a philosophiæ doctore. Qui quum vidisset, eum facile commoveri, ne asperum aliquid statueret, monuit, ubi irasci cœpisset, quatuor atque viginti Græcas litteras memoria recenseret, ut illa concitatio, quæ momenti est, mente alio traducta, parvi temporis interjectu languesceret.

Melior haud dubie, quod est raræ virtutis, post auctam annis potentiam regalem, multoque maxime post civilem victoriam. Nam et annonæ curam sollicitius

aimait les citoyens qu'il avait connus, même dans la condition privée, et il les comblait d'honneurs, de richesses, et de toutes sortes de bienfaits, principalement ceux dont il avait, lui ou son père, éprouvé les services dans l'adversité. L'intempérance et la passion des conquêtes furent une tache dans la vie de Trajan; mais Théodose eut tant d'horreur pour ces défauts, que, loin d'exciter les guerres, il les trouva toutes déclarées; de plus, il défendit par une loi d'admettre, dans les festins, les esclaves qui servaient à la débauche et les chanteuses, accordant à la pudeur et à la continence un tel respect, qu'il supprima les noces de ses cousines germaines, comme celles de ses sœurs. A contempler les lettres dans leur plus haut degré de perfection, Théodose fut médiocrement instruit, mais toutefois plein de sagacité et de zèle empressé pour connaître l'histoire des premiers Romains. Il ne cessait de maudire ceux d'entre eux dont il avait lu les actions superbes, cruelles et tyranniques, détestant les Cinna, les Marius, les Sylla, tous les despotes enfin, mais surtout les ingrats et les perfides. Si les indignités excitaient sa colère, du moins il s'apaisait presque aussitôt : ce qui faisait qu'un léger instant de retard suffisait quelquefois pour adoucir ses ordres les plus rigoureux. Il reçut en présent de la nature ce qu'Auguste tenait seulement de son professeur de philosophie. Ce sage s'étant aperçu que son élève s'irritait facilement, de peur qu'il ne prescrivît quelque acte de rigueur, lui conseilla, lorsqu'il commencerait à s'emporter, de répéter de mémoire les vingt-quatre lettres grecques, pour que son esprit prenant une autre direction, la colère, délire momentané, pût, dans ce court intervalle, se calmer insensiblement.

Théodose fut, sans aucun doute, plus parfait encore : ce qui est le cachet d'une rare vertu, après plusieurs années d'un pouvoir souverain toujours croissant, et,

attendere, et auri argentique grande pondus sublati atque expensi a tyranno, multis e suo restituere; quum benigni principum, et quidem vix fundos solerent nudos ac deformata prædia concedere. Jam illa minutiora, et, ut dicitur, intra aulam, quæ quidem, quia occulta sunt, magis naturæ hominum curiosæ oculos auresque ad se trahunt : patruum colere tanquam genitorem; fratris mortui sororisque liberos habere pro suis; cognatos affinesque parentis animo complecti; elegans lætumque convivium dare, non tamen sumptuosum, miscere colloquia pro personis[51], studia dignitatibus, sermone cum gravitate jucundo; blandus pater, concors maritus. Exercebatur neque ad illecebram, neque ad lassitudinem; ambulationibus magis, quum esset otium, reficiebat animum; ac vescendi continentia valetudinem regebat. Sicque in pace, rebus humanis, annum agens quinquagesimum, apud Mediolanum excessit : utramque rempublicam utrisque filiis, id est Arcadio et Honorio, quietam relinquens[52]. Corpus ejus, eodem anno, Constantinopolim translatum atque sepultum est[53].

ce qui est bien plus extraordinaire, après une victoire dans une guerre civile. Il mit, en effet, tous ses soins, toute sa sollicitude à assurer les approvisionnements; une immense quantité d'or et d'argent avait été enlevée et dissipée par le tyran Maxime : Théodose la restitua de ses deniers à la plupart des anciens propriétaires, alors que la libéralité des princes se bornait d'ordinaire à rendre, et bien difficilement encore, aux victimes des désastres quelques fonds de terre nus, quelques domaines dévastés. Mais abordons de plus minces détails, et, comme on dit, des particularités de cour; sortes de mystères qui captivent de préférence les yeux et les oreilles des hommes naturellement si curieux. Théodose respectait son oncle à l'égal de l'auteur de ses jours; il traitait comme ses propres enfants ceux de sa sœur et de son frère qui n'était plus; il avait pour ses parents et pour ses proches le cœur et la tendresse d'un père; sa table, où régnait l'élégance et la gaîté, n'avait pourtant rien de somptueux; il variait la conversation, selon le goût et le rang des convives, alliant dans l'entretien l'agrément à la gravité; c'était le meilleur des pères, le mari le mieux d'accord avec sa femme. Ses exercices n'avaient pour but ni le plaisir ni la fatigue; aux heures du repos, il préférait les promenades pour récréer son esprit; la tempérance était la règle de sa santé. Ce fut ainsi qu'au sein de la paix il sortit de ce monde, à Milan, dans la cinquantième année de son âge, laissant à ses deux fils, Arcadius et Honorius, les deux empires dans un calme profond. Son corps fut, la même année, transporté et enseveli à Constantinople.

NOTES

SUR SEXTUS AURELIUS VICTOR.

ORIGINE DU PEUPLE ROMAIN.

1. — *Origo gentis Romanæ*, etc. Ce titre n'est point d'Aurelius Victor : on voit qu'il embrasse, non-seulement l'*Origine du peuple romain*, mais encore les *Hommes illustres* et les *Césars*; il ne fait nulle mention de l'*Épitome* ou *Abrégé de la vie des empereurs*, ouvrage qui semblerait, par cela même, être d'un autre Victor, puisqu'il finit à la mort de Théodose, et que notre titre parle seulement du *dixième consulat de Constance*. Quel est, demandera-t-on, ce V. d'*Antias?* Est-ce ce Valerius d'Antium, cité souvent par Tite-Live? La chose est probable. Nous devons regretter, toutefois, la perte de la dissertation de Verrius Flaccus sur ce nom, puisque, dit le titre, *le même Verrius a mieux aimé dire d'Antias que d'Antia*. Sans doute, il avait pour cela un motif qui ne pourrait que nous intéresser. Ce qui doit surtout causer nos regrets, c'est la perte presque entière des œuvres de tant d'auteurs cités dans le livre de l'*Origine*. On ne sait trop quel est le *César* dont il y est fait mention : tantôt il est appelé *César*, puis *Jules César*, enfin *Lucius César*. Il y eut plus d'un *Lucius César*; mais de quel Lucius César le titre veut-il parler? On n'a pu le découvrir. Les *anciens historiens* sont Ennius, Cassius, Alexandre d'Éphèse, Lutatius, Vulcatius, Acilius Pison, Sempronius, Domitius, Octavius, Caton, A. Postumius, Aufidius, Vennonius, Annius et Gellius. Je terminerai par quelques détails sur Fabius Pictor; ce fut le premier historien latin en prose, *scriptorum antiquissimus*, comme l'appelle Tite-Live. Il servit, en 528, sous le consul Lucius Émilius, dans la guerre contre les Gaulois; il se trouva, dans la seconde guerre punique, à la bataille du Trasimène. Après la défaite de Cannes, il fut envoyé à Delphes pour consulter l'oracle sur l'issue de la guerre, et apprendre le moyen d'apaiser la colère des dieux. Les *Annales* de Fabius commençaient à la fondation de Rome, et se terminaient à la fin de la

crédulité, de nombreuses contradictions et beaucoup d'erreurs chronologiques; et Plutarque nous raconte, mais sans autorité, que Fabius avait puisé dans un écrivain grec, Dioclès de Péparèthe, toutes les fables qu'on donne, depuis deux mille ans, pour de l'histoire : *Romulus, Rémus, Numa.* Il ne fut pas plus exact pour l'histoire contemporaine; et Polybe déclare qu'on ne peut se fier à lui, tant il altère les faits, et tant il est partial pour Rome et injuste pour Carthage. Fabius citait la formule prononcée par le souverain pontife à l'inauguration d'une vestale. Les autres fragments de cet historien sont des récits de loups-garous et des contes de fées; il ne se plait que dans le merveilleux, et l'on peut justement lui appliquer ce qu'Aristote dit des philosophes (*Métaphysique*, liv. 1, ch. 2) : Φιλόμυθος ὁ φιλόσοφος πῶς ἐστιν· ὁ γὰρ μῦθος σύγκειται ἐκ θαυμασίων.

2. — *Cœlo et Terra editos non solum ipsi crederent.* Le Ciel et la Terre étaient alors les seules divinités connues des mortels. Au reste, les hommes, simples et primitifs, ne furent pas les seuls qui virent des dieux et des fils de dieux dans les mortels dont les lumières et la sagesse répandaient de grands bienfaits sur leurs semblables; les Lystréniens ont pris aussi saint Paul et saint Barnabé pour des dieux; d'autres peuples encore, nous dit l'Écriture sainte, sont tombés dans la même erreur. L'idolâtrie primitive, bien que condamnable en elle-même, partait du moins d'un principe qui pouvait avoir alors son excuse : elle ne reconnaissait pour dieux que les bienfaiteurs de l'humanité.

3. — *Ab eoque postea venientem exceptum esse Saturnum.* Ovide, dont l'ingénieuse facilité a si poétiquement popularisé toutes ces fables, fait parler ainsi Janus :

> Hac ego Saturnum memini tellure receptum:
>   Cœlitibus regnis ab Jove pulsus erat.
> Inde diu genti mansit Saturnia nomen:
>   Dicta quoque est Latium terra, latente deo.
> Ipse solum colui, cujus placidissima lævum
>   Radit arenosi Tibridis unda latus.
> Hic, ubi nunc Roma est, incædua silva virebat:
>   Tantaque res paucis pascua bubus erat.
> Arx mea collis erat, quem vulgus nomine nostro
>   Nuncupat, hæc ætas Janiculumque vocat.
>   (*Fast.* lib. I, v. 235.)

4. — *Quam hoc scribere cœpimus.* Ce passage est visiblement altéré; jamais auteur latin n'a écrit *quam hoc scribere cœpimus*, au lieu de *antequam hoc*, etc.... D'autres lisent *quam scribere oc-*

cepimus, en rapportant *quam* à *commentationem*. Mais alors comment l'auteur pourrait-il dire que sa dissertation est *connue*, s'il commençoit seulement à l'écrire? Madame Dacier propose : *quum hoc scribere cœpimus*. Au milieu de ce chaos, que je ne me flatte pas d'avoir débrouillé, j'ai tenté d'être à peu près intelligible dans ma traduction, en mettant : *dans le* début *de notre dissertation assez connue*, etc.

5. — *Ferunt Creusam*. On ne sait d'où notre auteur a tiré cette fable assez ridicule; car qui pourrait prétendre qu'Érechthée, roi d'Athènes, et Apollon aient vécu avant Janus, et surtout que Janus soit fils d'Apollon? Janus ne dit-il pas positivement dans Ovide, ce poëte charmant, qui conserve si bien aux fables mythologiques leur couleur et leur vérité primitives :

Me Chaos antiqui, nam res sum prisca, vocabant.
(*Fast.* lib. I, v. 103.)

6. *Se Saturno maluit annectere*. On se demande quel est ici le sujet du verbe *maluit*. L'auteur n'a parlé plus haut que de *feros homines et rapto vivere assuetos* : il faudrait donc *maluerunt*. Il est vrai que plus bas Aurelius Victor cite des vers de Virgile, où se trouve un nominatif singulier, *gensque virum truncis et duro robore nata*; mais le poëte ajoute : *queis neque mos, neque cultus erat : nec jungere tauros, aut componere opes norant*. C'est après tous ces pluriels que Victor met *maluit* : singulière construction, singulier style, dont la bonne latinité n'offre pas d'exemple.

7. — *Caput ejus imprimeretur*. Ovide rappelle encore cette circonstance :

. . . . .Sed cur navalis in ære
  Altera signata est, altera forma biceps?
Noscere me duplici posses in imagine, dixit;
  Ni vetus ipsa dies extenuaret opus.
Causa ratis superest : Tuscum rate venit in amnem
  Ante pererrato falcifer orbe deus.
At bona posteritas puppim servavit in ære.
  Hospitis adventum testificata dei.
(*Fast.* lib. I, v. 229.)

8. *Naviam dicunt*. Les uns lisent ici *navigandi*, d'autres, *naviandi*; leçons qui n'offrent point de sens. La véritable est celle que nous avons adoptée, d'après les bonnes éditions, *naviam*. Macrobe (*Saturnales*, liv. 1. ch. 7.) fait mention de cet événement, et son texte prouve, d'une manière irrécusable, qu'il faut lire *naviam*. « Janus quum Saturnum classe pervectum excepisset

hospitio, et ab eo edoctus peritiam ruris, ferum illum et rudem ante fruges cognitas victum in melius redegisset, regni cum societate muneravit. Quum primus quoque æra signaret, servavit et in hoc Saturni reverentiam, ut quoniam ille navi fuerat advectus, ex una quidem parte sui capitis effigies, ex altera vero navis exprimeretur, quo Saturni memoriam etiam in posteros propagaret. Æs ita fuisse signatum hodieque intelligitur in aleæ lusu, quum pueri denarios in sublime jactantes capita aut navim lusu teste vetustatis exclamant. » On peut juger à quelle antiquité remonte le jeu d'écoliers, qui consiste à jeter en l'air une pièce quelconque de monnaie, et à demander *pile ou face*. Macrobe, comme on le voit, attribue à *Janus* l'invention de la monnaie : Aurelius Victor l'attribue, au contraire, à *Saturne*. Au reste, il y a à cet égard quelque obscurité dans le texte de Victor, qui ne nomme pas positivement *Saturne*, mais qui, après avoir cité les vers de Virgile : *Is genus indocile*, etc..., qui ne peuvent se rapporter qu'à Saturne, ajoute : *Istum etiam usum signandi æris ac monetæ in formam incutiendæ ostendisse traditur*. — *Istum*, c'est donc Saturne; mais lorsque ensuite Victor dit : *caput ejus imprimeretur*, il faut entendre *ejus*, non plus de Saturne, mais de Janus, si l'on veut être d'accord avec les récits d'Ovide et de Macrobe. Les expressions de ce dernier surtout ne peuvent laisser d'équivoque : *quum primus (Janus) æra signaret, servavit et in hoc Saturni reverentiam.... sui (Jani) capitis..., navis exprimeretur, quo Saturni memoriam*, etc.

9. — *Janus prior nominetur, cognomento quoque addito Pater.* Les Romains appelaient tous les dieux *Patres*; mais Janus recevait d'eux le titre de *Pater*, non-seulement par honneur et par déférence religieuse, mais encore parce qu'on le regardait comme le principe, comme le *père* de toutes choses. Nous venons de voir (note 5) dans Ovide :

<blockquote>Me Chaos antiqui, nam res sunt prisca, vocabant.
(*Fast.* lib. I, v. 103.)</blockquote>

Si nous ouvrons Athénée, nous lisons dans son dernier livre : Ἴανος, παρ' ἡμῶν θεὸς, ὃν πατέρα προσαγορεύομεν. Horace ne dit-il pas aussi :

<blockquote>Quandocumque deos vel porco vel bove placat,
Jane *Pater*, clare, clare quum dixit, Apollo,
Labra movet, metuens audiri.
(*Epist.* lib. I, ep. 16, v. 58.)</blockquote>

Voyez enfin Macrobe, *Saturnales*, liv. I, ch. 9.

10. — *Postea nos Palatium, diximus.* Festus (au mot *Palatium*) donne de curieux détails sur le mont Palatin; il serait trop long de les rapporter ici. Je citerai seulement ceux qu'on lit dans Solin, ch. 1. « Palatium nemo dubitaverit quin Arcadas habeat auctores, a quibus primum Pallanteum oppidum, etc.... Sunt qui velint a balatibus ovium, mutata littera, vel a Pale, pastorali dea; aut, ut Silenus probat, a Palanthe, Hyperborei filia. » Voilà quatre origines : laquelle est la véritable? L'érudition peut s'exercer à cet égard. Il serait difficile de se prononcer; toutefois la première version, *Palatium, a Pallanteo oppido*, paraît la plus vraisemblable.

11. — *Secundum quod Plautus,* « In partem, inquit, Herculaneam. » Nulle part on ne lit dans Plaute l'expression proverbiale, telle que l'écrit Aurelius Victor : *in partem Herculaneam*; seulement on trouve dans le *Soldat fanfaron :* — *Mihi partem detraxi Herculaneam.* Victor, il faut le penser, cite trop souvent de mémoire; et nous aurons plus d'une occasion de remarquer qu'il commet ainsi beaucoup d'erreurs.

12. — *Quod videlicet jejuni, ac per hoc esurientes ab ejusmodi sacrificiis discedant.* La manie de vouloir tout expliquer fait tomber ici Victor dans le ridicule et dans l'absurde. Les *Potitii* et les *Pinarii* portaient ces noms avant qu'Hercule eût institué ces sortes de sacrifices. *Pinarios dictos* ἀπὸ τῷ πινᾶν, est, d'ailleurs, une étymologie par trop forcée.

13. — *Laviniam, Anii sacerdotis Apollinis filiam, in matrimonium adscitam.* On ne sait sur la foi de quels auteurs Victor fait Lavinie fille d'Anius, prêtre d'Apollon, au lieu de lui donner pour père Latinus, comme l'ont écrit tous les autres historiens et les poëtes. Pourquoi suppose-t-il aussi, contre toute vraisemblance, qu'Énée épousa Lavinie dans l'île de Délos, et non en Italie?

14. — *Quamvis, auctore Homero, quidam asserant, tubæ usum Trojanis temporibus etiam tunc ignoratum.* On prétend que l'usage du clairon était encore inconnu aux temps de la guerre de Troie; et l'on fonde cette opinion sur l'autorité d'Homère, qui jamais, dans l'*Iliade* ou dans l'*Odyssée*, ne représente aucun de ses héros faisant usage du clairon, ou en connaissant même l'existence. A l'époque d'Homère, cet instrument était connu; mais, fidèle à la vérité et à la couleur locale, le poëte se garde bien de faire retentir le clairon devant les murs de Troie. C'est ce qu'affirme positivement Eustathe dans son *Commentaire sur l'Iliade :*

ΟΡΙΓΙΝΕ DU PEUPLE ROMAIN.

ἐπεὶ δὲ εἰ παλαιοὶ ὡς εἶδε μὲν ὁ πατρὸς σάλπιγγα ἔρως δὲ οὐκ εἰσάγει γραφόμενος ἀνὴρ οὐδὲ ἱδρύτης.

15. — *Tum simulacris deorum penatium prosequutum*. Ce passage paraît altéré ; je ne pense pas qu'on puisse lui donner un autre sens que celui que j'ai adopté, ou il faudrait supposer alors une tout autre construction latine, par exemple : *Simulacra deorum penatium prosequutum* ; ou encore : *Simulacris deorum penatium præeuntibus prosequutum* ; mais ce ne sont là que des conjectures, et les manuscrits, ainsi que toutes les éditions, portent seulement : *simulacris deorum penatium prosequutum* ; or ce dernier mot ne peut ici se traduire que par *averti*. Les pénates avaient une origine divine ; c'étaient les grands dieux, *magni dii*, comme le dit Servius (*Commentaire sur l'Énéide*, liv. II, v. 296). On les adorait dans la partie la plus secrète de la maison. Il y avait encore à Rome les pénates publics, les pénates de la patrie, *publici, patrii penates* ; c'étaient les dieux apportés de Troie par Énée : on les gardait au Capitole. *Voyez* CICÉRON (*pro Domo sua*, c. LVII.)

16. — *At vero Domitius*. Il s'agit ici de l'historien Domitius. Aulu-Gelle, liv. XVIII, ch. 7, fait mention d'un grammairien, qui porte aussi le nom de Domitius ; mais on peut douter que ce soit le même personnage.

17. — *Ut scribit Marcus Octavius*. Personne, si ce n'est l'auteur de l'*Origine*, n'a jamais parlé de ce Marcus Octavius, à moins pourtant que ce ne soit le même que *Octavius Hersennius*, que cite Macrobe (*Saturnales*, liv. III, ch. 12). Vossius paraît être de cet avis.

18. *Quumque universos utriusque partis dirimendi prœlia cupiditas inesset*. Madame Dacier prétend avec raison qu'il faudrait lire *universis*, au lieu de *universos*; car, ajoute-t-elle, on ne dit pas *me inest*. Je crois qu'il peut y avoir eu dans le texte primitif, *inisset*, et que les copistes auront lu et écrit *inesset*. L'erreur aura passé ainsi de manuscrit en manuscrit, puis d'édition en édition. Aujourd'hui nous en sommes réduits à ne plus oser rectifier une faute consacrée par tant d'autorités successives : *attrectare nefas!*

19. — *Sextus Gellius*. On ne connaît pas ce *Sextus* Gellius. Peut-être faudrait-il lire *Cneus* Gellius, qui a laissé des *Annales*, et qui est cité par Aulu-Gelle, Denys d'Halicarnasse, Vopiscus, Macrobe et Priscien.

20. — *Appositisque custodibus [nescio quantis]* Ce *nescio quan-*

tis est vraiment puéril; aussi a-t-on cherché à corriger cette niaiserie. Gruter lisait *nescio quomodo*; Schott *nescio quatenus*, d'après un manuscrit fort ancien, qui portait *quat's*. Madame Dacier propose *nescio quris*. Je proposerais *quot*, seulement pour que l'expression fût plus latine; car l'idée n'en reste pas moins plus que *simple*, dans toute l'acception du mot. D'ailleurs, que pouvaient des gardiens (*nescio quanti*) contre des dieux pénates, qui avaient envie de se promener et de retourner à Lavinium?

21. — *Coloniæ deductæ sunt Præneste, Tibur, Gabii, Tusculum, Cora, Pometia, Locri, Crustumium, Cameria, Bovillæ*. Préneste, ville du Latium, aujourd'hui Pilastrina; Tibur, ville du Latium, près de l'Anio ou Teverone, aujourd'hui Tivoli; Gabies, ville entre Rome et Préneste; Tusculum, ville du Latium; Cora, ville des Volsques; Pometia, ville du Latium, peu éloignée du forum d'Appius; Locres, ville du Bruttium; Crustumium ou Crustumerium, ville du Latium; Camérie : les géographes ne connaissent pas cette ville; quelques éditions portent *Capena*, qui est une ville de la Toscane; Bovilla, ville du Latium. On lit dans certains manuscrits *Bovillæ*; mais Gruter a très-bien prouvé qu'il faut lire *Bovillæ*.

22. — *Aremulus Silvius*. Tite-Live et Messala Corvinus appellent ce prince Romulus au lieu d'Aremulus; Ovide l'appelle Remulus; Cassiodore et P. Orose, Aremulus, comme notre auteur; Denys d'Halicarnasse, Alladius : il était fils d'Agrippa Silvius.

23. — *Numitoris, fratris sui, filium*. Même incertitude ici sur le véritable nom du fils de Numitor : Denys d'Halicarnasse l'appelle Egestus; Plutarque, Enitus; d'autres, Sergestus; d'autres enfin, Lausus.

24. — *Addunt quidam*. Ovide (*Fastes*, liv. III, v. 53) :

Facte quis infantes nescit crevisse ferino,
Et plenum expositis sæpe tulisse cibos?

Voyez aussi Plutarque, *Vie de Romulus*.

25. — *Sub umbra pecus acquiescens meridie ruminare*. Victor veut qu'on ait appelé Ruminal l'arbre au pied duquel on avait jeté Romulus et Remus, parce que, sous son ombrage, les troupeaux ont l'habitude de reposer au milieu du jour et de ruminer. Varron, selon Festus, donne sur le mot *ruminalis* une étymologie bien plus juste et beaucoup plus vraisemblable; voici ses propres paroles : « Ruminalis ficus dicta, quod, sub ea arbore,

lupa mammam dedit Remo et Romulo. Mamma autem *rumis* dicitur, unde et rustici appellant hædos subrumos, qui adhuc sub mammis habentur. » Certes, l'autorité de Varron doit l'emporter sur celle d'Aurelius Victor.

26. — *Perticas manipulis fœni.* Remarquez l'origine des manipules, avant même la fondation de Rome. Ovide ne laisse échapper aucun des détails qui intéressent l'histoire et même les fables de son pays; il parle en ces termes des manipules :

> Illa quidem fano; sed erat reverentia fano,
> Quantam nunc aquilas cernis habere tuas.
> Pertica suspensos portabat longa manipulos;
> Unde maniplaris nomina miles habet.
> (*Fast.* lib. III, v. 111.)

27. — *Quumque auspicaretur Romulus in Palatio.* Ennius prétend que Romulus était alors sur le mont Aventin.

> . . . . .At Romulu' pulcer in alto
> Quærit Aventino, servans genus altivolantum
> (*An.* lib. I.)

Ovide paraît être de l'avis d'Ennius dans les vers suivants :

> . . . . .Alter init nemorosi saxa Palati;
> Alter Aventinum mane cacumen init.
> Sex Remus; hic volucres bis sex videt ordine. . . .
> (*Fast.* lib. IV, v. 815.)

mais tous les historiens disent, comme Aurelius Victor, que Romulus était sur le mont Palatin, et Remus, sur l'Aventin.

28. — *Nostræ memoriæ proclamans.* — Histoire écrite de nos jours.... Ces mots ont fait penser au savant Jean Metellus que le livre de l'*Origine* était d'Asconius, contemporain de Tite-Live. Mais alors même Asconius n'est pas plus qu'Aurelius Victor, l'auteur du titre de l'*Origine;* car, vivant au siècle d'Auguste, il n'a pu consulter *Victor l'Africain,* qui vivait sous Constance. De son côté, si Aurelius Victor a écrit le livre dont il s'agit, il n'a pu dire qu'il composait son ouvrage d'après *Victor l'Africain.* Il est vraiment impossible de sortir d'un pareil dédale, et il y a bien là de quoi

> Aux Saumaises futurs préparer des tortures,

comme le dit Boileau.

29. — *A Celere centurione rutro.* On lit dans certaines éditions *rutro vel rastro;* les bonnes éditions portent seulement *rutro.* Madame Dacier, tout en admettant dans son texte *rutro vel rastro,* dit néanmoins dans ses notes « imo *rutro,* non *rastro* : *rutrum* a *ruendo,* quod eo terram ruerent; et longe aliud *rastrum.* » Dans le premier chapitre du *de Viris illustribus,* où l'auteur, si c'est le même, répète à peu près, on ne sait trop pourquoi, le dernier chapitre de l'*Origine,* on trouve seulement *A Celere centurione rutro fertur occisus.*

HOMMES ILLUSTRES DE LA VILLE DE ROME.

1. — *Sed Amulius fratri imperium non dedit.* Si l'on en croit Plutarque, Amulius, avec l'or et l'argent apportés de Troie, et que son père lui avait laissés, chassa du trône Numitor, qui en était le légitime héritier. Telle n'est pas la version de l'auteur de l'*Origine.* Selon lui, Amulius serait beaucoup moins coupable envers Numitor; car, dit-il, « Amulius mit d'un côté le royaume seulement; de l'autre, la totalité du patrimoine et la masse des biens paternels, abandonnant à son frère Numitor, qui était l'aîné, le droit de choisir celui des deux lots qu'il aimerait le mieux. Numitor préféra au trône tous les domaines privés et leurs revenus; Amulius obtint donc la couronne. » Jusqu'ici Amulius s'est conduit en homme loyal et en bon frère; mais voici qu'il devient criminel. L'auteur ajoute : « Pour posséder le trône de la manière la plus sûre, il eut soin de faire tuer, dans une partie de chasse, le fils de son frère Numitor. Quant à Rhéa Silvia, sa nièce, il ordonna qu'elle se fît prêtresse de Vesta. » Remarquez que l'auteur de l'*Origine* dit seulement ici *Rheam Silviam, sacerdotem Vesta.* L'auteur des *Hommes illustres* ajoute à cette idée : *Vestæ sacerdotem præfecit,* dit-il; « il fit Rhéa Silvia *grande-prêtresse* de Vesta, » afin qu'elle ne pût rompre ses vœux de virginité éternelle. *Præfecit,* c'était faire de sa nièce ce que nous appelons aujourd'hui une *abbesse,* et s'assurer par là, du moins il devait le croire, que jamais Rhéa Silvia ne faillirait à la foi jurée à Vesta.

2. — *Remus sex vultures.* L'apparition des vautours était, à Rome, d'un heureux augure. Vers l'année 710 de Rome, au moment où César conduisait son armée dans le champ de Mars, six vautours parurent dans les airs, dit Julius Obsequens. César montant à la tribune aux harangues, après avoir été créé consul,

vit encore six autres vautours. Cette apparition lui fit penser qu'il fonderait une nouvelle ville sous les auspices de Romulus; c'était sans doute la nouvelle Troie.

Notez l'expression *augurio victor*, au lieu de *auspicio*, qui serait ici l'expression juste et vraie, puisque Romulus et Remus n'avaient fait que consulter le vol des oiseaux. Au reste, Florus dit aussi : *Sic victor augurio, Urbem excitat.* Et on lit dans Ennius (liv. 1ᵉʳ) :

Augusto augurio postquam incluta condita Roma est.

3. *Romulus asylum.* L'asile était un lieu sacré, situé entre deux petits bois entourés d'un mur de pierre. Ce mot est grec, et le latin *confugium* en est le synonyme. C'était un sacrilége que de tirer d'un asile quiconque s'y était réfugié. L'asile ouvert par Romulus se trouvait dans le bois sacré, placé entre le Capitole et la citadelle.

4. — *Magno exercitu facto.* On lit dans quelques manuscrits, *mox exercitu facto*, au lieu de *magno exercitu facto.* Il faut entendre par cette armée *considérable*, une troupe d'hommes armés de toute manière, et dont le nombre était grand en proportion de l'étendue de la nouvelle ville et des forces que les peuples voisins pouvaient lui opposer.

5. — *Ludos Consualia.* Tite-Live dit que le dieu Consus est le même que Neptune Équestre; aussi ces jeux sont-ils également appelés *ludi Equestres.* Le nom de Consus vient, dit-on, de *consilium*, parce que ce dieu passait pour donner de bons conseils ; celui d'enlever des femmes pour un peuple qui n'en avait pas avait paru excellent à Romulus. Les jeux qu'on célébrait en l'honneur de Consus étaient magnifiques et avaient lieu dans le grand Cirque : pendant toute leur durée, les chevaux et les mulets se reposaient, et on les couronnait de fleurs.

6. — *Spolia opima Jovi Feretrio.* — *Opima*, c'est-à-dire grasses, riches : on appelait opimes les dépouilles qu'un général romain enlevait au chef des ennemis, après l'avoir tué de sa propre main. On interprète de plusieurs manières le mot *Feretrio.* Les uns, comme Plutarque et Tite-Live, le font dériver de *ferendo*, parce que Romulus, d'après un vœu qu'il avait fait, porta à Jupiter les dépouilles d'Acron sur un brancard fabriqué à cet effet; d'autres, de *feriendo*, parce que Jupiter montre sa puissance en frappant de la foudre, parce qu'on ne peut tuer son ennemi sans le frapper. La première interprétation qui tire *Feretrio* de *ferendo* est peut-être la meilleure. D'autres écrivains prétendent que

Romulus porta lui-même, et ne fit point porter sur un brancard.
les dépouilles d'Acron. Florian, dans son *Numa Pompilius*, dit
la même chose, et il ajoute : « Ce poids immense ne fatigue pas
le triomphateur. »

7. — *Jovi Statori*. On pense assez communément que ce surnom de *Stator* fut alors donné à Jupiter, parce que, sur sa volonté, l'armée de Romulus *s'arrêta* tout à coup au moment même où elle fuyait. Mais Sénèque est d'un tout autre sentiment; car il dit : « Stator, non ut historici tradiderunt, ex eo quod post votum susceptum acies Romanorum fugientium stetit; sed quod stant beneficio ejus omnia, stator stabilitorque est. » (*De Beneficiis*, lib. IV, c. 7.)

8. — *A Lucumone, Luceres appellavit*. Trois manuscrits portent *a luci communione Luceres*. Tite-Live convient que la diversité des opinions l'empêche de décider si le nom de cette centurie vient de *Lucumon*, ou de *lucus*, ou de *Lucerus*, roi d'Ardée. Servius (*Commentaire sur l'Énéide*, liv. x, v. 202) nous apprend qu'en Étrurie chaque curie était présidée par un Lucumon. Il ne serait donc pas surprenant qu'un Lucumon eût rempli, chez les Romains, une charge semblable, et qu'on eût donné son nom à une centurie de chevaliers. Les copistes auront pu prendre *Lucumone* pour une abréviation des deux mots *luci communione*, à cause de la manière dont ils auront trouvé ce nom écrit.

9. — *Augustiore forma*. Le mot *augustus* est un adjectif qui présente à l'esprit l'idée d'une qualité divine; *augustiore, quia jam deus factus*. Florus a dit aussi (liv. 1, ch. 1) : « Visum a se Romulum affirmans *augustiore* forma quam fuisset. » Les uns font dériver *augustus* des mots *ab avium gestu, gustatu*, d'après le vers d'Ennius, que déjà nous avons cité :

> Augusto augurio postquam incluta condita Roma est.

Les autres le font venir du participe *auctus*, ou du gérondif *augendo*, parce que les anciens pensaient que les dieux étaient d'une taille bien plus élevée que celle des hommes, et que les mortels qui étaient reçus parmi eux devenaient plus grands qu'ils ne l'avaient été pendant leur vie.

10. — *Flamines tres*. Ce nom de *flamines* vient d'un fil ou bande de laine, que ces prêtres portaient autour de leur coiffure. Quelques auteurs font remonter à Romulus l'institution des flamines; mais Tite-Live et Denys d'Halicarnasse l'attribuent, comme Aurelius Victor, à Numa.

11. — *Egeriæ nymphæ, uxoris suæ.* Le commentateur Paganinus Gaudentius s'étonne que Victor appelle la nymphe Égérie *épouse de Numa,* comme si une divinité avait pu être la femme d'un mortel. Sans doute notre historien se rappelait, en ce moment, le vers où Ovide adresse la parole à Égérie elle-même :

Nympha, Numæ conjux, ad tua festa veni.
(*Fast.* lib. III, v. 263.)

12. — *Arcula cum libris.* On trouva deux coffres d'environ huit pieds de long et quatre de large, sur chacun desquels il y avait une inscription en lettres latines et grecques. L'une marquait que le coffre où elle était gravée renfermait le corps de Numa; et l'autre, que ses livres avaient été déposés dans celui sur lequel elle était placée. On ouvrit le premier, et l'on n'y trouva pas le moindre vestige d'un corps humain. On trouva dans le second quatorze volumes entiers et comme neufs. Sept de ces volumes traitaient du droit pontifical et de certaines cérémonies religieuses; les sept autres, écrits en caractères grecs, contenaient des préceptes moraux. Des monuments si anciens et si respectables méritaient bien d'être conservés; mais le sénat les fit brûler : « Quia dissolvendarum religionum erant, igni a victimariis facto, in conspectu populi cremati sunt, » dit Valère Maxime. Voyez encore, à ce sujet, Tite-Live, liv. xl, ch. 29; et Pline l'Ancien, liv. xiii, ch. 13. Ajoutons qu'on brûla seulement les sept livres latins, et que les sept livres grecs furent, au contraire, conservés avec le plus grand soin, parce qu'ils traitaient, non pas de religion, mais de philosophie.

13. — *Dum Numam Pompilium sacrificiis imitatur, Jovi Elicio litare non potuit.* Plutarque fait dériver *Elicius* de verbe grec ἐλεῶ, *j'ai pitié;* mais il est bien plus probable qu'*Elicius* vient du verbe latin *elicio,* j'attire. On en aura la preuve dans la fable absurde, si l'on veut, mais fort curieuse, qu'Arnobe, dans son ouvrage *Adversus gentes,* nous a conservée du deuxième livre de Valerius d'Antium; la voici :

« Numam illum regem, quum procurandi fulminis scientiam non haberet, essetque illi cupido noscendi, Egeriæ monitu, castos duodecim juvenes apud aquam celasse cum vinculis, ut, quum Faunus et Martius Picus ad id locorum venissent haustum, invaderent, constringerent, colligarent. Sed quo res fieri expeditius foret, regem pocula non parvi numeri vino mulsoque complesse, circaque accessus fontis insidiosam venturis apposuisse fallaciam. Illos, more de solito, bibendi appetitione correptos, ad hospitia

nota venisse; sed, quum liquoribus odoratis offenderent, vetustioribus anteposuisse res novas, invasisse aviditer, dulcedine potionis captos hausisse plus nimio, obdormivisse factos graves. Tum his senos incubuisse sopitis, injecisse madidatis vincla; expergitosque illos statim perdocuisse regem, quibus ad terras modis Jupiter posset sacrificiis *elici*, et accepta regem scientia, rem in Aventino fecisse divinam, *elexisse* ad terras Jovem, ab eoque quæsisse ritum procurationis. Jovem diu cunctatum, Expiabis, dixisse, capite fulgurita. — Regem respondisse, cœpitio; — Jovem rursus, humano. — Retulisse regem, sed capillo. — Deum contra, anima. — Subjecisse Pompilium, piscis. Tunc ambiguis Jovem propositionibus captum extulisse hanc vocem : « Decepisti me, Numa;
« nam ego humanis capitibus procurari constitueram fulgurita,
« non capillo cœpitio. Quoniam me tamen tua circumvenit astutia,
« quem voluisti, habeto morem, et his rebus, quas pactus es,
« procurationem semper suscipies fulguritorum. »

« Le roi Numa, ignorant le moyen de se purifier de la foudre, et ayant envie de le connaître, cacha auprès de la fontaine, par le conseil d'Égérie, douze jeunes gens chastes, et leur donna des liens afin de saisir, d'enlacer, d'enchaîner Faunus et Martius Picus, lorsqu'ils viendraient boire en cet endroit. Mais, pour rendre la chose plus facile, le roi remplit de vin et de miel un grand nombre de coupes, et plaça près de la fontaine cet appât perfide, qui devait s'offrir à leur vue. Attirés par la soif, ils vinrent, selon leur habitude, à cette source hospitalière et connue. Le parfum de cette liqueur leur fit préférer la nouvelle à l'ancienne; ils se jetèrent dessus avec avidité, et, épris de la douceur de ce breuvage, ils en burent à l'excès, et s'endormirent d'appesantissement. Alors les douze jeunes gens se précipitèrent sur eux, et, profitant de leur engourdissement et de leur ivresse, les chargèrent de chaînes. Réveillés, ils révélèrent aussitôt au roi les moyens d'attirer Jupiter sur la terre dans les sacrifices. Une fois possesseur de cette science, le roi fit un sacrifice sur le mont Aventin, attira Jupiter sur la terre, et lui demanda le rite de la purification. Après avoir longtemps hésité : —Tu purifieras, dit Jupiter, les lieux frappés de la foudre avec une tête. — D'oignon, répondit le roi. — D'homme, ajouta Jupiter. — Avec un cheveu, reprit le roi. — Le dieu : Avec une âme. — De poisson, répliqua Pompilius. Jupiter, embarrassé par ces réponses équivoques, s'écria : « Tu m'as trompé, Numa; j'avais résolu qu'on purifie-
« rait les lieux frappés de la foudre avec des têtes d'homme, et
« non pas avec des têtes d'oignon. Cependant, puisque je me suis

« laissé prendre à la ruse, adopte la pratique que tu as désignée, « et, avec les moyens que tu as choisis, tu pourras toujours faire « la purification des lieux frappés de la foudre. »

On peut lire le même récit dans Plutarque, *Vie de Numa*.

14. — *Ostiam coloniam*. Strabon la nomme le port de Rome. Ce port et celui de Brindes étaient ceux où les Romains avaient coutume de s'embarquer. Du premier ils passaient dans les Gaules, en Afrique et en Espagne; et du second, en Grèce et en Asie.

15. — *Tarquinius Priscus*. Niebuhr prétend qu'on se trompe en traduisant *Tarquinius Priscus*, *Cato Priscus*, par Tarquin l'Ancien, Caton l'Ancien. Priscus, dit-il, est un nom de peuple comme Cascus, Tuscus, Oscus; les Prisci et les Latini formaient deux peuples : ce mot eut depuis la signification de chose vieillie, surannée. Il faut, pour être infidèle le moins possible, traduire ainsi : Tarquin Priscus, Caton Priscus. L'autorité de Niebuhr est certes fort imposante, et il est difficile de réfuter un tel maître; on doit plutôt s'incliner devant lui. Je hasarderai toutefois quelques observations. Niebuhr prétend que les *Prisci* et les *Latini* formaient deux peuples; j'avoue que je les ai toujours vus cités comme un seul peuple; Aurelius Victor m'en fournit un exemple ici même; car il dit : *De Sabinis et Priscis Latinis triumphavit* : il ne dit pas *de Priscis et de Latinis*. On appelait *Prisci Latini* ceux que Latinus Silvius avait envoyés fonder des colonies. Quant à Tarquin, s'il faut l'appeler Priscus, et non l'Ancien, qu'on m'en donne du moins une raison sans réplique. Tarquin était fils du Corinthien Damarate; il venait de Tarquinies, ville de Toscane : je ne vois nullement là figurer les Prisci. Pourquoi ne pas admettre Tarquin l'Ancien, pour le distinguer de Tarquin le Superbe? L'Ancien, parce qu'il fut roi de Rome avant le Superbe : cela me paraît fort simple, fort naturel, et n'a pas besoin d'exciter les hypothèses hasardées de l'érudition.

16. — *Cypseli tyrannidem fugiens*. Selon Eusèbe, ce Cypselus fut le fondateur de Byzance. Il s'empara du pouvoir suprême à Corinthe, l'an 653 avant J.-C. Or Damarate avait quitté Corinthe vingt-trois ans auparavant. Comment expliquer l'anachronisme d'Aurelius Victor, si ce n'est par cette infidélité de mémoire, que je lui ai déjà reprochée?

17. — *Qui minorum gentium sunt appellati*. Romulus avait choisi cent sénateurs du premier ordre ou des plus grandes familles, *majorum gentium*, et leur avait donné ce nom. Ceux que

Tarquin l'Ancien ajouta à ce nombre furent appelés *minorum gentium*, père des familles du second ordre.

18. — *Pretexta bullaque donavit.* La prétexte était une toge blanche, bordée de pourpre, que les enfants de condition libre portaient jusqu'à l'âge de dix-sept ans. La bulle était un ornement rond, un anneau en forme de cœur, qu'on suspendait au cou des enfants de qualité. Semblable aux bulles qu'on développe en soufflant dans l'eau de savon, elle servait, dit-on, de talisman ou d'amulette contre l'envie et les épreuves de la magie. On sait quel pouvoir Louis XI attribuait aux amulettes qu'il portait à son cou. Les Russes, encore aujourd'hui, supposent la puissance la plus efficace aux amulettes qu'ils suspendent à leur cou, principalement lorsque c'est l'image de saint Nicolas, patron de la Russie.

19. — *Per dolum regno exutus.* Au lieu de ces mots qui se trouvent dans l'édition d'Arntzen, on lit dans d'autres éditions conformes à plusieurs manuscrits, notamment dans celles de Pitiscus et de Juncker, *per dolum regia excitus*. Schott pense que ces mots *regia excitus* ont été ajoutés par un copiste très-ancien, et qu'il faut lire *interfectus est* aussitôt après *per dolum*. La leçon d'Arntzen me paraît la meilleure ; elle est, d'ailleurs, la plus conforme à l'histoire. Tarquin ne sortit point de son palais, ne fut point attiré hors de son palais par les deux pâtres qui l'assassinèrent ; *regia excitus* est donc faux, historiquement parlant. Tarquin fit venir les pâtres, leur ordonna de s'expliquer en sa présence, et fut frappé par l'un d'eux d'un coup de hache, au moment où il prêtait au récit de l'autre toute son attention.

20. — *Unde vicus ille Sceleratus dictus.* Cette rue se nommait auparavant rue Cyprienne, *vicus Cyprius*. Par le mot *sceleratus* les Romains n'entendaient souvent que *malheureux*, *infelix*. On en voit plusieurs exemples dans Florus, Plaute et Térence. Nous en trouverons un dans Aurelius Victor lui-même, au chapitre xiv (*Les trois cent six Fabius*), où il dit : *Porta, qua profecti erant, Scelerata est appellata*. Le malheur était un *crime*, dont les anciens accusaient la Fortune ou le Destin.

21. — *Ferias Latinas primus instituit.* Denys d'Halicarnasse, liv. iv, nous fait connaître en quoi consistaient les *féries latines*. « Tarquin, dit-il, proposa de désigner un temple commun où les Romains, les Latins, les Herniques, les Volsques se rendraient chaque année, pour vendre leurs marchandises, prendre ensemble leurs repas, et offrir des sacrifices. Une haute montagne, qui dominait le pays des Albains et s'élevait presqu'au centre du territoire de ces peuples, fut choisie pour le lieu de ce rassemblement. Les féries s'y célébraient une fois par an. Pendant leur durée, tous devaient s'abstenir de quelque violence que ce fût les uns à l'égard des autres, soit à cause de la sainteté du lieu, soit en vertu d'une loi qui fut faite à ce sujet. La même loi portait que les sacrifices qui devaient être offerts à Jupiter Latial, ainsi que les repas, seraient en commun, d'après la contribution qui aurait été imposée à chaque peuple, et la portion qui lui aurait été assignée. Quarante-sept peuples participent à ces féries et à ces sacrifices. On les célèbre encore de notre temps, sous le nom de féries latines. Les peuples qui s'y rendent pour sacrifier apportent, les uns des agneaux, les autres des fromages, quelques-uns du lait, quelques autres des gâteaux. La victime est un taureau qui appartient à tous ; on distribue à chaque peuple une partie de ses entrailles. Le sacrifice est offert par tous : les Romains y président. »

Horace donne l'épithète de *indictæ* aux féries latines, parce que l'époque de cette fête n'était pas fixée d'une manière précise et invariable : c'était ce que nous appelons chez nous une *fête mobile*.

22. — *Cloacam maximam fecit*. Le grand égout se divisait, auprès du temple de Jupiter Stator, en trois conduits, dont deux furent fermés dans la suite. Le troisième, où coulait une eau très-limpide, passait par le lac Curtius, sous le Forum romain, côtoyait le mont Palatin jusqu'au Velabrum, et aboutissait au Tibre par un canal formé de pierres carrées.

Selon Festus, le mot *cloaca* dérive ou de *cloacando*, id est *inquinando*, ou de *colando*, id est *fluendo*. La première de ces étymologies paraît la meilleure et la plus rationnelle.

23. — *Lucretia uxor*. Je regrette que les bornes étroites de ces notes ne me permettent pas de citer ici des fragments de la tragédie de *Lucrèce*, par M. Ponsard. Cette œuvre littéraire, d'un mérite que l'Académie française a reconnu et récompensé par un prix extraordinaire, a fondé, à juste titre, la réputation du nouveau poëte qui a su trouver de belles et nobles inspirations dans un sujet où tant d'autres avaient échoué avant lui, et qu'on désespérait de voir jamais traité dignement sur la scène française. Je ne puis mieux faire que de renvoyer le lecteur à l'ouvrage consciencieux de M. Ponsard.

24. — *Cujus corpus in foro positum, a collega laudatum*. Il est constant que ce fut le premier éloge funèbre prononcé chez les

Romains.. Depuis ce temps, la coutume s'introduisit à Rome de louer les grands hommes au moment de leurs funérailles. C'était déjà celle des Athéniens, qui avaient ainsi honoré la mémoire de ceux de leurs guerriers que la mort avait enlevés à Marathon, à Salamine, à Platée. On remarquera l'expression bizarrement elliptique de *corpus laudatum* : ce sont les vertus républicaines et les qualités guerrières de Brutus, que son collègue célébra dans son éloge funèbre, *adstante corpore Bruti*; c'est ainsi qu'il faut entendre *corpus laudatum*.

25. — *Horatius Cocles*. Scaliger pense que ce nom dérive du grec κύκλωψ, qui n'a qu'un œil. Varron dit qu'il vient du mot *ocles*, auquel on a ajouté le *c*.

26. — *Pro ponte sublicio*. Le pont Sublicius ou de bois était environ à six cents pieds du mont Palatin. C'est le premier pont qui ait été jeté sur le Tibre, par le roi Ancus; ce pont n'existe plus aujourd'hui. L'adjectif *sublicius* vient de *sublices*, nom qui signifie de longues poutres, liées les unes aux autres; *licio*, chez les anciens Latins, signifiant lier, joindre. *Trabes subliciæ* étaient de grosses pièces de bois, qu'on liait ensemble. Du verbe *licio* dérivent, par composition, *allicio*, *pellicio*, *elicio*, etc.

27. — *Mutius Cordus*. Ce ne fut qu'après s'être brûlé la main droite que Mutius prit le surnom de Scévola, de *scæva*, qui signifie gauche, et de *vola*, concavité, parce qu'il ne se servait plus que de la main gauche.

28. — *Porsena Clœliam, virginem nobilem inter obsides accepit*. Au premier coup d'œil il paraît assez extraordinaire et fort peu moral que Porsena ait demandé des jeunes filles pour otages, et l'on aurait quelque peine à le croire, si Tacite ne disait, dans son traité des *Mœurs des Germains*, que le moyen le plus efficace de s'assurer, chez eux, de la fidélité des villes, c'est de leur prendre pour otages des jeunes filles nobles. Voici les paroles mêmes de Tacite : « Adeo ut efficacius obligentur animi civitatum, quibus inter obsides puellæ quoque nobiles imperantur. » (Cap. VIII.) Nous apprenons encore d'Athénée (liv. XII), de Polybe (liv. X) et de Diodore de Sicile (liv. XX), qu'en plusieurs endroits c'était la coutume de donner pour otages des jeunes filles et même des femmes mariées.

Porsena fit présent à Clélie d'un cheval de bataille richement caparaçonné. Sénèque, dans son livre *de la Consolation*, adressé à Marcia, parle ainsi de la statue équestre qu'on érigea à Clélie, dans le Forum : « La statue de Clélie à cheval, dans l'endroit le plus apparent de la voie Sacrée, doit faire rougir nos jeunes efféminés, lorsqu'ils entrent en litière dans une ville, où nos ancêtres ont décerné un cheval à une femme. »

29. — *Privato nomine.* Il faut entendre ici *privato nomine* dans le sens de *privato sumptu.* Les Fabius demandèrent à faire seuls tous les *frais* de la guerre : ce désintéressement ajoutait encore à la noblesse de leur dévouement. Perizonius pense qu'il est peu vraisemblable qu'une seule famille ait pu fournir trois cent six guerriers. Selon ce savant et judicieux critique, cette petite armée devait être composée des Fabius et de leurs clients. Il y a beaucoup d'autres invraisemblances encore dans cette histoire qui a plutôt l'air d'un conte. D'abord, sur tant d'hommes faits, il n'y a qu'un enfant mâle en bas âge, qui, du reste, se trouve fort à propos pour perpétuer sa race jusqu'à Q. Fabius Maximus. Ensuite, les Véiens étaient donc alors un peuple bien peu nombreux, pour avoir été battus plusieurs fois par trois cent six hommes, et pour être obligés d'avoir recours à la ruse, afin de se débarrasser de ces quelques ennemis. Mais plus tard, Camille, le grand Camille, avec toutes les forces de Rome, est arrêté *dix ans* au siége de Véies. Comment concilier tout cela ? Enfin la ruse des Véiens pour surprendre les Fabius est par trop grossière. Les historiens romains, il faut l'avouer, aiment singulièrement le bizarre et le romanesque.

30. — *In Velia.* Cette partie du mont Palatin était appelée Velia du verbe *vellere,* parce que les gardiens de troupeaux, comme le dit Varron, avaient coutume d'y arracher la laine aux brebis avant qu'on eût songé à les tondre. De *vellere* on a fait *vellus*, toison.

31. — *Ædem communi titulo.* Ce temple fut bâti au-dessus du Forum ; il portait seulement le nom de Castor, bien que Victor dise *communi titulo.*

32. — *Filium Cæsonem petulantissimum abdicavit.* Ce mot *abdicavit* est un terme de droit romain, qui signifie *rejeter de la famille.* Cette abdication n'était alors ni dans les lois ni dans les mœurs romaines. Quinctius n'abdiqua point son fils, ne renonça point, à son égard, aux droits de la paternité ; Victor a donc abusé du terme en question pour dire que Quinctius éloigna son fils de sa présence. Ce jeune homme était d'un caractère si violent, que, suivant Tite-Live, il chassa plusieurs fois les tribuns du Forum et dispersa le peuple : quiconque alors lui tombait sous la main s'en allait couvert de coups et les vêtements en lambeaux. Observons que Victor s'est encore trompé, en disant que

ce jeune homme fut noté par les censeurs; car ces magistrats ne furent créés que dix-huit ans plus tard.

33. — *Ut proditor occisus est.* Si Coriolan fut tué comme un traître, il le méritait. Après avoir porté les armes contre sa patrie, il trahit la cause des Volsques, qui marchaient avec lui contre Rome. Il la trahit par piété filiale, je le veux; mais, aux yeux des Volsques, il n'en était pas moins un traître. Suivant Fabius Pictor, ce père de l'histoire romaine, Coriolan parvint jusqu'à la vieillesse, et mourut de mort naturelle. Il ajoute que ce Romain avait coutume de dire que l'exil était la peine la plus rigoureuse pour un vieillard. L'adverbe *ibi*, qu'on lit après *occisus est*, ne peut, je crois, signifier que *à l'endroit où il céda aux larmes de sa mère :* c'est bien long pour traduire un seul mot de trois lettres; mais, en français, il faut être clair avant tout. *Ce qui n'est pas clair n'est pas français*, a dit Voltaire.

34. — *Fabius Ambustus.* On appelait proprement *ambusti* ceux qui avaient été frappés de la foudre sans être tués, comme ce Fabius qu'un coup de tonnerre toucha au bas des reins. Évènement qui lui fit donner le nom de favori de Jupiter, et le surnom d'Ambustus, que porta aussi toute sa famille.

35. — *Licinius Stolo.* — *Stolo* est un mot emprunté d'une opération rurale; il fut donné à Licinius et à sa famille, parce qu'il fut le premier qui retrancha des arbres les branches inutiles, qu'on nommait *stolones*, à cause de leur stérilité, *stolida fructificatione*.

36. — *Se in Ogulnii tabernaculo conspiravit.* — Le serpent se replie en spirale, c'est le sens de l'expression latine *se conspiravit*, employée ici à la place de *in spiram se collegit*. Ce verbe est peu usité dans cette signification. A Rome, c'est Esculape, sous la figure d'un serpent, qui fait cesser la peste; à Athènes, c'est Epiménide de Crète, comme le raconte en ces termes Diogène Laërce : « La réputation d'Épiménide se répandit tellement en Grèce, qu'on alla jusqu'à le croire particulièrement favorisé du ciel. Dans cette idée, les Athéniens, alors affligés de la peste, sur la réponse de l'oracle qu'il fallait purifier la ville, envoyèrent Nicias, fils de Nicérate, en Crète, pour y chercher Épiménide et l'amener à Athènes. Il s'embarqua, la quarante-sixième olympiade, purifia la ville et fit cesser la contagion. Il s'y était pris de cette manière : il choisit des brebis blanches et noires qu'il mena jusqu'au lieu de l'Aréopage, d'où il les laissa aller au hasard, en ordonnant à ceux qui les suivaient de les sacrifier aux divinités

des lieux où elles s'arrêteraient. Ainsi cessa le fléau. » Voyez les beaux vers de Lucrèce sur la peste d'Athènes, fin du livre VI.

37. — *Ducem Senonum interfecit.* J'ai traduit *ducem Senonum* par le mot indéfini *un chef des Sénonais*, parce que Brennus (ou le Brenne) était le général en chef des Gaulois, et que ce n'est pas lui qui fut tué.

38. — *Ampliatus est.* — *Ampliare* est un terme de droit, qui signifie *renvoyer l'affaire à plus ample informé*. C'est ainsi que j'ai traduit.

39. — *Gentilitas ejus Manlii cognomen ejuravit.* — *Sa famille abjura le surnom de Manlius.* Ces mots sont la traduction exacte du texte; mais il y a ici une difficulté qui embarrasse les critiques. Est-ce le prénom de *Marcus*, ou le surnom de *Capitolinus*, que la famille Manlia abjura? Schott veut que ce soit le prénom, parce que, dans la suite, on ne trouve plus Manlius précédé de Marcus, et qu'au contraire on trouve encore plusieurs fois Manlius Capitolinus. Gruter a vu dans un manuscrit *cognomine juravit, ne,* etc.; leçon insignifiante. Arntzen prétend que Victor a bien pu écrire *cognomen* au lieu de *prænomen*, ce qui aura engagé un glossateur peu instruit à ajouter les mots *ne quis postea Capitolinus vocaretur,* qu'Arntzen a rejetés avec raison de son texte. Au reste, il est certain que le prénom de Marcus fut abjuré par la famille patricienne Manlia, et conservé par la famille plébéienne du même nom. C'est le sentiment de Spanheim, dans son livre *de Præst. numism.*, diss. X.

40. — [*De quercu, quæ dabatur ei qui cives in bello servasset, obsidionali, quæ dabatur ei qui obsidione cives liberasset*]. La phrase qui se trouve ici entre deux crochets, manque dans plusieurs manuscrits, et semble à certains commentateurs n'être qu'une glose des copistes. Mais comme Tite-Live rapporte que Decius reçut deux couronnes, Arntzen pense qu'elle est d'Aurelius Victor; il l'a donc conservée dans son texte, et nous avons fait comme lui.

41. — *Consulatum recusavit, quod diceret, neque se populi vitia, neque illum severitatem suam posse sufferre.* Cette phrase, la dernière du chapitre, offre un véritable anachronisme. Il ne doit pas être question ici du Manlius Torquatus dont on a parlé, et qui fut plusieurs fois honoré du consulat, mais d'un T. Manlius Torquatus, qui fut créé consul pendant la seconde guerre punique, et que Tite-Live fait parler dans le sens d'Aurelius Victor. La mémoire infidèle de ce dernier lui fait toujours tout brouiller,

tout confondre. Comme la phrase fautive se trouve dans tous les manuscrits et dans toutes les éditions de notre auteur, il faut bien en conclure qu'elle doit lui être attribuée.

42. — *Valerius Corvinus dictus.* Les savants ne sont point d'accord au sujet de ce surnom. Les uns, comme Sigonius, sur la foi des marbres capitolins, veulent *Corvus*; mais plusieurs manuscrits portent *Corvinus*, et l'on cite ce vers de Claudien *sur la Disgrâce d'Eutrope* :

Agmina Brutorum Corvinorumque catervæ.

Presque tous les commentateurs de Victor pensent que ce Valerius porta le surnom de *Corvus*, et ses descendants celui de *Corvinus*. — *Voyez* le récit du combat de Valerius avec le Gaulois dans Tite-Live, et surtout dans Aulu-Gelle, liv. ix, ch. 13. Ce morceau, cité par Aulu-Gelle, est de Quintus Claudius Quadrigarius, contemporain de Marius, qui laissa une histoire en vingt-quatre livres, et non pas en cent cinquante, comme on l'a dit, trompé par cette abréviation d'un manuscrit d'Aulu-Gelle, CL, qu'on avait prise pour un signe numérique, et qui signifiait seulement *in Claudio*. Cet ouvrage n'était pas encore perdu au xiie siècle : car Jean de Salisbury le cite dans son livre *de Nugis curialibus*. L'histoire de Quintus Claudius Quadrigarius commençait à l'invasion des Gaulois; c'est de lui l'expression *verba Gallis dedit*.

43. — *Inde fllius viscerationem*, etc. Servius explique ainsi le mot *visceratio* : « Largitio carnaria, qua pecudes integræ populo dabantur. Viscera enim non solum intestina, sed quidquid sub corio est. » Il est fort difficile de trouver en français une expression bien précise, bien juste, pour rendre *visceratio*. J'ai traduit par le mot *curée*, qui m'a paru se rapprocher le plus de l'idée de l'auteur et de celle de Servius.

44. — *Nisi tantum agri cepissem.* Il y a ici un jeu de mots assez peu convenable dans la bouche d'un général victorieux. Arntzen l'attribue aux copistes; mais, comme il ne cite que deux manuscrits où cette phrase paraît tronquée, il faut croire qu'elle est tout entière de Victor, qui, ici, peut bien parler lui-même, au lieu de faire parler Curius. Au reste, ce pays si vaste, que Curius est tout fier d'avoir conquis, n'avait guère que vingt-cinq à trente lieues de large sur dix-huit à vingt lieues de long. L'orgueil perce jusque dans la modestie de Curius; voyez sa réponse aux ambassadeurs samnites : « J'aime mieux, leur dit-il, manger ces

racines dans mes plats de terre, et *commander à ceux qui ont de l'or.* » Il a donc pu parler avec emphase de ses conquêtes sur le pays ennemi.

48. — *Aquam Anienem in Urbem induxit.* Arntzen pense que cette phrase appartient au chapitre précédent, où elle se trouve déjà (*Aquam Anienem de manubiis hostium in Urbem induxit*), et qu'elle n'a été répétée dans celui-ci que par une distraction des copistes. La chose est possible, bien que la distraction soit un peu forte. Il vaut mieux croire, pour l'honneur des copistes, qu'Appius Claudius Cécus acheva l'entreprise commencée par M'. Curius Dentatus.

49. — *Aio te, Æacida, Romanos vincere posse.* Cicéron prouve qu'Ennius a imaginé cette prétendue réponse de l'oracle, au sujet de Pyrrhus, comme Hérodote avait, au sujet de Crésus, inventé celle-ci :

   Cræsus, Halim penetrans, magnam pervertet opum vim.

Il ajoute : « Cur autem hoc credam unquam editum Crœso? aut Herodotum cur veraciorem ducam Ennio? Num minus ille potuit de Crœso, quam de Pyrrho fingere Ennius? Quis enim est qui credat, Apollini ex oraculo Pyrrho esse responsum?

   Aio te, Æacida, Romanos vincere posse.

Primum Latine Apollo nunquam loquutus est ; deinde ista sors inaudita Græcis est; præterea, Pyrrhi temporibus, jam Apollo versus facere desierat ; postremo, quanquam semper fuit, ut apud Ennium est,

  . . . . Stolidum genus Æacidarum ;
  Bellipotentes sunt magi' quam sapientipotentes.

Tamen hanc amphiboliam versus intelligere potuisset, *vincere te Romanos*, nihilo magis in se, quam in Romanos valere. Nam illa amphibolia, quæ Crœsum decepit, vel Chrysippum potuisset fallere ; hæc vero, ne Epicurum quidem. » (*De Divinatione*, lib. II.)

Tous les esprits sages et sensés seront de l'avis de Cicéron. Les oracles, ou du moins leurs prêtres, étaient du reste fort habiles, et combinaient leurs réponses de manière à avoir toujours raison, quoi qu'il pût arriver. A ce sujet, je citerai un oracle, moins connu que celui de Crésus et de Pyrrhus. Un général consulte le dieu pour savoir s'il fera bien de tenter une expédition qu'il projetait ; l'oracle lui répond :

   Ibis redibis non morieris ibi.

Le général va, ne revient pas, et meurt dans l'expédition. Grand désappointement et grande colère de ses amis, qui accusent le dieu de les avoir trompés. L'oracle daigne alors descendre à une explication (c'était bien de la bonté de la part d'un oracle), et il se justifie en ces termes : J'ai dit à votre général :

>   Ibis ;   redibis ?   Non : morieris ibi.
>   Tu iras ; reviendras-tu ? Non : tu mourras là.

Le malheureux général avait, comme Pyrrhus, interprété l'oracle conformément à ses désirs, et il avait compris :

>   Ibis ;   redibis ;   non morieris ibi.
>   Tu iras ; tu reviendras ; tu ne mourras pas là.

Mais il avait compté sans le double sens de la prédiction.

47. — [*Pyrrhus*, etc.] Ce chapitre ne se trouve point dans les manuscrits. Il est fort vraisemblable qu'un copiste, après l'avoir transcrit d'Eutrope (liv. II, ch. 4), l'a inséré dans une copie qu'il faisait d'Aurelius Victor, sans doute à dessein de faire paraître son travail un peu plus long. Peut-être cette cupidité des copistes en a-t-elle porté quelques-uns à mettre sur le compte des grands écrivains des pièces ou opuscules indignes de leur génie ou de leur nom. Ici l'on demande toutefois si c'est Eutrope qui a copié Aurelius Victor, ou si ce dernier a copié Eutrope.

48. — *Mox libertinos*. Il y a dans le texte *libertinos* pour *libertos*. *Liberti* étaient les affranchis, et *libertini*, leurs fils.

49. — *Victis Volsiniensibus, consul.* Certaines éditions portent : *Appius Claudius, victis Volsiniensibus, cognomento Caudex dictus, frater Cæci fuit. Consul*, etc. Transposition fautive, qui pourrait faire croire qu'Appius Claudius fut surnommé Caudex pour avoir vaincu les Volsiniens : ce qui est absurde. D'après le génie de Victor, la vérité de l'histoire, et l'autorité des bonnes éditions, j'ai rétabli ainsi le texte : *Appius Claudius, cognomento Caudex dictus, frater Cæci fuit. Victis Volsiniensibus, consul*, etc.

50. — *Duillo concessum est.* C'est-à-dire, pour être vrai, *Duillius sibi ipse concessit.* Duillius prit de lui-même la permission, sans attendre qu'elle lui fût accordée. C'est ce qu'affirment Florus et Cicéron. « Duilius imperator, non contentus unius diei triumpho, per vitam omnem, ubi a cœna rediret, prælucere funalia, præcinere sibi tibias *jussit*, quasi quotidie triumpharet. » (FLORUS, lib. II.) « C. Duilium, M. filium, qui Pœnos classe primus devicerat, redeuntem a cœna sæpe videbam puer ; delectabatur cre-

bro funali et tibicine, *quœ sibi nullo exemplo privatus sumpserat: tantum licentiæ dabat gloria.* » (Cic., *de Senectute*.)

51. — *Inventus et sanatus.* C'est ici surtout qu'il y a lieu d'admirer la sagacité d'Arntzen. Un grand nombre d'éditions portent *Inventus est. Senatus*, etc., leçon fautive et assez étrange. Le savant critique prouve fort bien, soit par l'accord des historiens, soit par les manuscrits et d'anciennes éditions, où on lit *Inventus et sanatus, magno*, etc...., que Calpurnius ne mourut pas de ses blessures. Quel rapport direct y aurait-il entre ce membre de phrase, *semianimis inventus est*, et celui-ci, *Senatus magno postea terrori hostibus fuit?* Que viendrait faire ici le *sénat?* La leçon d'Arntzen concilie tout, l'histoire, la vérité, le bon sens.

52. — *Xanthippi Lacedæmonii, mercenarii militis.* Le mot *militis* est employé ici dans la plus grande étendue de sa signification; car Xanthippe était général. C'est dans le même sens que nous disons quelquefois, en parlant d'un général intrépide : c'est un bon *soldat*.

53. — *Infrequenti.* Terme militaire pour exprimer qu'on s'absente des drapeaux, et qu'on n'est point assidu à remplir les devoirs du service. *Voyez* Festus, au mot *Infrequens*, p. 192 de l'édition Panckoucke.

54. — *Corculum dictus.* Il ne faudrait pas prendre ici le mot *corculum* pour diminutif de *cor;* loin de là, on doit entendre *corculum* dans le sens d'homme de cœur, d'un grand cœur. « Corculum a corde dicebant antiqui sollertem et acutum. » (Festus, p. 102.) *Corculum* se trouve dans le *Brutus* et dans les *Tusculanes* de Cicéron. Victor mêle ici l'histoire du père avec celle du fils, auquel fut donné le surnom de Corculum.

55. — *Ossa, Romam remissa, a prædonibus intercepta perierunt.* Voici de quelle manière Plutarque (*Vie de Marcellus*) rapporte cet événement : « Annibal, ayant fait brûler solennellement le corps de Marcellus, en déposa les cendres dans une urne d'argent surmontée d'une couronne d'or, et les envoya à son fils. Des Numides maraudeurs survinrent et attaquèrent ceux qui portaient cette urne, afin de s'en rendre maîtres. Pendant le combat les cendres et les os furent dispersés. A la nouvelle de cet accident, Annibal dit que rien n'arrivait sans la volonté des dieux. Il châtia les Numides, mais il ne songea plus à faire recueillir les restes de Marcellus. »

56. — *Quum moveri nullis viribus posset.* La prétendue déesse de Pessinonte n'était qu'une pierre atmosphérique.

57. — *Marcus Porcius Cato.* La famille Porcia tirait son origine de la campagne, où ses ancêtres élevaient des pourceaux. Voilà l'étymologie de *Porcius*; celle de *Cato* est plus noble et plus relevée : elle vient du mot sabin *catus*, sage, habile. Les ouvrages de Caton sont connus : on lui a quelquefois attribué, mais à tort, les *Disticha moralia*, qui sont de Dionysius Caton. M. J. Chenu, notre honorable collaborateur, a donné de ce dernier ouvrage une traduction précise, fidèle, élégante, et qui a fait oublier celles de ses devanciers; c'était couronner dignement son œuvre sur les *Sentences de Publius Syrus*, dont nous devons au même auteur une traduction fort remarquable.

58. — *Basilicam.* Ce mot, qui vient du grec, signifie au propre un édifice royal. A Rome, une basilique était un bâtiment spacieux et d'une magnifique architecture, dans lequel le sénat s'assemblait quelquefois, où les juges connaissaient de toutes sortes de causes, où les jurisconsultes répondaient à leurs clients, où les affaires particulières, qui regardaient les centumvirs, étaient débattues. Quelquefois aussi les marchands y exerçaient leur négoce, et les banquiers y traitaient de leurs intérêts. Chez les chrétiens, on a donné le nom de basilique à certains temples, dont la grandeur et la beauté répondaient à l'idée imposante que l'on attache à ce mot.

59. — *In cella Jovis.* Le mot *cella* ne signifie point cette partie reculée d'un temple que nous nommons *sanctuaire*. Chez les anciens, la statue du dieu à qui le temple était dédié se trouvait placée au milieu, dans un endroit un peu élevé et entouré d'une balustrade. Le mot *cella*, qui vient du grec αυλὴν, ne signifie par lui-même que *septum ovium*, un parc de brebis.

Valerius d'Antium, dans ses *Annales*, ne ménageait point les plus nobles familles; il attaqua même le premier Scipion. « Il écrivit, dit Aulu-Gelle, que Scipion ne rendit point la jeune captive, mais qu'il la garda pour lui, et qu'il en fit ses délices et ses amours. » C'est une calomnie. Comment croire que Scipion, sous les yeux de son armée, en présence de deux grandes nations rivales, ait pu s'oublier ainsi? M. J. Michelet, dans son *Histoire romaine*, semble pencher pour la version de Valerius d'Antium. Au reste, Valerius copiait ici Névius, qui, dans une satire, avait dit, en parlant de Scipion, alors jeune homme :

> Etiam qui res magnas manu sæpe gessit gloriose;
> Cujus facta viva nunc vigent; qui apud gentes solus
> Præstat; eum suus pater cum pallio uno ab amica abduxit.

Tite-Live a cité fort souvent Valerius d'Antium ; il lui reproche de l'exagération et un penchant à mentir outre mesure. Mais c'était un historien indépendant, et qui, sous ce rapport, différait beaucoup de la plupart des historiens romains.

60. — *Ne corpus suum Romam referretur.* Quelques auteurs ont écrit que Scipion était mort à Rome même ; mais on ignore le lieu véritable où il mourut. Tite-Live cite Rome et la villa de Liternum. Voici l'épitaphe qu'Ennius fit pour le tombeau de Scipion :

> Hic est ille situs, cui nemo civi' neque hostis
> Quivit pro factis reddere operæ pretium.

61. — *Peculatus reus.* Le péculat était le crime de celui qui avait détourné à son profit quelque argent du trésor public, ou des sommes consacrées à la religion et aux dieux. Festus explique ainsi le péculat : « Peculatus furtum publicum dici cœptum est a pecore, quia ab eo initium ejus fraudis esse cœpit, siquidem, ante æs aut argentum signatum, ob delicta pœna gravissima erat duarum ovium et triginta boum. » Le péculat fut ensuite puni d'une forte amende ou de la prison.

62. — *Quintus Flaminius, Flaminii, qui apud Trasimenum periit, filius.* Ces mots *Flaminii, qui apud Trasimenum periit, filius* sont placés, dans plusieurs éditions, entre deux crochets, comme ayant été ajoutés par les copistes. Arntzen, qui sait qu'Aurelius Victor est assez riche d'infidélités historiques, pense qu'ils sont de notre auteur ; il les a donc conservés : nous avons fait comme lui ; mais si Victor les a réellement écrits, il a commis là une bien grave erreur, en confondant les Flaminius et les Flamininus. Le personnage dont il est question ici est un Flamininus et non pas un Flaminius, comme l'appelle Victor. Ce Flamininus était de la famille *patricienne* Quinctia, dont *Flamininus* est le surnom ; tandis que le C. Flaminius qui périt au lac Trasimène, était de la famille *plébéienne* Flaminia.

63. — *Consul Oretanos superavit.* Pitiscus veut qu'on lise *prætor Hispanos.* La leçon d'Arntzen *consul Oretanos*, que nous avons suivie, est la meilleure ; elle a pour appui l'autorité du savant Pighi (*Ann.*, t. xi, p. 284) ; en outre elle est conforme à celle de plusieurs manuscrits et d'anciennes éditions. Les Orétans étaient un peuple d'Espagne. Ceux qui veulent qu'on lise *prætor* au lieu de *consul*, ont demandé comment Fulvius Nobilior a pu, pendant un seul et même consulat, suffire à l'expédition contre les Oré-

tans et à celle contre les Étoliens. La réponse est facile. Les Orétans, peuplade assez inconnue, ont dû être facilement subjugués par l'armée romaine, alors si formidable; Florus n'a-t-il pas dit : *Post Carthaginem vinci neminem puduit.* Après cette conquête sans obstacle, Fulvius a pu attaquer et vaincre les Étoliens pendant son consulat.

64. — *Quinctus Ennius.* Ce poëte, né en Calabre, amené à Rome par Caton, après avoir servi dans les armées romaines, devint l'ami de la famille des Scipions, et surtout de l'Africain. « Le premier, suivant l'expression de Lucrèce, il rapporta du riant sommet de l'Hélicon une couronne d'un feuillage éternel, dont l'éclat a resplendi parmi les races italiques. »

>....................Qui primus amœno
> Detulit ex Helicone perenni fronde coronam,
> Per gentes Italas hominum quæ clara clueret.

Ennius rechercha la triple gloire de poëte dramatique, de poëte satirique et de poëte épique. Ses tragédies ne furent que des imitations, des traductions du théâtre de Sophocle et d'Euripide, comme on peut le voir par les titres de ces pièces : *Alexander.* — *Andromache.* — *Hecuba.* — *Hectoris Lustra.* — *Iliona* sive *Polydorus.* — *Ajax.* — *Alcmæon.* — *Andromeda.* — *Athamas.* — *Cresphontes.* — *Erechthœus.* — *Eumenides.* — *Iphigenia.* — *Medea.* — *Phœnix.* — *Telamon.* — *Telephus.* — *Thyestes.*

Si Ennius, poëte tragique, ne fut qu'un imitateur servile du théâtre grec, comme poëte satirique il fut original et créateur. La satire sous sa main changea ses formes toscanes et osques, grossières et âpres, en des formes plus élégantes et plus souples. Ce fut surtout à ses *Annales poétiques* qu'Ennius dut sa gloire populaire. Il le rappelle dans l'épitaphe qu'il se fit lui-même :

> Aspicite, o cives, senis Ennii imagini' formam :
> Hic vostrum panxit maxuma facta patrum.
> Nemo me lacrimis decoret, nec funera fletu
> Faxit. Cur? volito vivu' per ora virum.

Son poëme n'était que le simple récit des commencements de Rome, de ses guerres et de ses conquêtes. Pyrrhus, Annibal, Scipion, Fulvius Nobilior, etc., étaient les héros des *Annales poétiques.* Il terminait à la guerre d'Istrie, en se comparant au cheval vigoureux qui, souvent vainqueur aux courses olympiques, se repose enfin accablé de gloire et de vieillesse :

> Sic ut fortis equus, spatio qui sæpe supremo
> Vicit Olumpiaco, senio confectu' quiescit.

> Tel le coursier, vainqueur aux plaines d'Olympie,
> Coule au sein du repos le reste de sa vie.
>
> (N. A. D.)

Cicéron cite ces deux vers dans son traité *de la Vieillesse*. On sait tous les emprunts que Virgile faisait à Ennius, envers lequel il était assez injuste pour dire qu'il tirait de l'or du fumier d'Ennius ; de pareils plagiats, accompagnés surtout d'une telle ingratitude, sont indignes d'un véritable poëte. Quelquefois ils imitent tous deux Homère.

Au siècle d'Auguste, on se moquait, peut-être avec raison, de certains vers bizarres d'Ennius, de ceux-ci, par exemple :

> Haud doctis dictis certantes, sed maledictis.
> O Tite tute Tate tibi tanta tyranne tulisti.
> Stultus est qui cupida cupidus cupienter cupit.

Dans les derniers âges de la littérature latine, on avait encore de l'enthousiasme pour lui. « Adorons Ennius, dit Quintilien, comme ces bois sanctifiés par l'âge, où de grands et antiques chênes frappent moins par leur beauté que par leur majesté religieuse. » — « Ennium, sicut sacros vetustate lucos, adoremus, in quibus grandia et antiqua robora jam non tantam habent speciem quantam religionem. » Scaliger disait avec originalité : « Ennius, grand poëte ! plût-à-Dieu qu'il nous fût arrivé tout entier, et que nous eussions perdu Lucain, Silius Italicus, et tous ces messieurs-là ! » Disons avec Properce :

> Ennius hirsuta cingat sua tempora quercu.

65. — *Occisus est.* Les historiens ne sont pas d'accord sur la manière dont mourut Antiochus le Grand. Strabon (liv. xvi) rapporte qu'il fut tué par les barbares, au moment où il pillait le temple de Bélus à Élimaïs. Saint Jérôme dit qu'il fut massacré avec ses soldats dans un combat contre les Éliméens. Justin prétend qu'il périt en attaquant le temple de Jupiter Didyméen. Aucune de ces versions, comme on le voit, n'est celle de notre auteur.

66. — *Prætor Galliam domuit.* On ne sait de quelles autorités Victor peut s'appuyer ici. Toute sa phrase offre, dans l'exposition des faits, un bouleversement qu'il est impossible de rectifier, parce qu'il se trouve dans tous les manuscrits, et que dès lors on ne peut changer le texte; mais jamais Tiberius Sempronius Gracchus ne soumit la Gaule. Peut-être, au lieu de *Galliam*, faudrait-il lire *Gallæciam*, nom d'une province de l'Espagne Citérieure, aujourd'hui la Galice. Voici cependant de quelle manière le savant Schott essaye de rectifier le texte : « Prætor Hispaniam obtinuit, et altero consulatu Sardiniam, quam primum consul domuerat, tantumque captivorum adduxerat, etc. » On remarquera dans le texte *tantum captivorum adduxit*, locution assez étrange, au lieu de *tot captivos*.

67. — *Aulus Hostilius Mancinus prætor.* Dans certaines éditions antérieures à celle de 1733, on lit *consul* au lieu de *prætor*. Cette dernière leçon, de l'aveu de Schott, est conforme à celle des anciennes éditions, et se trouve dans plusieurs manuscrits : nous avons dû la conserver. Comme je l'ai déjà fait observer, il paraît qu'Aurelius-Victor a composé de mémoire tous ses ouvrages, et que ses souvenirs n'étaient pas toujours exacts; ce qui l'a entraîné à plus d'une méprise. On prétend que les *Mancini* d'Italie, famille d'où est sorti le cardinal Mazarin, soutenaient qu'ils étaient issus d'Aulus Hostilius Mancinus. Il y a des généalogies moins probables que celle-là.

68. — *Corinthios apud Leucopetram.* Pighi prétend que Victor s'est trompé ici, parce que Leucopetra était une ville à l'extrémité de l'Italie, vis-à-vis de la Sicile et au sud de Rhegium (Leucopetra, aujourd'hui le cap *Pittaro*). Pighi a raison dans son sens; mais Aurelius Victor n'a pas tort dans le sien, parce qu'il y avait une autre Leucopetra située entre les deux golfes de Corinthe et de Saron; et c'est précisément auprès de cette dernière ville que Mummius vainquit les Corinthiens.

69. — *Calidia deinde rogatione revocatus.* On donnait le nom de *rogatio* aux lois des tribuns, parce que ces magistrats *demandaient* au peuple son consentement avant de les promulguer.

70. — *Adolescens in petitione præturæ.* Ce passage a donné beaucoup de torture aux critiques. Voici le résumé de ce qu'ils pensent ou de ce qu'ils conjecturent à ce sujet. Le mot *præturæ* semble suspect à Schott, parce qu'un citoyen romain devait avoir quarante ans pour exercer la préture, et que les mots *consularibus viris* qu'on lit ensuite, feraient penser que ceux qui étaient

sortis de la magistrature consulaire pouvaient demander et exercer la préture. Aussi, ce savant voudrait-il qu'on lût *consularibus filiis*. Gruter avance hardiment que le mot *præturæ* ne peut s'accorder avec *consularibus viris*; pourtant il convient que *præturæ* se trouve dans tous les manuscrits et dans toutes les éditions. « Si nous l'admettons, dit-il, nous devons admettre auparavant ces deux choses, savoir, qu'un jeune homme pouvait se mettre sur les rangs pour la préture, et qu'un personnage consulaire pouvait, ainsi que l'avait fait Mancinus, descendre à cette dignité de celle de consul à laquelle il avait été élevé. » Au reste, ce savant ne décide rien et renvoie à Schott. Madame Dacier cite l'exemple de Mancinus, convient de la difficulté du passage, et rapporte, sans l'approuver, la leçon de Schott. Arntzen fait observer, au sujet de cette leçon, qu'il n'aurait pas été surprenant que Metellus, qui était fils d'un consul, l'eût emporté sur des fils de consuls. A son tour, il propose de lire, si c'est possible, *in petitione pontificatus prætoriis et consularibus viris prælatus est*, de façon que la faute attribuée à Victor soit venue de l'abréviation *præt*. Mais Arntzen convient lui-même que cette abréviation n'est point dans les manuscrits. En disant que Metellus était un jeune homme, en comparaison des hommes avancés en âge qui briguaient la préture et le pontificat, on ne résout point la difficulté.

Grammatici certant, et adhuc sub judice lis est.

S'il était permis d'avoir un sentiment après les savants que nous venons de citer, nous dirions qu'il n'est pas étonnant que Metellus, encore jeune homme, ait obtenu la préture sur ses compétiteurs plus âgés que lui, puisqu'il n'est pas sans exemple que des Romains aient été élevés au consulat avant l'âge exigé par les lois. Nous ne devons pas davantage nous étonner que des personnages consulaires aient brigué la charge de préteur, puisque Mancinus l'obtint après son consulat. Ajoutons enfin que les attributions de la préture étaient assez importantes et assez honorables pour qu'un consulaire ne crût pas déroger en l'exerçant.

71. — *In lucum Furinæ*. On ignore l'origine de cette déesse. On célébrait, chaque année, en son honneur des fêtes appelées *Furinalia*; à peine son nom était-il connu du temps de Varron; il vient évidemment de *fur*: c'était la déesse des voleurs. Horace cite une autre déesse, qui était aussi la protectrice de ces industriels; il la nomme *Laverna*, et lui donne l'épithète de *pulchra*: il est

vrai qu'alors c'est un filou qui l'invoque. Mercure était aussi le dieu des voleurs; ainsi trois divinités pour ces misérables. On voit que si ces espèces de clients étaient nombreux à Rome, du moins ils ne manquaient pas de patrons, et de patrons assez haut placés.

72. — *Morbo comitiali.* C'est-à-dire l'épilepsie. Cette maladie était appelée *comitiale,* parce que les comices étaient suspendus lorsque quelqu'un s'en trouvait frappé dans l'assemblée.

73. — *Philippum admonuit, ut caveret.* Florus dit (liv. III, ch. 18) : « Primum fuit belli in Albano monte consilium ut, festo die Latinarum, Julius Cæsar et Martius Philippus consules inter sacra et aras immolarentur. Postquam id nefas proditione discussum est, etc. » Il eût été difficile à Livius Drusus, mort l'année précédente, de donner cet avis au consul Philippe. Encore une de ces fautes qui échappent trop souvent à Aurelius Victor!

74. — *C. Marius filius.* Si l'on en croit Appien, il était, non pas le fils, mais le neveu de Marius, du côté paternel. Les uns disent qu'il se tua lui-même; d'autres, comme notre auteur, qu'il fut tué par Pontius Telesinus. Voici ce que rapporte Velleius Paterculus : « Sunt qui sua manu; sunt qui concurrentem mutuis ictibus cum minore fratre Telesino, una obsesso, et erumpente, occubuisse prodiderint. »

75. — *Vocatisque ad pileum servis.* Cette expression signifie au propre, il appelle les esclaves au *chapeau,* et au figuré, à la *liberté.* On avait coutume de raser la tête aux esclaves que l'on mettait en liberté, et on les couvrait alors d'un chapeau ou d'un bonnet. Cinna ne leur donna la liberté que pour en faire des soldats. On lit dans Plaute (*Amphitryon,* acte 1, sc. 1) :

..............Quod ille faciat Jupiter
Ut ego hic hodie raso capite calvus capiam pileum.

76. — *Alacritate venator.* On trouve dans les manuscrits, *victor, vector, venator.* Schott a lu *venator* dans le plus grand nombre. Cette dernière leçon est conforme à celle de Florus (liv. II, ch. 17) : « Ceterum Lusitanos Viriathus erexit, vir calliditatis acerrimæ, qui ex *venatore* latro, ex latrone subito dux atque imperator; et, si fortuna cessisset, Hispaniæ Romulus. » *Victor* n'offrirait qu'un sens assez vulgaire ; aussi n'est-il pas défendu par les critiques; mais *vector* l'est très-énergiquement par

l'illustre Saumaise, qui prétend que de *vector* les copistes ont, par ignorance, fait *victor* et *venator*. Le mot *rector* est une ancienne expression, qui répond à *bene valens, robustus, qui sese pedibus vehit*. On trouve ce mot dans Trebellius Pollion : « Nam quum taurum ingentem in arenam misisset, exiissetque ad eum feriendum *rector*. » (*In Gallienis*.) On le lit encore dans Manilius :

> Et pacare metu silvas, et vivere rector.

Malgré ces exemples, nous avons dû, sur l'autorité de Florus et de Schott, conserver dans notre texte, *venator*.

77. — *Primo in Hispania corniculum meruit*. D'autres éditions portent *corniculo meruit*; ce qui offre un tout autre sens. Il est bon d'expliquer ici les deux expressions. *Corniculum merere*, c'est obtenir une récompense militaire, comme le dit Tite-Live; récompense qui consistait en un bracelet, un collier, etc. *Corniculo merere*, c'est avoir la charge de *corniculaire*, ou de lieutenant de tribun légionnaire. Les corniculaires faisaient les rondes à la place des tribuns, visitaient les corps de garde, et remplissaient à peu près les mêmes fonctions que les adjudants-majors de nos troupes. Ils se servaient d'un cornet, *corniculum*, pour donner les ordres aux soldats. On pourra adopter ici l'un ou l'autre sens, selon qu'on admettra dans le texte *corniculum meruit*, ou *corniculo meruit*.

78. — *Rabirius quidam senator*. Cicéron, dans son discours pour *Rabirius*, dit qu'il n'était que chevalier romain, et non pas sénateur. Toujours Aurelius Victor pèche par défaut de mémoire.

79. — *Nimius in habitu*. Par le mot *habitus*, qui d'ordinaire signifie *l'extérieur*, il faut entendre ici *la toilette*; du reste, ce dernier sens rentre beaucoup dans le premier. Horace, dans ses *Épîtres*, cite la profusion de Lucullus à cet égard :

> . . . . Chlamydes Lucullus, ut aiunt,
> Si posset centum scenæ præbere rogatus,
> Qui possum tot? ait; tamen et quæram, et quot habebo,
> Mittam : post paulo scribit, sibi millia quinque
> Esse domi chlamydum : partem, vel tolleret omnes.
> (*Epist.* lib. I, ep. 6, v. 40 et sqq.)

Plutarque, toutefois, ne fait mention que de deux cents chlamydes, au lieu de cinq mille; mais Plutarque n'est que biographe, et Horace est poëte.

80. — *Novem millia dediturum in villa publica cecidit.* J'ai expliqué, dans mes notes sur Eutrope, ce que c'était que la villa publique, édifice situé dans le champ de Mars, où on logeait les ambassadeurs des peuples ennemis. Les historiens ne sont pas d'accord sur le nombre des malheureux que Sylla fit égorger en cette circonstance. Saint Augustin (*Cité de Dieu*) en compte sept mille; Valère Maxime parle de quatre légions; Plutarque écrit six mille hommes; Florus, quatre mille; Paul Orose, trois mille seulement; Strabon, entre quatre et cinq mille, tous Samnites; et Sénèque enfin, deux légions. Cette différence vient sans doute de ce que les uns n'ont voulu parler que des citoyens romains, et les autres, de ceux-ci et des Samnites confondus avec eux.

81. — *Morbo, qui phthiriasis vocatur, interiit.* La phthiriasis (phthiriase) ou *maladie pédiculaire*, est causée par une infinité de poux engendrés dans le corps humain, et qui en dévorent les chairs. Parmi les anciens qui, dit-on, en sont morts, on cite Acaste, fils de Pélias; le poète Alcman; Phérécide le Syrien, précepteur de Pythagore; le philosophe grec Callisthène, qu'Alexandre le Grand fit jeter dans une prison; le jurisconsulte Mucius Eunus qui, le premier, souleva les esclaves en Sicile; enfin Hérode, roi des Juifs; et parmi les modernes, Philippe II, roi d'Espagne. Le docteur P. Rayer dit à ce sujet : « Pour mon compte, je suis persuadé que l'examen des viscères de ces illustres personnages aurait conduit à une tout autre conclusion. Le nom de *phthiriasis* a été spécialement donné au développement d'un grand nombre de poux de l'espèce appelée *pediculus corporis* (pou commun, pou des vêtements; Linnæus, Geoffroy, Fabricius). Le *pediculus corporis* est un corps blanc, large et plat, sans taches, avec les yeux noirs. Les découpures ou lobes de son abdomen, sont moins allongées et moins marquées que dans le *pediculus capitis*. Cette espèce habite sur les parties couvertes du corps, sur le tronc et les membres, rarement sur la tête. Ses lentes sont agglomérées et déposées, en général, dans les plis du linge et des autres parties des vêtements. Chez les personnes malpropres, spécialement chez celles qui se couvrent de laine, et qui ne changent pas assez souvent de linge; chez les prisonniers, les galériens, les matelots et les vieillards, qui vivent au sein de la misère, cet insecte multiplie d'une manière dégoûtante. La maladie pédiculaire est toujours le résultat des pontes successives et multipliées d'un ou de plusieurs de ces insectes contractés accidentellement. »

82. — *Quinquaginta gentium ore loqueretur.* Plusieurs auteurs

Pline, Solin, Valère Maxime, Aulu-Gelle et Quintilien, ne disent que vingt-deux nations; aussi certaines éditions portent-elles *duarum et viginti*, au lieu de *quinquaginta*. Ce dernier mot fait supposer que Mithridate parlait tous les dialectes (ou patois) des vingt-deux nations soumises à son empire; et alors *quinquaginta* n'offre plus rien de trop exagéré. Le célèbre Mezzofante, aujourd'hui à Rome et cardinal, parle quarante-cinq idiomes différents, ou plutôt il parle toutes les langues connues de l'univers; et, chose bien surprenante, il n'a jamais voyagé : c'est seulement par des études de cabinet qu'il est parvenu à ce merveilleux résultat. J'ai eu l'honneur, en 1827, de voir à Bologne, que Mezzofante habitait alors, ce prodige d'érudition en fait de langues.

83. — *Pompeius Urbem obtineret*. Par le mot *Urbem* il faut entendre ici, non-seulement Rome, mais de plus l'Italie jusqu'aux frontières de la Gaule Cisalpine. Pompée eut encore l'Espagne pour son partage; mais il la gouverna par ses lieutenants Afranius et Petreius.

84. — *Sepeliri fecit*. On trouve dans les auteurs latins, et même dans les meilleurs, certaines locutions qu'on serait presque tenté de regarder comme des gallicismes, si le doute, à cet égard, était possible. Telle est ici l'expression *sepeliri fecit* (il fit ensevelir). Salluste en offre plusieurs de ce genre : *patriæ bellum fecit*) il fit la guerre à sa patrie), *Catilina, Discours de César*, c. LI; *delicti gratiam fecit* (il lui fait grâce de sa faute), *Jugurtha*, c. CIV; *malum publicum facere desinet* (il cessera de faire le mal public), *de Republica ordinanda*, epist. I, c. 5; *insidias tendere* (tendre des embûches), *Catilina*, c. XXVII. Cette expression se lit également dans Phèdre : *tendit dolos* (il tend des pièges), lib. 1, fab. 22. Il serait facile de multiplier les exemples; Cicéron lui-même a écrit dans le *de Officiis* : *Quid fecit Regulus? In senatum venit* (Que fit Régulus? Il vint dans le sénat). Enfin, on a pu lire dans le chapitre précédent *caput præsentatum est* (sa tête fut présentée). Un résumé de ces prétendus gallicismes serait une œuvre assez curieuse.

85. — *Lentulum*. On trouve ce mot dans toutes les éditions, dans tous les manuscrits. Schott pense, d'après Dion et Suétone, qu'il faudrait lire *L. Cæsarem*. Ce L. César, qui était parent de J. César et son ennemi, fut mis à mort par ses ordres. « Nec ulli pepercisse, nisi in prælio reperiantur, exceptis duntaxat Afranio et Fausto, L. Cæsare juvene. » (SUETONIUS, *in Cæsare*, c. LXXV.) Ni Florus ni les autres historiens ne parlent de Lentulus.

86. — *Sol orbem suum celasse dicitur.* Scaliger, dans son ouvrage de *Emendat. temp.*, lib. v, a fort bien prouvé qu'il n'y eut alors aucune éclipse de soleil. Plutarque, Horace et Suétone rapportent qu'à l'époque où Octave faisait célébrer des jeux en l'honneur de J. César, il parut, durant sept jours, dans le ciel, un astre chevelu, une comète.

87. — *Marcum Antonium consulem.* Marc Antoine était alors, non pas consul, mais triumvir avec Octave et Lépide. Ce fut même en vertu de ce triumvirat qu'il eut en partage tout l'Orient.

88. — *Lecto Platonis libro.* C'est le *Phédon*, qui renferme les entretiens de Socrate avec ses amis sur l'immortalité de l'âme. Le *Phédon* a inspiré ces vers, les plus beaux du plus beau chant de Lamartine :

« Dors-tu? lui disait-il ; la mort, est-ce un sommeil ? »
Il recueillit sa force et dit : « C'est un réveil !
— Ton œil est-il voilé par des ombres funèbres?
— Non : je vois un jour pur poindre dans les ténèbres !
— N'entends-tu pas des cris, des gémissements ? — Non ;
J'entends des astres d'or qui murmurent un nom !
— Que sens-tu ? — Ce que sent la jeune chrysalide,
Quand, livrant à la terre une dépouille aride,
Aux rayons de l'aurore ouvrant ses faibles yeux,
Le souffle du matin la roule dans les cieux !
— Ne nous trompais-tu pas? réponds : l'âme était elle?...
— Croyez-en ce souffle ; elle était immortelle !
— De ce monde imparfait qu'attends-tu pour sortir?
— J'attends, comme la nef, un souffle pour partir !
— D'où viendra-t-il ? — Du ciel ! — Encore une parole !
— Non : laisse en paix mon âme, afin qu'elle s'envole. »

Le Caton, qu'Aurelius Victor appelle ici *prætorius* (le préteur), est plus connu sous le nom de *Cato Uticensis* (Caton d'Utique), ainsi nommé, non parce qu'il était né, mais au contraire parce qu'il mourut à Utique : *a fatali sibi Utica Uticensis dictus.*

89. — *M. Tullius Cicero.* On a publié bien des traductions de Cicéron, bien des ouvrages sur cet illustre orateur, avant de songer à rédiger le travail qui pouvait le mieux nous le faire connaître. Enfin, ce travail a paru depuis quelques années, et la littérature en est redevable à M. A. Lucas, proto de l'Imprimerie de la *Bibliothèque Latine-Française*. Le *Tableau synchronique de la vie et des ouvrages de M. T. Cicéron* est un véritable service rendu à tous ceux qui veulent lire avec fruit l'orateur romain. Quelques mots suffisent à M. Lucas pour démontrer le but et l'utilité de son ouvrage : « Renfermer, dit-il, dans un étroit espace une analyse succincte et exacte de la vie et des œuvres du plus grand orateur de l'antiquité, nous a paru un travail utile. Les ouvrages de Cicéron, les événements de sa vie, se rattachant de la manière la plus intéressante à tous les faits de cette époque si remarquable de l'histoire romaine, et se liant à l'existence de tous les Romains qui virent expirer la république et commencer le gouvernement despotique, nous avons cherché à tracer un Tableau synchronique fidèle des différentes circonstances de sa vie politique et littéraire, avec une table générale de ses Œuvres, en y intercalant les faits principaux, les consulats, les batailles, les naissances et morts des hommes illustres, et les lois qui furent rendues successivement depuis les premiers temps de la république jusqu'à Octave, qui, devenu seul maître de l'empire, donna force de loi aux décrets du sénat et même à ses propres édits. » M. Lucas a tenu parole; tout ce qu'il annonce est consciencieusement reproduit dans son ouvrage, qu'il appuie d'abord des preuves les plus authentiques, des autorités les plus imposantes. De là il passe à l'*Index ergoblographique* : il explique toutes les abréviations latines qui peuvent embarrasser soit, dit-il, en étudiant les anciens manuscrits, soit en consultant les inscriptions tumulaires, ou bien même en lisant les premières productions de l'imprimerie. Puis il indique toutes les *voies romaines*, dont les noms se trouvaient épars çà et là, mais qui jusqu'alors n'avaient pas été réunis sous un seul et même coup d'œil; il expose toutes lois citées par Cicéron et par les auteurs classiques latins; il donne le calendrier de J. César, les fêtes romaines, la figure et la valeur des chiffres romains; il termine par les synchronismes de la vie et des ouvrages de Cicéron; il n'oublie ni les fragments d'ouvrages, ni les poésies, ni les discours et œuvres de Cicéron dont on ne connaît que les titres, et dont les dates sont tout à fait incertaines. Quelques pages, nerveuses et concises, suffisent à l'immensité d'un tel travail : c'est, on le voit, résoudre avec habileté un bien difficile problème.

90. — *Proconsul Galliam rexit.* Non pas la Gaule entière, comme semble le faire entendre Aurelius Victor par le mot *Galliam*, mais seulement la Gaule Cisalpine, aujourd'hui le Piémont et la Lombardie. César, avant de partir pour la guerre d'Afrique, avait donné à M. Brutus le commandement de la Gaule Cisalpine. Brutus le récompensa de ses bienfaits en l'assassinant, au nom de la patrie et de la liberté, il est vrai, mais il n'en eut pas moins le

triste courage de descendre au rôle d'assassin. Pourquoi donc alors avait-il accepté les bienfaits de César?

01. — *Caryota cognominatus est.* Le mot *caryota* signifie *datte.* C'était faire un trafic honteux pour un général romain que d'exercer un tel négoce; aussi Cassius Longinus fut-il, à juste titre, flétri du surnom de *Caryota.* Pline, en plusieurs endroits, et Varron (*de Re rustica*, lib. II, c. 1), parle ainsi des dattes : « Non scitis palmulas caryotas in Syria parere et in Judæa, in Italia non posse. »

02. — *Rupto per eumdem Antonium fœdere.* Ce passage paraît avec raison fort suspect à Schott. D'après le témoignage d'Orose et d'Eutrope, il propose de lire : *Rupto per eumdem Pompeium fœdere.* Eutrope (liv. VII) dit positivement : « Interim Pompeius pacem rupit; et navali prœlio victus, fugiens ad Asiam, interfectus est. »

03. — *Perusii fame domitus.* Aurelius Victor confond ici Marc Antoine avec Lucius Antonius. Le premier fut vaincu à Modène; mais ce fut le second qui abandonna Pérouse, afin de se soustraire à la famine.

04. — *In Ægyptum penetravit.* Florus rapporte qu'Antoine s'enfuit en Syrie, et d'autres historiens qu'il se retira à Tarse en Cilicie, où Cléopâtre alla le trouver sur un vaisseau dont les voiles étaient de pourpre, et dont les autres agrès répondaient à cette magnificence.

05. — *Fratre suo Ptolemæo eodemque marito.* Les Égyptiens épousaient leur sœur de père et de mère; les Lacédémoniens, seulement leur sœur de mère, et les Athéniens, leur sœur de père. Voyez Buisson, *de Jure connubiorum.*

06. — *In Alexandriam venit.* Il est très-rare que les Latins mettent la préposition *in*, lorsqu'il s'agit seulement d'un nom propre de ville. Rien de plus ordinaire pour une contrée, pour une province : *in Thraciam, in Macedoniam, in Italiam venit*; mais ils ne disent pas *in Romam, in Carthaginem, in Numantiam venit.* Ils suppriment alors la préposition *in.* Pourquoi Victor l'exprime-t-il ici? Veut-il donc joindre encore des fautes de langue aux fautes d'histoire qu'il commet trop souvent? Déjà, dans le chapitre précédent, il avait mis *in Alexandriam regressus* : il paraît tenir beaucoup à cette locution fautive. Disons cependant, pour l'excuser, qu'il prend Alexandrie, la capitale de l'Égypte, pour l'Égypte tout entière, comme on a pu le voir chap. LXXVII,

où il met *Ptolemaeum, Alexandriæ regem*, pour *Ægypti regem*. De cette manière, la faute disparaîtrait.

97. — *Regnum Ptolemæi necem impetravit*. Le mot *necem* pourrait faire croire que César mit à mort le jeune Ptolémée; cependant il est certain que ce prince, vaincu avec son armée, se noya dans le Nil, au moment où il fuyait devant l'armée romaine. Il serait donc plus juste et plus conforme à l'histoire de dire *regnum post Ptolemæi necem impetravit*.

CÉSARS.

1. — *Ob victoriam patriam*. La plupart des critiques, Schott, Gruter et madame Dacier prétendent que le mot *patriam* est une faute des copistes, et qu'il faut lire *partium*. Je crois que *patriam* peut s'entendre dans le sens de *civilem*, et qu'il est inutile de rien changer au texte. Dans ce commencement, Aurelius Victor emprunte quelques expressions à Tacite; toutefois sa phrase n'a pas le tour vif et animé de celle de Tacite qui dit : « Ubi militem donis, populum annona, cunctos dulcedine otii pellexit. » (*Ann. lib.* I, c. 1.)

2. — *Ad somnum intemperantia*. Victor contredit ici Suétone, qui rapporte (ch. LXXVIII) qu'Auguste dormait peu; mais peut-être veut-il dire que son intempérance l'excitait souvent au sommeil. Autre chose est de dormir souvent, et autre chose de dormir longtemps.

3. — *In Augusti liberos e privigno redactus arrogatione*. Il y avait deux sortes d'adoption : l'une se faisait par le préteur, l'autre avait lieu à la demande du peuple. La première était proprement nommée *adoption*, et l'on appelait l'autre *adrogation*.

4. — *Augens, prætorio*. Cet officier n'avait auparavant que le titre de préfet des cohortes prétoriennes. Lorsqu'il entrait en charge, il recevait des mains de l'empereur une ceinture et un glaive.

5. — *Similem fore suis credebat*. Quelques éditions portent *similem fore suis*; mais Schott a très-bien démontré qu'il fallait lire *suis*, c'est-à-dire à son père, à son aïeul, à son bisaïeul. La suite de la phrase prouve clairement aussi qu'il faut préférer *suis* à *sui*.

6. — *Neque meliores famulos*. D'après Suétone et Tacite, il faut

lire *neque meliorem famulum*. Le sens de cette dernière leçon est beaucoup plus clair que celui de l'autre. En effet, pourquoi dire *atrociorem dominum*, lorsque vous avez mis d'abord *meliores famulos* : songez surtout qu'il ne s'agit absolument que de Caligula. Voici les paroles de Suétone (ch. x) : « Tantique in avum et qui juxta erant obsequii, ut non immerito sit dictum nec *servum meliorem* ullum, nec *deteriorem dominum* fuisse. »

7. — *Uti talia ingenia versare solent animi sensus.* Au lieu de ces mots fort sensés et fort raisonnables, certaines éditions portent *veteris solent anni mensibus*; ce qui, de l'avis unanime des critiques, ne signifie absolument rien. Mais chacun alors de mettre en avant sa conjecture. Pierre Pithou propose de lire : *ingenia deteri solent anni mensibus*; Gruter veut *verti solent anni mensibus*. Madame Dacier approuve cette dernière leçon; un autre éditeur va jusqu'à hasarder *ut talia ingenia vietis insolentia mentibus*. Il n'y aurait plus de raison pour s'arrêter sur une telle pente. Si notre leçon n'est pas la véritable, elle offre du moins le plus de probabilités au milieu de tant de versions confuses.

8. — *Mittunt ocius ausum comprimere.* Voici encore une de ces fautes de langue dont Aurelius Victor aurait dû s'abstenir; en bonne latinité on ne dirait pas *mittunt comprimere*, mais bien *compressum*, ou *ad comprimendum*, ou *qui comprimant*, ou *comprimendi causa*, ou enfin *compressuros*. Au lieu d'une de ces locutions qui toutes ont droit de cité romaine, Aurelius Victor adopte une expression presque barbare, formant une de ces rares exceptions qui ne font, comme on le dit, que confirmer la règle.

9. — *Visusque apud Ægyptum Phœnix.* Le grave Tacite lui-même parle de cet oiseau fabuleux (*Annales*, liv. vi, ch. 28). On connaît sur le phénix les beaux vers de Claudien :

Par volucer superis, etc........

Voici ce qu'en dit Solin (ch. xxxvi) : « Apud eosdem (Arabas) nascitur avis phœnix, aquilæ magnitudine, capite honorato, in conum plumis exstantibus, cristatis faucibus, circa collum fulgore aureo, postera parte purpureus, absque cauda, in qua roseis pennis cæruleus inscribitur nitor. Probatum est quadraginta et quingentis eum durare annis. Rogos suos struit cinnamis quos prope Panchaiam concinnat, in solis urbem, strue altaribus superposita. » Puis, un peu plus bas, il ajoute : « Quinctio itaque Plautio et Sexto Papinio coss., Ægyptum phœnix involavit, captusque anno octingentesimo Urbis conditæ, jussu Claudii principis in comitio publicatus est. »

10. — *Augenda Urbe.* Néron avait résolu d'étendre jusqu'à Ostie les limites de Rome. Il donna une nouvelle forme aux édifices, en faisant élever des portiques devant les maisons et les *îles*, afin de les garantir du soleil. On appelait *îles* (*Insulæ*) des bâtiments isolés les uns des autres, et qui ne tenaient à rien. Il y en avait à Rome plus de quarante-six mille. Les maisons (*domus*) étaient seulement au nombre de dix-sept cent quatre-vingts; elles étaient beaucoup plus spacieuses et plus ornées que les îles, et servaient de demeures aux principaux citoyens.

11. — *Exactor partum majore flagitio.* Ce passage, qui renferme une grande obscénité, a beaucoup embarrassé les critiques. Voici les paroles de madame Dacier : *Paria de gladiatoribus proprie dicuntur.* Cela est vrai pour les gladiateurs en particulier; mais *paria* signifie, en général, une paire, une couple. On disait une paire de gladiateurs, comme on dit une paire de bœufs; mais on dit aussi un couple en parlant d'un homme et d'une femme. Madame Dacier demande ensuite : *Sed quomodo paria exigebat Nero majore flagitio?* Puis elle ajoute : *Aliquid latet; divinabunt alii.* Sans chercher à expliquer ici quel pouvait être le genre d'infâme volupté qu'indique Aurelius Victor, et que la modestie de madame Dacier ne pouvait pas lui permettre de comprendre, je crois pouvoir dire que j'ai traduit de la manière la plus exacte possible, en mettant : *Néron excitait ce couple à des turpitudes plus flétrissantes encore.* Si je me suis trompé, je dirai comme madame Dacier : *divinabunt alii.*

12. — *Nequaquam verecundiæ, externis satiata, inhumanius grassatur.* Des manuscrits et des éditions portent : *Nequaquam verecundiæ externis societate humanius datur;* mots auxquels il serait bien difficile, pour ne pas dire impossible, de fixer un sens. Ce passage est visiblement fort altéré, et l'un des plus obscurs d'Aurelius Victor; toutefois on peut encore y trouver un sens raisonnable : c'est ce que j'ai essayé de faire dans ma traduction, sans oser pour cela me flatter d'avoir réussi.

13. — *Accensas cohortes armatasque in forum deduxerat.* Tacite dit, au contraire (*Histoires*, liv. 1), qu'Othon se trouvait au camp des prétoriens pendant qu'on massacrait Galba. On ne peut guère hésiter entre Tacite et Aurelius Victor.

14. — *Haud multo fine adolescentiæ grandior.* Cette expression ne serait nullement exacte par rapport à nous; car Othon avait

alors trente-huit ans. Chez nous, un homme n'est plus adolescent à vingt-cinq ans; mais, chez les Romains, on l'était encore à trente-six. Ils comptaient dix-huit ans pour l'enfance, et autant pour l'adolescence.

15. — *Nova senator familia.* On sait qu'une famille *nouvelle* était celle qui n'avait aucune illustration, aucun aïeul dont elle conservât l'image. Selon Suétone (*Vie de Vespasien*, ch. 1), la famille Flavia n'était pas encore sortie de l'obscurité. « Gens Flavia obscura illa quidem, ac sine ullis majorum imaginibus. »

16. — *Scalas Gemonias.* Les échelles des Gémonies étaient un endroit à peu de distance du Forum, où l'on traînait avec un croc les cadavres des condamnés; c'est ce croc qu'Horace appelle *severus uncus*, dans son *Ode à la Fortune.* La formule était : *Unco trahatur.*

17. — *Ædes Pacis.* Cet édifice, où furent déposés, dit-on, les vases sacrés du temple de Jérusalem, avec la table des propositions et le chandelier à sept branches, était situé près du Forum. C'était une vaste construction de forme carrée, et ornée de grandes et superbes colonnes, dont on voit encore les restes près de l'église de *Santa Maria Nuova.* Ce temple fut dévoré par un incendie, sous le règne de Commode.

18. — *Amphitheatri perfecto opere.* C'était le Colysée (*il Colosseo*), qui contenait cent mille spectateurs, dont quatre-vingt-dix mille étaient assis. On voit encore aujourd'hui, à Rome, de beaux restes de ce monument. Selon Suétone (*Vie de Titus*, ch. VII), Titus le dédia : « Amphitheatro dedicato, thermisque juxta celeriter exstructis, munus edidit apparatissimum largissimumque. » Les thermes que Titus fit construire étaient de la plus grande magnificence et occupaient l'ancien emplacement du palais doré de Néron. Il subsiste encore quelques voûtes de ces thermes dans les jardins de Saint-Pierre-ès-liens. On sait que les thermes étaient de somptueux édifices voûtés, où l'on prenait le bain. Les empereurs en firent d'abord pour eux, ensuite pour le peuple qu'on y appelait au son de la cloche.

19. — *Veneno interiit.* Plutarque rapporte que Titus mourut dans le bain. Suétone et l'auteur de l'*Épitome* prétendent qu'il périt de la fièvre, sans parler nullement de poison. Si Victor est l'auteur de l'*Épitome*, il se contredirait ainsi lui-même. Dion fait mourir Titus d'une manière assez bizarre : il fut jeté, dit il, dans un coffre de bois rempli de neige, où il trouva la mort. On soupçonna Domitien de l'avoir empoisonné; il en était bien capable.

Le soupçon d'un fratricide par le poison a pesé sur Charlemagne lui-même, qui certes n'était pas un Domitien.

20. — *Se dominum deumque dici coegerit.* Suétone (*Vie de Domitien*, ch. xiii) rapporte que, lorsque Domitien dictait une lettre ou un ordre au nom de ses ministres, il commençait par cette formule : *Dominus et deus noster sic fieri jubet.* Martial ne manque jamais de prodiguer bassement ces deux titres à Domitien, et semble avoir justifié ce mot que, si la peste donnait des honneurs et de l'argent, la peste elle-même trouverait des flatteurs.

21. — *Capitolium absolvit.* Le mot *absolvit* pourrait faire croire que Domitien ne fit qu'achever le Capitole commencé par Vespasien ; ce qui n'est pas exact. Cet édifice, rétabli par Vespasien, avait été brûlé ; Domitien le rétablit de nouveau et le dédia.

22. — *Gladiatoris more funus ferri.* Le sénat prescrivit que le cadavre de Domitien fût traîné avec un croc au *Spoliarium.* C'était un endroit attenant au Cirque, où les gladiateurs s'habillaient et se déshabillaient, et où ceux dont les blessures paraissaient incurables étaient mis à mort. Nous remarquerons qu'Aurelius Victor est encore ici en contradiction avec Suétone, qui rapporte que le cadavre de Domitien fut remis à Phyllis, sa nourrice, qui l'enterra dans sa maison du faubourg située sur la voie Latine. « Cadaver ejus, populari sandapila per vespillones exportatum, Phyllis nutrix in suburbano suo Latina via funeravit. » Ce qui a pu tromper Aurelius Victor, ce sont les acclamations que le sénat fit entendre à la nouvelle de la mort de Domitien ; ces acclamations nous ont été conservées par Lampride ; les voici : « Qui senatum occidit, in Spoliario ponatur ; qui senatum occidit, unco trahatur. » On entend aussi par le mot *Spoliarium* une place qui se trouvait dans la deuxième région (quartier) de Rome, où les voleurs étaient exécutés et ensevelis.

23. — *Qui [Nerva] quum extrema ætate apud Sequanos, quo tyranni defecit metu, imperium arbitrio legionum cepisset.* Nerva avait soixante ans lorsqu'il parvint à l'empire : *extrema ætate* est donc un peu exagéré ; mais Aurelius Victor commet ici une erreur plus grave, en ajoutant que ce fut chez les Séquaniens qu'on choisit Nerva pour empereur ; car il fut proclamé à Rome même.

24. — *Dedicato prius foro, quod appellatur Pervium.* Les manuscrits portent *Pervium* ; cependant un commentateur prétend qu'il faut lire *Nervium*, mais sans en donner la moindre raison

Nous ne voyons pas là un motif suffisant pour changer le texte. Bien que dédié par Nerva, ce forum n'a-t-il pu être appelé *Pervium ?* Ce mot est synonyme de *Transitorium*, nom donné à ce dernier forum, parce qu'on le traversait pour se rendre à celui d'Auguste et au grand forum.

25. — *Domitis in provinciam Dacorum pileatis Sacisque nationibus, Decibalo rege ac Sardonio.* Au lieu du prince Sardonius (*Sardonio*), on a longtemps lu dans le texte *Sardoniis*, les Sardoniens ; or, comme ces peuples étaient inconnus des critiques, Schott proposait *Dardaniis* ; un autre, *Sauromatis* ; ce qui serait vrai, d'après le récit d'Eutrope; mais il y a trop de différence entre les deux mots *Sardoniis* et *Sauromatis* pour qu'on adopte le dernier à la place du premier; les copistes ont fort bien pu être trompés par les dernières lettres du mot *io*, à la place desquelles ils auront lu *iis*. Toute cette fameuse expédition de Trajan est gravée sur une colonne en spirale qui porte son nom, et qui fait l'un des principaux ornements de la ville de Rome. Notre colonne de la place Vendôme a été élevée sur le modèle de la colonne trajane.

26. — *Ponsque Danubio impositus.* Ce pont, qui est encore aujourd'hui un objet important de recherches pour les savants, a exercé la sagacité et l'érudition de l'Allemand Mannert, dont le *Mémoire* sur ce sujet, couronné par l'Université de Gœttingue, a été traduit du latin en français par Achaintre. On le trouve dans les deux derniers numéros des *Annales des voyages* (1813), par Malte-Brun. Xiphilin a laissé une description un peu fabuleuse du pont construit par Trajan.

27. — *Admota media publici cursus.* Aurelius Victor est dans l'erreur ; car cette course avait déjà été établie par Auguste : peut-être Trajan ne fit-il que la perfectionner. Spartien dit qu'elle fut instituée par Adrien ; on voit qu'il se trompe comme Aurelius Victor.

28. — *Quod equidem munus, satis utile.* On a répété tant de fois que *equidem* était mis pour *ego quidem*, que l'on oserait à peine contredire cette assertion, si l'on ne rencontrait d'assez nombreux exemples qui prouvent que *equidem* s'emploie souvent pour *quidem* tout simplement. Le même Aurelius Victor (*Césars*, ch. xxviii) dit encore : « Quod *equidem* denuntiatum illo tempore prodigiis portentisque. » Au chapitre xxxii on lit : « Quod *equidem* confestim evenit. » Enfin, au chapitre xli, se trouve : « Quod *equidem* vix diuturnum. » Si l'on objecte qu'Aurelius Victor est

un auteur de basse latinité, nous prendrons Salluste, auquel on ne peut adresser le même reproche, et nous citerons de cet historien : « *Equidem mihi decretum est.* » (*Epistola* 1, *de Republica ordinanda*, c. 2.) Or, ici la faute serait bien plus grave que dans Victor même, puisque, après *equidem* on voit paraître *mihi*. Autre exemple de Salluste (*loco cit.*, c. 6) « *Equidem ego sic apud animum meum statuo.* » Il y aurait ici un autre genre de faute, un pléonasme assez ridicule, si *equidem* ne pouvait s'employer que pour *ego quidem*. Si l'on voulait compulser les meilleurs écrivains latins, on compterait bien des exemples de cette espèce. Il est donc permis de conclure, malgré l'opinion contraire, trop généralement reçue, que *equidem* peut se prendre tout aussi bien pour *et quidem* que pour *ego quidem*.

29. — *Plures summæ potentiæ, dissimiles cognomento ac potestate dispari sint.* Cette séparation de titres date, non pas de l'empire de Trajan, comme le dit ici Aurelius Victor, mais du règne d'Adrien, qui, en adoptant Lucius Élius Verus, quitta, le premier, le titre de césar, pour le donner à son fils adoptif. L'empereur prit alors le seul titre d'auguste.

30. — *Initia Cereris Liberæque, quæ Eleusina dicitur, Atheniensium modo Roma percoleret.* Peut-être faudrait-il lire avec Saumaise : *quæ Eleusina dicuntur?* Il n'est pas vrai qu'Adrien ait introduit à Rome les mystères d'Éleusine, qui n'y furent jamais reçus, malgré les efforts que Claude avait déjà tentés pour les y faire admettre. Quant aux mystères de Cérès, les Romains les avaient empruntés de la Grèce longtemps avant le règne d'Adrien, qui peut-être y ajouta de nouvelles cérémonies.

31. — *Antinoum objecisse se referunt.* Suivant Spartien, Antinoüs se noya dans le Nil. « Antinoum suum, dum per Nilum navigat, perdidit, quem muliebriter flevit. De quo varia fama est aliis eum devotum pro Hadriano asserentibus. Et Græci quidem, volente Hadriano, eum consecraverunt, oracula per eum dari asserentes. » Dion Cassius rapporte qu'Adrien immola lui-même Antinoüs, afin de connaître l'avenir par l'inspection de ses entrailles. Le nom de la ville, élevée par Adrien en l'honneur de ce favori, est Antinoüs ou Antinopolis en Égypte. L'empereur lui consacra aussi un temple près de Mantinée.

32. — *Senator urbis.* Comme qui dirait officier municipal ou membre du conseil de la commune. Dans les villes municipales, ce conseil se nommait *minor senatus*, petit sénat, ou simplement *senatus*, sénat.

33. — *Eodem oppido.* Ce qui voudrait dire de la ville municipale de Lanuvium. Mais, selon Capitolin, Marc-Aurèle était né à Rome, dans les jardins du mont Célius, qui appartenaient à son grand-père, et qui étaient voisins de la maison de Lateranus, sur les ruines de laquelle a été bâtie l'église de Saint-Jean-de-Latran.

34. — *Philosophorum obtestantium circumfunderetur.* Il est évident qu'il manque ici un mot, comme *turba* ou *multitudine*. L'ellipse serait par trop forte.

35. — *Jus introductum.* Aurelius Victor s'est encore trompé ici en attribuant à Marc-Aurèle un édit que porta Antonin Caracalla, comme on le voit dans la collection rédigée par Ulpien.

36. — *Septembrem mensem Commodum appellaverat.* Eutrope et Eusèbe disent la même chose; mais Dion prouve que c'était le mois d'août; car voici, d'après cet auteur, les noms que Commode avait, d'après ses propres surnoms, donnés à chaque mois de l'année :

Ἀμαζόνιος,	Amazonius,	Januarius,
Ἀνίκητος,	Invictus,	Februarius,
Εὐτυχής,	Felix,	Martius,
Εὐσεβής,	Pius,	Aprilis,
Λεύκιος,	Lucius,	Maius,
Αἴλιος,	Ælius,	Junius,
Αὐρήλιος,	Aurelius,	Julius,
Κόμμοδος,	Commodus,	Augustus,
Αὔγουστος,	Augustus,	September,
Ἡράκλειος,	Herculeus,	October,
Ῥωμαῖος,	Romanus,	November,
Ὑπερέχων.	Exuperatorius.	December.

Il est très-vraisemblable que Commode ait voulu donner son nom précisément au mois d'août (*Augustus*), parce que, sans doute, il se croyait, dans son orgueil, bien supérieur à Auguste.

37. — *Quum ipse ferrum, obtectum veronibus plumbeis, uteretur.* Évidemment ce passage est altéré; car on ne peut supposer, même de la part d'Aurelius Victor, une faute de langue aussi grossière que celle de *uti ferrum*, au lieu de *uti ferro*. Les variantes des commentateurs sont ici assez nombreuses. Olivarius propose *quum ipse, ferro objectus, mucronibus plumbeis uteretur*; selon Nicolas Lefèvre, il faudrait *quum ipsi ferro, obtecto veronibus plumbeis, uterentur*. Juste Lipse a lu : *quum ipse ferro, obtecto veronibus plumbeis, uteretur*. Madame Dacier veut qu'on mette *quum ipse ferro, objectus veronibus plumbeis, uteretur*. J'ai dû conserver le texte, quelque fautif qu'il puisse être; mais j'ai traduit, d'après la conjecture de Juste Lipse, qui m'a paru la plus judicieuse sous deux rapports : le premier, c'est qu'elle ne fait que corriger la faute du texte, sans l'altérer autrement; car elle ne change que *ferrum obtectum*, en *ferro obtecto*; le second, c'est qu'elle indique clairement toute la mauvaise foi de Commode, qui faisait semblant de n'avoir, pour combattre, qu'un fleuret de plomb, tandis qu'en réalité *il se servait d'un glaive acéré, recouvert de lames de plomb*.

38. — *At Didius Salvius Julianus.* On lit dans plusieurs éditions *At Didius, an Salvius*, comme si, en écrivant, Aurelius Victor eût douté lequel de ces deux prénoms était celui de Julianus. L'un et l'autre lui conviennent, parce que *Didius* était le prénom de son bisaïeul paternel, et *Salvius*, celui de son bisaïeul maternel. Cependant, comme les médailles portent *Marcus Didius Severus Julianus*, on peut croire que les copistes ont été trompés par la lettre *S*, initiale de *Severus*, qui se trouvait seule dans leurs manuscrits.

39. — *Quippe qui primus edictum, quod varie inconditeque a prætoribus promebatur, in ordinem composuerit.* Aurelius Victor attribue ici au petit-fils un travail qui appartient à son bisaïeul maternel, Salvius Julianus. Chaque année, les préteurs portaient des lois nouvelles. Ces lois avaient fini par former un chaos que Salvius Julianus débrouilla. De ce fatras il composa un recueil qui fut nommé *édit perpétuel*, et auquel les préteurs furent, dans la suite, obligés de se conformer.

40. — *Quod novo supplicio plectendum ediderat.* On lit ces mots dans toutes les éditions, et ils pourraient faire croire que D. S. Julianus proposa, après la mort tragique de Commode, un nouveau supplice pour les parricides. Comme cette loi ne se trouve nulle part, madame Dacier propose de mettre *quod novo supplicio plectendum erat*.

41. — *Septimius Severus, qui forte Syriæ legatus.* Si l'on en croit Hérodien et Spartien, Septime Sévère commandait une armée romaine, non pas en Syrie, mais en Pannonie. Il fut proclamé empereur par ses troupes, auprès de la ville de Carnuntum, aujourd'hui Laybach.

42. — *In hæc tempora.* Ce temps, dont parle ici Aurelius Victor, est celui de Constance et de Julien. Victor gouverna la seconde Pannonie en qualité de consulaire, et fut ensuite préfet de Rome.

43. — *Clementem (Severum) habuere.* Spartien donne pour raison de ce que Septime Sévère n'aurait jamais dû naître, ou de ce qu'il n'aurait dû jamais mourir, sa cruauté, d'une part ; de l'autre, les services qu'il rendit à la république : *Quod et nimis crudelis, et nimis utilis reipublicæ videretur.* Pensée brillante et ingénieuse, si elle n'est pas d'une exacte vérité.

44. — *Quo dicto factoque durius nihil bonis.* Cette phrase n'est pas très-claire : on suppose que Victor a oublié, avant *quo dicto*, de mettre *et statim cum interfici jussit.* On ajoute que probablement aussi cette omission doit être imputée aux copistes. Les malheureux copistes sont toujours là pour répondre de toutes les bévues, erreurs, fautes et absurdités. Telle qu'elle est, la phrase peut cependant être comprise ainsi : *mot cruel, suivi d'une action plus cruelle encore aux yeux des gens de bien.* On devine que *l'action plus cruelle encore* fut le supplice du malheureux.

45. — *Subacto Persarum rege, nomine Abgaro.* Spanheim, dans son livre *de Usu numismatum*, prétend qu'il n'y a eu aucun roi des Perses de ce nom, et que Victor et Spartien devraient dire *Edessenorum* ou *Osrhænorum*. Arntzen répond que le mot *Persarum* est employé ici dans le sens le plus étendu, et qu'il signifie des peuples d'Asie, voisins des Parthes ; mais c'est vouloir donner à ce mot une interprétation que rejette l'habitude d'Aurelius Victor d'appeler *Perses* les peuples qu'on ne connaissait alors que sous le nom de Parthes.

46. — *Britanniam, quæ ad ea utilis erat, pulsis hostibus, muro munivit.* Au lieu des mots *quæ ad ea utilis erat*, madame Dacier veut qu'on lise avec Saumaise : *quod ea utilis erat*. J'ai traduit dans ce sens : *convaincu de l'utilité de cette province.* Cependant j'ai conservé dans le texte *quæ ad ea*, etc.... Sans doute *ad ea* se rapporte à ce qui suit *muro munivit*. Sévère fortifia la Bretagne d'une muraille transversale, parce qu'il reconnut que cette province était favorable à ce genre de fortification, *ad ea*. On voit que les deux sens se touchent de bien près. Cependant le premier ne restreint pas l'idée d'utilité à la seule muraille que fit élever Sévère ; c'est pour cela que j'ai cru devoir l'adopter. L'empereur fortifia la Bretagne, parce qu'elle devait être utile sous plus d'un rapport, *quod ea utilis erat*.

47. — *Quod vitio ducum, aut etiam per factionem fieri vir experiens intelligeret.* Plusieurs éditions portent après *ducum* les mots *aut etiam præfectorum.* Comme ils sont tout à fait inutiles après le membre de phrase *vitio ducum*, Arntzen pense avec

Schott qu'il vaut mieux lire *per factionem*. J'ai dû adopter cette ingénieuse correction d'un remplissage inutile.

48. — *Ejusque [Severi] filium Bassianum, qui cæsar una aderat, augustum fecissent.* Victor se trompe ici, comme s'est trompé Spartien, qu'il copie presque mot pour mot. La vérité est que Septime Sévère s'était associé à l'empire son fils Bassien, après la guerre contre les Parthes. Le trait qui suit pourrait offrir quelque intérêt, si plusieurs critiques ne l'avaient avec raison regardé comme une fable, qu'Aurelius Victor a bien pu imaginer dans son enthousiasme assez partial pour Septime Sévère.

49. — *Ortus medie humilis.* On lit dans la plupart des manuscrits *mediæ*, au lieu de *medie*; ce qui a beaucoup embarrassé les critiques. Nicolas Fabre propose : *ortus in æde humili*; Casaubon : *ortus Lepti ex humili patre*; Saumaise enfin : *ortus medie humilis*, c'est-à-dire *ortus* mediocriter *humilis*. Cette dernière leçon, que j'ai adoptée, a un double avantage, celui de ne pas torturer le texte, et celui de mettre simplement un *e* à la place d'un *æ*. C'est ici que l'on peut dire que les copistes ont sans doute par inadvertance converti l'*e* simple en *æ*. Saumaise n'en a pas moins le mérite d'une correction très-heureuse, bien qu'elle ne consiste que dans le changement d'une seule lettre.

50. — *Monitumque, uti mos est, destinanda Romam quam celerrime componeret.* Cette phrase offre pour le sens une assez grande obscurité. Plusieurs éditions portent *destinando*, au lieu de *destinanda*; ce qui rend la phrase plus obscure encore, et même tout à fait inintelligible. Schott pense qu'Aurelius Victor a peut-être écrit *dictando orationem*; d'autres prétendent, et avec raison suivant nous, qu'il faut lire *destinanda*, comme nous l'avons mis dans notre texte. C'est, du reste, le sentiment de Gruter et de Casaubon. Aurelius Victor se trompe en plaçant la mort de Géta avant que les deux frères fussent de retour de la Grande-Bretagne. Géta fut tué à Rome, dans le palais impérial, non pas immédiatement, mais seulement un an et vingt-deux jours après avoir partagé l'empire avec son frère Caracalla. Selon madame Dacier, par *destinanda Romam*, il faut entendre un discours que Papinien reçut ordre d'adresser au sénat et au peuple romain, pour justifier le meurtre de Géta. Je crois m'être, autant que possible, rapproché du sens de *destinanda, uti mos est*, en traduisant : *Les dépêches d'usage*, celles qu'un nouvel empereur ne pouvait se dispenser d'envoyer à Rome, lorsque son avénement n'avait pas eu lieu dans la capitale de l'empire. On a été jusqu'à

hasarder la conjecture suivante, et à proposer de lire, s'il était possible, *monitumque uti motum, excitatum Romæ, quam celerrime componeret.* Mais, outre que cette leçon ne saurait se tirer de la phrase d'Aurelius Victor, et qu'il est tout à fait inadmissible de substituer le mot *excitatum* au mot *destinanda*, il n'existerait plus le moindre rapport, la moindre concordance entre cette phrase et la suivante.

81. — *Magisterio.* A la place de ce mot, on a, je ne sais trop pourquoi, proposé de lire *ministerio*. Spartien nous apprend que Septime Sévère, au lit de mort, avait spécialement recommandé ses fils à la sagesse et aux conseils de Papinien, qui devait être pour eux un guide, un gouverneur. *Magisterio* est donc fort juste; c'est l'expression propre : *ministerio* dénaturerait l'idée, et serait, par cela même, beaucoup moins convenable.

82. — *Incognita munerum specie urbem Romanam alliciens.* Plusieurs éditions portent *adjiciens;* mais Casaubon a très-bien démontré qu'il faut lire *alliciens*. Ajoutons, s'il est permis de le faire après ce critique illustre, que l'expression *adjiciens urbem Romanam* serait ou bizarre et absurde, ou évidemment contraire au génie de la langue latine; car, pour parler correctement et clairement, il faudrait dire : *incognitam munerum speciem urbi Romanæ adjiciens.* Caracalla n'ajouta point *la ville romaine*, mais *à la ville romaine*. *Alliciens* concilie tout, et même avec ce mot, l'idée a plus de finesse et de grâce; c'est un appât que Caracalla jette au peuple pour l'allécher, pour le gagner. Les copistes ont pu très-facilement changer *all* en *adj*.

83. — *Ægypti sacra per eum deportata Romam.* Les mystères d'Isis, déesse égyptienne, à laquelle Caracalla éleva un temple dans la voie Neuve, et près des Thermes qui portent son nom : mais il n'est pas vrai que Caracalla ait introduit pour la première fois à Rome le culte de cette déesse; Commode l'avait institué avant lui. Peut-être Caracalla ne fit-il qu'y apporter des modifications nouvelles, ou remit-il en usage des cérémonies qui avaient été supprimées.

84. — *Anno potentiæ sexto moritur.* Les historiens ne sont pas d'accord sur les circonstances de la mort de Caracalla. Ce qu'il y a de plus certain, c'est qu'il fut tué par deux centurions, entre Edessa et Carres, en Mésopotamie, d'après l'ordre de Macrin, alors préfet du prétoire.

85. — *Corporis reliqua luctu publico relata Romam, atque inter Antoninos funerata sunt.* C'est pousser trop loin le mensonge ou

la flatterie. Un Caracalla aurait excité la douleur universelle après sa mort ! Personne ne le croira. Disons plutôt qu'Aurelius Victor aura voulu trop ménager la mémoire de cet indigne empereur, par égard pour celle de son père, qui était Africain comme notre auteur. Mais l'amour même de la patrie doit avoir des bornes, et l'impartialité de l'histoire prescrit à l'historien des lois qu'il ne devrait jamais violer.

86. — *In palatii penetralibus (palatia) constituit.* Que fait ici le mot *palatia* placé après *in palatii penetralibus?* rien absolument; aussi les critiques l'ont-ils relégué entre deux parenthèses, comme ayant été ajouté par les copistes. Quelques savants, et entre autres Gruter, prétendent que, si on lit *pellacia*, mot qui signifie des lieux de débauche, ce mot est ici fort bien à sa place, et que la phrase est la même que si Victor eût dit : *In palatii penetralibus lupanaria constituit.* Gruter aurait raison, si quelques manuscrits portaient réellement le mot *pellacia;* mais on ne lit partout que *palatia.* Il faut donc supprimer ce mot, dans la traduction du moins sinon dans le texte, par respect pour les erreurs mêmes des manuscrits, et mettre qu'Héliogabale fit transporter à Rome la statue du soleil, et qu'il la plaça *dans la partie la plus reculée de son palais.*

87. — *Visendis tractandisve artibus libidinum ferendarum.* Au lieu de *ferendarum* Olivarius propose *non ferendarum.* Madame Dacier soupçonne qu'il faut lire *nefandarum.* Cette leçon est ingénieuse. Je crois, malgré ces deux autorités, qu'on doit conserver le mot du texte *ferendarum*, et qu'il est possible de l'expliquer. L'auteur veut dire qu'Héliogabale fit avec les hommes les plus dissolus un cours théorique et pratique de tous les raffinements *possibles* des plus monstrueuses voluptés, de toutes les voluptés qu'il est possible de supporter, *ferendarum.* C'est en ce sens que j'ai traduit.

88. — *l'Ico Britanniæ, cui vocabulum Sicila.* D'anciennes éditions offrent *Sicilla*, nom d'un village de la Gaule transalpine, situé dans les environs de Mayence, où l'on rapporte qu'Alexandre Sévère fut massacré. Madame Dacier préfère *Sicilla*, à *Sicila*, et les géographes ne font aucune mention de *Sicila*, que nous avons dû pourtant conserver dans le texte à cause de l'autorité des manuscrits.

89. — *Opus Urbi florentissimum (celebrio) fabricatus est.* Les critiques demandent, et je demanderai comme eux, ce que signifie *celebrio.* Olivarius pense qu'il faut lire *Serapium fabricatur*

est. Madame Dacier propose *celeberrimum*. Un autre commentateur dit : *celebreque*, leçon plus simple à ses yeux, à cause de l'abréviation qui a pu donner lieu à la méprise des copistes. Je n'ai point changé le mot du texte *celebrto*, parce qu'il est dans les manuscrits; mais j'ai traduit comme s'il y avait *celebre* ou *celeberrimum*. Les principaux ouvrages d'Alexandre Sévère sont des thermes et un cirque.

60. — *Inscientia bonarum artium*. Au lieu de *inscientia*, quelques éditions portent *et scientia*; Gruter voudrait *scientium*. Je crois que *inscientia* est le mot le plus juste pour rendre l'idée que présente la phrase; ajoutez que les manuscrits l'autorisent : double raison de le conserver dans notre texte.

61. — *Præsidens rei bellicæ*. Au lieu de *rei bellicæ*, qui est la leçon la plus juste et la plus vraie, comme l'a prouvé Nicolas Fabre, on a voulu lire *Trebellicæ*. Toutefois le mot *rei bellicæ* laisse, pour le véritable sens, du vague et de l'incertitude. Faut-il penser, avec Capitolin, que le Thrace ou le Goth Maximin était chef de toute l'armée (*omni exercitui*)? Faut-il croire, au contraire, avec Hérodien, que Maximin était seulement général de toutes les nouvelles recrues (*tironibus universis*)? J'ai traduit *général en chef des troupes*, d'abord, d'après l'opinion de Capitolin; ensuite, parce qu'étant général en chef de l'armée, Maximin a pu soulever plus facilement les soldats en sa faveur · révolution qu'il n'aurait opérée qu'avec une peine extrême, s'il n'avait commandé que de nouvelles recrues, que des conscrits.

62. — *Quod tamen etiam patres, dum periculosum existimant inermes armato resistere, approbaverunt*. Hérodien et Capitolin disent positivement le contraire.

63. — *Seditione excipitur*. D'après ce qu'avance ici Aurelius Victor, on croirait que Gordien ne fut proclamé empereur que par une partie des troupes, et que l'autre lui était contraire; ce qui serait opposé au témoignage d'Hérodien et de Capitolin, qui disent que le vœu des soldats fut unanime en sa faveur.

64. — *Urbi præfectus reliquique indices*. Le préfet se nommait Sabinus. Ceux que Victor appellent *indices* sont nommés *delatores et accusatores* par d'autres historiens. Nous ferons observer que les exécutions dont parle Victor, avaient eu lieu aussitôt après l'élévation de Gordien à l'empire.

65. — *Clodium Pupienum, Cæcilium Balbinum, cæsares constituit*. L'auteur de l'*Épitome* dit qu'ils envahirent le pouvoir

suprême. Sur plusieurs médailles, les surnoms de *Maximus Augustus* sont joints à celui de *Pupienus*, et celui d'*Augustus* seulement à *Balbinus*, dont le véritable prénom est *Cælius*, et non pas *Cæcilius*. Nous devons ajouter qu'ils furent l'un et l'autre créés augustes ou empereurs, titres qui se trouvent sur leurs médailles; et cependant Victor dit ici qu'ils furent seulement élevés à la dignité de césars.

66. — *Gordianum, Gordiani filium.* Il semble qu'Aurelius Victor ne reconnaisse ici que deux Gordiens, et en passe sous silence un troisième, petit-fils de Gordien le père par sa mère, et dont l'auteur de l'*Epitome* fait mention; ou plutôt Victor attribue à Gordien le fils, qui fut tué avec son père, ce qui concerne Gordien le petit-fils. L'histoire des trois Gordiens est fort embrouillée. Il est bon de consulter, à ce sujet, la savante dissertation de Spanheim sur les empereurs, dissertation insérée dans son livre *de Usu numismatum*, n° 11.

67. — *Præfectus prætorio intererat.* Il est faux que ce Gordien, s'il est le petit-fils, ait été préfet du prétoire. Il était encore enfant lorsqu'il fut créé césar, et les soldats le portaient sur leurs épaules pour le montrer à la multitude. *Voyez* HÉRODIEN, liv. VII, vers la fin.

68. — *Jani ædes, quas Marcus clauserat.* On s'étonne que Victor dise que le temple de Janus avait été fermé par Marc Aurèle. Aucun historien, que je sache, ne fait mention de cet événement, et personne n'ignore que cet empereur fit la guerre pendant tout son règne, et qu'il mourut même dans une de ses expéditions.

69. — *Sumpto in consortium Philippo filio.* Κοινωνὸν τῆς βασιλείας ποιεῖται, dit Zonaras comme Victor; mais Zosime prétend qu'il fut seulement créé césar : ἐν τῇ τοῦ Καίσαρος ἕξει τιμίας

70. — *Filium, Etruscum nomine.* Les médailles et les inscriptions portent Q. Herennius Etruscus, Messius Decius, Aug. Decii Aug. filius.

71. — *Jotapiani, qui Alexandri tumens stirpe.* Suivant Zosime, ce Jotapien, qu'il appelle à tort *Papien*, comme l'a prouvé Casaubon; ce Jotapien, disons-nous, avait usurpé l'empire sous le règne des deux Philippes.

72. — *Lucio Prisco.* Madame Dacier pense que ce Lucius Priscus, qui porte, dit-elle, sur les *médailles* les titres d'*Imperator*, de *césar* et d'*augustus*, était frère de l'empereur Philippe,

qui l'envoya commander les armées de Syrie, si l'on en croit Zosime. Je ne suppose pas que madame Dacier ait pu voir aucune médaille de ce Romain; car les antiquaires n'en connaissent point.

73. — *Julius Valens.* Ni les historiens grecs, ni les historiens latins ne font mention de ce Valens, que l'auteur de l'*Épitome* appelle *Licinianus.*

74. — *Bruti fraude cecidere.* La plupart des critiques pensent que Victor a pris ici un nom de pays pour un nom d'homme. Selon Jornandès, Cassiodore et Eusèbe, les deux Dèces furent tués près d'*Abrutum*, ville de la Mésie. Aussi propose-t-on de lire : *In Abruto fraude cecidere.* Madame Dacier dit que ce fut par la trahison de Gallus; aussi s'écrie-t-elle : *unde igitur hic nomen Bruti?* Zosime rapporte que Dèce le père mourut sur les bords du Tanaïs, et que son fils succomba sous la trahison du même Gallus; mais Zosime confond le Tanaïs avec le Danube. Cet empereur périt avec son armée dans un marais, qui défendait le front des Goths.

75. — *Volusianum, Gallo editum, Cæsarem decernunt.* Aurelius Victor est contredit par l'auteur de l'*Épitome*, qui rapporte qu'Hostilien ne fut créé auguste qu'après Gallus et son fils Volusien. Il se trompe encore, lorsqu'il assure que Volusien ne fut élevé qu'à la dignité de césar; en effet, Zosime et l'auteur de l'*Épitome* affirment qu'il fut nommé *auguste* par le sénat.

76. — *Æmilianus.... morbo absumptus est.* Suivant Zosime, Émilien fut tué par ses soldats, qui se réunirent aux troupes de Valérien.

77. — *Adolescentis fluxo ingenio.* L'auteur de l'*Épitome* dit, en parlant de Gallien, *stolidus tamen et multum iners.* Madame Dacier explique les mots *fluxo ingenio* par *molli, voluptatibus dedito.* C'est bien le sens assurément; toutefois, il y a, selon moi, dans *fluxo* une nuance qu'il est indispensable de faire sentir ici; le rapport de ce mot avec *fluere* est évident; maintenant rapprochez *fluere* de *inundavit* qui précède, dans la phrase : *Tiberis adulta æstate diluvii facie inundavit*, et vous verrez que *fluxo* est la suite naturelle de *inundavit.* L'auteur veut comparer les *déportements* licencieux du jeune Gallien au *débordement* du Tibre. C'est ainsi que j'ai compris et traduit.

78. — *Mursiæ.* Ville de la basse Pannonie. A cette époque parurent trente tyrans sur divers points de l'empire. Si l'on veut connaître le précis de leurs actions, il faut lire surtout Trebellius

Pollion. Cet historien, comme Aurelius Victor et Eutrope, fait mention d'un certain Marius, qui ne fut empereur que trois jours, et dont néanmoins il existe des médailles.

79. — *Cum Salonino.* Ce jeune prince avait reçu le surnom de *Saloninus* d'un nom de sa mère, Cornelia Salonina Pipa. D'autres disent qu'il l'avait emprunté de Salones, ville de la Dalmatie, où il avait pris naissance. Je vais avoir occasion, à la note 81, de reparler de Salonina, ou Salonine.

80. — *Orienti latrones seu mulier dominaretur.* Cette femme est la fameuse Zénobie, épouse d'Odénath et reine de Palmyre, ville dont Volney a célébré les magnifiques ruines. On sait que Zénobie fut vaincue, prise et conduite en triomphe par Aurélien.

81. — *Expositus Saloninæ conjugi atque amori flagitioso filiæ Attali, Germanorum regis, Pipæ nomine.* Victor semble ici faire deux femmes différentes de Salonine et de Pipa, fille d'Attale, roi des Germains; ce n'est cependant qu'une seule et même personne. J'ai dû traduire en ce sens : *Tout à sa criminelle passion pour sa femme, ou plutôt pour sa maîtresse nommée Salonine ou Pipa, et fille d'Attale, roi des Germains.* J'ai lu, avec Saumaise, *Saloninæ conjugis atque concubinæ amori flagitioso expositus.* C'est ainsi qu'avait lu l'auteur de l'*Épitome*, qui écrit : *Amori diverso pellicum deditus, Saloninæ conjugis et concubinæ, quam per pactionem, concessa parte Superioris Pannoniæ, a patre, Marcomannorum rege, matrimonii specie susceperat, Pipam nomine.* Au lieu d'Attale, roi des Germains, c'est ici un roi des Marcomans. Pollion nomme Pipara la femme que Victor et l'auteur de l'*Épitome* appellent Pipa. Aurelius Victor flétrit de l'épithète *flagitioso* l'amour de Gallien pour Pipa, parce que, bien qu'elle fût son épouse, les Romains qui désapprouvaient les mariages contractés avec des femmes étrangères, ne la regardaient que comme sa maîtresse. Aussi, dans l'*Épitome*, ai-je traduit *matrimonii specie* par *un mariage, nul aux yeux des Romains*.

82. — *Actuariorum.* On appelait *actuarii* ceux qui tenaient note de ce qui se passait ou de ce qui se disait. Ils écrivaient quelquefois par abréviations, comme nos sténographes, les harangues ou les plaidoyers qui se prononçaient en public : d'où il arrivait souvent que, par leur inadvertence, ces pièces offraient ou des lacunes ou des passages inintelligibles. « *Orationem pro Quinto Metello* (dit Suétone) *non immerito Augustus existimat magis ab actuariis exceptam, male subsequentibus verba dicentis.* » Sans doute ces scribes n'avaient acquis une si grande autorité

dans l'armée que par la crainte qu'ils inspiraient comme espions. On appelait encore *actuarii* des officiers qui remplissaient, dans les armées, les mêmes fonctions que nos commissaires-ordonnateurs ou intendants des armées. C'est de ces derniers *actuarii* qu'il est ici question.

83. — *Victoria.* Pollion écrit *Victorina*. On appelait cette femme la mère du camp, *mater castrorum*, et on lui avait donné le titre d'*Augusta*.

84. — *Astu composuit.* Zosime et Pollion ne parlent pas de tout cela. L'auteur de l'*Épitome* dit seulement : *Aureoli commento a suis interiit*. Aurelius Victor a cru devoir broder ici un petit roman dans son histoire.

85. — *Honore tribunatus Ticini retinentem præsidiariam manum.* La ville de Ticinum, qu'il ne faut pas confondre avec le fleuve Ticinus (Tésin), dont elle était baignée, se trouvait dans la Gaule Transpadane ; c'est aujourd'hui Pavie, dans le royaume Lombardo-Vénitien.

86. — *Patronoque fisci in curiam perducto effossos oculos pependisse satis constat.* Ces mots offrent une difficulté que les critiques se sont efforcés de résoudre. Olivarius et Gruter pensent avec raison qu'il faut lire *perducto*, au lieu de *perduci*, qui se trouve dans plusieurs éditions. Madame Dacier donne au mot *pependisse* le sens de *pœnas luisse*. Je crois qu'elle se trompe ; *pependisse* ne signifie point *furent punis*, mais *restèrent suspendus*. Avec la version de madame Dacier, l'on ne pourrait supprimer le mot *pœnas*; l'ellipse serait trop forte, surtout à cause du sens naturel du mot *pendere*, être suspendu.

87. — *Recepta Mediolani urbe.* La grammaire demanderait *Mediolano urbe*, au lieu de *Mediolani urbe* : cependant de pareils exemples se rencontrent encore dans d'autres auteurs latins. On trouve dans Virgile : *hic tamen ille urbem Patavi....* (*Énéide*, liv. 1, v. 247), pour *urbem Patavium*. Dans Virgile encore : *Lustrat Aventini montem....* (*Énéide*, liv. viii, v. 231), pour *Aventinum montem*. Nous avons vu, dans les *Hommes illustres* (ch. xvi), *apud Regilli lacum*, pour *Regillum lacum*. Madame Dacier dit à ce sujet : *Regilli lacus eodem modo dictum ut* flumen Rheni, herba lapathi, flos rosæ. On lit dans Cicéron : *In oppido Antiochiæ*, pour *in oppido Antiochia* ; enfin, dans Virgile, déjà cité deux fois ici, *amnis Eridani*, pour *amnis Eridanus*.

88. — *Huic novem annorum potentia fuit.* Suivant l'auteur de

l'*Épitome*, Gallien régna quinze ans, sept années avec son père, et huit années après la mort tragique de Valérien en Perse. Eutrope dit qu'il régna neuf ans après son père. Il mourut âgé de cinquante ans.

89. — *Decorum morem renovaverit.* Rien de moins certain que ce prétendu dévouement de Claude II pour la patrie, à la manière des Decius. Trebellius Pollion rapporte qu'il succomba à une maladie épidémique qui se répandit sous son règne : Zosime le fait mourir d'une peste qui emporta un grand nombre de ses soldats : Ἀρξαμένου δὲ τοῦ λοιμοῦ καὶ Ῥωμαίων, ἀπέθανον μὲν πολλοὶ τοῦ στρατεύματος, τελευτᾷ δὲ καὶ Κλαύδιος. « Finito bello Gothico, gravissimus morbus increbuit; tunc etiam Claudius affectus morbo mortales reliquit, et familiare virtutibus suis petiit cœlum. » (Pollion.)

90. — *Hoc siquidem Constantius et Constantinus, atque imperatores nostri.... Corporisque acceptior militibus.* Madame Dacier dit avec raison : *Locus deploratus; nam multa desunt.* Il est probable qu'après une réflexion au sujet de Constance et de Constantin, Aurelius Victor avait parlé de Quintilius, frère et successeur de Claude, qui fut tué après un règne de quelques jours; et qu'il avait raconté ensuite le commencement du règne d'Aurélien; c'est ce qu'indique le début du chapitre suivant : *Ceterum Aurelianus, successu tanto vehementior, etc....* Quel est ce grand succès d'Aurélien, sinon la défaite des Alamannes, qui avaient fait une invasion en Italie? Selon Zosime, il vainquit les Alamannes avant de partir pour la guerre contre les Perses. Aurelius Victor prétend le contraire.

91. — *Quadruplatorum.* On appelait *quadruplatores* une espèce de délateurs qui ne s'occupaient que d'accuser les citoyens de certains crimes publics, et qui, pour leur salaire, recevaient la quatrième partie des biens des condamnés. « Quadruplatores, quod ipsi ex damnatorum bonis, quos accusaverant, quartam partem consequebantur. » (Asconius, *Verrina tertia*.)

92. — *Ad Græciæ morem decreta abolitione.* Aurelius Victor rappelle ici, d'après Vopiscus, la célèbre amnistie que les Athéniens, délivrés des trente tyrans, accordèrent, sur la proposition de Thrasybule, à tous ceux qui avaient pris part à ce gouvernement tyrannique; amnistie qu'on a toujours regardée comme un acte de la plus haute sagesse. « Amnistia etiam sub eo delictorum publicorum decreta est de exemplo Atheniensium. » (Vopiscus.)

93. — *Ut ejus necis auctoribus exitio, pravis metui, stimulo dubiis, optimo cuique desiderio, nemini insolentiæ aut ostentationi esset.* Casaubon pense qu'il manque ici le mot *mors* ou tout autre semblable : *sine quo*, dit-il, *ruit tota periodus*. Je crois, avec madame Dacier, que le génitif *necis* est mis ici pour le nominatif *nex*, licence dont on voit plus d'un exemple dans les auteurs latins. Ainsi, dans Pétrone et dans Lucilius Junior, on trouve *Ditis* pour *Dis*, au nominatif. Longtemps on a lu, dans le texte, *stimulata dubiis*, au lieu de *stimulo dubiis*, très-heureusement introduit par Arntzen. Les mots *stimulata dubiis* ne présentent aucun sens : au contraire, *stimulo dubiis* remplit très-bien l'idée, la phrase et la période de l'auteur.

94. — *Ab suis interficitur* [*Florianus*]. *Post quem, Probum, in Illyrico factum, accepere.* Comme il est certain, d'après le témoignage d'Eutrope et de Vopiscus, que les soldats ne tuèrent Florien qu'après avoir appris l'élection de Probus, un critique propose de lire : *ab suis interficitur, postquam Probum*, etc.... Je ne vois pas là, je l'avoue, nécessité absolue de changer le texte. Probus ne fut point proclamé empereur en Illyrie, mais en Orient, où il était gouverneur de la Syrie, de la Phénicie, de la Palestine et de l'Égypte. Il était né à Sirmium en Illyrie ; c'est ce qui fait dire à madame Dacier : « Putabam legendum : *in Illyrico natum*. » Remarquez *factum* seul, sans le mot *imperatorem*. Aurelius Victor aime beaucoup ces sortes d'ellipses.

95. — *Colles vinctis replevit* [*Probus*]. Avant le règne de Probus, ne plantait pas des vignes qui voulait. Il fallait en obtenir la permission des empereurs, depuis Domitien, qui avait défendu en Italie cette plantation, de peur qu'elle n'envahît les terres destinées à la culture du blé.

96. — *Carus, præfectura pollens prætorii, augusto habitu, liberis cæsaribus.* Les mots *augusto habitu* réclament sans doute le verbe *induitur*, qui les gouverne à l'ablatif. Gruter propose *augustatur habitu*, et madame Dacier *augustus habetur* ; mais c'est vouloir ne trouver aucune ellipse dans notre auteur, qui en est rempli. Il y a encore, dans cette phrase, plusieurs ablatifs gouvernés par un verbe sous-entendu, ou par la préposition *cum* non exprimée. L'un des participes *creatis* ou *factis* a été sans doute oublié près de *cæsaribus*. Nous ne devons pas être trop surpris des ellipses que nous rencontrons assez souvent dans quelques historiens latins, et surtout dans Aurelius Victor. Comme la plupart d'entre eux n'écrivaient que pour eux-mêmes,

quelques mots leur suffisaient pour rendre leur pensée. Quant aux modernes, qui presque toujours ne composent des ouvrages que pour les faire imprimer, ils mettent plus de soin à répandre, dans leur style, la lumière et la clarté.

97. — *Fulminis tactu conflagravit* [*Carus*]. Vopiscus rapporte une lettre de Calphurnius, qui nous apprend que Carus mourut de maladie. Il ajoute ensuite : « Hanc ego epistolam idcirco indidi, quod plerique dicunt vim fati quamdam esse ut Romanus princeps Ctesiphontem transire non possit; ideoque Carum fulmine absumptum, quod eos fines transgredi cuperet, qui fataliter constituti sunt. » Casaubon fait observer, à ce sujet, qu'il est certain que les Romains possédèrent, depuis cette époque, au delà de Ctésiphon et du Tigre, des provinces nommées Transtigranes, qui furent conquises par Galerius, et rendues aux Perses par Jovien.

98. — *Domesticos regens*. On appelait *domestici* des soldats qui ne combattaient point avec les autres, et dont les fonctions se bornaient à garder l'intérieur du palais impérial, et à marcher aux côtés de l'empereur. Les uns étaient cavaliers, les autres fantassins. On donnait le nom de *protectores* à ceux qui, pendant le combat, se tenaient aux côtés du prince.

99. — *Prudentem virum*. L'éloge qu'Aurelius Victor fait ici de Dioclétien, un des persécuteurs les plus acharnés du christianisme, prouve suffisamment que notre auteur était païen, ainsi que je l'ai démontré dans la *Notice*.

100. — *Quum Venetos correctura ageret*. Un *correcteur* de province n'avait pas la même autorité qu'un gouverneur. C'était comme un inspecteur ou un censeur que les empereurs romains envoyaient dans de petites provinces pour y veiller à l'exécution des lois de l'empire. La *correcture* était une charge de création nouvelle. Suivant Tillemont, les correcteurs étaient juges ordinaires avec les consulaires et les présidents; il n'y en avait guère que pour l'Italie et pour les petites provinces.

101. — *Narbone patria*. Les vers suivants de Sidoine Apollinaire ont fait croire que Carus était né à Narbonne, ville des Gaules :

> Quidquid Cæsaribus ferax creandis
> Felix prole virum, simul dedisti,
> Natos cum genitore principantes;
> Nam quis Persidis expeditionem,
> Aut victricia castra præteribit

Cari principis, et perambulatum
Romanis legionibus Niphatem,
Tum quum fulmine captus imperator
Vitam fulminibus parem peregit?

Zonaras dit la même chose : Κἆρος τὸ γένος Γαλάτης ἦν. Mais Scaliger a prouvé que Carus était né en Illyrie, où Pline et Ptolémée assurent qu'il existait une ville, nommée *Narbona* ou *Narona*, que le premier place près du fleuve Naron, aujourd'hui *la Narenta*, en Dalmatie. C'est encore le sentiment de Saumaise, de Spanheim et d'Havercamp.

102. — *Quum parum multos opprimeret*. Schott, Gruter, Sylburgius et madame Dacier pensent qu'il faut lire *quum non parum multos*, ou encore, *quum barbarorum multos opprimeret*. Cette leçon est conforme aux paroles d'Eutrope, *multis barbaris sœpe captis*. Un autre critique propose *paronum*, au lieu de *parum*. Le mot *parones* signifie ces bâtiments légers dont les Germains se servaient pour exercer leurs pirateries. Si cette variante était admise, il faudrait dire que Carausius détruisit un grand nombre de bâtiments ennemis. Il est mieux, je crois, de conserver *parum multos*, leçon qui paraît plus conforme aux desseins ambitieux de Carausius, qui voulait sans doute se faire des partisans parmi les barbares, en les épargnant.

103. — *Carporumque natio translata omnis in nostrum solum; cujus fere pars jam tum ab Aureliano erat*. Ces peuples habitaient les environs du Danube. Voici comment Eutrope parle de cette expédition : « Carpis et Basternis subactis, Sarmatis victis, quarum nationum ingentes captivorum copias in Romanis finibus locaverunt. » Aurelius Victor est le seul qui dise qu'Aurélien avait déjà transporté sur les terres de l'empire une partie de la nation des Carpiens. Peut-être faudrait-il lire *cœpa*, avant ou après *erat*, verbe qui n'est là que comme auxiliaire. Vopiscus, qui parle de cette défaite des Carpiens par Aurélien, ne fait nulle mention de l'événement rapporté par Aurelius Victor.

104. — *Frumentariorum genere*. On appelait *frumentarii* des soldats ou des officiers attachés aux légions, et établis pour présider au transport des subsistances, et veiller à l'approvisionnement des troupes. Ils avertissaient aussi le prince de tout ce qui se passait dans l'armée.

105. — *Imminuto prætoriarum cohortium atque in armis vulgi numero*. Il paraît qu'il faut entendre par ces citoyens armés les soldats des cohortes préposées à la garde de la ville, parce qu'ils

étaient tirés du peuple. On sait que les cohortes urbaines étaient tout à fait distinctes des cohortes prétoriennes. Les cohortes urbaines répondaient à peu près à ce que sont aujourd'hui nos *gardes municipaux*. Schott lisait *atque inermis vulgi numero*, au lieu de *in armis*; ce qui signifie positivement le contraire. Je ne comprends pas, je l'avoue, le sens qu'il pouvait donner à *inermis*, dans ce passage. Madame Dacier, après avoir cité le texte et la variante proposée par Schott, ajoute : « Sed utrumque mihi ignotum est, neque possum cogitare quam hic historiam tangat Victor. » Madame Dacier a raison; l'on ne sait à quelle source Victor a puisé les détails qu'il donne ou qu'il invente ici.

100. — *Vulnere pestilenti consumptus est* [*Galerius*]. C'est-à-dire d'un ulcère où s'engendra une immense quantité de vers. Cette terrible maladie lui fit perdre les yeux; toutes ses chairs tombèrent en lambeaux et en pourriture. *Voyez* LACTANCE, *de Mort. Persecut.*

107. — *Urbis, fanum atque basilicam.* Ce temple de la Ville était sans doute celui de la déesse Roma, situé sur la voie Sacrée; car les historiens ne parlent nullement d'un temple de la Ville, *Urbis*, proprement dit. Victor, qui fait ici mention d'un temple, qui peut-être n'a jamais existé, ne dit pas un mot du fameux arc de triomphe que le peuple romain éleva à Constantin, après sa victoire sur Maxence, arc qui existe encore presque tout entier.

108. — *Cirtæque oppido.... nomen Constantina inditum.* Cette ville, située en Numidie, était une place forte, que Micipsa avait fondée en partie, et peuplée de Grecs. Strabon assure qu'elle pouvait fournir dix mille cavaliers et vingt mille fantassins; ce qui supposerait une population de deux cent mille hommes. Du temps de saint Augustin, la ville de Constantine était la métropole de la Numidie, et un concile de Carthage lui donne ce titre. Elle subsiste encore aujourd'hui sous le nom de Constantine, et fait partie de nos possessions françaises en Afrique.

109. — *Martiniano.* Zosime nous apprend que Licinius et Martinien, chassés de Chalcédoine, se retirèrent à Nicomédie, où ils se rendirent à Constantin, qui vint les y assiéger. Martinien fut mis à mort, et Licinius, ayant été relégué à Thessalonique, y fut étranglé peu de temps après, malgré la parole qui lui avait été donnée qu'on lui laisserait la vie; mais, sans doute, il tramait quelque nouvelle révolte contre Constantin.

110. — *Novando militiæ ordine.* Zosime assure, au contraire, que Constantin ruina la discipline militaire. Lequel croire?

Hippocrate dit oui, mais Galien dit non.

111. — *Quasi novatam urbem Romanam arbitraretur.* Aurelius Victor joue singulièrement ici le rôle d'adulateur. En effet, si Rome doit attribuer sa décadence à un prince, c'est sans contredit à Constantin, qui lui donna pour rivale Constantinople, par laquelle elle fut enfin éclipsée.

112. — *Alteros Marcus Bojonius afflixerat multa, quod Hipparchum præstanti ingenio indigenam fuisse ignoravissent.* Il est bien difficile de croire que le plus sage des princes et des hommes, que Marc Aurèle ait puni si sévèrement l'ignorance des habitants de Nicée au sujet d'Hipparque; aussi propose-t-on de lire *fustibus necavissent*, ou encore *fustigatum necavissent*, au lieu de *fuisse ignoravissent*. La leçon est ingénieuse, et fait honneur à madame Dacier. Hippocrate était un fort habile astronome; il a écrit sur les étoiles fixes, et contre les *Phénomènes* d'Aratus et d'Eudoxe. Il fut le premier inventeur des instruments propres à l'astronomie. Il florissait sous Ptolémée Philadelphe.

113. — *Facundiæ vi dejectum imperio.* Zosime raconte cet événement avec des circonstances un peu différentes. Il dit que Constance, craignant d'avoir deux ennemis à combattre, envoya des ambassadeurs à Vétranion pour lui demander son amitié, et l'engager à réunir ses troupes aux siennes, afin de marcher ensemble contre Magnence. Vétranion, trompé par cette conduite amicale de Constance, se rendit auprès de lui, et s'assit à ses côtés sur un trône préparé à cet effet. Alors Constance adressa un discours à ses soldats, qui aussitôt forcèrent Vétranion à descendre du trône pour rentrer dans la condition de simple particulier. Constance le relégua en Bithynie, et lui assigna une pension alimentaire.

114. — *Si modestia atque integritate superet. Quod maxime cognitum e nostro principe.* Si l'on en croit Zosime, il s'en fallait de beaucoup que la modération et l'intégrité fussent les vertus favorites de Constance, qui ne gardait, dit l'historien grec, ni foi, ni parole, ni serment.

115. — *Gallos, natura præcipites.* Vopiscus, en parlant de Saturninus, appelle les Gaulois *gentem hominum inquietissimam, et avidam semper vel faciendi principis, vel imperii.* Trebellius Pollion, au commencement de son *Histoire des Gallien*, fait remarquer aussi ce défaut des Gaulois, qui tient à leur grande vivacité, et qui exige beaucoup d'habileté et de fermeté dans le prince qui les gouverne.

116. — *Tiberius Galeriusque.* Lorsque Tibère n'était encore

que simple particulier, il vainquit, sous les auspices d'Auguste, les Rhétiens, les Vindéliciens, les Pannoniens et les Germains. Le césar Galerius, sous les auspices de Dioclétien, vainquit Achilleus, s'empara d'Alexandrie, défit Narsès, prince d'Arménie, et termina la guerre des Perses.

117. — *Ut imperatore ipso clarius, ita apparitorum plerisque magis atrox nihil.* Le mot *apparitorum* ne peut avoir ici d'autre sens que celui de *ministrorum*, qui se trouve dans la phrase précédente. Il y a beaucoup à rabattre du magnifique éloge que Victor fait de Constance. Voici quelques ombres à ce brillant tableau; c'est Zosime qui parle : « Constance étant demeuré seul maître de la puissance absolue, ne put garder dans la prospérité aucune modération. Les calomniateurs furent tout-puissants sous son règne, ainsi que les autres fléaux publics, qui tendent continuellement des piéges à ceux que semble favoriser la fortune. »

ÉPITOME.

1. — *Quam ut annonæ Urbis copiosam efficeret.* Déjà Suétone (*Auguste*, ch. xviii) avait écrit : « Ægyptum in provinciæ formam redactam, ut feraciorem habilioremque annonæ Urbis redderet, fossas omnes, in quas Nilus exæstuat, oblimatas longa vetustate, militari opere detersit. » Sous Trajan, l'Égypte elle-même, l'Égypte, le grenier de Rome, éprouva une telle stérilité, que ce fut Rome, ou plutôt Trajan, qui vint à son aide. Aussi Pline le Jeune, dans son *Panégyrique de Trajan* (ch. xxxi), rappelle-t-il avec orgueil cette circonstance : « Mirum, Cæsar, videretur, si desidem Ægyptum cessantemque Nilum non sensisset Urbis annona; quæ tuis opibus, tua cura usque illuc redundavit, ut simul probaretur, et nos Ægypto posse, et nobis Ægyptum carere non posse. Actum erat de fecundissima gente, si libera fuisset : pudebat sterilitatis insolitæ, nec minus erubescebat fame quam torquebatur, quum pariter a te necessitatibus ejus pudorique subventum est. Stupebant agricolæ plena horrea, quæ non ipsi refersissent, quibusque de campis illa subvecta messis, quave in Ægypti parte alius amnis. Ita beneficio tuo nec maligna tellus; et obsequens Nilus Ægypto quidem sæpe, sed gloriæ nostræ nunquam largior fluxit. »

2. — *Quod in tantum accidisse perdoluit.* Quelques éditions suppriment le mot *accidisse*, dont la phrase peut se passer à la rigueur. On remarquera la tournure assez rare qu'emploie Aurelius Victor, *in tantum*, au lieu de *adeo*; toutefois elle se trouve dans Tite Live (liv. xxii, ch. 27) : *In tantum suam felicitatem virtutemque extulisse.* « Victor reproduit ici Suétone (*Auguste*, ch. xxiii), dont il ne fait guère que changer les expressions. « Adeo namque consternatum Augustum ferunt, ut per continuos menses barba capilloque submisso, caput interdum foribus illideret, vociferans : Quintili Vare, redde legiones; diemque cladis quotannis mœstum habuerit ac lugubrem. »

3. — *Poetam Ovidium, qui et Naso, pro eo quod tres libellos amatoriæ artis conscripserit, exilio damnavit.* Le poème de *l'Art d'aimer* d'Ovide ne fut pas la seule cause de son exil; il y en eut une autre bien plus puissante, on doit le croire, qui entraîna la disgrâce du poète; lui-même n'a jamais fait connaître quel put être ce motif; il dit seulement, au livre deuxième des *Tristes* :

> Perdiderint quum me duo crimina, carmen et error:
> Alterius facti culpa silenda mihi est.

Il ajoute ensuite :

> Cur aliquid vidi ? cur noxia lumina feci ?

On a fait mille et mille recherches à peu près infructueuses, pour découvrir la véritable raison du malheur d'Ovide; il en dit assez, je crois, par ces mots : *cur aliquid vidi?* Il fallait qu'il eût vu quelque chose de bien honteux, et qui dût être un crime irrémissible aux yeux d'Auguste. On sait que les mœurs de cet empereur n'étaient pas des plus pures; on sait aussi quels furent les déportements de Julie, sa fille. Peut-être pourrait-on trouver là le véritable motif de l'exil d'Ovide. Les bornes de cette note m'interdisent, à cet égard, une plus longue et plus précise investigation.

4. — *Nisi magnis naturæ et studiorum bonis abundasset.* Il existe, sur les empereurs romains, un ouvrage grec fort curieux, mais aujourd'hui peu lu et peu connu; c'est le *Livre des césars* de l'empereur Julien. Ce livre, ou plutôt cette vive et spirituelle satire, écrite avec tant de verve, nous fournira les portraits, tracés de main de maître, de tous les *césars* romains. J'ai cru devoir leur donner place dans ces *Notes sur l'Épitome*, où, pour la dernière

fois, nous nous occupons des empereurs. Je ne citerai point le texte grec, à mon grand regret, je l'avoue : car l'expression y est toujours d'une finesse et d'un pittoresque achevé; les citations du texte m'entraîneraient trop loin ; je donnerai seulement une traduction exacte et fidèle, autant que possible, des *Césars de Julien*.

« Aux Saturnales, dit-il, Romulus fit un festin auquel il invita tous les dieux : il voulut aussi traiter les césars. Les lits des immortels furent préparés au plus haut du ciel,

Sur l'Olympe, des dieux l'immobile séjour.

« Quirinus, car c'est ainsi qu'il faut nommer Romulus, pour obéir aux oracles, y est, dit-on, monté en suivant les traces d'Hercule. Ce lieu, destiné au festin des césars, était au-dessous de la lune, dans la région supérieure de l'air. La légèreté des corps dont ils sont revêtus et le mouvement circulaire de cette planète les y soutenaient. On distinguait quatre lits d'une magnificence proportionnée à la dignité des dieux du premier rang, qui les occupaient. Celui de Saturne était d'une ébène dont le noir jetait une lumière toute divine, éblouissante comme celle du soleil : les yeux ne pouvaient la supporter. Celui de Jupiter avait trop d'éclat pour n'être que d'argent; mais on jugeait, à sa blancheur, qu'il n'était pas d'or. Mercure, quoiqu'il eût consulté les experts, ne sut me dire si c'était une composition d'or et d'argent, ou bien quelque autre métal.

« Auprès des dieux on voyait la mère et la fille sur des trônes d'or : Junon à côté de Jupiter; Rhéa tout près de Saturne. Mercure ne me dépeignait point la beauté des immortels : il me dit qu'elle ne pouvait être aperçue que des yeux de l'intelligence; ainsi l'éloquence la plus sublime demeurera toujours infiniment au-dessous d'une pareille tâche.

« Les autres dieux avaient leur lit ou leur trône; il n'y eut entre eux aucune discussion pour le rang : la qualité et l'ancienneté le règlent; et, comme l'a très-bien dit Homère, à qui les muses l'avaient sans doute révélé, chacun des dieux a sa place fixe que personne ne peut lui ôter. Aussi, lorsqu'ils se lèvent à l'arrivée de leur père et de leur roi, les rangs ne sont point confondus : chacun reconnaît sa place.

« Lors donc que tous les dieux se furent assis en cercle, Silène, à titre de nourricier et de gouverneur, prit sa place auprès de Bacchus. La jeunesse et la beauté brillaient sur le visage de ce fils de Jupiter; il était près de son père. Silène paraissait passionné pour son élève; et, quoique le jeune dieu ait assez de bonne humeur pour en inspirer, le vieillard tâchait encore de l'augmenter par ses propos enjoués.

« Dès que la table des césars fut servie, Jules César entra le premier; il paraissait d'humeur à disputer l'empire à Jupiter lui-même. Sitôt que Silène l'eut envisagé : Jupiter, dit-il, voilà un homme qui pourrait bien penser à vous détrôner. Il aime à être le maître : prenez-y garde; car il est, comme vous voyez, de mine et de taille à le devenir. S'il ne me ressemble pas en tout, du moins sa tête est chauve comme la mienne.

« Pendant que Silène parlait ainsi, sans que les dieux y fissent grande attention, Octavien se présenta. A voir les couleurs se succéder sur son visage, vous l'eussiez pris pour un véritable caméléon. Pâle d'abord, ensuite rouge, puis noir, brun, sombre; enfin il prenait un air calme et gracieux. Il se piquait d'avoir les yeux brillants comme le soleil, et ne pouvait souffrir qu'on le regardât fixement. Sans mentir, s'écria Silène, voilà un animal bien changeant : veut-il nous jouer quelque mauvais tour? — Trêve de plaisanterie, dit Apollon à Silène : je vais le mettre entre les mains de Zénon, qui, en moins de rien, m'en fera un prince sans défaut. Puis, s'adressant à ce philosophe, il lui dit : Zénon, prends soin de mon élève. Zénon obéit, et lui glissa tout bas à l'oreille quelques mots de philosophie. Cette magie eut plein succès, et fit d'Octavien un homme sage et modéré. »

8. — *Caldius Biberius Mero ob vinolentiam nominatus est.* On saisit facilement le jeu de mots, qui existe dans ces surnoms de Tibère; mais il n'est pas possible de les traduire en français. Madame Dacier dit fort bien : « In eo autem est joci elegantia, quod per *Caldius* ad potiones calidas, quibus Romani delectabantur, allusum; *Mero*, ad merum; *Biberius*, ad bibere : præterea quod primæ litteræ nominis Tiberius Nero, T et N, facile in B et M commutantur. » Aurelius Victor suit ici pas à pas Suétone, qui dit (*Tibère*, ch. XLII) : « In castris tiro etiam tum, propter nimiam vini aviditatem, pro Tiberio, Biberius; pro Claudio, Caldius; pro Nerone, Mero vocabatur. »

9. — *Insidiis Caligulæ exstinctus est.* « Après Auguste, entra Tibère avec un air grave, mais fier et terrible : sa physionomie annonçait un homme de tête, et l'on voyait dans ses yeux je ne sais quoi de martial. Mais, lorsqu'il se tourna pour s'asseoir, on aperçut sur son dos une infinité de cicatrices, de brûlures, de

coups, et une espèce de lèpre, à laquelle il semblait qu'on eût
appliqué le feu : vestiges honteux de son intempérance et de ses
autres excès. Alors Silène prit son sérieux, et dit :

Ἄλλοῖος μοι, ξεῖνε, φάνης νέον ἠὲ πάροιθεν.

Vous me semblez, seigneur, autre { qu'auparavant.
{ que par devant.

Comment, lui dit Bacchus, te voilà devenu bien grave, mon père
nourricier. — C'est, répondit Silène, que ce vieux satyre m'a
frappé l'imagination, et m'a fait citer Homère sans y penser. —
Il pourrait bien te tirer les oreilles, ajouta Bacchus, comme il fit,
dit-on, à je ne sais quel grammairien. (*Ce fait n'est pas connu.*) —
Qu'il s'en aille donc dans sa petite île, reprit Silène qui désignait
Caprée, confiner le chagrin qui le dévore, et faire déchirer le visage d'un malheureux pêcheur. » (JULIEN.)

7. — *A militibus confossus interiit.* « Tandis qu'ils plaisantaient
de la sorte, on vit s'avancer un monstre farouche (Caligula).
Tous les dieux détournèrent les regards : ensuite Némésis le livra
aux Furies vengeresses, qui le précipitèrent dans le Tartare, sans
donner à Silène le temps d'en rien dire. » (JULIEN.)

8. — *Vixit annos sexaginta quatuor.* « Mais Silène se dédom-
magea sur Claude; car, à son arrivée, il le régala du commencement du rôle de Démosthène, dans les *Chevaliers* d'Aristophane.
Ensuite, regardant Quirinus, il lui dit : Peux-tu avoir si peu
d'égards pour l'un de tes descendants? Tu l'invites sans ses affranchis Narcisse et Pallas ! mais c'est se moquer. Envoie-les chercher
promptement, si tu m'en crois, et avec eux sa femme Messaline.
Le pauvre homme, quand il ne les a pas, n'est qu'un vrai garde
de tragédie, un corps sans âme, ou peu s'en faut. » (JULIEN.)

9. — *Periit anno ætatis tricesimo secundo.* « Silène parlait encore lorsque Néron entra, la couronne de laurier sur la tête, et
la cithare à la main. Silène jeta les yeux sur Apollon, et lui dit :
En voici un qui t'a pris pour modèle; il s'efforce de te ressembler.
— Oh ! répondit le dieu, je vais bien lui ôter cette couronne : il
ne m'imite pas en tout, et, dans ce qu'il copie, c'est un mauvais
singe. — Aussitôt la couronne lui fut arrachée, et le tyran tomba
dans le cocyte, qui l'engloutit. » (JULIEN.)

10. — *Adeo amabilis militibus propriis, ut plerique, corpore
ejus viso, suis manibus interierint.* Tous ces détails sont confirmés
par Suétone, qui dit (*Othon*, ch. XII) d'une manière plus explicite
encore : « Multi præsentium militum cum plurimo fletu, manus ac

pedes jacentis exosculati, fortissimum virum, unicum imperatorem prædicantes ; ibidem statim, nec procul a rogo, vim suæ vitæ attulerunt. »

11. — *Causidicorum obliqua dicta.* C'est ce que Suétone appelle *figuras* ; Macrobe, *morsus figuratos* ; Eutrope, *convicia* ; c'est ce que les Grecs nomment σκόμματα, ὑπονοίας. Spartien (*Vie de Sévère*) nous donne une idée de ces *figures* ou *obliqua dicta*, en disant : « Damnabantur plerique cur jocati essent, alii cur tacuissent ; alii cur pleraque *figurata* dixissent, ut quod esset imperator vero nominis sui, vere Pertinax, vere Severus. » C'est ce qu'en français nous appelons des *mots à double sens*.

12. — *Stantem, ait, imperatorem excedere terris decet.* Cette parole est fort belle, et prouve la prodigieuse activité de Vespasien. Il la déploya surtout à l'époque où il fit rebâtir le Capitole ; on le vit alors prendre et charger sur son dos impérial des pierres destinées à la reconstruction du temple. Cette simplicité, si éloignée de nos mœurs, nous paraît aujourd'hui chose étrange et peu digne d'un souverain. Cependant les rois et les princes posent encore maintenant des *premières pierres* ; il est vrai qu'ils ne les chargent pas sur leur dos.

13. — *Berenicis, uxoris suæ.* Bérénice n'était point la femme, mais bien la maîtresse de Titus. Les mœurs de celui-ci n'étaient rien moins qu'irréprochables avant qu'il fût empereur. Sa passion pour Bérénice avait fait un éclat très-scandaleux. La tragédie de Racine nous a depuis longtemps accoutumés à regarder Bérénice comme une princesse vertueuse et digne de monter sur le trône des césars. Les grands poëtes décident quelquefois injustement des réputations. Virgile et Racine ont fait de deux reines célèbres ce qu'elles n'étaient pas. La sagesse de Bérénice fut toujours au moins très-équivoque. Elle resta veuve fort jeune, et son zèle pour la religion juive qu'elle professait, n'empêcha point qu'on ne l'accusât d'avoir eu plus que de l'amitié pour son frère Hérode Agrippa. Voulant faire cesser un bruit si préjudiciable à son honneur, elle épousa Polémon, roi de Cilicie, après l'avoir obligé d'embrasser le judaïsme ; mais elle ne vécut pas longtemps avec lui, et le quitta, dit-on, par libertinage. Julien, comme nous le verrons, ne dit rien des bonnes qualités de Titus, et le caractérise uniquement par un vice, celui de la débauche, qui devait à peine trouver place dans son portrait, même pour y servir d'ombre, puisque ce vice disparut entièrement, dès que Titus fut empereur. « Illi ea fama pro bono cessit (dit Suétone) con-

versaque est in maximas laudes, neque ullo vitio reperto et contra virtutibus summis.... Berenicem statim ab Urbe dimisit invitus invitam. » Ce qui pourrait peut-être faire excuser le trait satirique de Julien, c'est que le règne de Titus a duré si peu, que l'on n'oserait assurer que ses mœurs fussent réellement changées. C'était sans doute l'idée d'Ausone, lorsqu'il le trouvait heureux de n'avoir pas régné longtemps : *felix brevitate regendi*.

14. — *Senatus gladiatoris more funus efferri, radendumque nomen decrevit*. C'était tomber bien bas pour un empereur, qui se faisait *modestement* appeler *seigneur et dieu*. Avec Domitien finissent les *Douze Césars* de Suétone. Après Domitien, commencent à Rome les empereurs étrangers : Aurelius Victor fait de plusieurs d'entre eux un magnifique éloge, pour amener plus tard le portrait si flatté qu'il nous donne de Septime Sévère l'Africain. L'amour de la patrie, sentiment fort honorable sans doute, a cependant entraîné un peu loin l'admiration de l'Africain Victor pour l'Africain Septime Sévère. Que Victor appelle Carthage *terrarum decus*, parce que cette ville était la capitale de l'Afrique, on peut l'excuser à cet égard ; mais qu'historien il nous représente Septime Sévère comme un prince accompli, et cela parce qu'ils étaient compatriotes, c'est abuser un peu de l'amour de la patrie. Nous verrons que Julien ne juge pas Septime Sévère aussi favorablement que l'a jugé Victor, dans les *Césars*.

18. — *Qui, convivio familiari adhibitus*. Pline raconte ainsi cette anecdote : « Idem Mauricus apud Nervam imperatorem non minus fortiter. Cœnabat Nerva cum paucis, Velento proximus, atque etiam in sinu recumbebat. Dixi omnia, quum hominem nominavi. Incidit sermo de Catullo Messallino, qui, luminibus orbatus, ingenio sævo mala cæcitatis addiderat ; non verebatur, non erubescebat, non miserebatur. Sæpius a Domitiano non secus ac tela, quæ et ipsa cæca et improvisa feruntur, in optimum quemque contorquebatur. De ejus nequitia sanguinariisque sententiis in commune omnes super cœnam loquebantur ; tum ipse imperator : Quid putamus passurum fuisse, si viveret, et Mauricus nobiscum cœnaret ? »

« Après Néron, accoururent en foule gens de toute espèce, les Vindex, les Galba, les Othon, les Vitellius ; et Silène dit aux dieux : Où avez-vous trouvé ce peuple de monarques ? Grâce à vous, la fumée nous étouffe ; ces boute-feu n'épargnent pas même les temples. Jupiter regarda Sérapis, et lui montrant Vespasien : Mon frère, dit-il, sans perdre de temps, envoyez-nous d'Égypte ce bon ménager pour éteindre le feu. Dites à son fils aîné, Titus, qu'il aille se réjouir avec les courtisanes (Μετὰ τῆς Ἀφροδίτης τῆς πανδήμου), mais faites enchaîner le cadet, Domitien, près de Phalaris. Un vieillard (Nerva), qui parut ensuite, attira tous les regards par sa beauté; car les grâces brillent quelquefois parmi les rides et les cheveux blancs. Silène fut charmé de son affabilité et de sa justice dans l'administration des affaires, et demeura muet et silencieux. Hé bien, Silène, lui dit Mercure, as-tu quelque chose à nous dire? — Oui, par Jupiter, répondit-il; j'ai à me plaindre de vous tous tant que vous êtes. Vous laissez quinze ans sur le trône un monstre altéré de sang; et celui-ci règne à peine un an entier : cela est un peu bizarre. — Attends, lui dit Jupiter; il va être suivi d'une foule de princes vertueux. (JULIEN.)

16. — *Trajanum in liberi locum.* C'est peut-être le seul exemple qu'offrent les auteurs latins, de *liberi* au singulier : partout ailleurs on trouvera *liberi* employé exclusivement au pluriel. Aurelius Victor pourrait bien être le père de ce *liberi* au singulier.

17. — *Ex urbe Tudertina.* On ne sait quelle est cette ville de Tudertinum; mais, lors même qu'elle serait connue, on ne pourrait croire Victor ou l'auteur de l'*Épitome* sur parole; car Trajan était né, non pas à Tudertinum, mais à Italica, ville d'Espagne, aujourd'hui Séville dans l'Andalousie.

18. — *Pater patriæ dictus est.* « Trajan entra dans le moment, chargé des dépouilles des Gètes et des Parthes. Silène ne l'eut pas plus tôt aperçu, qu'il dit assez bas pour faire semblant de ne vouloir pas être entendu, mais assez haut pour l'être : Le seigneur Jupiter n'a maintenant qu'à veiller sur celui qui nous verse à boire. » (JULIEN.)

19. — *Numerandi scientia.* Quelques éditions portent *medendi*, au lieu de *numerandi*; mais Casaubon et Schott ont très-bien prouvé qu'il fallait lire *numerandi* : nulle part, en effet, on ne représente Adrien comme habile dans la médecine. Peut-être doit-on croire que la première syllabe *nu* ayant disparu dans certains manuscrits, de *merandi* qui restait, d'inhabiles copistes auront fait *medendi*, s'inquiétant fort peu de ce qu'ils improvisaient ainsi, de leur autorité privée, un nouveau disciple d'Esculape. Non-seulement Adrien n'était pas médecin, mais encore, si l'on en croit Hor. Tursellinus, il lança contre eux en mourant une sorte d'imprécation : « Tandem moriens, tritum illud Græcorum proverbium usurpavit : *Multi medici regem perdidere!* »

20. — *Dehinc miserabili exitu consumptus est.* « Après Trajan,

vint un homme fier, à la barbe longue et vénérable : il se piquait, entre autres choses, de vers et de musique; il regardait le ciel à toute heure, et donnait dans des curiosités défendues. Que pensez-vous de ce sophiste, dit Silène en le voyant? Cherche-t-il ici Antinoüs? Qu'on ait la bonté de lui faire entendre qu'il se méprend, et que son favori n'est point parmi nous. » (Julien.)

Il n'est pas d'homme qu'on ait jugé plus diversement qu'Adrien : tant ce caractère-Protée offre de nuances et de bizarreries! Je n'insisterai que sur un point dont Julien n'a rien dit; les uns font d'Adrien un empereur très-belliqueux; d'autres le représentent comme un homme très-pacifique. Il est assez difficile de prononcer entre deux opinions si opposées; voici, du reste, ces jugements divers : « Fuit Hadriano imperatori natura bonis malisque permixta; sic tamen ut virtutes eminerent, *præsertim militares*.... Sin ad rei militaris studia venerimus, quam fortis quamque non pavidum se ostenderit, satis declarant toties impetiti hostes; nostri etiam milites non semel objectu pectoris a fuga prohibiti et ad pugnam revocati, et hostium dux ejus telo confossus. Quanta vero castrensium negotiorum fuerit scientia, tot munitissimorum oppidorum, tot castellorum oppugnationes, tam multiformi figura compositæ acies. Quanta vigilantia, somni parcitas et exploratæ sæpe noctu stationum vices et vigiliarum; quanta frigoris et solis despicientia, testantur tot superatæ regiones, et ab hyperboreis montibus usque ad ipsius Persidis terminos peragratus orbis. Felicitatis indicium sit pacatus oriens et occidens, et in sedes suas retrusa barbaries. » Voici maintenant le revers de la médaille : « Pacis avidus, tres provincias, quas in Asia Trajanus Romanæ ditioni adjecerat, dimisit; bellum nullum ultro movit, et motum ab aliis extemplo composuit. » (Hor. Tursellinus.)

21. — *Postea etiam Pius cognominatus.* « Après Adrien, vint son successeur, plein de modération, non dans les plaisirs des sens, mais dans la conduite des affaires. Fi! s'écria Silène; quelle exactitude pour des riens! le bonhomme vétillerait sur la pointe d'une aiguille! » (Εἰς τῶν διαπριόντων τὸν κύμινον.) (Julien.) La phrase grecque, que je viens de citer, est quelquefois rendue par un seul mot κυμινοπρίστης, *cumini sector,* un homme qui coupe les grains de cumin. Nous disons de même en français : *couper un cheveu en quatre.*

On n'est pas d'accord sur le véritable motif qui a fait donner à Antonin le titre de *Pius*. Nous avons lu, dans *les Césars* d'Aurelius Victor, qu'au moment où les sénateurs s'empressaient d'accourir à l'assemblée, l'empereur Adrien aperçut par hasard Antonin, qui du bras soutenait les pas chancelants d'un vieillard, son beau-père ou son père. Ce fut là, disent les uns, ce qui le fit surnommer le Pieux; d'autres veulent que ce soit parce qu'il sauva les sénateurs condamnés à mort par Adrien. Voici maintenant une troisième version, beaucoup moins accréditée que les deux autres; c'est celle de Hor. Tursellinus, qui a écrit : « Sepultus est Hadrianus prope Tiberim, et sepulcro, ab Antonino, adoptivo filio, *qui ex eo Pius cognominatus est,* moles imposita, quæ Hadriani dicitur. » Pausanias a dit avec raison qu'Antonin méritait non-seulement le nom de *Pieux,* mais encore celui de *Père des hommes,* que l'on avait donné autrefois à Cyrus. Antonin eut, en effet, les faiblesses que lui reproche Silène dans *les Césars* de Julien; mais il s'en corrigea de bonne heure.

22. — *Is propinquum suum, Lucium Annium Verum, ad imperii partem novo benevolentiæ genere adscivit.* « A la vue des deux frères, Marc Aurèle et Lucius Verus, Silène fit la mine, n'ayant rien à dire sur eux. Marc Aurèle surtout ne lui donnait point de prise. Ce n'est pas qu'il ne trouvât à blâmer le faible, que ce prince avait eu pour sa femme et pour son fils. Marc Aurèle avait regretté plus que ne le permettait la bienséance, une princesse peu vertueuse; il avait mis l'empire à deux doigts de sa perte en préférant son fils à son gendre, homme de mérite, et capable de mieux gouverner l'État et ce fils que Commode ne se gouverna lui-même. Mais quelque envie que Silène eût de parler, la vertu sublime de Marc Aurèle lui imprima du respect, et le réduisit au silence. » (Julien.)

23. — *Marcum cœlo receptum esse.* Le plus grand et peut-être l'unique défaut de Marc Aurèle fut son excessive bonté, qui le rendit aveugle ou trop indulgent sur le compte de son frère Lucius Verus, de sa femme, la trop fameuse Faustine, et de Commode, son fils. Marc Aurèle et Lucius Verus étaient frères seulement d'adoption. Lucius Verus était un prince assez doux, ami sincère, incapable de déguisement. Il se regarda toujours moins comme le collègue que comme le lieutenant de son frère. Mais il se livra sans ménagement à toutes sortes de débauches, et fut l'esclave des ministres de ses plaisirs. Excepté qu'il n'était point cruel, qu'il ne conduisait point de chars dans le cirque, et qu'il ne montait pas sur le théâtre, il ressemblait assez à Néron. Le gendre de Marc Aurèle était Claudius Pompeianus, originaire d'Antioche, et fils d'un simple chevalier romain, mais homme

d'un rare mérite. Marc Aurèle le fit nommer deux fois consul, et lui donna en mariage Lucilla, sa fille, veuve de Lucius Verus.

24. — *Exspiravit, anno vitæ tricesimo secundo.* « Silène ne dit rien de Commode, qu'il ne jugea pas digne d'un mot piquant : aussi ce prince tomba-t-il en terre, ne pouvant se soutenir, ni suivre les héros. » (JULIEN.)

Commode, l'un des plus méchants princes qui fut jamais, mourut, comme Néron, à trente-deux ans. « L'ennemi des dieux et de la patrie, le parricide, le bourreau du sénat, le gladiateur, plus cruel que Domitien, plus infâme que Néron. » Telle est une partie de l'éloge funèbre que le sénat fit de Commode. Les sénateurs, qui se crurent toujours le droit de faire le procès aux empereurs, voulaient ordonner que l'on traînât dans le Tibre le corps de Commode; mais Pertinax l'empêcha.

25. — *Repugnansque imperium suscipiens* [*Pertinax*], *tale cognomen sortitus est.* Madame Dacier dit : « A pertinacia in imperio recusando Pertinax dictus. » Capitolin donne une autre origine au surnom de Pertinax : « P. Helvio Pertinaci pater libertinus Helvius fuit, qui filio nomen ex continuatione lignariæ negotiationis, quod *pertinaciter* eam rem gereret, imposuisse fertur. » Le sénat et le peuple se flattaient d'avoir retrouvé Marc Aurèle dans Pertinax; mais il ne régna que quatre-vingt-sept jours. Les prétoriens, qui ne purent souffrir un empereur si différent de Commode, le massacrèrent dans le palais impérial.

« Pertinax entra en déplorant sa fin tragique d'une manière si touchante, que Némésis en eut compassion. Les coupables, dit-elle, ne le porteront pas loin. Mais toi-même, Pertinax, tu n'es point innocent. Tu avais eu connaissance de la conspiration qui fit périr le fils de Marc Aurèle. » (JULIEN.)

Le reproche que Némésis adresse ici à Pertinax d'avoir trempé dans la conspiration de Létus et de Marcia, paraît mal fondé; mais Julien suit peut-être quelque historien que nous n'avons plus. La mort de Pertinax fut vengée par Didius Julianus, qui fit mourir Létus et Marcia, et par Septime Sévère, qui cassa les prétoriens. L'auteur de l'*Épitome*, loin de faire de Didius Julianus le vengeur de Pertinax, dit au contraire · *Pertinax, scelere Juliani, multis vulneribus obtruncatur.* Ces deux versions, qui paraissent contradictoires au premier abord, peuvent cependant se concilier. D'un côté, Didius Julianus causa la mort de Pertinax en soulevant contre lui les prétoriens; de l'autre, il vengea sa mémoire en faisant mourir Létus et Marcia. Nous ne verrons point figurer, dans *les Césars* de Julien, Didius Julianus, que, sans doute, le caustique empereur a jugé digne d'un éternel oubli pour avoir acheté l'empire, mis à l'encan par les prétoriens.

26. — *Ab hoc Severo Julianus... decollatur.* L'auteur de l'*Épitome* attribue à Sévère ce que fit un simple soldat, sur l'ordre d'un tribun. On lit dans Spartien : « Missi tamen a senatu, quorum cura per militem gregarium in palatio idem Julianus occisus est, fidem Cæsaris implorans, hoc est Severi. »

27. — *Hic nulli in dominatu suo permisit honores venumdari.* Aucun historien n'a dit cela de Septime Sévère. L'auteur de l'*Épitome* s'est trompé en attribuant à Septime Sévère ce que Lampride raconte d'Alexandre Sévère. « Honores juris gladii (dit Lampride) nunquam vendi passus est Severus Alexander, dicens : Necesse est ut qui emit, vendat : ego non patiar mercatores potestatum; quos si patiar, damnare non possum. Erubesco enim punire illum hominem qui emit et vendit. »

« Septime Sévère, prince chagrin et toujours prêt à punir, fit peur à Silène. Pour celui-ci, dit-il, je ne m'y joue point ; il est sans quartier et n'entend pas raillerie. — Ses deux enfants voulaient entrer avec lui ; mais Minos le leur défendit de loin. Cependant, après les avoir bien scrupuleusement examinés, il laissa passer le plus jeune, Géta, et condamna l'autre, Caracalla, au supplice qu'il méritait. » (JULIEN.)

Septime Sévère fut peut-être le plus belliqueux de tous les empereurs. Africain comme Annibal, il en eut toutes les vertus ; mais il eut aussi tous les vices que les Romains attribuent au général carthaginois. On peut dire de Sévère ce que Sylla disait de lui-même, que personne ne fit plus de bien à ses amis, ni plus de mal à ses ennemis.

28. — *Ad lævum humerum conversa cervice, quod in ore Alexandri notaverat, incedens.* Caracalla était épris d'un fol enthousiasme pour Alexandre le Grand. Non content de remplir des statues de ce prince, les villes, les temples, Rome et le Capitole ; d'avoir une phalange, dont les officiers portaient le nom des généraux d'Alexandre ; de s'habiller à la macédonienne, il voulut s'identifier avec son héros de prédilection dans des peintures bizarres, où le visage était composé de la moitié de celui d'Alexandre et de la moitié du sien. Il persécuta les péripatéticiens, parce que l'on soupçonne Aristote d'avoir eu part à la mort du conquérant. Du reste, Caracalla était l'ennemi déclaré des philosophes et des gens de lettres.

On sait que trois artistes seulement eurent la permission de reproduire l'effigie d'Alexandre le Grand : Polyclète pouvait la couler en bronze ; Apelle, la peindre sur la toile ; Pyrgotèle, la graver au burin. Hormis ces trois maîtres de l'art, tout autre artiste, qui eût approché les mains de l'image royale, eût été puni comme un sacrilége. A ces détails Apulée ajoute : « Eo igitur omnium metu factum, solus Alexander ut ubique imaginum suus esset; atque omnibus statuis, et tabulis, et toreumatis, idem vigor acerrimi bellatoris, idem ingenium maximi herois, eadem forma viridis juventæ, eadem gratia relicinæ frontis cerneretur. »

29. — *Vixit annos sedecim.* D'autres auteurs disent dix-huit ans. « Macrin, ce meurtrier fugitif, et le jeune homme, natif d'Émèse (Héliogabale), furent chassés bien loin de l'enceinte sacrée où se donnait le festin. » (Julien.)

Macrin, préfet du prétoire, sachant que Caracalla le destinait à la mort, fit assassiner ce prince sur le chemin d'Édesse à Carres. L'armée, qui ne le croyait pas coupable de ce meurtre, l'élut empereur, et le choix de l'armée fut confirmé par le sénat. Mais, quatorze mois après, Varius Avitus Bassianus, connu depuis sous le nom d'Héliogabale, ayant pris le titre d'auguste, marcha contre lui, et l'attaqua sur les confins de la Syrie et de la Phénicie. Macrin s'enfuit lâchement, lorsque le succès de la bataille était encore incertain. Il voulut fuir en Europe ; mais il fut arrêté et mis à mort par ceux qui le poursuivaient. — Héliogabale était d'Émèse en Syrie, fils de Varius Marcellus, sénateur romain, et de Soemia, fille de Mésa, sœur de l'impératrice Julie. On pouvait en quelque sorte le regarder comme le neveu de Caracalla ; il prétendait même être son fils.

30. — *Matrem sibi causam fuisse mortis exclamans.* « Pour Alexandre Sévère le Syrien, il trouva place je ne sais où dans les derniers rangs. Là, il pleurait amèrement son triste destin, lorsque Silène se mit à le railler en ces termes : A quoi pensais-tu de te laisser mener comme un enfant par ta mère, et de lui confier, à ton âge, le soin de l'empire et de ton trésor ? Ne savais-tu pas qu'il vaut mieux donner à ses amis, que de conserver d'inutiles richesses ? — N'importe, dit Némésis ; je ferai bonne justice de tous ceux qui ont eu part à sa mort. Là dessus, on laissa ce pauvre enfant en repos. » (Julien.)

On doit être surpris que Julien, dans sa satire des *Césars*, ne dise pas un seul mot de tous les empereurs, qui régnèrent depuis Alexandre Sévère jusqu'à Valérien; c'est-à-dire Maximin, les deux Gordiens, Pupien et Balbin, Gordien le Jeune, les deux Philippes, Dèce, Gallus, Volusien et Hostilien, enfin Émilien. Il faut croire que l'ouvrage de Julien ne nous est point parvenu dans son entier, et qu'il y a ici une lacune considérable; car on ne peut guère soupçonner le motif qui aurait porté Julien à passer sous silence tant d'empereurs, auxquels sa verve caustique eût sans doute lancé plus d'un trait acéré.

31. — *Sepulcrum Gordiani.* Voici comment Capitolin raconte cette circonstance : « Gordiano sepulcrum milites apud Circeium castrum fecerunt in finibus Persidis, titulum hujusce modi addentes, et Græcis, et Latinis, et Persicis et Judaicis, et Ægyptiacis litteris, ut ab omnibus legeretur : Divo Gordiano victori Persarum, victori Gothorum, victori Sarmatarum, depulsori Romanarum seditionum : sed non victori Philipporum. » Cette épitaphe fut détruite, dans la suite, par l'empereur Licinius, qui affectait de tirer son origine des deux Philippes.

32. — *Nullo prorsus cujusquam commento ad ridendum solvi potuerit.* Ainsi Caïus Julius Saturninus ne riait jamais; Crassus, dit-on, n'a ri qu'une seule fois dans toute sa vie. Élien (*Histoires diverses*, liv. viii, ch. 13) rapporte qu'on ne vit jamais rire, pas même sourire, Anaxagore de Clazomènes, et qu'Aristoxène, disciple d'Aristote, fut l'ennemi déclaré du rire. Pour Héraclite, ajoute-t-il, on sait que les divers événements de la vie étaient pour lui autant de sujets de pleurer. — Le même Élien (*Histoires diverses*, liv. iii, ch. 35) dit encore : « C'est une tradition athénienne, qu'autrefois il n'était pas permis de rire dans l'Académie; tant on était attentif à préserver ce lieu de tout ce qui pouvait le profaner, et y introduire la dissipation ! »

Voici maintenant Athénée qui cite un peuple tout entier, dont la folie était de rire sans cesse. « Théophraste, dit-il, rapporte dans son ouvrage *sur la Comédie*, que les Tirynthiens aimaient tellement à rire, que, ne pouvant s'occuper d'aucune affaire sérieuse, ils eurent recours à l'oracle de Delphes pour être délivrés de cette folie. Le dieu leur répondit qu'ils guériraient, si, après avoir sacrifié un taureau à Neptune, ils pouvaient, sans rire, le jeter à la mer. Dans la crainte de manquer à la condition prescrite, ils défendirent de laisser assister les enfants au sacrifice. L'un d'eux, instruit de ce qui se passait, se mêla dans la foule; on crie, on veut le chasser : Eh! craignez-vous, dit-il, que je ne renverse votre vase sacré? A ces mots, grands éclats de rire; les

Tirynthiens virent bien, par le fait, que le dieu avait voulu leur apprendre qu'il est impossible de se guérir d'une habitude invétérée. »

33. — *Ab ejus cæde.* Aurelius Victor a dit, dans *les Césars :* « Émilien, après avoir, pendant trois mois, usé avec modération du pouvoir impérial, *mourut de maladie.* » Et ici, le même ou l'autre Victor, auteur de l'*Épitome*, prétend qu'Émilien fut massacré près de Spolète. Au reste, Zosime le fait périr de la même manière. « Valérien, dit-il, étant retourné en Italie avec les troupes qu'il avait amenées d'au delà des Alpes, avait dessein de livrer bataille à Émilien. Mais les soldats de ce dernier, l'ayant jugé incapable de soutenir le fardeau de l'empire, le massacrèrent. »

34. — *Regnavit annos quindecim, cum patre septem, solus octo.* Ou plutôt six ans avec son père, et neuf ans seul. — « Gallien entra avec son père Valérien ; celui-ci, chargé des fers de sa prison ; celui-là, avec la parure et les airs étudiés d'une femme. Silène dit du premier :

> Quel est donc ce héros, qui, tout brillant de gloire,
> A la tête des siens, va chercher la victoire ?

Et du second :

> Il est doré, pimpant, beau comme une épousée.

Jupiter les fit sortir l'un après l'autre. » (JULIEN.)
Les deux vers que Silène adresse à Valérien sont tirés des *Phéniciennes* d'Euripide. Le texte porte ὁ λευκολόφας, *à l'aigrette blanche*, sans doute pour désigner la vieillesse et les cheveux blancs de Valérien. Le dernier vers dont Silène salue Gallien, est une imitation d'un vers d'Aristophane dans la comédie des *Oiseaux*.

35. — *Ex auro statuam prope ipsum Jovis simulacrum.... proceres sacravere.* « Dès que les dieux eurent jeté leurs regards sur Claude II, ils admirèrent sa grandeur d'âme ; et voulant récompenser l'amour qu'il avait pour sa patrie, ils promirent de faire monter sa postérité sur le trône, et de l'y maintenir longtemps. » (JULIEN.)
Claude mourut de la peste à Sirmium ; cependant Julien fait ici une allusion manifeste au prétendu dévouement de cet empereur pour le salut de la patrie, à la manière des Decius. Il croyait ou feignait de croire un trait honorable à la mémoire de Claude,

qu'il regardait comme l'auteur de sa maison. Constance Chlore, aïeul de Julien, était fils de Claudia, fille de Crispus, l'un des frères de Claude II. Le surnom de Constantin venait de la famille de Claude, puisque celui-ci avait une sœur nommée Constantine.

Julien ne parlera pas de Quintillus, frère et successeur de Claude, parce qu'il ne régna que dix-sept jours. Zosime dit ὀλίγον; μῆνας, quelques mois; mais Casaubon soupçonne que Zosime a pu écrire ὀλίγου; ἡμέρας, quelques jours.

36. — *Etiam filii sororis interfector.* « Aurélien entra tout hors d'haleine : c'est qu'il s'échappait des mains de ses geôliers. On l'avait accusé devant Minos de meurtres dont il n'avait pu se justifier; mais le Soleil, mon maître, qui le protégeait toujours, l'assista de son crédit. Aurélien, dit-il aux dieux, a payé ses injustices. Avez-vous oublié que l'oracle rendu à Delphes,

Qu'il endure les maux qu'il fit souffrir lui-même,

s'est vérifié dans sa personne? » (JULIEN.)

Aurélien naquit dans la Pannonie ou dans la Dacie, d'une famille très-obscure. Sa mère, prêtresse du Soleil dans son village, inspira sans doute à son fils le zèle qu'il eut toujours pour ce dieu. Il le prit pour sa divinité tutélaire, comme Julien fit depuis.

Tacite, prince vraiment estimable, et digne du sénat qui l'avait choisi, devrait avoir place dans *les Césars* de Julien. Néanmoins il n'y est pas même nommé. L'omission vient-elle de Julien ou des copistes? Comme Tacite ne régna que six mois, il serait difficile de trancher la question. Quant à Florien, son frère, qui ne régna que trois ou même que deux mois, et qui d'ailleurs avait pris possession de l'empire, comme d'un héritage, sans être choisi par le sénat, ni même élu par l'armée, il méritait d'être passé sous silence.

37. — *Hic Sirmii in turri ferrata occiditur.* « Probus parut ensuite. Il avait rebâti soixante-dix villes en moins de sept ans, et donné plusieurs lois très-sages; mais une mort cruelle avait été le prix de ses services. Aussi les dieux le dédommagèrent-ils par l'honneur qu'ils lui firent, et, entre autres faveurs, par la punition de ses assassins. Ce qui n'empêcha point Silène de vouloir le railler; et comme la plupart des dieux lui commandaient de se taire : Laissez-moi, dit-il, dans la personne de Probus, laissez-moi donner une leçon à ses successeurs. Ignorais-tu, Probus, que les médecins adoucissent leurs remèdes, et qu'ils tâchent d'en épargner l'amertume à ceux qui les prennent? Pour toi, tu fus tou-

jours sévère à l'excès, incapable de plier, ni de tempérer ta rigueur par la moindre condescendance. Ta mort fut injuste, mais elle ne doit pas te surprendre. Pour conduire des animaux, et, à plus forte raison, pour gouverner des hommes, il ne faut pas se roidir en tout, mais accorder quelque chose à leurs faiblesses. Un bon médecin est complaisant pour ses malades dans les bagatelles : par là, il se ménage leur obéissance dans l'essentiel. — Qu'entends-je, mon père nourricier? dit Bacchus. Te voilà devenu tout à coup philosophe! — Pourquoi non? mon fils, repartit Silène : ne l'es-tu pas devenu toi-même à mon école? Socrate, qui me ressemblait comme deux gouttes d'eau se ressemblent, n'était-il pas le plus grand philosophe de son siècle? Ou bien l'oracle de Delphes a menti. On ne peut pas toujours rire; un peu de sérieux ne gâte rien. » (Julien.)

La censure de Silène à l'égard de Probus est outrée. On ne peut reprocher à cet empereur que d'avoir fait observer la discipline militaire avec une exactitude dont les armées romaines n'étaient plus capables alors. Pendant la paix il les occupait à des travaux utiles. La même armée qui le massacra, lui éleva un tombeau avec cette épitaphe : Hic Probus imperator et vere Probus situs est, victor omnium gentium barbararum, etiam tyrannorum.

38. — *Ad extremum trucidatur* [*Casinus*]. « Bacchus et Silène parlaient encore, lorsque Carus se présenta avec ses deux fils, Carin et Numérien; mais Némésis les repoussa. » (Julien.)

L'histoire représente Carus comme un prince au-dessus des médiocres : *virum medium, inter bonos magis quam inter malos collocandum*. Mais il eut le malheur de succéder à Probus, et d'avoir Carin pour fils. On ne peut dire que le jugement de Julien soit trop rigoureux; peut-être d'ailleurs croyait-il Carus coupable de la mort de Probus, son prédécesseur : le fait est au moins douteux. Numérien, son second fils, n'était pas indigne d'être admis au festin : l'histoire en parle avantageusement. Pour ce qui concerne Carin, on ne peut qu'applaudir à la justice de Némésis.

39. — *Imperavit annis viginti quinque*. « On vit ensuite Dioclétien s'avancer avec dignité, menant avec lui les deux Maximiens et Constance, mon aïeul. Quoiqu'ils se tinssent tous quatre par la main, ils ne marchaient pas de front. Dioclétien était environné des trois autres, qui, malgré lui, sans écouter sa modestie, voulaient être plutôt ses gardes que ses collègues. Comme il se sentit fatigué d'un fardeau qu'il portait sur ses épaules, il s'en débar-

rassa sur eux, et marcha plus à l'aise. Les dieux, charmés de leur bonne intelligence, les firent placer fort honorablement, excepté Maximien, que Silène dédaigna de railler, et que sa conduite insolente et déréglée fit exclure du festin des empereurs. Il joignait à l'incontinence la plus brutale un cœur perfide et un esprit brouillon; seul il troublait en quelque chose l'admirable concert formé par l'union des trois autres princes. Némésis se hâta donc de le chasser. Il s'en alla je ne sais où; j'ai oublié de le demander à Mercure. A la belle harmonie de Dioclétien et de ses collègues succéda une musique désagréable, confuse, discordante. Aussi Némésis empêcha-t-elle deux des concertants d'arriver même au vestibule où se trouvaient les héros. Licinius vint jusque-là; mais, comme il faisait mal sa partie, il fut repoussé par Minos. Constantin entra, et demeura longtemps assis. Ses enfants vinrent après lui. Quant à Magnence, on lui refusa l'entrée. Plusieurs de ses actions avaient de l'éclat; mais les dieux ne trouvèrent point qu'elles eussent pour principe un fonds de vertu et de bon sens; ils furent sourds à ses cris, et ne voulurent point l'admettre à la table des césars.

« Tels étaient ceux qui eurent place au festin. » (JULIEN.)

Les Césars de Julien se terminent par une lutte d'éloquence entre les principaux convives; chacun y fait valoir son mérite. Mercure ouvre la carrière; alors César parle le premier; Alexandre le Grand, qui a été admis au banquet des empereurs romains, sur la proposition d'Hercule, répond à César. Vient le tour d'Octave; puis celui de Trajan; Marc Aurèle prend ensuite la parole. Constantin, d'abord fier et résolu, ose à peine parler, lorsqu'il a envisagé les actions de ses concurrents : toutefois il finit par prononcer son discours comme les autres.

« Ensuite on fit silence, dit Julien, et les dieux donnaient en secret leurs suffrages. Marc Aurèle eut la pluralité. Mais Jupiter, après avoir conféré tout bas avec Saturne, son père, dit à Mercure de prononcer, ce qu'il fit en ces termes : Combattants, nos lois et les jugements que nous rendons sont de nature telle, que le vainqueur a sujet de se réjouir, sans que le vaincu ait le droit de se plaindre. Allez donc, chacun selon votre goût, vous mettre sous la protection de quelque dieu, pour vivre désormais auprès de lui. Que chacun de vous choisisse son maître et son patron. Aussitôt Alexandre courut auprès d'Hercule; Octave Auguste auprès d'Apollon; Marc Aurèle s'attacha étroitement à Jupiter et à Saturne. César erra longtemps de côté et d'autre; mais le grand Mars et la belle Vénus, touchés de compassion, l'appelèrent à eux. Trajan alla rejoindre Alexandre, et s'assit auprès de lui. Pour Constantin, comme il ne trouvait point parmi les dieux de modèle de ses actions, dès qu'il eut aperçu la Mollesse qui n'était pas loin, il courut à elle. La Mollesse le reçut d'un air tendre, et le serra dans ses bras : puis, après l'avoir bien ajusté, bien paré d'un habit de femme, elle le conduisit à la Débauche. Il trouva auprès d'elle Crispus, l'aîné de ses fils, qui s'y était établi, et qui criait à tout venant : Corrupteurs, meurtriers, sacriléges, scélérats de toute espèce, approchez hardiment. Point de souillure que n'efface à l'instant l'eau dont je vais vous laver. En cas de récidive, vous n'aurez qu'à vous frapper la poitrine, à vous battre la tête, et je vous rendrai aussi purs que la première fois. Constantin se fixa très-volontiers auprès de la Débauche, après avoir emmené ses autres enfants avec lui hors de l'assemblée des dieux. Mais, dans cet asile, les divinités, destinées à punir les coupables, leur firent souffrir les supplices qu'ils méritaient pour avoir versé le sang de leurs proches, jusqu'à ce que Jupiter, en faveur de Claude II et de Constance, leur accorda quelque relâche.

« Enfin Mercure me dit : Je t'ai fait connaître le Soleil, ton père : mérite, par ta fidélité à garder ses préceptes, de trouver en lui, pendant ta vie, une protection et un refuge assuré ; et, lorsqu'il te faudra quitter le monde, animé d'une ferme espérance, choisis pour guide ce dieu si plein de bonté. »

40. — *Tenere mariti animum laborantis auspicio gratissimi partus cœpti a puero.* Au lieu de ces mots, qui forment un sens très-raisonnable, quelques éditions portent *auspicio pravissimi cœpti a puero.* Cette leçon, presque inintelligible, est, de plus, de la dernière absurdité.

41. — *Licinius fugam petiit.* Si Licinius eut du courage et d'abord quelques succès à la guerre, il fut encore plus mauvais prince que Maximin. Il regardait les lettres comme le fléau d'un État. Constantin le vainquit, l'obligea de quitter la pourpre, et lui fit bientôt après ôter la vie. Il y a un peu de trouble et de confusion dans la manière dont l'auteur de l'*Épitome* présente tous ces faits.

42. — *Unde proverbio vulgari Trachala.* Festus nous apprend qu'on appelait *trachala* les mariniers d'Ariminium. On sait qu'en général les mariniers étaient gens caustiques et railleurs : voilà sans doute pourquoi l'auteur de l'*Épitome* donne à Constantin le surnom de *Trachala.* Madame Dacier croit que *trachala* se rapporte

aux mots suivants *decem annis præstantissimus.* Dans ce sens on devrait traduire : *Constantin fut, pendant dix ans le trachala* (le railleur) *par excellence.* Je ne pense pas que ce soit là le véritable sens de la phrase, qu'il est d'abord à propos de ponctuer ainsi : *Unde proverbio vulgari trachala; decem annis præstantissimus,* etc. Avant ou après ce dernier mot, il faut sous-entendre *imperator;* puis traduire ainsi toute la phrase : « De là le surnom de Trachala que lui appliqua le proverbe vulgaire; on l'appela dix ans le modèle des empereurs, etc. »

43. — *Constantinus junior.* Ceci est une faute évidente ; il faut lire *senior* ou *natu major,* au lieu de *junior :* Κωνσταντίνος μὲν πρεσβύτερος, dit Zosime, que notre auteur ne fait en quelque sorte que transcrire ici, comme on peut en juger; voici les paroles de Zosime (liv. 11) : « Constantin, qui était l'*aîné,* prit avec Constant, qui était le plus jeune, tous les pays au delà des Alpes, l'Italie, l'Illyrie, tout ce qui est autour du Pont-Euxin, et tout ce qui est en Afrique et dépendant de Carthage. Constance eut en partage l'Asie, l'Orient et l'Égypte. Dalmace, Constance et Anibalien furent en quelque sorte associés à l'empire ; le premier ayant été déclaré césar par Constantin, et les deux autres honorés de la robe de pourpre enrichie d'une frange d'or, et du titre de nobilissime, en considération de la parenté qui les unissait aux empereurs. »

44. — *Decentius laqueo fascia composito, vitam finivit.* D'autres éditions et plusieurs manuscrits portent : *laqueo fasciæ ad collum posito,* leçon qui est plus conforme à ce que dit Zosime (liv. 11) : « Decentius, que Magnence avait appelé à son secours, ayant appris en regagnant l'Italie, ce qui lui était arrivé, et ayant rencontré des troupes du parti ennemi, désespéra de se sauver, et *s'étrangla lui-même.* »

45. — *Constantius Claudium Julianum, fratrem Galli, honore cæsaris assumit.* « Constance ayant fait de sérieuses réflexions sur tous les maux dont l'empire était accablé, ne se sentit pas capable d'y apporter seul le remède. Il n'osa pourtant associer personne au pouvoir, soit par l'ambition qu'il avait de posséder seul la souveraine autorité, soit par la défiance où il était de ne rencontrer personne qui lui fût fidèle. Dans la perplexité où il se trouvait, et dans le péril dont l'empire était menacé, Eusébie, sa femme, dont l'érudition et la prudence étaient supérieures à son sexe, lui conseilla de donner le commandement des nations transalpines, avec le titre de césar, à Julien, frère de Gallus, et petit-fils de Constance, qui avait été déclaré césar par Dioclé-

tien. Mais, comme elle savait que l'empereur, son mari, tenait tous ses parents pour suspects, elle lui dit, pour le persuader : Ce Julien est d'un naturel fort simple; il a passé toute sa vie dans l'étude, et n'a point l'expérience des affaires; ainsi, il vaut pour nous mieux que tout autre. Car, s'il est heureux dans ses entreprises, le succès en sera attribué à votre conduite; s'il succombe dans une occasion périlleuse, il n'y aura plus personne de la famille impériale qui puisse vous faire ombrage ni aspirer à la couronne. Constance s'étant rendu à ces raisons rappela Julien d'Athènes où il vivait parmi les philosophes, et où il surpassait tous ces maîtres en science. Dès qu'il fut arrivé en Italie, Constance le déclara césar, lui donna en mariage Hélène, sa sœur, et l'envoya au delà des Alpes. Mais, parce qu'il était fort soupçonneux de son naturel, et qu'il ne pouvait s'assurer de la fidélité de Julien, il envoya avec lui Marcellus et Salustus, comme pour partager l'autorité du gouvernement. » (ZOSIME, liv. III, au commencement.)

46. — *Fuerat in eo [Juliano] litterarum ac negotiorum ingens scientia.* « Plusieurs historiens et plusieurs poëtes, dit Zosime, ont publié ce que Julien a fait jusqu'à la fin de sa vie, bien qu'aucun n'ait égalé par ses paroles la grandeur des exploits de ce prince. Il l'a représentée lui-même dans ses *Discours* et dans ses *Lettres*, qui peuvent mieux le faire connaître que tout autre espèce d'ouvrage ou de récit. » (Liv. III, au commencement.) Sur la fin de ce même livre, Zosime nous donne l'épitaphe qui fut gravée sur le tombeau de Julien, enterré dans un faubourg de Tarse, ville de Cilicie :

En revenant du Tigre, il rencontra la mort,
Ce Julien si fameux, digne d'un plus beau sort.
On reconnut en lui la sagesse des princes,
La valeur des soldats, la terreur des provinces.

On ne sera peut-être pas fâché de trouver ici la description que fait le sophiste Libanius de la manière de vivre de Julien. « Toujours sobre, dit-il, et jamais appesanti par les aliments, Julien se portait aux affaires avec la légèreté d'un oiseau, et les expédiait avec une aisance infinie. Dans un même jour il donnait plusieurs audiences, il écrivait aux villes, aux magistrats, aux généraux des armées, à ses amis absents, à ses amis qui se trouvaient sur les lieux, écoutant la lecture des lettres qu'on lui adressait, examinant les requêtes, et dictant avec une telle rapidité,

que les écrivains en note ne pouvaient le suivre. Il eut seul le
secret d'entendre, de parler et d'écrire tout à la fois ; et, dans
cette multitude d'opérations si compliquées, il ne fit jamais erreur. Après avoir terminé les affaires et dîné seulement pour la
stricte nécessité, il s'enfonçait dans sa bibliothèque, lisait, composait, jusqu'au moment où la raison d'État l'appelait à d'autres
travaux. Un souper plus frugal encore que le dîner était suivi
d'un sommeil aussi léger que ses repas. Il s'éveillait pour travailler
avec de nouveaux secrétaires, qu'il avait laissé dormir le jour
précédent. Ses ministres étaient obligés de se relayer ; mais l'empereur ne connaissait de repos que le changement d'occupation.
Seul il travaillait à tout, il se multipliait, et prenait autant de
formes que Protée. Julien était pontife, auteur, devin, juge,
général d'armée, et, dans tout cela, Père de la patrie. »

47. — *Jovianus, genitus patre Varroniano.* Le règne de Jovien
ne dura que huit mois, et fut tristement célèbre par le traité honteux que cet empereur conclut avec les Perses. Ce traité portait
que les Romains rendraient le pays des Rabdicènes, des Carduè-
niens, des Rehmènes et des Zalènes, quinze forts avec les terres,
les habitants, les troupeaux et les meubles. Il fut également sti-
pulé qu'ils rendraient Nisibe, sans les habitants qu'ils transfére-
raient où ils le jugeraient convenable, et qu'ils abandonneraient
la plus grande partie de l'Arménie. On demeura d'accord d'une
trêve de trente ans.

48. — *Valens una cum Valentiniano, germano suo.* « Après la
mort de Jovien, les soldats donnèrent leurs suffrages à Valentinien, natif de Cibalis, ville de Pannonie, homme assez expéri-
menté dans la guerre, et fort ignorant dans les lettres. Ils le firent
venir, parce qu'il était absent. Il arriva bientôt après, rejoignit
l'armée à Nicée en Bithynie, y prit possession de l'empire, et
marcha vers Constantinople. Mais il tomba malade en chemin,
et sa maladie ayant augmenté la disposition qu'il avait à la colère
et à la cruauté, il s'imagina faussement que les amis de Julien
l'avaient empoisonné. Quelques personnes de qualité furent ac-
cusées, et les accusations furent examinées avec beaucoup de prudence et beaucoup d'adresse par Salustus, qui alors était encore
préfet du prétoire. La maladie de Valentinien lui ayant donné un
peu de relâche, il partit de Nicée pour se rendre à Constantinople. Quand il y fut arrivé, les plus intimes de ses amis et les
principaux officiers de l'armée le supplièrent d'associer quelqu'un
à l'empire, de peur que, s'il survenait quelque changement ino-

piné, ils ne retombassent dans des malheurs semblables à ceux qu'ils avaient éprouvés après la mort de Julien. Il se rendit à leurs vœux, et, après une mûre délibération, il choisit Valens, son frère, dans la persuasion qu'il lui serait plus fidèle que personne, et il l'associa à l'empire. » (Zosime, fin du livre III et commencement du livre IV.)

49. — *Apud Argentariam, oppidum Galliæ.* Madame Dacier ne sait quelle est cette ville, que d'autres appellent *Argentarium* : elle pense que ce peut être *Argentoratum*, Strasbourg. Elle ajoute modestement : *nodum solvent eruditi; neque enim quidquam audeo.* Schott soupçonne que c'est la ville que nous appelons *Argenton.* Mais il se trompe; car, d'après le récit d'Ammien Marcellin, il est prouvé que c'est près du Rhin que Gratien défit les Alamannes ou Germains. La ville en question est bien Argentaria ou Argentovaria, ville de la Gaule, près du Rhin et sur les frontières des Helvetii et des Triboci, au sud d'Argentoratum, remarquable par la victoire de l'empereur Gratien sur les Germains au nombre de trente mille, l'an de J.-C. 378; elle fut détruite par Attila. Il est probable que de ses débris a été bâtie la ville de Colmar.

50. — *Fuit autem Theodosius moribus et corpore Trajano similis.* Zosime est loin de faire de Théodose un si brillant et si pompeux éloge. Il dit en effet : « Comme Théodose recherchait les plaisirs avec trop de passion, dès le commencement de son règne, il renversa l'ordre qui avait été établi parmi les officiers, et multiplia leurs charges. Il n'y avait auparavant qu'un général de la cavalerie et un de l'infanterie; Théodose en nomma cinq, surchargea le public des frais de leur paye, et exposa les soldats à toute l'avarice et à toute la violence de leurs chefs. Chacun des officiers croyant posséder le commandement sur l'armée entière, cherchait à faire des gains injustes. Théodose ne multiplia pas seulement les grandes charges, mais il augmenta aussi au moins de moitié les charges inférieures, celles des tribuns par exemple, de telle sorte que les soldats ne touchaient plus rien de ce qui leur appartenait des deniers publics. Voilà ce qui regarde sa négligence et son avarice. Il introduisit le luxe de la table, et rechercha une si prodigieuse diversité de mets que, pour les apprêter, il fallut avoir une infinité de nouveaux officiers de bouche, dont on ne saurait rapporter les noms sans entreprendre un long ouvrage. Il n'est pas besoin de parler de la multitude incroyable des eunuques qui le servaient, et dont les mieux faits avaient pris sur lui un si grand empire, qu'ils le dirigeaient à

leur gré, et qu'ils choisissaient les gouverneurs des provinces ; ce qui fut une des principales causes de la ruine de l'empire. Après avoir épuisé les finances par des libéralités hors de saison envers des gens qui ne les méritaient pas, il fut obligé de mettre les charges en vente, et de les donner à ceux qui avaient le plus d'argent, au lieu de ne les accorder qu'à ceux qui avaient le plus de réputation ou de probité. On voyait les marques des dignités entre les mains des usuriers, des partisans et autres personnes infâmes. Cette mauvaise administration réduisit en peu de temps les bonnes troupes à un fort petit nombre, et les villes à une extrême pauvreté. Les magistrats opprimaient par des calomnies ceux qui n'avaient pas de quoi assouvir leur avarice, et publiaient hautement qu'ils avaient besoin de se rembourser du prix de leurs charges. » (Liv. IV, vers le milieu.) Plus bas, Zosime ajoute ces détails : « Après une guerre contre les barbares, Théodose reprit sa manière de vivre ordinaire, et se plongea, comme auparavant, dans les voluptés et les plaisirs, passant les jours entiers tantôt à faire de magnifiques festins, tantôt à voir les jeux et les combats dans l'amphithéâtre et dans le cirque. J'avoue que je me suis souvent étonné de l'inégalité de son humeur, et de la violence avec laquelle il se portait, en diverses circonstances, à des choses tout à fait opposées. Étant indolent de son naturel, il s'abandonnait à l'oisiveté, à moins qu'il n'en fût empêché, ou par l'intervention de quelque accident fâcheux, ou par l'appréhension du danger. Quand il survenait une nécessité pressante qui menaçait l'empire de troubles sérieux, il se réveillait de son assoupissement, et, renonçant aux plaisirs, il supportait les fatigues en homme de cœur. Mais, dès que le péril était passé, il retournait à son inclination, et reprenait ses divertissements accoutumés. Rufin, Gaulois de nation, maître des offices, était l'officier le plus considérable de son règne : aussi Théodose lui confiait-il tout, sans se charger lui-même d'aucun soin. »

51. — *Miscere colloquia pro personis.* Suétone dit la même chose d'Auguste, et Pline de Trajan. « Cœnam trinis ferculis, aut, quum abundantissime, senis, præbebat, ut non nimio sumptu, ita summa comitate ; nam et ad communionem sermonis tacentes, vel submissim fabulantes provocabat. » (Suetonius, *in Augusto*, c. LXXIV.) « Non remissionibus tuis eadem frequentia, eademque illa socialitas interest ? non tibi semper in medio cibus, semperque mensa communis ? non ex convictu nostra mutua voluptas ? non provocas reddisque sermones ? non ipsum tempus

epularum tuarum, quum frugalitas contrahat, extendit humanitas?..... Ergo non aurum, nec argentum, nec exquisita ingenia cœnarum, sed suavitatem tuam jucunditatemque miramur; quibus nulla satietas adest, quando sincera omnia, et vera, et ornata gravitate. » (Plinius, *Panegyr. Trajani*, c. xlix.)

52. — *Utramque rempublicam utrisque filiis, id est Arcadio et Honorio, quietam relinquens.* Arcadius, le premier, avait été nommé empereur par Théodose, qui lui donna Rufin, préfet du prétoire, pour exercer sous son nom tout ce qui dépend de l'autorité souveraine, parce que Arcadius était encore jeune, et qu'il ne pouvait pas avoir une prudence consommée. Après sa victoire sur Eugène et sur Arbogaste, Théodose alla à Rome, où il déclara empereur son fils Honorius, et Stilicon général des troupes de ce pays-là, et tuteur du jeune prince.

53. — *Corpus ejus, eodem anno, Constantinopolim translatum atque sepultum est.* Théodose ayant donné à son fils Honorius, l'Italie, l'Espagne, les Gaules et l'Afrique, partit de Rome pour retourner à Constantinople, et mourut en chemin de maladie. Son corps fut embaumé et mis, à Constantinople, dans le tombeau des princes, ses prédécesseurs.

Il me reste à donner, sur Constantinople, quelques détails que j'emprunterai à Zosime. Il est évident que la fondation de cette capitale nouvelle fut un coup mortel pour Rome, l'ancienne capitale, et que Constantin prépara ainsi la ruine de l'empire. « Constantin, dit Zosime, résolut de chercher une ville qui égalât la majesté de Rome, et où il pût établir le siége de son empire. Ayant trouvé un lieu fort propice à ce dessein, entre la Troade et l'ancienne Ilion il y jeta des fondements, et y éleva une partie de muraille, qu'on voit encore aujourd'hui, lorsqu'on fait voile vers l'Hellespont. Mais il se dégoûta bientôt de cette entreprise, et la laissa imparfaite et inachevée. Puis, ayant admiré l'avantage de la position de Byzance, il prit la résolution de l'agrandir de telle sorte, qu'elle pût avoir la gloire d'être la capitale de l'univers. Elle est assise sur une hauteur, et comprend une partie de l'isthme que forment le Céras et la Propontide. Il y avait autrefois une porte, à l'endroit où finissent les galeries, que l'empereur Sévère fit bâtir à Byzance, lorsqu'il ne fut plus irrité contre les habitants, parce qu'ils avaient accueilli favorablement Niger, son ennemi. Il y a un mur qui descend le long de la colline, du côté de l'occident, jusqu'au temple de Vénus et jusqu'à la mer, qui est vis-à-vis de Chrysopole. Il y en a un autre qui descend de la même sorte, du côté du septentrion, jusqu'au port et jusqu'à l'endroit de la mer où se trouve l'embouchure par laquelle on entre dans le Pont-Euxin. Cet espace de terre qui s'étend jusqu'au Pont-Euxin est étroit; mais il est long de près de trois cents stades. Voilà quelle était l'étendue de l'ancienne ville. Constantin fit élever un grand marché en rond, à l'endroit où l'on voyait autrefois la porte; il bâtit des galeries tout autour, et fit construire en marbre de Proconèse deux voûtes à l'opposite l'une de l'autre, par lesquelles on peut entrer dans les galeries de Sévère, et sortir de l'ancienne ville. Jaloux d'accroître la cité nouvelle, il fit élever une nouvelle muraille plus longue de quinze stades que l'ancienne, et qui, égalant la grandeur de l'isthme, s'étendait d'une mer à l'autre. Il y bâtit aussi un palais qui ne le cédait guère en magnificence à celui de Rome. Il embellit également l'hippodrome, dont le temple de Castor et de Pollux formait la partie principale. On voit encore les statues des ces deux divinités dans les galeries de l'hippodrome. Il éleva aussi, à certain endroit de l'hippodrome, le trépied sur lequel est la statue d'Apollon. Comme il y avait une fort grande place renfermée entre quatre galeries, à l'extrémité d'une de ces galeries, à laquelle on monte par plusieurs degrés, il fit construire deux temples, et mit dans l'un des deux la statue de la mère des dieux, que les compagnons de l'expédition de Jason avaient autrefois placée sur la montagne de Dindyme, qui domine la ville de Cyzique. On dit qu'il gâta cette statue en ôtant les deux lions qui étaient aux deux côtés, et en changeant la posture des mains : car, au lieu de tenir les deux lions comme autrefois, la statue est en posture de suppliante, et elle regarde la ville. Il plaça dans l'autre temple la statue de la Fortune de Rome. Il bâtit aussi des maisons pour loger des sénateurs, qui l'avaient suivi dans sa nouvelle ville. Il employa les finances à des constructions inutiles, et il en acheva quelques-unes avec tant de précipitation, qu'elles tombèrent bientôt après. » (Zosime, liv. ii, vers le milieu.)

C'était sur le bénitier de l'église Sainte-Sophie, à Constantinople, que se trouvait le célèbre vers rétrograde :

Νίψον ἀνομήματα μὴ μόναν ὄψιν.

« Lave ici tes péchés en lavant ton visage. »

FIN.

TABLE ALPHABÉTIQUE
DES NOMS PROPRES CITÉS PAR AURELIUS VICTOR.

A

Aberrigènes, p. 15.
Abgare, 235.
Aborigènes, 35, 41.
Acamas, 19.
Acca Larentia, 55, 57, 63.
Achaïe, 139, 157, 259, 395.
Achillas, 165.
Achille, 109.
Achillée, 385.
Achilléens, 285, 289.
Achyrona, 303.
Acron, 65.
Actium, 169, 177.
Adauantia, 401.
Adherbal, 147.
Adiabéniens, 235.
Adiabénique, 235.
Adria, 353.
Adriatique, 353.
Adrien (Elius), 217, 219, 221, 315, 353, 355, 357, 407.
Afranius, 167.
Afrique, 117, 119, 127, 131, 137, 151, 157, 159, 167, 169, 225, 217, 219, 259, 275, 285, 287, 289, 295, 297, 367, 395.
Agamemnon, 33.
Agilléens, 45.
Agrippa, 175, 183, 317, 319.
Agripppine, 193, 197, 327.
Abala, 101.
Ahenobarbus, 327.
Aix, 151.
Alains, 409, 411.
Alamannes, 241, 271, 279, 391, 401, 409.
Albain, 51, 133, 149.
Albains, 53, 63, 69, 71.
Albe, 49, 51, 57, 59, 69.
Albanie, 163.
Albinus, 233, 365.
Albula, 29, 51.
Alcmène, 19.
Alexandre, 255, 295, 299, 367, 373, 381, 387, 389, 391.
Alexandre (d'Éphèse), 33.
Alexandre Sévère, 243, 245, 391.
Alexandrie, 159, 165, 177, 285, 287, 313.
Algide, 87, 93.
Allectus, 289.

Allia, 95.
Alma, 383.
Alpes, 119, 167, 195, 187, 307, 327, 381, 395.
Alsa, 397.
Altinum, 223, 359.
Amandus, 283.
Amate, 43.
Ambracie, 131, 169.
Amilcar, 115, 117, 119.
Amulius, 53, 55, 57, 59, 63.
Anatolius, 315.
Anchise, 33, 37, 43.
Ancône, 153.
Ancus Marcius, 71, 73, 75.
Anibalien, 395.
Anio, 107, 109.
Anius, 35.
Annibal, 55, 115, 119, 121, 123, 125, 127, 131, 133, 275.
Antemnates, 65.
Anténor, 19, 33.
Antigone, 111.
Antinoüs, 219.
Antioche, 217, 365.
Antiochus, 119, 129, 131, 133, 171.
Antium, 95.
Antoine, 171, 173, 175, 319.
Antonin, 219, 221, 223, 239, 355, 357.
Antonius, 343.
Antillus, 145.
Anulinus, 367, 385.
Aper, 279, 283, 383.
Apollon, 21, 35, 39.
Appia ou Appienne (voie), 109.
Appius Claudius, 33, 91, 93, 109, 113, 173.
Appuleia, 143.
Appuleius (L.), 95, 143, 157.
Appuleius Saturninus, 151.
Apulie, 125.
Apuliens, 105.
Aquilée, 243, 373, 397.
Aquilius, 81.
Aquitaine, 263.
Aquitains, 315.
Arabes, 165, 235.
Arabie, 193, 251.
Arabique, 235.
Arbaces, 141.
Arca, 243.
Arcadie, 27

Arcadiens, 27.
Arcadius, 409, 417.
Archélaüs, 161, 181, 321.
Ardée, 79, 95.
Argentaria, 409.
Argentoratum, 399.
Argos, 111.
Ariobarzane, 161.
Aristobule, 283.
Arles, 393.
Arménie, 159, 287, 321, 395.
Armentarius, 285, 291, 293, 387, 389.
Arpinum, 149, 169.
Arrius Antoninus, 345.
Aruns, 81.
Ascagne, 35, 45, 47, 49, 51.
Asclépiodote, 289.
Asculum, 115.
Asdrubal, 125, 127, 129.
Asie, 75, 133, 145, 147, 151, 153, 159, 161, 163, 165, 171, 175, 225, 259, 395.
Athénée, 217.
Athènes, 21, 161, 171, 173.
Athéniens, 217.
Atilius Calatinus, 115, 117.
Attale, 143, 281.
Attique, 353.
Attitianus, 261.
Attius Navius, 73.
Attius Tullus, 91.
Aufidius, 51.
Auguste, 171, 173, 175, 177, 179, 181, 183, 203, 285, 315, 317, 319, 321, 333, 337, 349, 415.
Augustobrate, 335.
Aulus Nonius, 157.
Aulus Sulpicius, 91.
Aurélien, 265, 269, 271, 283, 275, 285, 289, 381, 383.
Aurelius, 381.
Aureolus, 263, 377, 379.
Aventin, 29, 59, 61, 71, 73, 77, 145.
Aventinus Silvius, 53.
Averne, 35, 37.

B

Bacchus, 185, 321.
Bactriens, 181, 357.
Bagaudes, 283.
Baies, 35, 323.

TABLE ALPHABÉTIQUE

Bassien, 239, 241, 243, 245, 365, 367, 369.
Basilène, 369.
Bassus, 367, 379.
Pasternes, 315.
Benacus, 379.
Bérénice, 339.
Bergence, 407.
Bétriac, 331.
Bithynie, 119, 161, 165, 393.
Bithyniens, 225.
Bocchus, 147, 161.
Bojonius (M.), 223, 303, 355.
Bonose, 275, 383.
Bovilla, 51.
Bretagne, 411.
Brindes, 109.
Brutus (L. J.), 81, 167, 173, 175, 187, 255.
Bubalia, 375.
Byzance, 393, 395.

C

Cabires, 163.
Cacus, 29, 31.
Calètes, 37.
Caïus, 145.
Caïus Julius, 329.
Calidius, 143.
Caligula (Caïus), 183, 187, 189, 279, 323, 325, 343.
Calocerus, 301.
Calpurnius Crassus, 317.
Calpurnius Flamma, 115, 117.
Camérie, 51.
Camerina, 115.
Camille Furius, 95, 97, 103.
Campanie, 119, 223, 341.
Cannes, 119, 127, 133.
Cantabres, 315.
Canusium, 127.
Capitole, 23, 65, 79, 97, 107, 127, 129, 145, 159, 203, 205, 211, 335, 351.
Capitolinus, 97.
Capoue, 103, 145.
Cappadoce, 161, 181, 321.
Caprée, 67, 181.
Caracalla (A.), 241, 367, 369.
Carausius, 285, 289.
Carènes, 175.
Carin, 277, 281, 283, 385.
Carmente, 27, 29.
Carnutum, 223.
Carpiens, 289.
Carres, 369.
Carthage, 115, 117, 125, 127, 129, 138, 225, 247, 291, 295, 387.
Carthagène, 127.
Carthaginois, 275.
Carus, 277, 281, 383.
Caryota, 173.
Casperius, 319.
Caspiens, 163.
Cassius, 29, 167, 361.
Castor, 87, 113, 115, 117, 127.
Catilina, 169, 171.

Caton, 41, 47, 123, 125, 133, 169, 173.
Catles, 211, 315, 343.
Catullus, 347.
Caudex, 113.
Cécilius Balbin, 249, 251.
Cécina, 339.
Celer, 61, 63.
Célius, 69, 271.
Celtibériens, 123.
Céniniens, 65.
Cenofrurium, 273.
Cépion, 147, 149, 155, 157.
Céréalis, 225.
Cérès, 101, 219.
César (C.), 37, 39, 49, 55, 165, 167, 169, 171, 173, 175, 177, 179, 313, 381.
César (Jules), 47.
César (Octave), 171, 173.
César (Octavien), 167, 321.
Césarée, 243.
Césars, 199, 203, 325, 333.
Céson, 87.
Chalcédoine, 301.
Chalcédon, 159.
Charausion, 385.
Charops, 129.
Chéréa, 187.
Chéronée, 161.
Chodonomarius, 401.
Chrestius, 397.
Cibales, 393, 405.
Cicéron (M. Tullius), 169, 171.
Cilicie, 161, 171, 173, 335.
Cilon, 367.
Cimbarion, 37.
Cimbres, 149, 161.
Cincinnatus (L. Quinctius), 87, 99.
Cincius, 49.
Cinéas, 109.
Cinna, 151, 153, 415.
Cirta, 299.
Claude, 187, 189, 191, 193, 205, 215, 267, 269, 325, 327, 335, 379.
Claude (Julien), 399.
Claudia, 123.
Claudius, 135.
Claudius (Unimanus), 153.
Clélia, 83.
Cléonaire, 167, 177.
Clodianus, 345.
Clodius (P.), 171.
Clodius (Albinus), 233.
Clodius (Pupien), 249, 251.
Clusium, 95.
Coclès (Horatius), 81.
Codrus (Servius), 165.
Colchide, 163.
Collatie, 79.
Collatin (Tarquin), 79, 81.
Colobius, 377.
Cologne, 275, 349, 383.
Commagène, 335.
Commode, 215, 227, 229, 233, 239, 361.
Concordia, 359.

Constance, 169, 289, 291, 293, 301, 307, 309, 311, 385, 387, 389, 391, 395, 397, 399, 401.
Constant, 301, 305, 395, 397.
Constantin, 169, 193, 295, 297, 299, 301, 303, 305, 355, 387, 389, 391, 393, 395, 397, 399.
Constantine, 299, 397.
Constantinople, 393, 395, 405, 417.
Consus, 65.
Contrebia, 141.
Cora, 51.
Corculum, 121.
Cordus Mutius, 83.
Corinthiens, 139, 141.
Coriolan, 89, 91.
Corioles, 89.
Cornélie, 137.
Cornelius, 331, 377.
Cornelius Cossus, 99.
Corniculum, 75.
Corsinus, 103.
Cosroès, 215.
Cotta, 159.
Cottius, 195, 329.
Crassus (C.), 145, 165, 169, 173.
Cremera, 85.
Crémone, 201.
Créuse, 21.
Crispus, 301, 391, 393.
Critolaüs, 141.
Crustuminins, 65.
Crustomium, 51.
Ctésiphonte, 373, 383.
Cumes, 79.
Cunctator, 119.
Cures, 67, 69.
Curiaces, 71.
Curius, 111, 219.
Cursce, 105.
Curtius, 201, 331.
Cybèle, 123.
Cypselus, 73.
Cyrus, 295.
Cythéris, 173.
Cyzique, 159, 233.

D

Daca, 389.
Daces, 169, 211, 215, 323.
Dacie, 381, 389, 409.
Dalmace, 303, 305.
Dalmates, 121, 315, 381.
Dalmatie, 315, 395.
Dalmatius, 383.
Damarate, 73.
Danube, 189, 215, 255, 293, 303, 393.
Dardaniens, 161.
Dèce, 253, 255, 375.
Decentius, 309, 399.
Décibale, 215.
Decius, 91, 101, 103, 155, 263.
Decius Mus (P.), 99, 101, 113.

DES NOMS PROPRES.

Delmace, 395.
Delminium, 121.
Délos, 35.
Delphes, 21, 81.
Demetrius, 129.
Diadumène, 243. 369.
Diane, 75.
Didius, 229.
Diens, 141.
Dioclès, 385.
Dioclétien (Valerius), 279, 281, 283, 285, 287, 291, 293, 385.
Dolabella, 167.
Domitia, 345.
Domitien, 205, 209, 211, 213, 215, 279, 341, 343, 345, 347.
Domitilla, 337, 343.
Domitius, 39, 51, 327.
Domitius Ulpianus, 245.
Drépane, 115.
Drusus, 147, 149, 169, 183, 219.
Drusus (M. Livius), 147.
Duilius (C.), 115.

E

Eboracum, 237.
Ebre, 117.
Edessa, 369.
Égée, 193, 327.
Égérie, 69.
Égates, 117.
Egnatius, 61.
Égypte, 177, 193, 223, 241, 285, 289, 313, 315, 325, 377, 385.
Éleusine, 219.
Elianus, 283.
Élien, 377.
Émilia, 155.
Émilius Émilien, 257, 275, 277.
Émilius Regillus (L.), 133.
Émilius Scaurus (M.), 155, 157.
Énée, 19, 27, 33, 35, 37, 39, 41, 43, 45, 47, 51, 213.
Enna, 115.
Ennius, 25, 55, 113.
Enos, 35.
Épaphrodite, 329.
Éphèse, 75, 225.
Épidaure, 93.
Épire, 107, 109.
Èques, 73.
Equimelium, 89.
Equitius, 407.
Érectée, 21.
Escalape, 93, 95.
Espagne, 117, 127, 135, 137, 141, 143, 155, 163, 167, 175, 197, 213, 259, 329, 409.
Esquilin (le mont), 75.
Éthiopiens, 315.
Étoliens, 131.
Étrurie, 79, 113, 257.
Etruscus, 255.

Étrusques, 45, 73, 75, 81, 109, 253.
Eubée, 133.
Euphranor, 353.
Euphrate, 215, 371.
Euporus, 147.
Eurocus, 391.
Euryléon, 45.
Eusèbie, 401.
Eutropia, 389, 399.
Euxinus, 35, 37.
Évandre, 27, 29, 31.

F

Fabius, 59, 85, 95, 109.
Fabius Ambustus, 91.
Fabius Maximus, 101, 119, 121.
Fabius Pictor, 55.
Fabius Rutilius (Q.), 105.
Fabricius, 111, 113, 229.
Falerne, 121.
Falisques, 95.
Faunus, 25, 27, 33.
Fausta, 389.
Faustinus, 271.
Faustulus, 53, 55, 57, 61, 63.
Faustus, 167.
Felicissimus, 271.
Felix, 325.
Fidénates, 65, 71, 99.
Firmus, 407.
Flaminia (la voie), 207, 335.
Flaminius (L.), 119, 125.
Flaminius (Titus), 119.
Flaminius (T. Q.), 129.
Flavia, 299.
Flavius Fimbria (C.), 153, 297, 299, 301, 307.
Florien, 275, 277, 383.
Formies, 171.
Forum, 67, 77, 81, 85.
Frégelle, 145.
Fulvius Flaccus, 145.
Fulvius Nobilior (M.), 131.
Funarius, 405.
Furina, 147.

G

Gabiens, 79.
Gabies, 51, 67.
Gabinius, 171.
Gaison, 397.
Galba, 125, 197, 199, 201, 329, 331.
Galerius, 285, 287, 293, 309, 385, 387, 389, 391.
Gallien (Licinius), 257, 259, 263, 265, 267, 271, 277, 377, 379.
Gallo-Grecs, 133.
Gallonius Basilius, 379.
Gallus, 173, 255, 257, 309, 375, 397, 399.
Gantisques, 155.
Garamantes, 181, 315.
Gaule, 125, 135, 149, 165, 167, 173, 175, 189, 201, 213, 215, 233, 245, 259,

261, 271, 275, 277, 283, 295, 309, 315, 343, 349, 359, 365, 367, 377, 381, 385, 399, 401, 409, 411.
Gaulois, 95, 97, 101, 103, 105, 121, 309, 393.
Gaurus, 99.
Gellius Sextus, 49.
Gémonies, 203, 333.
Germaius, 245, 247, 259, 261, 271, 285, 309, 343.
Germanicus, 183, 211, 323, 327.
Germanie, 179, 185, 201, 343.
Géryon, 29.
Geta, 239, 241, 365, 367.
Gètes, 315.
Gétules, 181, 321.
Gétuliens, 331.
Girba, 375.
Glabrion (M' Acilius), 125, 133.
Glaucia, 151, 155, 159.
Gordien (Antonin), 247, 249, 251, 373, 379.
Gorgonia, 401.
Goths, 255, 259, 269, 301, 409.
Gracchus, 119, 121, 131, 137, 155.
Gracchus (Caius), 145.
Gracchus (Clelius), 87.
Gracchus (Tiberius), 143, 145, 147, 157.
Gracchus (Tib. Sempronius), 135, 137.
Gracques, 143, 157.
Grande-Bretagne, 167, 189, 233, 235, 237, 245, 289, 293, 325, 365, 391.
Gratien, 405, 407, 409, 411, 413.
Grèce, 19, 27, 31, 111, 131, 133, 163, 171, 273.
Grecs, 19, 25, 33, 185, 195, 217, 359, 403.

H

Hélène, 391, 393, 397.
Héliogabale, 243, 245, 369, 371.
Héuloques, 163.
Héracle, 141, 353.
Hercule, 29, 31, 109, 111, 121, 283.
Herculcius, 143.
Herculius, 283, 285, 287, 291, 293, 297.
Herennius, 103.
Hiarbas, 163.
Hiéron, 113.
Hipparque, 303.
Hirpius, 161.
Hiulca, 393.
Homère, 35.
Honorius, 411, 417.
Horaces, 71.
Hostilia, 69.

TABLE ALPHABÉTIQUE

Hostilien, 255.
Hostilius Mancinus (C.), 139.
Hostus Hostilius, 67.
Huns, 409.
Hyrcanie, 165.
Hyrcaniens, 357.

I

Ibères, 163.
Icelus, 331.
Ilion, 33, 35, 151.
Illyrie, 19, 179, 259, 275, 281, 287, 293, 389, 395.
Illyriens, 129, 255, 285, 305.
Ingebus, 249.
Inde, 381.
Indiens, 169, 181, 315, 357.
Indus, 215.
Interamna, 375.
Intercatia, 137.
Inuus, 25.
Ister, 215, 259.
Italica, 213.
Italie, 17, 19, 21, 23, 25, 27, 29, 31, 33, 35, 37, 39, 47, 79, 95, 107, 111, 117, 119, 123, 125, 127, 137, 149, 151, 163, 175, 201, 249, 259, 271, 281, 287, 291, 293, 295, 297, 299, 317, 359, 381, 385, 387, 395.
Italiens, 31, 213, 345.
Iule, 35, 51.

J

Janicule, 69, 71, 81.
Janiculum, 21, 23.
Janus, 19, 21, 23, 69, 169, 179, 251.
Jobus, 47.
Jotapien, 255.
Jovien, 405.
Jovius, 283, 287, 293.
Juba, 167, 189.
Judée, 201, 207, 325, 335.
Jugurtha, 141, 149, 155, 161.
Juifs, 165, 309.
Jules Constance, 285.
Julia, 47, 313.
Julianus, 281, 285, 363, 365, 385.
Julie, 241, 285.
Julien, 309, 403, 405.
Julius Proculus, 67.
Julius Maximin (C.), 247, 249.
Julius Valens, 255.
Julus, 47.
Junius Mauricus, 317.
Jupiter, 17, 19, 27, 47, 51, 65, 67, 69, 99, 121, 127, 185, 323, 379.

L

Lacédémone, 131.
Laurus, 89.
Lanuvium, 221.
Lartès Tolumnius, 99.

Lateranus, 367.
Latins, 43, 45, 47, 57, 71, 73, 75, 77, 99, 101, 147, 149.
Latinus, 25, 33, 37, 41, 43.
Latinus Silvius, 51.
Latium, 23, 45, 87, 155.
Laurente, 37, 39, 43.
Lausus, 47.
Lavicana, 387.
Lavinie, 35, 43, 47, 49, 51.
Laviniens, 55.
Lavinium, 39, 41, 43, 45, 47, 49.
Lelianus, 259.
Lélius (Caius), 137.
Lentulus, 167.
Lépide, 171, 175.
Leptis, 235, 367.
Letorius (P.), 147.
Leucopetra, 141.
Lévinus, 111.
Libera, 219.
Libyssa, 119.
Licinien, 393.
Licinius, 293, 299, 301, 387, 389, 391, 393.
Licinius Lucullus (L.), 159.
Licinius Mucianus, 333.
Licinius Stolon, 91.
Liguriens, 119, 133, 155, 363.
Lilybée, 115.
Lisie, 317, 319, 321.
Livius, 125.
Locres, 51, 111.
Lollius Gentianus, 363.
Longinus (Caius Cassius), 173.
Lories, 357.
Lorium, 223.
Lucanie, 271, 381.
Lucaniens, 107.
Lucérie, 103.
Lucérius, 67.
Lucius Cincius, 51.
Lucius Elius, 219.
Lucius Papirius, 195.
Lucius Priscus, 155.
Lucrèce, 79, 81.
Lucretius, 145.
Lucretius Ofella, 151.
Lucullus, 137, 159, 163.
Lucumon, 67, 73.
Lupercal, 57.
Lupercales, 175.
Lutatius, 33, 39, 43, 51, 117.
Lyon, 233, 365, 367, 399.
Lysimachie, 133.

M

Macédoine, 111, 119, 131, 137, 157, 167, 171, 173, 255, 259, 367, 377, 331, 395.
Macer (Licinius), 53, 61, 369.
Machaon, 19.
Macrin (Opilius), 241, 243.
Maxence, 305, 307, 309, 397, 399, 401.
Magon, 127.
Magulsa, 147.

Mamertius, 113.
Mamillus, 87.
Mammée, 245.
Mancinus, 139, 143.
M'. Manilius, 137.
Manius Curius Dentatus, 107.
Manlius, 97.
Manlius Torquatus, 99, 101.
Manlius Vulson (Cn.), 133.
Marc Antoine, 167, 175, 177, 179.
Marc Aurèle Antonin, 223, 225, 251, 259, 361.
Marcellinus, 397.
Marcellus, 119, 121, 371.
Marcius (Caius), 89, 363.
Marcomans, 223, 289, 377.
Marcomare, 225.
Marcus Livius, 151.
Marcus Octavius, 63.
Marcus Philippe, 251, 253.
Margus, 281.
Marius (C.), 149, 155, 157, 161, 163, 261, 415.
Marius fils (C.), 151.
Marius Statilius, 121.
Maroboduus, 211.
Mars, 53, 55, 69.
Marseille, 387.
Marses, 105, 143, 169.
Martinien, 301, 393.
Masinissa, 127, 163.
Maures, 127, 325.
Mauritanie, 189, 407.
Maxence, 293, 295, 297, 387, 389.
Maxime, 411, 413, 417.
Maximien, 283, 291, 385.
Maximien Hercule, 385, 387, 389.
Maximin, 291, 299, 371, 373, 387, 389.
Mayence, 377.
Mécène, 217.
Mèdes, 161.
Mein, 241.
Meminius, 157.
Menenius Agrippa, 89.
Meninge, 375.
Mercure, 21.
Nero (Caldius Biberius), 321.
Mérobaude, 407.
Mésie, 201, 281, 305, 323, 375, 377, 383.
Mésopotamie, 189, 257, 259, 271, 287, 377.
Messaline, 191, 193, 325.
Messine, 113.
Métaure, 125, 381.
Metella, 143.
Metellus, 119, 157.
Metellus Pius (Q.), 143.
Metellus (Q. Cecilius), 141, 143.
Metia, 129.
Metius Fufetius, 69, 71.
Metius Pomposianus, 337.
Mézence, 45, 47.
Milan, 263, 267, 291, 365, 377, 391, 417.

DES NOMS PROPRES.

Milvius, 131, 197, 389.
Minerve, 153, 213.
Minervina, 391.
Minturnes, 151.
Minucius (Q.), 87, 121.
Minucius Rufus, 145.
Misène, 35, 37.
Mithridate, 153, 159, 161, 163, 167.
Modène, 175.
Moguntiens, 261.
Molon, 171.
Mopsocrène, 401.
Mucaper, 275.
Mucius, 145.
Mulvius, 155.
Mummius (L.), 137, 139, 141.
Munda, 167, 175.
Murena, 159.
Mursia, 259, 397, 399.
Musulamiens, 189, 325.
Mutiens, 83.

N

Nabis, 129.
Narbonne, 281, 383.
Narcisse, 327.
Narnia, 375.
Narnium, 213, 315.
Narsès, 287.
Nasica, 123.
Naso, 319.
Némée, 131.
Néophyte, 319.
Néoptolème, 19.
Népotien, 399.
Neptune, 175.
Néron (Claudius), 125, 127, 129, 181, 183, 251, 285, 311, 327, 329, 339.
Néron (L. Domitius), 193, 195, 197, 199, 201.
Nerva, 213, 217, 315, 317, 319, 351.
Nicée, 303.
Nicomède, 161, 165.
Nicomédie, 225, 291, 303, 385.
Nicostrate, 27.
Nigidius (C.), 153.
Nil, 165, 313.
Nole, 123, 179, 319.
Norbanus (Appius), 343.
Nucerius, 103.
Numa, 169, 179, 357.
Numa Pompilius, 67, 69, 71, 217.
Numance, 137, 139.
Numantins, 139, 143.
Numérien, 277, 279, 283, 383.
Numicus, 45.
Numides, 147, 155.
Numidie, 119, 163.
Numitor, 53, 57, 59, 63.

O

Ocriculum, 375.
Octavia, 167.
Octavie, 319.

Octavien, 179, 313.
Octavius (Marcus), 39, 143, 153, 179, 313.
Ogulnius (Q.), 93, 95.
Olympias, 389.
Ombriens, 101, 105.
Opimius, 145, 147, 155.
Oppia, 125.
Orchomène, 161.
Orestes, 155.
Orétans, 131.
Oronte, 173.
Ortiagonte, 133.
Osacès, 173.
Ostie, 73, 189, 191.
Othon (S.), 199, 201, 331.
Oricula, 119.
Ovide, 319.

P

Padoue, 19.
Palatin (le mont), 27, 55, 59, 61.
Palestine, 207, 335.
Pallanté, 27.
Pallas, 27, 327.
Pan ou Pans, 25, 27.
Pannonie, 201, 225, 259, 275, 293, 323, 365, 375, 377, 389, 397, 405.
Pannoniens, 315, 383.
Panorme, 115.
Papinien, 239, 241.
Páris, 315.
Parthenius, 315, 319.
Parthes, 165, 169, 177, 195, 207, 259, 279, 323, 335, 367, 377.
Parthique, 235.
Patricius, 309.
Paul Émile, 119, 133, 137.
Paulus, 215.
Pelson (le lac), 293.
Pergame, 153.
Pérouse, 175.
Perpenna, 375.
Perse, 215, 235, 245, 337, 405.
Persée, 135, 137.
Perses, 161, 223, 251, 257, 271, 279, 285, 287, 295, 303, 311, 315, 319, 373, 377, 403.
Pertinax (Publius Helvius), 229, 231, 233, 363, 365.
Pervium, 213.
Pescennius (Niger), 233, 365.
Pessinonte, 123.
Petillius (Actéus), 219.
Petronius, 347.
Phaon, 329.
Pharnace, 163, 167.
Pharsale, 165, 167, 169, 173.
Phéniciens, 369.
Philippe, 129, 135, 149, 373.
Philippes, 173.
Philippopolis, 251.
Picus, 25.
Pinaria, 31.
Pinarius, 31, 33, 109.

Pindarus, 175.
Pipa, 261, 277.
Pisidiens, 133.
Pison (Acilius), 37, 43, 51, 171, 199.
Plaisance, 331, 381.
Platon, 169.
Plaute, 29.
Plotine, 217.
Polémon, 195, 327.
Pollux, 87.
Polybius, 327.
Polyclète, 353.
Polydore, 35.
Polymnestor, 35.
Pometia, 51.
Pompedius (Q.), 143.
Pompée (Cn.), 163, 165, 167, 169, 171, 173, 175, 311.
Pompéia (Plotina), 403.
Pompeius, 139.
Pomponius, 101, 115.
Pont, 159, 161, 163, 195, 327.
Pont-Ruxin, 215.
Pontius Telesinus, 151.
Popedius Silon (Q.), 169.
Poplicola, 87.
Poppée, 79.
Porsena, 79, 81, 83.
Possidius, 325.
Postumius (Aulus), 47, 87, 89.
Postumus, 261, 377.
Potentien, 307.
Potitia, 33.
Potitius, 31, 109.
Pouille, 103.
Pouzzol, 161.
Préneste, 51, 105, 151, 161.
Probus, 275, 277, 285, 383.
Procas, 63.
Prochyta, 37.
Proculus, 383.
Propontide, 295.
Proserpine, 111.
Prusias, 119, 131.
Ptolémée, 159, 165, 167, 169, 177.
Publius Valerius, 85.
Pyrée, 161.
Pyrénée, 397.
Pyrrhus, 107, 109, 111, 113.

Q

Quades, 227, 407.
Quinctius, 103, 141.
Quinctus Ennius, 131.
Quintilius, 59.
Quintilius, 379.
Quirinal (le mont), 67, 75.
Quirites, 69, 79.

R

Rabirius, 159.
Ramniens, 67.
Raudium, 151.
Ravenne, 293.
Réate, 201.
Recaranus, 27, 29, 31.

TABLE ALPHABÉTIQUE

Regallien, 259
Régille, 87.
Regillianus, 377.
Regulus, 349.
Regulus (Marcus Atilius), 117.
Remmius, 147.
Remuria, 49.
Remus, 57, 59, 61, 63.
Rhéa Silvia, 53, 55, 57, 63.
Rhegium, 113.
Rhesus, 73.
Rhétie, 179, 257, 261.
Rhétiens, 315.
Rhin, 189, 315.
Rhodes, 163, 165, 171, 173.
Romala, 389.
Romulien, 389.
Romulus, 57, 59, 61, 63, 65, 67, 99, 121, 145, 273, 361.
Roscius, 171.
Ruminal (l'arbre), 55.
Rutules, 43.

S

Sabina, 355.
Sabine, 329.
Sabinie, 67.
Sabins, 65, 67, 69, 73, 79, 85, 87, 89, 107, 109, 341.
Sabinus, 201, 303, 385.
Saburanus, 217.
Saburia, 365.
Saces, 215.
Sacriport, 151, 161.
Sagonte, 119.
Saliens, 69.
Salinator Livius, 129.
Sallentins, 117.
Salluste, 25.
Salone, 385.
Salonin, 259, 377.
Salonine, 261, 377.
Samnites, 99, 101, 103, 105, 107, 109, 161.
Samnium, 109.
Samothrace, 135.
Sapor, 257, 377.
Sardaigne, 117, 123, 135, 145, 157.
Sardonius, 215.
Sarmates, 169, 301, 311, 323.
Saturne, 17, 19, 21, 23, 25.
Saturnia, 21, 23, 25.
Saturninus, 155, 159, 275, 373, 383.
Scéva, 227.
Scipion (P.), 119, 123, 127, 167, 169.
Scipion Émilien (P.), 137.
Scipion l'Africain, 131, 133, 137, 143.
Scipion l'Asiatique, 131, 133, 135.
Scipion Nasica (P.), 121, 145.
Scribonia, 317.
Scribonien Camille, 325.
Scythes, 169, 181, 315.
Semea, 369.

Sempronia, 157.
Sempronius, 37.
Sempronius Longus, 119.
Séna, 125.
Septime Sévère, 131, 233, 235, 237, 239, 245, 365.
Septimius, 165, 381.
Septimuleius, 147.
Séquaniens, 213.
Sères, 279.
Sertorius, 143, 163.
Servius (Aremulus), 51.
Servius Tullius, 75, 77.
Sévère, 291, 293, 303, 365, 367, 387.
Sextus, 79.
Sicambre, 315.
Sicila, 245.
Sicile, 91, 111, 113, 115, 117, 123, 157, 163, 167, 171, 175.
Silvanus, 309, 399.
Silvius Postumius, 51.
Silvius Procas, 53.
Singidonum, 405.
Sipyle, 131, 133.
Sirmium, 253, 277, 383, 389, 409.
Sithocus, 163.
Smyrne, 143.
Solon, 93.
Spolète, 375.
Sporus, 329.
Spurius Melius, 89.
Spurius Postumius, 103, 105.
Straton, 173.
Sthenelus, 19.
Stephanus, 345.
Sucrone, 155.
Suessa Pometia, 79.
Suèves, 315, 321.
Sulpicia, 151, 161.
Sulpicius, 199, 331.
Sulpitius, 101.
Sura, 215, 351.
Sylla, 151, 153, 159, 163, 167, 171, 415.
Sylla (L. Cornelius), 159, 161.
Sylvain, 25.
Syphax, 127.
Syracuse, 113, 123.
Syrie, 119, 125, 131, 165, 167, 173, 177, 201, 207, 217, 231, 251, 255, 335.
Syriens, 243.

T

Tacfarinas, 183.
Tacite, 275, 277, 383.
Taifaliens, 409.
Talassius, 65.
Tanaquil, 73, 75.
Tarente, 111, 121, 145, 347.
Tarpéia, 65.
Tarpéien, 65.
Tarpéienne, 97.
Tarquin, 187.
Tarquin l'Ancien, 73, 75, 77, 193, 213, 327.

Tarquin le Superbe, 77, 79, 81, 87.
Tarquinies, 73.
Tarragone, 259.
Tarse, 275, 299, 383, 389.
Tatiens, 67.
Tatius (T.), 65, 67.
Taurinus, 371.
Taurus, 133, 401.
Telesinus, 161.
Terentius, 69.
Tésin, 119, 127, 379.
Tetricus, 263, 271, 381.
Teutous, 151, 161.
Thelesinus Pontius, 103.
Théodora, 385, 389.
Théodose, 409, 411, 413, 415.
Thermantia, 411.
Thermopyles, 125, 133.
Thermus, 165.
Thessalonique, 393.
Thessandre, 19.
Thoas, 19.
Thrace, 35, 133, 149, 255, 259, 193, 311, 335, 395, 409.
Thydrus, 247.
Tibère, 187, 309, 319, 321, 323, 325.
Tiberinus, 371.
Tiberius, 139, 325.
Tiberius Silvius, 51.
Tibre, 55, 63, 73, 77, 83, 87, 95, 123, 145, 151, 103, 251, 257, 297, 351, 371.
Tibur, 51, 219.
Ticinum, 265, 381, 399.
Tigrane, 159, 163, 311.
Tipbate, 109.
Tite Live, 61.
Titus, 205, 207, 209, 337, 339, 341, 343.
Toscans, 101, 105.
Trachontide, 251.
Tractitius, 371.
Trajan (Ulp.), 195, 213, 215, 217, 259, 327, 345, 349, 351, 353, 361, 393, 401, 411.
Trajus, 349.
Trasimène, 119, 129.
Trébia, 119.
Tricipitinus, 81, 85.
Tripoli, 235, 303.
Tripolitains, 303.
Troie, 19, 33, 35.
Troyens, 35, 39, 41, 43.
Tubéron, 49.
Tudertinum, 349.
Tullie, 77.
Tullus Attius, 169.
Tullus Hostilius, 69, 71.
Turnus, 43.
Tusculum, 51, 87, 123.
Tyane, 275.
Tyrrhée, 47, 49.

U

Ulpius, 349.
Ulysse, 19, 39.
Utique, 169.

V

Vadomarius, 401.
Valens, 375, 377, 387, 389, 407, 409.
Valentinien, 405, 407, 409.
Valeria, 293.
Valerianus (Cornelius), 377.
Valérien (Licinius), 257, 259, 377.
Valerius, 103, 291.
Valerius Antias, 53, 57.
Valerius Flaccus, 119, 123, 153.
Valerius Maximus, 99.
Varius, 155.
Varron, 119.
Varronien, 405.
Véies, 97.
Véiens, 65, 71, 85, 95.
Véienton, 347.
Velia, 85.
Vendobona, 225.
Vénètes, 281.
Vénétie, 223.
Vénus, 19, 37, 185.
Vennonius, 55.
Vérone, 201, 253, 297, 373, 385.
Verrès (Caius), 171.
Verrucosus, 119.
Verus (Lucius), 223, 359.
Véséris, 99, 103.
Vespasien, 201, 203, 205, 207, 209, 333, 335, 337, 343.
Vespillo, 145.
Vesta, 53, 63, 69, 197, 371.
Vésuve, 311.
Vétranion, 305, 307, 397.
Véturie, 91.
Veturius (Caius), 103.
Victoria, 163.
Victorin, 161, 263, 379.
Viminal (le mont), 75.
Vindéliciens, 315.
Vinnius, 331.
Virgile, 19, 21, 23, 27, 31, 35, 317.
Virginie, 93.
Virginius, 93.
Viriathe, 153.
Viridomare, 121.
Vitellius, 81, 201, 103, 331, 333.
Volesus, 85.
Vologèse, 207, 223, 335.
Volsiniens, 113.
Volsinium, 113.
Volsques, 79, 87, 89, 91.
Volumnie, 91.
Volusien, 255, 257, 295, 375.
Vulcanal, 83.
Vulcatius, 37.

X

Xerxès, 245.
Xiphée, 21.

TABLE

DES MATIÈRES DE SEXTUS AURELIUS VICTOR.

	Pages
NOTICE SUR SEXTUS AURELIUS VICTOR....................	5
ORIGINE DU PEUPLE ROMAIN.........................	17
HOMMES ILLUSTRES DE LA VILLE DE ROME.............	53
I. Procas, roi des Albains.....................	ib.
II. Romulus, premier roi des Romains.............	65
III. Numa Pompilius, second roi des Romains.........	67
IV. Tullus Hostilius, troisième roi des Romains........	69
V. Ancus Marcius, quatrième roi des Romains........	71
VI. L. Tarquin l'Ancien, cinquième roi des Romains....	73
VII. Servius Tullius, sixième roi des Romains...........	75
VIII. Tarquin le Superbe, septième roi des Romains......	77
IX. L. Tarquin Collatin, et sa femme Lucrèce.........	79
X. Junius Brutus, premier consul des Romains........	81
XI. Horatius Coclès...........................	ib.
XII. C. Mutius Scévola.........................	83
XIII. La jeune Clélie...........................	ib.
XIV. Les trois cent six Fabius.....................	85
XV. P. Valerius Poplicola.......................	ib.
XVI. A. Postumius.............................	87
XVII. L. Quinctius Cincinnatus.....................	ib.
XVIII. Menenius Agrippa Lanatus....................	89
XIX. C. Marius Coriolan........................	ib.
XX. C. Licinius Stolon.........................	91
XXI. L. Virgilius le centurion.....................	93
XXII. Arrivée d'Esculape à Rome...................	ib.
XXIII. M. Furius Camille.........................	95
XXIV. M. Manlius Capitolinus.....................	97
XXV. A. Cornelius Cossus.......................	99
XXVI. P. Decius Mus, le père.....................	ib.
XXVII. P. Decius, le fils..........................	101
XXVIII. T. Manlius Torquatus.......................	ib.
XXIX. M. Valerius Corvinus......................	103
XXX. Sp. Postumius............................	ib.
XXXI. L. Papirius Cursor.........................	105
XXXII. Q. Fabius Rutilius.........................	ib.

XXXIII.	M' Curius Dentatus..................................	197
XXXIV.	Appius Claudius Cécus.............................	109
XXXV.	Pyrrhus, roi d'Épire...............................	ib.
XXXVI.	Decius Mus...	113
XXXVII.	Appius Claudius Caudex............................	ib.
XXXVIII.	C. Duilius...	115
XXXIX.	A. Atilius Calatinus...............................	ib.
XL.	M. Atilius Regulus.................................	117
XLI.	C. Lutatius Catulus................................	ib.
XLII.	Annibal, général carthaginois.....................	119
XLIII.	Q. Fabius Maximus.................................	ib.
XLIV.	P. Scipion Nasica..................................	121
XLV.	M. Claudius Marcellus..............................	ib.
XLVI.	Claudia, vierge vestale............................	123
XLVII.	M. Porcius Caton le Censeur.......................	ib.
XLVIII.	C. Claudius Néron, et Asdrubal, frère d'Annibal....	125
XLIX.	P. Cornelius Scipion l'Africain....................	127
L.	M. Livius Salinator................................	129
LI.	T. Quintus Flaminius...............................	ib.
LII.	M. Fulvius Nobilior................................	131
LIII.	L. Scipion l'Asiatique.............................	ib.
LIV.	Antiochus, roi de Syrie............................	ib.
LV.	Cn. Manlius Vulson................................	133
LVI.	L. Paul Émile le Macédonique......................	ib.
LVII.	Tib. Sempronius Gracchus...........................	135
LVIII.	P. Scipion Émilien.................................	137
LIX.	A. Hostilius Mancinus..............................	139
LX.	E. Mummius l'Achaïque.............................	ib.
LXI.	Q. Cécilius Metellus, le Macédonique..............	141
LXII.	Q. Cécilius Metellus, le Numidique................	ib.
LXIII.	Q. Metellus Pius...................................	143
LXIV.	Tiberius Gracchus.................................	ib.
LXV.	C. Gracchus..	145
LXVI.	M. Livius Drusus...................................	147
LXVII.	C. Marius, père....................................	149
LXVIII.	C. Marius, fils....................................	151
LXIX.	L. Cornelius Cinna.................................	ib.
LXX.	C. Flavius Fimbria.................................	153
LXXI.	Viriathe le Lusitanien.............................	ib.
LXXII.	M. Émilius Scaurus.................................	155
LXXIII.	L. Apuleius Saturninus.............................	157
LXXIV.	L. Licinius Lucullus...............................	159
LXXV.	L. Cornelius Sylla.................................	ib.
LXXVI.	Mithridate, roi de Pont............................	161
LXXVII.	Cn. Pompée le Grand................................	163
LXXVIII.	Caius Julius César................................	165

LXXIX. César Octavien	167
LXXX. Caton le Préteur	169
LXXXI. M. Tullius Cicéron	ib.
LXXXII. Marcus Brutus	173
LXXXIII. C. Cassius Longinus	ib.
LXXXIV. Sextus Pompée	175
LXXXV. Marc Antoine	ib.
LXXXVI. La reine Cléopâtre	167
LES CÉSARS, DEPUIS OCTAVIEN AUGUSTE JUSQU'AU TROISIÈME CONSULAT DE JULIEN CÉSAR	179
I. Octavien Auguste	ib.
II. Claudius Tibère Néron	181
III. Caïus César Caligula	183
IV. Claude	189
V. L. Domitius Néron	193
VI. Servius Galba	199
VII. Salvius Othon	201
VIII. A. Vitellius	ib.
IX. Flav. Vespasien	203
X. T. Flav. Vespasien. — (Titus.)	207
XI. T. Flav. Domitien	209
XII. Cocceius Nerva	213
XIII. Ulpius Trajan	ib.
XIV. Élius Adrien	217
XV. Antonin le Pieux	221
XVI. M. Aurèle Antonin et L. Verus	ib.
XVII. L. Aurèle Commode	225
XVIII. Publ. Helvius Pertinax	229
XIX. Didius Julianus	ib.
XX. Septime Sévère	231
XXI. Antonin Caracalla	241
XXII. Opilius Macrin et Diaduméne	ib.
XXIII. M. Aurèle Antonin Héliogabale	243
XXIV. Aurelius Alexandre Sévère	ib.
XXV. Caïus Julius Maximin	247
XXVI. Gordien, Pupien et Balbin	ib.
XXVII. Gordien le jeune	249
XXVIII. Les deux Philippes père et fils	251
XXIX. Dèce	253
XXX. Gallus et Hostilien	255
XXXI. Émilius Émilien	257
XXXII. Licinius Valérien	ib.
XXXIII. Licinius Gallien et Salonin	259
XXXIV. Claude [II]	267
XXXV. Aurélien	269

	Pages
XXXVI. Tacite et Florien...........................	275
XXXVII. Probus....................................	ib.
XXXVIII. Carus, Carin et Numérien...................	277
XXXIX. Valerius Dioclétien..........................	279
XL. Constance et Armentarius, Sévère et Maximin, Constantin et Maxence.............................	291
XLI. Constantin, Licinius, Crispus, Constance, Licinien, Constant, Dalmace, Magnence, Vétranion.......	299
XLII. Constance, Népotien, Decentius, Patris, Silvanus, Julien..	307

VIE ET CARACTÈRE DES EMPEREURS ROMAINS............. 313

I. Octavien Auguste.........................	ib.
II. Claudius Tibère...........................	321
III. Caïus César Caligula.......................	323
IV. Claude Tiberius...........................	325
V. Domitius Néron...........................	327
VI. Servius Galba............................	331
VII. Silvius Othon............................	ib.
VIII. A. Vitellius..............................	ib.
IX. Flav. Vespasien..........................	333
X. T. Flav. Vespasien........................	337
XI. T. Flav. Domitien.........................	343
XII. Cocceius Nerva...........................	345
XIII. Ulpius Trajan............................	349
XIV. Élius Adrien.............................	353
XV. Antonin le Pieux.........................	355
XVI. Marc Aurèle Antonin et L. Verus.............	359
XVII. L. Aurelius Commode......................	361
XVIII. P. Helvius Pertinax.......................	363
XIX. Didius Julianus..........................	365
XX. Septime Sévère..........................	ib.
XXI. Aur. Antonin Caracalla....................	367
XXII. Macrin et Diadumène......................	369
XXIII. Aur. Antonin Varius Héliogabale..............	ib.
XXIV. Alexandre Sévère.........................	371
XXV. Julius Maximin..........................	ib.
XXVI. Les Gordiens, père et fils, Pupien et Balbin......	373
XXVII. Gordien le jeune.........................	ib.
XXVIII. Marcus Julius Philippe.....................	ib.
XXIX. Decius.................................	375
XXX. Vibius Gallus, Volusien et Hostilien............	ib.
XXXI. Émilien.................................	ib.
XXXII. Licinius Valérien, Gallien et les tyrans..........	377
XXXIII. Gallien.................................	ib.
XXXIV. Claude [II], et son frère Quintillus............	379

	Pages
XXXV. Aurélien	381
XXXVI. Tacite et Florien	383
XXXVII. Probus	ib.
XXXVIII. Carus, Carin, Numérien	ib.
XXXIX. Dioclétien et Maximilien Hercule	385
XL. Constance, Maximien Galerius, Sévère, Maximin, Maxence, Licinius, Alexandre, Valence	387
XLI. Constantin, Licinius, Crispus, Constantin (le jeune), Licinien, Martinien, Constance, Constant, Delmace, Anibalien, Magnence, Vétranion	391
XLII. Gallus, Décentius, Népotien, Silvanus, et Julien	397
XLIII. Julien	403
XLIV. Jovien	405
XLV. Valentinien et Firmus	ib.
XLVI. Valence et Procope	409
XLVII. Gratien et Maxime	ib.
XLVIII. Théodose	411
Notes. Origine du peuple romain	418
Hommes illustres de la ville de Rome	426
Table alphabétique des noms propres cités par Aurelius Victor	505

www.ingramcontent.com/pod-product-compliance
Lightning Source LLC
Chambersburg PA
CBHW071704230426
43670CB00008B/902